이슬람법입문

An Introduction to Islamic Law

유민총서
10

이슬람법입문

An Introduction to Islamic Law

조셉 샤흐트(Joseph Schacht) 지음 | 명순구 옮김

홍진기법률연구재단

서문

이 책은 이슬람(Islam)[1] 법제도의 역사와 내용에 대한 설명을 담고 있다. 이 책은 두 부류의 독자들을 위해서 집필되었다. 한편으로는 역사, 사회과학 및 비교법을 공부하는 학생들을 위한 것이고, 다른 한편으로는 이슬람학을 연구하고자 하는 아랍학과 학생들을 위한 것이다. 이슬람법은 우리에게 법적 사고와 인문학적 사고에 관한 훌륭한 모범을 제공하고, 나아가 세계 종교의 큰 축을 담당하는 이슬람교의 본질을 이해하는 열쇠를 제공한다. 이 책은 이슬람법의 독특한 역사적 현상을 다루었으나 현재 무슬림이 살고 있는 아시아 또는 그 밖의 지역에 있는 이슬람 국가들의 현대 법률은 다루지 않았다. 나는 법률가, 비교법학자 또는 사회학자의 입장이 아닌 이슬람을 공부하는 사람의 입장에서 이슬람법을 서술했다. 그럼에도 불구하고 이슬람 역사를 공부하는 사람으로서 나는 이슬람법의 발전에서부터 이슬람 사회의 발전까지 다루려고 노력했고, 또한 이 책에서 역사적 부분과 법체계적 부분을 통합하려고 시도했다. 나는 설명을 합리적인 범위로 한정시키기 위하여 쉬아파(Shiite)와 이바디파(Ibādī)의 법에 관한 개별적 전개과정은 논의에서 제외하고 정통학파 또는 순니파(Sunni)[2]의 관점에서 이슬람법의 역사를 서술하였고, 법체계적 부분에서는 정통학파 중의 하나인 하나피파(Ḥanafī)의 이론을 선택했다.[3] 그러나 참고문헌[4]에 있어서는 정통학파

---

1) 역자주: '이슬람'이란 평화와 하나님에 대한 복종을 의미한다.
2) 역자주: 무슬림의 다수가 속해 있는 순니파(소위 정통학파)에는 주요 4학파(하나피, 말리키, 샤피이, 한발리)가 있다.
3) 역자주: 저자가 역사와 법체계를 언급하는 이유는 이 책의 구성과 관련되어 있다. 이 책의 본론은 두 부분으로 나누어져 있다. 전반부(제1편)는 이슬람의 역사를 다루었고(이 책 [10]~[185]) 후반부(제2편)는 법체계를 다루었다(이 책 [186]~[411]).

에 한정하지 않고 쉬아파(Shiite) 및 이바디파(Ibādī)의 법에 관한 문헌으로 확장하는 데에 주저하지 않았다.

참고문헌 부분은 이 책의 가장 중요한 부분이다; 이러한 참고문헌은 앞에서 언급한 두 부류의 잠재적 독자들을 위한 것이다. 그러나 나는 참고문헌의 완벽을 의도하지는 않았다. 특히 역사적 사실만을 서술한 것에 불과한 문헌이라든가 이 책에 서술된 내용의 실질적인 사항을 보충하지 못하는 문헌 혹은 현재의 학문적 수준에 미달하는 문헌들은 생략하였다. 이 시대의 이슬람 국가에 적용되는 이슬람법의 전문적인 부분에 관한 현대 법률가의 저작들도 이를 선택적으로 수록하였다. 이 책에 있어서 제1편(역사)이든 제2편(법체계)이든 간에 이러한 주요한 아랍문헌에 관한 간략한 표시는 아랍학을 공부하는 학생들에게 충분하다고 생각한다. 나아가 그 밖의 독자들을 위하여 아랍어 문구를 가능한 한 영어로 번역하였다. 문제가 되는 주제에 대한 앞으로의 연구를 위해서 유익하다고 생각되는 출판물에는 별표(*)를, 그리고 꼭 필요한 출판물에 대해서는 칼표(†)를 달았다. 그렇다고 하여 이러한 표시로 인해 참고문헌 목록에 포함된 문헌 중 이러한 표시가 없는 문헌의 가치가 감소된다는 것은 아니다.

이 책은 이미 출판된 책으로서 이 책과 같은 분야를 다루고 있는 두 개의 책을 종합한 것인데, 제1편 역사(Historical Section)는 『Esquisse d'une histoire du droit musulman』(Paris, 1953)을, 제2편 법체계(Systematic Section)는 『G. Bergsträsser's Grundzüge des islamischen Rechts』(Berlin/Leipzig, 1935)를 기초로 하였다. 이 책은 새로 쓰여진 것일 뿐만 아니라 수년간 이 주제에 대한 계속된 연구의 결과물로서 앞의 두 책을 대체할 의도로 쓰여졌다. 나는 『중동의 법』(Law in the Middle East)이라는 책에 있는 내 글의 내용을 발췌할 수 있도록 허락해 준 워싱턴 소재의 중동연구소(Middle East Institute)에 감사

4) 이 책의 말미에는 매우 방대한 분량의 참고문헌이 수록되어 있다. 저자는 이 참고문헌 목록이 정통 순니파에 관한 것에 한정되지 않는다는 것을 말하는 것이다.

를 표한다.

J. S.
1964년 2월

제2쇄 서문

제2쇄에서는 약간의 수정만을 하였으나, 참고문헌은 최신의 것을 수록하였다.

J. S.
1965년 7월

역자 머리말

이 번역서의 원저는 조셉 샤흐트(Joseph Schacht: 1902~1969) 교수의 『An Introduction to Islamic Law』이다. 원저는 1964년 2월에 출간되었고 바로 다음 해인 1965년 제2판이 발간되었다. 제2판은 초판과 비교하여 크게 달라진 것은 없고 참고문헌의 업데이트에 중점이 있었다. 이 책은 제2판을 번역한 것이다.

원저는 샤흐트 교수의 학문생활 말년에 평생의 학문적 소양을 집약한 것으로 볼 수 있다. 원저는 이슬람법에 접근하려는 사람에게 입문서로 기능할 수 있도록 구상되었다. 원저는 이슬람법학에 대한 가장 중요한 입문서로서 1964년 영어판으로 간행된 후 여러 나라의 언어로 번역된 세계적 고전이다. 책의 특징에 대하여 원저자는 서문에서 다음과 같이 말하고 있다.

> "이 책은 우리가 현재 알고 있는 이슬람 법제도의 역사와 내용에 대한 설명을 담고 있다. 이 책은 두 가지 부류의 독자들을 위해서 집필되었다: 한편으로는 역사, 사회과학 및 비교법을 공부하는 학생들을 위한 것이고, 다른 한편으로는 특별히 중요하고 매력적인 분야인 이슬람학을 연구하고자 하는 아랍학과 학생들을 위한 것이다. 이슬람법은 우리들에게 법적 사고와 인문학적 사고에 관한 훌륭한 모범을 제공하고, 나아가 위대한 세계적 종교 중의 하나인 이슬람교의 본질을 이해하는 열쇠를 제공한다."

원저는 모두 304페이지로 구성되어 있는데, 그 중 약 100페이지는 참고문헌이다. 이 책의 가치는 바로 이 풍부한 참고문헌으로부터도 알 수 있다. 책의 1/3에 해당할 정도로 방대한 참고문헌은 정통학파(수니파)에 한정되지 않고 쉬아파와 이바디파의 이슬람법에 관한 문헌까지 포섭하여 문헌적 가치를 높이고 있다.

이 책은 크게 두 부분으로 나누어져 있다. 제1편 역사편(Historical Section)은 이슬람의 탄생부터 근대에 이르기까지의 역사적 발전과정을 정치·사회적 배경을 함께 아우르며 객관적으로 서술하고 있다. 제1편은 모두 15개의 장으로 구성되어 있으며, 이는 크게 다음과 같은 세 부분으로 나눌 수 있다: ① 역사적 배경(제1장~제10장: 선이슬람시대로부터 정통칼리프시대를 거쳐 소위 '이즈티하드 문의 폐쇄'까지를 분석함); ② 이슬람법의 이론과 실제(제11장~제12장: 이론과 실제의 간격에 대한 분석 및 순수주의 경향의 대응을 소개함); ③ 개별 국가에서의 이슬람법의 적용(제13장~제15장: 오스만투르크, 인도, 파키스탄, 알제리, 이집트, 이라크, 튀니지, 모로코, 이란 등에서 이슬람법의 위상 및 이들 국가에서 서구의 법체계가 이슬람법과 어떠한 방식으로 관련을 맺고 있는가를 분석함). 다음으로, 제2편 법체계편(Systematic Section)은 주요 법제도를 정통학파 중의 다수파인 하나피학파의 시각에서 소개하고 있다. 그 구체적인 내용은 다음과 같다: 법원(제16장); 일반개념(제17장); 인(제18장); 물권(제19장); 채권법일반(제20장); 채권과 개별계약(제21장); 친족(제22장); 상속(제23장); 형법(제24장); 소송절차(제25장); 이슬람법의 성격(제26장).

원저를 번역함에 있어서 특징적인 사항들은 이러하다. 첫째, 풍부한 역자주이다. 원저는 종교이론과 법학이 혼합된 것으로 그 내용이 결코 쉽지 않다. 이슬람법에 대한 약간의 사전지식을 요구할 정도의 체계와 내용이다. 그러므로 개념 또는 문장 중에는 특별한 해설을 요하는 경우가 허다하다. 게다가 원저의 문장 중에는 맥락이 불명확하고 문장 구조가 깔끔하지 않아 난삽하게 다가오는 경우도 적지 않다. 이들 여러 사정은 독자들의 이해를 방해하는 요인이다. 이러한 사정을 감안하여 역자주를 빈번히 사용했다. 둘째, 문단번호를 활용했다. 원저는 목차 구분이 세분화되어 있지 않아 관련 부분을 적시하기가 곤란하다. 가령 원저의 한 페이지에 있는 사항이 다른 페이지와 연관된 경우에 이를 역자주로써 정확하게 연결시키고자 할 때 문단번호가 유용하다.

법은 단순한 논리의 집합도 아니고 그렇다고 순수한 이념의 결정체도 아니다. 그러므로 법학은 매우 다양한 각도에서 수행될 필요가 있다. 이 번역 작업은 우리나라 비교법의 범위를 확장하기 위한 노력의 일환이다. 어떤 국가 내지 문화권에 대한 이해의 방법으로서 그 법문화에 대한 비교연구가 매우 효율적인 경우가 많다. 이는 이슬람문화권의 경우에도 예외가 아니다. 더 나아가 이슬람세계의 법문화에 대한 연구의 비중은 상대적으로 더 크다고 보이는데, 이는 이슬람세계의 특성에 기인한다. 이슬람세계에서는 종교규범과 법규범이 혼화되어 있으며 종교는 정치·사회 전 분야의 토대를 이루고 있다. 이슬람사회를 이해하기 위해서는 이슬람 종교를 이해해야 하는데 이는 곧 이슬람법을 이해하는 길이기도 하다. 이슬람법에 대한 비교법적 연구가 가지는 높은 효용을 잘 보여주는 대목이다. 아울러 이슬람권의 핵심인 중동 산유국들의 현대적 변화에 유의할 필요가 있다. 이들 산유국들은 1970년대 1차 석유파동 이후부터 탈석유산업의 육성을 준비해 왔고, 2000년을 기점으로 국가별로 산업다각화를 추진하면서 국제적인 경제협력에 힘을 기울이고 있다. 대한민국도 이러한 환경 변화에 적극 대응해야 한다. 이는 결코 단순히 이기적인 국익 추구에 사로잡힌 제안이 아니다. 인류공영이라는 대의(大義)에 부합하는 것이다. 오늘날 대한민국은 그런 고민을 해야 하는 자격과 책임이 있다고 생각한다. 그러나 우리의 현재 학문 환경은 이 수요에 응답하지 못하고 있다. 이것이 이 번역 작업을 수행한 결정적 이유이다.

이 번역서 출간을 계획한 것이 20년도 넘은 것 같다. 프랑스 유학 시절 이슬람 세계의 다양성과 잠재성을 깨닫고, 고려대학교 교수에 취임한 후 대학원 법학과에 '이슬람권사법이론'을 정식 교과목으로 개설하여 이 원저를 교재로 채택하여 어렵사리 수업을 진행했던 기억이 새롭다. 초벌번역을 마친지 10년도 더 지났지만 여러 가지 이유로 출판을 하지 못하고 많은 세

월이 흘렀다. 출판에 이르지 못한 가장 큰 이유는 역자 스스로 내용을 제대로 이해하지 못하는 부분이 많아서였지만, 이런 종류의 학술서적을 출간한다는 것이 용이하지 않은 출판시장의 여건도 한몫을 했다. 그러던 중 역자가 이슬람법에 대하여 매우 세부적인 궁금증을 해소할 수 있는 여건이 조성되었다. 김현종 대표(MEA Law Firm, Middle East and Africa), 김형훈 석사(알제리 대학 박사논문 제출)와의 만남이 그것이다. 정확한 책 번역을 위해서 반드시 필요하지만 문헌으로는 파악하기 어려운 사항들에 대한 의문점을 두 전문가를 통해 해결할 수 있었다. 귀한 자문을 해 주신 두 전문가에게 깊이 감사한다. 아울러 이와 같은 전문서적을 출판할 수 있도록 기회를 마련해 준 홍진기법률연구재단에도 깊은 감사를 드린다. 이 번역서의 최종 원고 교정작업에는 박사과정 김현수 군이 수고해 주었다. 이슬람권에서 고등학교와 학사과정을 이수한 김현수 군이 앞으로 이슬람법 연구에 깊이를 더하는 학자로 성장하기를 기대한다.

최근 이슬람세계에 대한 관심이 높아지면서 이슬람법에 대한 연구 성과도 상당히 축적되어 가고 있다. 그러나 그 양과 질 그리고 다양성에 있어서 발전의 여지가 여전히 크다. 특히 법학을 전공한 이슬람법 연구자가 극히 희소하다는 것도 우리나라 연구 현실의 큰 약점이다. 원저 『An Introduction to Islamic Law』와 같은 고전이 아직까지 번역되지 않은 것도 이러한 사정에 기인한 것으로 보인다. 법학을 전공하는 학생 중 이슬람법을 연구하고자 하는 사람이 있더라도 그 입문서가 현재로서는 마땅치 않다.

이슬람법에 정통한 법학자를 양성할 필요성에 대해서는 현재 의문의 여지가 없다. 이 번역 사업이 우리나라 법학 연구에 있어서 의미있는 변곡점이 되기를 기대한다.

2021년 5월

역자 명 순 구

차 례

제1장 서론

1 이슬람의 '신성법'(The Sacred Law), 즉 샤리아(Sharī'a)[5][6]는 종교적 의무의 구현이며 무슬림들의 생활 전반을 다스리는 알라[7]의 명령의 총체이다; 샤리아는 정치는 물론 (좁은 의미에서의) 법적 규율에 관련되어 있을 뿐만 아니라 경배·예배와도 관련되어 있다. 이 책에서 다루고자 하는 것은 법적 규율에 관한 것이다. 이러한 논의 영역의 한정은 역사적 관점에서나 체계적 관점에서 정당한 것이라고 할 수 있다[8]; 그러나 순수한 의미에서의 법적인 문제도 종교적·윤리적 규율체계의 일부분임을 유의해야 한다.

2 이슬람법은 이슬람 사상의 축도(縮圖)이며, 이슬람 생활방식의 가장 전형적인 발현이고, 이슬람교 자체의 핵심이자 정수이다. 피끄(Fiḳh)는 원래 '지식'(Knowledge)을 가리키는 말이었는데,[9] 이와 같은 언어사용으로부터 우리는 초기의 무슬림들이 샤리아에 대한 지식을 가장 위대한 지식으로 간주했음을 알 수 있다. 신학(神學)은 이슬람교 내에서 단 한 번도 샤리아에 필적할만한 위치에 올라서지 못하였다.[10] 오직 신비주의(Mysticism)

---

5) Sharī'a 또는 Shar'는 이슬람법을 뜻함. Fiḳh는 (신성한)이슬람법학을 뜻함. Faḳīh(복수는 Fuḳahā')는 Fiḳh의 전문가, 즉 이슬람법학자를 뜻함.

6) 역자주: '신성법'이라는 용어는 일반적으로 하나님을 유일신으로 섬기는 종교(예: 유대교, 기독교, 이슬람교)의 규범을 통칭하는 것이다.

7) 역자주: 이슬람교에서의 '알라'와 기독교에서의 '하나님'은 동일한 존재이다.

8) 이에 대해서는 이 책 [186] 및 [392] 이하 참조.

9) 역자주: 오늘날 이슬람법학을 가리키는 '피끄'(Fiḳh)라는 용어의 원래 뜻은 '지식'이다.

10) 역자주: 이슬람교에 있어서 가장 중요한 것은 "알라께서 무함마드를 통하여 계시한 것이 무엇인가?" 하는 것이어서 신학, 즉 종교의 원리를 조직적으로 연구하는 방법론

만이 무슬림들의 삶을 지배하는 샤리아의 우위성에 도전할 수 있는 힘을 지니고 있었고 가끔 승리하기도 하였다.[11] 그러나 현재에도 (좁은 의미에서의) 법적인 주제를 포함한 이슬람법은 서구 사상의 영향 속에서 이슬람 전통주의와 근대주의 사이에 벌어졌던 치열한 격전 속에서 매우 중요한 요소로 남아 있다. 이에 대해서는 논외로 하더라도 무슬림들의 모든 생활, 아랍문학, 아랍과 이슬람의 교육지침에는 이슬람의 법사상이 곳곳에 스며들어 있다. 이슬람법을 이해하지 않고 이슬람을 이해한다는 것은 불가능하다.

3 이슬람법은 '신성법'에 관한 특별히 교훈적인 예시이다. 실질적 내용(Subject-matter)과 실정입법(Positive enactments)에 있어서 이슬람법과 그 외의 법 사이에 중요하면서도 불가피한 일치점이 존재하는 것도 사실이지만, 이슬람법은 다른 모든 형태의 법과는 현저하게 다른 특성을 가진다. 그리하여 이슬람의 법현상에서 일어나는 전체 범위를 이해하기 위해서는 이슬람법에 대한 연구가 필수적이다. 이슬람법과의 관계에서 역사적·지리적 근접성을 가지며 '신성법'의 또 다른 두 가지 전형이라 할 수 있는 유대법과 중세 교회법(Canon law) 또한 이슬람법과는 현저한 차이를 보인다.

4 유대법과 유럽 교회법은 이슬람법에 비하여 훨씬 동일한 모습을 보인다. 유대법의 역사를 보면, 주권국가 시대의 법과 유대민족 분산 이후의 법 사이에 전환점이 있었다. 그러나 구약(Old Testament)의 뒷부분에 나

은 발달하지 않았음을 말하는 것이다.

11) 역자주: 이슬람교는 '이슬람'이라는 말에 나타나듯 알라에 대한 절대적 복종과 충성을 요체로 한다. 인간에게는 신의 곁에 가려는 노력조차 금지된다. 이러한 점에서 가령 명상과 고행으로 해탈에 이를 수 있다는 불교와 큰 차이를 보인다. 무슬림 중에서도 신에 대한 복종에 만족하지 않고 명상과 고행을 통하여 직접 신의 세계를 인식하고자 하는 학파가 생겨났는데 수피파(Sufism)가 대표적인 예이다. 이슬람 신비주의를 대표하는 수피파는 11세기(이슬람력 5세기)에 융성하여 순니파와 쉬아파에 견줄만한 세력을 보유한 때도 있었으나 16세기경부터 쇠퇴하였다. 순니파와 쉬아파는 수피파를 이단으로 본다.

타나는 법적 문제에 대한 사상은 이미 탈무드(Talmud)[12]와 매우 근접한 모습을 보인다. 이와 달리 이슬람은 아랍 지역의 이교도(Pagan)[13]들로부터의 완전한 이탈을 의미한다.[14] 이슬람법은 다양한 아랍법과 정복지 민족들의 수많은 법적 요소들을 통합하는 과정에서 온갖 잡다한 법적 내용들을 종교적 관점에서 면밀히 검토한 결과물이다. 이 모든 것들은 동일한 척도의 검토를 통해 함께 결합되었는데, 그 효과는 어떤 분야에서는 거의 미미했지만 어떤 분야에서는 새로운 제도를 만들어 내기도 하였다. 법적인 내용과 종교적 규범이라는 이 내면적인 이중성은 '신성법' 특유의 다양한 외부요소들, 즉 법적·윤리적·종교적 규범에 부가된다. 유대법은 공동체의 결속력에 의해 뒷받침되고 외세의 압력에 맞서면서 견고해졌다. 유대의 규율은 이런 결속성의 직접적인 표현이며, 따라서 다른 모든 소수의견들은 묵살되었다. 이와는 대조적으로 유럽 교회법과 이슬람법은 종교와 국가의 이중성(Dualism)에 의해 지배되었고, 따라서 국가는 유대교에서처럼 낯선 권력으로 생각되는 것이 아니라 동일한 종교의 정치적 표현으로 인식되었다. 그러나 양자 사이에는 상당한 차이도 존재한다. 기독교에 있어서 법은 극도로 조직화된 교회의 위계서열 내에서 정치적 권력을 잡기 위한 투쟁이었

12) 역자주: 유대인 율법학자들이 유대교의 율법, 전통적 습관, 축제·민간전승 등을 망라하여 집대성한 책으로 유대교에서는 이를 '토라'(Torah), 즉 '모세5경'(창세기, 출애굽기, 레위기, 민수기, 신명기) 다음으로 중요시한다.

13) 역자주: 이 책의 원문에서는 무슬림이 아닌 사람을 표현함에 있어서 'Non-Muslim', 'Pagan', 'Unbeliever' 등의 용어를 사용하고 있다. 'Non-Muslim'은 말 그대로 무슬림이 아닌 사람을, 'Pagan'은 무슬림이 아님은 물론 유일신(하나님 혹은 알라) 외의 다른 존재를 섬기는 사람을 가리킨다. 그리고 'Unbeliever'는 'Pagan'을 포함하여 이슬람 외의 신앙을 가졌거나 아무런 종교도 가지지 않은 사람(무신론자)까지 포함하는 개념이다. 이들의 구별에 대하여 보다 자세한 것은 이 책 [226] 참조. 앞으로 'Non-Muslim'은 '비무슬림', 'Pagan'은 '이교도', 'Unbeliever'는 '비교도'로 번역한다.

14) 역자주: 예언자 무함마드가 알라의 계시를 받아 이슬람교가 성립할 무렵 아라비아 반도에는 수많은 종교가 혼재하고 있었다. 이 책의 원저자는 이슬람교가 이들 전통 종교와 무관하게 성립된 것이라는 사실을 강조하고 있다.

고, 교회법은 이를 위한 정치적 무기의 하나였다. 반면에 이슬람은 결코 '교회'(Church)가 아니었고, 조직화된 권력에 의해 뒷받침되지 않았기 때문에 진정한 권력투쟁으로 발전할 수 없었다. 이슬람에서는 오직 '신성법'과 국가권력이 만들어낸 실제적 규칙 사이의 부조화만이 존재하며, 이들 사이의 격차는 시대와 장소에 따라 커지기도 하고 줄어들기도 한다. 그리고 때에 따라 완전히 해결된 듯 보이기도 하지만 결국에는 다시 양자 사이에 격차를 드러내기 마련이다.

5 이슬람법의 역사에는 두 가지 중요한 방향전환이 있었다. 첫째는 이슬람교 초기에 있었던 법이론의 도입인데, 이 시기에는 (가장 좁은 의미에서의) 이슬람적인 요소가 아닌 것을 모두 부정하고 모든 내용을 오직 꾸란이나 예언자 무함마드[15)]의 언행[16)]만으로 축소하였다.[17)] 둘째는 금세기[18)]에 와서야 시작된 것으로 현대 이슬람 정부들의 현대적 법률 제정이다. 이러한 법제정은 '신성법'의 적용에 대한 것으로 한정되지 않았을 뿐만 아니라 '신성법' 자체의 전통적 형태에도 영향을 주었다.[19)] 여기에서 말하는 간섭이란 경쟁관계에 있는 두 조직체[20)] 사이의 권력투쟁을 의미하지는 않으며, 현대의 세속법률이 '신성법'을 대체하였다는 것은 아니고 그 전통적 형태를 쇄신하는 계기가 되었다는 면에서의 간섭이다. 따라서 종교로서의 이슬람교는 여전히 손상되지 않은 채 법의 영역을 통제하고 있다.

---

15) 역자주: 이슬람교를 '무함마드교'라고 부르는 경우가 있다. 이는 십자군전쟁 때에 서구에서 처음으로 사용되기 시작한 명칭으로 이슬람교를 의도적으로 격하하기 위한 용어로서 그리 적절하지 않은 것 같다.

16) 역자주: 예언자 무함마드의 언행을 '순나'(Sunnah)라고 한다. 순나를 기록한 책을 '하디스'(Ḥadīth)라고 하는데 하디스는 꾸란 다음으로 중요한 이슬람법의 법원(法源)이다.

17) 이 책 제9장([92] 이하) 참조.

18) 역자주: 20세기를 뜻함. 이 저서의 출판시기가 1960년대라는 사실을 생각해 보라.

19) 이 책 제15장([164] 이하) 참조.

20) 역자주: 두 조직체란 정부조직과 종교조직을 의미한다.

6 이슬람법은 그 발전의 어느 단계에서도 하나로 통일된 적이 없었다. 처음부터 법의 주제목록이 지역에 따라 달랐는데, 고대 법학파들의 견해가 많은 차이를 보이는 이유는 이와 같은 지역적 차이로 설명할 수 있다. 후기 법학파들 중의 일부는 선조들의 전통을 그대로 계승했으나, 후기 법학파 중의 다른 일부는 원칙과 법적 추론의 방법론의 분야에서 다른 방향을 선택한 경우도 있었다. 쉬아파(Shiite)[21]와 이바디파(Ibādī)[22]의 분파들은 자신들 고유의 율법체계를 발전시킨 예이다. 그런데 종종 현저하게 드러나는 이슬람의 '보편성' 때문인지, 정통 이슬람교[23]는 지금까지 남아있는 네 개의 학파[24]가 주장하는 '신성법'에 대한 해석을 모두 타당하다고 인정하고 있다.[25]

7 이슬람법은 다양한 정치적·행정적 배경과의 갈등 속에서 발전해 나갔다. 이런 점에서 볼 때 예언자 무함마드의 일생은 독특하다; 이슬람력[26] 9~40년, 서기 632~661년에는 메디나 지역 칼리파들(Caliphs)[27]이 등장하는 격동의 시대가 이어졌다.[28] 이슬람의 첫 번째 왕국인 우마이야(Umayyads)

---

21) 역자주: 순니파와 달리 쉬아파는 신에 의한 정명(定命)보다는 인간의 자유의지를 강조하는 입장이다.

22) 역자주: 이바디파(Ibādī)는 오만에서 발생하여 오늘날에도 오만에 다수의 이바디파(Ibādī) 신자가 있으며, 순니파의 일부로 분류되기도 한다(순니파의 말리크 학파와 유사함). 이바디파(Ibādī)는 흰색을 숭상하며 무함마드의 계승자는 반드시 그와 혈통이 같지 않아도 된다는 입장을 취한다.

23) 역자주: 순니파를 의미함.

24) 역자주: 네 개의 학파란 순니파의 4개 법학파(하니파, 말리크, 한발리, 샤피이)를 가리킨다.

25) 역자주: 순니파에 속하는 법학파 사이의 차이는 사소한 정도에 그치며, 순니파의 4대 법학파는 서로를 정통으로 인정하고 있다. 저자는 이 점을 설명하고 있는 것이다.

26) 역자주: 이슬람력은 오직 달의 변화만을 기준으로 하는 태음력이다. 그래서 이슬람의 1년은 계절의 변화와 전혀 맞지 않는다. 이슬람교에서는 메카에서 메디나로 이주한 시기(서기 622년, 히즈라)를 원년으로 삼는다.

27) 역자주: 칼리파는 '뒤따르는 자'라는 뜻의 아랍어로 예언자 무함마드의 사망 후 이슬람 공동체를 다스렸던 최고 지도자, 최고 종교 지도자를 의미한다.

왕조(이슬람력 41~132년, 서기 661~750)는 많은 면에서 예언자 무함마드 통치 아래에서 무슬림 공동체의 특성으로 굳어졌던 것을 완성시키는 역할을 하였다. 이 왕조의 집권 동안 새로운 아랍 이슬람교 사회의 토대가 형성되었으며, 새로운 사법조직과 이슬람법원리가 형성되어 이를 통해 이슬람법이 탄생하였다. 우마이야 왕조는 압바시야(Abbāsids) 왕조에게 멸망하였다. 초기 압바시야 왕조는 이슬람법을 제정하고자 노력하였는데, 여전히 형성기에 있던 이슬람법을 국가의 유일한 법(The only law of the state)으로 확정시키고자 하였다. 압바시야 왕조는 까디(Ḳāḍī)[29]를 '신성법'에 기속시켰다는 점에서는 성공적이었으나, 이론과 실제, 정치권력과 '신성법' 사이의 영속적인 결합을 달성하는 데에는 실패하였다. 압바시야 왕조의 멸망 후에는 하나였던 이슬람 제국이 조금씩 분열하였는데, 사태의 특성상 정확한 연대를 확인하기는 어렵지만 대체로 이슬람력 300년 혹은 서기 900년경으로 추측된다. 이때 이슬람법은 정치권력에서 멀리 떨어져 있었기 때문에 이득을 보았다; 이슬람법은 그 안정성을 보존했을 뿐만 아니라 분열된 이슬람 세계를 한데 묶어줄 중심적인 요소가 되었다. 서양(西洋)의 시각에서 근대(Modern period)에 해당하는 시기에 이슬람 세력은 분열을 경험했고, 이 시기에 두 개의 강대한 이슬람제국이 탄생했는데, 그것은 근동(Near East)의 오스만제국과 인도의 무굴제국[30]이었다; 두 왕국의 전성기(각각 16세기와 17세기)에 이슬람법은 초기 압바시야

---

28) 역자주: 무함마드의 사망(서기 632년) 이후에 전개된 소위 '정통칼리파 시대'를 설명한 부분이다. 정통칼리파 시대는 제1대 칼리파 아부 바크르(재위: 632~634), 제2대 오마르(재위: 634~644), 제3대 오스만(재위: 644~656), 제4대 알리(재위: 656~661)로 이어졌다. 정통칼리파 시대는 무아위야가 제4대 칼리파 알리를 살해하고 우마이야 왕조(661~750)를 창설하면서 막을 내렸다. 이 시기에 칼리파는 이슬람사회의 합의로 선출되었고, 이슬람의 종교와 국가의 기틀이 마련되었다.

29) 역자주: 까디는 이슬람법원의 재판관을 말한다.

30) 역자주: 인도 지역을 통치한 이슬람 왕조(1526~1857)로서 영국이 인도를 식민지화 할 때까지 존속하였다. 인도 아그라(Agra)의 남쪽 자무나(Jamuna) 강가에 자리잡은 궁전 형식의 묘지인 타지마할은 무굴제국의 황제 샤자한(재위: 1628~1657)이 만든 것이다.

(Abbāsids) 왕조 이래 고도로 발달된 문명사회 내에서 향유되어 온 최고의 실질적 효율성을 누렸다. 서양의 정치적 지배가 시작될 무렵 영국령 인도와 프랑스령 알제리(각각 18세기와 19세기) 지역에 있어서 이슬람법과 서양법(Western laws) 사이의 공생관계는 두 개의 독특한 법체제, 즉 앵글로-무함마드법(Anglo-Muhammadan law)[31]과 프랑스-알제리법(Droit musulman Algérien)[32]을 탄생시켰다. 마지막으로, 19세기에 근동(Near East)에 유입된 서구의 정치사상은 입법 분야에 있어서 유례를 찾기 힘들 정도의 변화를 야기하였다.[33]

8 이슬람법이 '신성법'이기는 하나, 그 본질에 있어서 이성(理性)과 무관한 것은 아니다; 이슬람법은 이성과 무관한 알라로부터의 연속적 계시라는 과정에 의해 형성된 것이 아니라 해석이라는 합리적 방법론을 통해 형성되었기 때문이다. 그리고 법적인 테마에 도입된 종교적·도덕적 기준은 그 구조적 질서의 토대를 제공했지만 법의 형식적 측면을 위해서는 별다른 기여를 하지 못하였다. 이는 '신성법'이 구체적이고 실질적인 기준을 제공하는 것을 목표로 했지, 충돌하는 이해관계에 대하여 형식적 규준(Formal rules)을 부과하는 것을 목표로 하지 않았기 때문이다. 따라서 이슬람법은 오늘날 대부분의 이슬람 국가에 있어서 현대 법학자들이 필요로 하는 법기술을 풍부하게 제공하지 못한다. 이슬람법은 사적이고 개인적인 성격이 뚜렷하다. 이슬람법은 결국 모든 개인의 사적인 권리와 의무의 총합이다. 전통 이슬람법의 가장 놀라운 특징 중의 하나는 그 법개념의 구조와 밀접하게 결합된 결의론적 방법론(Casuistical method)[34]인데, 이는 분석적(Analytical) 사고방식에 반대되는 유추적(Analogical) 사고방식의 소산으로서 이슬람법 곳곳에 스며있다.

---

31) 역자주: 영국법과 이슬람법의 공존을 의미한다.
32) 역자주: 프랑스법과 이슬람법의 공존을 의미한다.
33) 역자주: 제1차 세계대전 이후 투르크 공화국에서 무스타파 케말에 의하여 주도된 혁신적 개혁조치를 말하는 것이다.
34) 역자주: '결의론적'이란 말은 보편적 규범을 정확하게 적용하기 어려운 경우에 행위의 동기·목적을 살펴 해당 행위의 옳고 그름을 판단하는 것을 의미함.

이슬람법은 '법률가의 법'의 극단적인 형태를 보여 준다; 이슬람법은 몇몇의 전문적 법학자들에 의해 형성·발전되었다; 국가가 아니라 법학이 입법자의 역할을 수행하고, 학자들의 연구물이 법적 효력을 가진다. 이것이 가능했던 이유는, 이슬람법이 신의 권위에 기반을 두었음을 성공적으로 보여주었고 이슬람법학이 스스로의 안정성과 연속성을 보증할 수 있었기 때문이다. 전형적인 '신성법'인 이슬람법의 전통주의는 아마도 그의 가장 본질적인 특징이다. 이슬람법의 특성에 대한 이와 같은 고찰은 이 책의 마지막 장에서 보다 자세히 논의될 것이다.[35)]

9 이슬람법에 대한 학문적 연구는 아직 시작 단계이다. 이것은 주제목록의 무한한 다양성과 복잡성 때문이기도 하고, 이슬람교와 법의 경계선에 있기 때문이기도 하며, 다른 한편으로는 19세기에 일어난 두 가지의 예상하지 못했던 발전 때문이기도 하다. 예상하지 못했던 발전 중의 하나는 이슬람법의 초기 역사에 대한 우리의 견해가 많은 변화를 겪음에 따라 연구대상으로서 전면적으로 새로운 지평이 열리게 되었다는 것이고, 또 다른 하나의 발전은 많은 이슬람 국가에서 이루어지고 있는 현대적 입법작업이다. 즉 이슬람법은 1000년이 넘는 기간에 걸쳐 거의 불변의 상태로 지속되어 왔지만, 19세기에 들어와 전개된 현대적 입법작업들은 이 1000년의 역사에 새로운 장(章)을 덧붙이고 있으며, 이 작업은 현재까지도 끝나지 않고 진행되고 있다.[36)]

---

35) 이에 대해서는 이 책 제26장([389] 이하) 참조.

36) 역자주: 제1차 세계대전 이후 이슬람 세계 곳곳에서 진행되고 있는 서양법과 이슬람법의 공존과 양자 사이의 갈등관계를 생각해 보라. 많은 이슬람국가에서는 서양법 모형에 이슬람법을 접목시키려고 노력하고 있고, 이 과정에서 서양법과 이슬람법의 공존과 갈등이 발생한다. 현재 거의 모든 분야에서 이슬람법을 적용하는 나라는 사우디아라비아, 이란, 수단, 아프가니스탄을 들 수 있고, 같은 이슬람국가이긴 하지만 터키는 많은 분야에서 이슬람법의 적용을 포기하였다.

제1편 역사
(Historical Section)

제2장 이슬람 이전 시대의 배경

10 1.

이슬람 이전 시대에 아랍의 법제도가 완전히 미숙한 단계에 있었던 것은 아니다. 아랍 민족들의 대부분인 베두인족에게는 아직 원시적인 성격을 띠기는 했지만 그 내용과 적용에 있어 전혀 단순하지 않은 관습법이 있었다. 그것은 이슬람 이전(Pre-Islamic)[37] 시대 혹은 초기 이슬람 시대의 시와 부족의 설화 등을 통해 구체적이지는 않지만 제한된 범위에서나마 우리들에게 알려져 있다. 현대 베두인족 문화에 남아있는 문화와의 비교를 통해 우리는 이런 문학적 소재에 관한 정보를 통제할 수 있다. 사례와 증거에 대한 조사는 이를테면 예언, 서약, 저주 등과 같은 종교적 절차와 관계된 것이었던 반면에, 고대 아랍의 실정법은 명백히 세속적이고 실제적이며 비공식적이었다; 그들에게는 형법조차도 보상(Compensation)과 지불(Payment)의 문제로 한정된다.

11 2.

그런데 메카(Mecca)는 남부 아랍, 비잔틴 시리아, 사산조 이라크와 상업

---

37) 역자주: 이슬람 이전 시대란 무함마드가 알라로부터 계시를 받기 전의 시기를 말한다. 이 시기를 '자힐리야'(Jahiliyyah)라고도 하는데 자힐리야란 무지(無知) 내지 몽매(蒙昧)의 의미이다.

적 교역을(많은 양은 아니었다) 하던 무역도시였다. 타이프(Ṭā'if)는 원거리 무역의 또 다른 중심지였고, 메디나(Medina)는 대부분 유대교로 전향한 아랍인들의 식민지이자 야자수를 재배하는 오아시스의 중심도시였다. 아랍 내의 이 도시들 혹은 그 밖의 다른 도시들은 베두인족보다 훨씬 발달된 법을 가졌을 것으로 추측된다. 우리는 메카의 상업 문화를 고려할 때 그 전제가 되었을 법의 종류를 상상할 수 있는데, 이를테면 이자있는 대차계약의 기법 같은 것이 있었을 것이다. 이슬람 이전 시대의 메카의 상거래법에 대한 중요한 정보는 꾸란에 나와 있는데, 그곳에는 상업에 관한 전문용어가 많이 등장하고 그것들 중 다수는 법과 관련된다. 메카의 이러한 상관습법은 그들 내부간의 교역에 있어 상인들에 의해 강제되었는데, 이것은 유럽에서 상인법(Law Merchant or Lex Mercatoria)이 발전했던 원리와 유사하다고 할 수 있다. 농업계약에 대한 흔적도 찾아볼 수 있는데 이것은 메디나에서도 적용되었을 것이다. 그러나 소유권, 계약, 채권관계에 관한 이슬람법의 윤곽이 이미 이슬람 이전 시대의 아랍지방 관습법 내에 존재하였다고 추론해서는 안 된다; 이슬람법의 역사에 대한 최근의 연구는 그러한 추론이 근거가 없다는 점을 밝히고 있다.

12 3.

개인의 신분적 지위, 가족관계, 상속에 관한 법 및 형법은 베두인족과 정착민족의 경우 모두 고대 아랍의 부족제도에 의해 지배되었다. 이 제도는 부족 외의 사람에 대한 법적 보호의 배제, 형사정의(刑事正義)에 대한 발전된 개념의 결여, 형사범죄(Crimes)의 민사불법행위(Torts)로의 전화(轉化), 부족 구성원의 행동에 대한 부족 전체의 공동책임을 포함하고 있었으며, 그 결과 유혈 다툼을 수반하게 되었는데 이러한 유혈 다툼은 피의 값(Blood-Money)제도[38]에 의해서 완화되었다. 이런 모든 양상과 제도들은 이슬람교에 의해 다소 근본적인 수정을 거친 후에 이슬람법 내에 그 흔적을 남기게 되었다.

13 이슬람 이전 시대에서도 이미 (꾸란이 규정하는 것과 동일한) 일부다처제가 존재하고 있었다. 그러나 이 시대의 남녀관계는 잦은 이혼, 느슨해진 부부관계, 난잡한 성관계로 특징지을 수 있으며 이에 따라 혼인과 매춘의 경계를 지우는 것이 어려웠다. 메카와 메디나의 가족법과 혼인법은 상당한 차이가 있었으며 다른 지방들도 각각 다른 특색을 보였다. 노예제와 노예여성을 첩으로 삼는 행위는 당연한 것으로 여겨졌다.

14 4.

베두인족과 정착민족을 포함하여 아랍사회에 조직화된 정치권력이 없었다는 사실은 조직화된 사법제도가 없었다는 것을 의미한다. 그러나 재산권, 상속권 그리고 살인행위 외의 다른 불법행위[39]에 관련된 분쟁을 해결하는 데에 있어서 오직 자기집행과 자력구제만이 적용되었던 것은 아니다. 이런 경우에 쌍방 간의 타협과 노력에 의해 적절한 해결을 보지 못하면 이 사건은 보통 중재자(하캄, Ḥakam)에게 맡겨지곤 하였다.[40] 중재자는 어떠한 폐쇄적 사회계급(Caste)에 속하지 않았다; 쌍방이 동의한 사람을 하캄으로 지정할 수 있었으며, 일반적으로 부족장이 하캄이 되는 일은 드물었다. 하캄

---

38) 역자주: 아랍어 '디야'(Diyya)를 번역한 것이며, 살인, 상해 및 물건의 파손에 대해 피해자 본인 및 피해자의 유족에게 지불하는 경제적인 보상을 의미한다. 이 용어는 Blood-Money 혹은 Victim's compensation으로 번역된다.

39) 역자주: 불법행위는 'Torts'를 번역한 것이다. 'Torts'란 손해배상청구권을 발생시키는 위법행위로서 법체계적으로는 민사법의 분야에 속한다. 우리 민법 제750조 이하가 이에 해당한다.

40) 역자주: 이슬람 이전 시대에 행해졌던 하캄에 의한 중재제도에 대한 무함마드의 부정적 태도에 대해서는 이 책 [19] 참조.

은 그의 개인적 자질과 평판에 의해 선정되곤 했는데, 대체로 분쟁을 해결하는 능력으로 유명한 가문에 속한 사람을 하캄으로 결정하였다. 하캄을 선정하기 전에 당사자들이 그로 하여금 어떤 비밀을 점쳐보게 함으로써 그의 영적인 힘을 미리 시험한 후에 하캄으로 선택하였다. 그리고 이런 영적인 능력은 보통 점쟁이에게 흔했기 때문에 예언자나 점쟁이(카힌, Kāhin)가 중재자로 선택되는 것이 일반적이었다. 쌍방은 하캄의 선임에 대해서뿐만 아니라 그들이 그에게 맡기게 될 소송원인(Cause of action)에 대해서도 동의해야 했다. 하캄이 그 사건을 맡기로 하면, 쌍방은 그의 결정에 반드시 따른다는 것을 확실하게 보장하기 위한 담보로 물건이나 인질을 그에게 맡겨야 한다. 하캄의 최종적인 결정은 강제적인 판결이라기보다는(집행은 물론 담보로 보증되어야 했다) 쟁점이 되는 사안에 대한 정당한 해결에 관한 언명이다. 그러므로 그 결정은 관습법의 내용이 어떠한지 또는 관습법은 어떻게 되어야 하는지에 관한 권위 있는 명령문이 되었다; 하캄의 역할은 관습 혹은 관행에 대한 권위 있는 해석자로서 궁극에는 입법자의 기능도 수행했다. 하캄들은 이미 확인된 관습·관행을 적용했고 동시에 이를 발전시켰다. 하캄들이 타협과 중재의 절차를 수행함에 있어서 최우선에 두었던 것이 관습·관행인데 이는 대중의 지지에 바탕을 두고 있었다. 하캄들의 활동 결과인 관습·관행은 이슬람법 형성에 있어서 가장 중요한 요소는 아니었다 하더라도 매우 중요한 요소였다는 점은 틀림없다.

15 5.

어찌 보면 당연한 일이지만, 이슬람 이전 시대의 관습법에 관한 전문용어들은 이슬람법의 전문용어 안에 상당히 많이 남아있다. 그러나 그 반대는 아니다. 따라서 명백한 증거가 없는 한 이슬람의 법률용어들은 이슬람 이전 시대에 적용될 수 없다. 이슬람 이전 시대의 법률용어에 대한 포괄적인 연구는 아직 시도된 바가 없다. 옛 시절의 전문용어는 다소 수정되고, 보다 한정적인 의미로 변경되기도 하며, 때에 따라서는 완전히 다른 의미를 가지면서 이슬람법에서 사용되었는데, 이러한 예는 아즈르(Ajr) 혹은 라흔(Rahn)에서 볼 수 있다; 어떤 용어는 이전에 그것이 상징하던 행위와의 관계를 완전히 상실하였는데 사프까(Ṣafḳa) 같은 것이 그 예이다; 또는 따로 떨어져 고립되어 고언어(古言語)가 되어버렸는데, 우다(Uhda) 같은 것이 그렇다. 혹은 이슬람법이 완전히 인정하지 않는 제도와 관계된 것도 있는데, 마크스(Maks), 우무라(‘Umrā), 루크바(Ruḳbā) 등이 그 예이다. 혹은 완전히 전문용어 세계에서 밀려난 것도 있는데, 말라사(Malasa, Uhda의 반의어)가 그 예이다.

16 6.

이슬람 이전 시대의 관습법에 외국에서 들어온 요소가 섞여있는지는 확실하지 않다. 그렇다 하더라도 그런 요소가 이슬람법 안에 남아 있지는 않은 것으로 보인다.[41] 이슬람 이전 시대의 아랍사회는 시리아 국경에서 비잔틴 세계와 접촉을 가지면서 많은 그리스-라틴(Greco-Latin) 용어와 제도를 접하게 되었는데, 그 대부분은 군사와 행정에 관한 것이었고 일부만이 법에 관한 것이었다. 이런 식으로 강도(强盜)를 뜻하는 그리스 용어가 ‘Liṣṣ’(Laṣt, Liṣt, Luṣt로 변형됨)라는 외래어의 형태로 아랍어에 들어오게 되었는데, 꾸란과 그 이후의 이슬람법이 노상강도의 범죄행위를 처벌하였다 하더라도 그에 해당하는 용어인 까트 알 타리끄(Ḳaṭ al-Ṭarīḳ)는 꾸란 이후에 발전된 것이며, 이슬람 이전 시대의 아랍사회에서는 강도가 범죄행위로 여겨지지 않았다. 또한 “매수인에 대하여 상품의 결점이나 결함을 감추

41) 이슬람법에 외국적 요소가 존재한다면, 그 요소는 이슬람력 1세기에 도입된 것이다.

다"라는 뜻의 아랍어 동사인 'Dallas'는 라틴어 'Dolus'에서 파생된 것이다. 이 말은 이른 시기에 상업적 경로를 통해 아랍세계에 들어온 것이지만, 이 말이 이슬람 이전 시대의 법에서 사기(詐欺)를 뜻하는 전문용어로 사용되지는 않았다.42)

17 서면화된 문서의 사용이 이슬람 이전 시대와 무함마드 시대에 이루어졌음은 이미 증명된 사실이며, 비록 이슬람의 법이론이 그 기록에 주의를 기울이지는 않았다 하더라도 그런 문서기록은 이슬람법에서도 이루어졌다. 아랍인들은 그 주위를 둘러싸고 있는 정착문화 국가들과의 교류의 영향으로 문서기록의 사용에 친숙하게 되었는데, 이런 전통은 시리아와 이라크에서 들어온 것으로 보인다.

18 별개의 문명에 속하는 고대 남부 아랍의 법적인 제도들은 (북부의) 아랍민족들에게 별다른 영향을 끼치지 못했던 것 같다. 그러나 때로 남부 아랍에 현존하는 일정한 제도는 이슬람 이전 시기의 특성이 있다는 것을 증명하고 확인할 수 있도록 해주는데, 두 명의 증인을 두는 규칙이라든가 무하깔라(Muḥāḳala) 계약43)이 그 예이다.

---

42) 담보·저당의 뜻을 가진 단어 'Arabūn'은 그리스어에서 유래한 것인데, 이는 근동지방의 법에 존재했던 오래된 제도임에도 불구하고 이슬람력 2세기 이후에서야 아랍에서 발견되었다. 그러나 이슬람법은 그 제도를 수용하지 않았다.

43) 이에 대해서는 이 책 [269], [282] 참조.

제3장 예언자 무함마드와 꾸란

19 1.

예언자 무함마드는 종교개혁가로서 메카(Mecca)에서 출현했고, 그는 그 지방의 비무슬림들이 자신을 한낱 점쟁이(카힌, Kāhin)로 간주하는 것에 대해 강하게 반발했다. 그는 자신의 개인적 권위 덕분에 서기 622년 종족 분쟁의 중재자로서 메디나로 초청받았고, 이를 계기로 예언가로서 이슬람교에 기초한 새로운 사회의 통치자 겸 법제정자가 되었다. 이슬람교는 아랍 부족사회를 이슬람교로 대체하려 하였으며 아랍사회는 점차 그렇게 변모했다. 무함마드는 자신이 점쟁이(Kāhin)라는 것을 부정했고, 이는 과거 비무슬림에 의해 실행되었던 형태의 중재제도[44]가 지양되는 결과를 가져왔다. 왜냐하면 당시 중재자, 즉 하캄(Ḥakam)들은 대부분 점쟁이였기 때문이다(꾸란 제4장 제60절[45]). 그럼에도 불구하고 무함마드는 이슬람사회에서 법관으로 활동할 때, 하캄(Ḥakam)으로서의 역할을 지속적으로 수행하였다. 꾸란은 혼인 관련 분쟁에 있어서 남편과 아내의 집안으로부터 각각 중재자를 임명하도록 규정하였다(꾸란 제4장 제35절[46]). 꾸란은 무함마드의 재판

---

44) 역자주: 중재제도에 대해서는 이 책 [14] 참조.

45) 역자주: 꾸란 제4장 제60절은 다음과 같다: "그대에게 계시된 것과 이전에 계시된 것을 믿는 척하면서 우상에 구원하여 분쟁을 해결하려는 그들을 그대는 보지 않느뇨. 그들은 그것을 섬기지 말라 명령받았노라. 그러나 사탄은 그들을 방황케 혀려 하도다." "…우상에 구원하여 분쟁을 해결하려는 그들을…"에서 '그들'이란 구약과 신약과 꾸란을 믿는 척하면서 우상을 숭배하는 위선자들을 의미한다(『성 꾸란(의미의 한국어 번역)』, 146면 참조).

활동을 언급할 때마다(꾸란 제4장 제105절[47] 등) 동사 하카마(Ḥakama)와 그것의 파생어를 사용하는 반면에, 까디(Ḳāḍī)[48]라는 용어의 어원이기도 한 동사 까다(Ḳaḍā)는 법관의 판결이 아닌 알라 또는 무함마드 중 하나에 의하여 행해지는 명령을 언급할 때 꾸준히 사용됐다('Ḳaḍā'라는 동사는 또한 심판의 날(the Day of Judgement)[49]과 관련하여 나타날 때도 있으나, 단지 판결만을 비유적으로 의미하게 되었다). 꾸란의 한 절에서 이들 두 동사가 나란히 쓰이기도 한다(꾸란 제4장 제65절): "그들은 그대로 하여금 분쟁을 조정(Yuḥakkimūka)하도록 하고 그대가 조정한 결정(Ḳaḍāyata)에 대하여 만족하고 그에 순응하지 아니할 때 그들은 결코 믿는 신앙인이라 할 수 없노라." 여기에서 첫 번째 동사(Yuḥakkimūka, 원형동사-Ḥakama)는 무함마드의 활동에서 중재적 측면을 의미하는데 반해, 두 번째 동사(Ḳaḍāyata, 원형동사-Ḳaḍā)는 그의 결정의 권위적 성격을 강조한다. 이는 재판에 있어서 새로운 이슬람적 사고가 등장했음을 처음으로 암시하는 것이다. 꾸란은 과거와 마찬가지로 하캄(Ḥakam)을 선택하는 자유가 일반적으로 인정된다는 입장이지만, 예언자 무함마드는 신자들 사이의 분쟁에 있어서 하캄(Ḥakam)으로 지명되는 것에 대하여 매우 큰 중요성을 부여하였다; 무함마드는 또한 조정을 거부할 수 있는 이슬람 이전시대의 중재자(Ancient Ḥakam)의 권리

46) 역자주: 꾸란 제4장 제35절은 다음과 같다: "너희 부부 사이에 헤어질 우려가 있다면 남자 가족에서 한 사람, 여자 한 사람, 중재자를 임명하라. 만일 화해를 원한다면 하나님은 그들을 다시 한 마음으로 하시나니 하나님은 모든 일에 만사형통 하심이라." 가정의 불화를 해결하는 가장 훌륭한 방법은 법제도를 통해서 해결하는 것이 아니라 남편과 아내 쪽의 중재자를 통하여 하나님의 섭리에 입각하여 해결하는 것이라고 본다(『성 꾸란(의미의 한국어 번역)』, 140면 참조).

47) 역자주: 꾸란 제4장 제105절은 다음과 같다: "하나님이 그대에게 성서를 계시했나니 이로써 백성들을 다스릴 것이라 하나님은 그대를 주시하고 계시나니 믿음을 배반하는 자를 변호하지 말라."(『성 꾸란(의미의 한국어 번역)』, 157면 참조)

48) 역자주: 까디(Ḳāḍī)는 샤리아를 적용하는 이슬람의 법관을 말한다.

49) 역자주: 기독교에서도 말하는 '심판의 날' 또는 '종말의 날'을 말한다.

를 자신에게 유보해 두었다(꾸란 제4장 제59절[50], 제5장 제42절[51], 제24장 제48절~제51절[52]). 그러나 예언자로서의 그의 지위는 메디나에서 그의 활동시기의 후반부에 상당한 정치적·군사적 권한에 힘입어 중재자가 얻을 수 있는 것보다 더 큰 권위를 가져다주었다. 그는 예언자이자 입법자로 거듭나게 된 것이다. 그러나 그는 그가 가진 거의 절대적인 권력을 현존하는 법체계 안이 아닌 그 밖에서 행사하였다. 즉 그의 권위는 법적인 것이 아니라, 신자들에게는 종교적인 것 그리고 미온적인 신자들에게는 정치적인 것이었다.

20 2.

또한, 예언자 무함마드에 의한 법률제정은 아라비아의 법에 있어서 하나

50) 역자주: 꾸란 제4장 제59절은 다음과 같다: "믿는 자들이여, 하나님께 복종하고 예언자와 너희 가운데 책임이 있는 자들에게 순종하라. 만일 너희가 어떤 일에 분쟁이 있을 경우 하나님과 예언자께 위탁하라. 너희가 하나님과 내세를 믿는다면 그것이 선이요 가장 아름다운 최선이라."(『성 꾸란(의미의 한국어 번역)』, 146면 참조).

51) 역자주: 꾸란 제5장 제42절은 다음과 같다: "허위를 귀담아 들으며 금기된 재산을 삼키는 그들이 그대에게 오거든 그들을 판단하거나 그들의 요구를 부인하라. 그대가 부인한다 하도 그들은 그대를 조금도 해치지 못하리니 그대가 판결할 때는 그들을 공평하게 판결하라. 하나님은 공평하게 다스리는 자들을 사랑하시니라."(『성 꾸란(의미의 한국어 번역)』, 187면 참조).

52) 역자주: 꾸란 제24장 제48절은 다음과 같다: "이들은 하나님과 그분의 예언자에게 소환되어 심판을 받게 될 때도 그들 중의 무리는 등을 돌릴 것이다." 꾸란 제24장 제49절은 다음과 같다: "만일 그들이(위선자들) 진리의 편에 있었다면 그들은 그분께(예언자) 순종하며 재촉하여 왔으리라." 꾸란 제24장 제50절은 다음과 같다: "그들의 마음이 병들었는가? 아니면 의심을 하는가? 아니면 하나님과 예언자께서 그들을 부당하게 하리라 두려워하는가? 사악한 행위를 하는 자들이 오히려 그들 자신들이라." 꾸란 제24장 제51절은 다음과 같다: "그러나 믿음을 가진 이들은 하나님과 예언자에게 소환되어 심판을 받을 때 저희는 들었습니다. 그리고 순종하였습니다 라고만 말할 것이니 번성할 자들이 바로 이들이라."(『성 꾸란(의미의 한국어 번역)』, 653면 참조).

의 개혁이었다. 일반적으로 말하자면, 무함마드는 당시 이미 존재하고 있었던 관습법을 변경할 이유가 없었다. 예언자로서의 그의 목표는 새로운 법체계를 탄생시키는 것이 아니라, 인간들이 심판의 날에 있을 벌을 피하고 천국으로 들어갈 수 있기 위해서 어떻게 행동해야 하고, 무엇을 해야 하며, 또한 어떠한 것을 피해야 하는지를 가르쳐 주는 것이었기 때문이다. 이런 이유로 인해 일반적으로 이슬람, 특히 이슬람법은 동일한 기초 위에서 종교적·법률적 그리고 도덕적 의무들로 구성된 체계이며 그 의무들을 모두 동일한 종교적 명령의 권위 아래 모아놓은 체계이기도 하다. 만약 종교적·윤리적 기준들이 인간행동의 모든 면에 포괄적으로 적용되고 계속 실행에 옮겨진다면, 좁은 의미에서의 법체계라는 개념은 존재해야 할 필요성 내지 존재할 가치가 없었을 것이다. 사실 이것이 원래 예언자 무함마드의 이상이었다. 이를 증명하는 예로서 꾸란에는 매우 넓은 의미로서 용서의 미덕이 반복적으로 주장되었고,[53] 그 결과 이슬람법에서는 권리의 포기(Abandonment of Rights)[54]도 자세히 다루어졌다. 그러나 법제도가 문제되

---

53) 역자주: 꾸란 제2장 제263절("겸손한 말 한마디와 관용은 마음에 괴로움을 주는 희사보다 나으니라. 하나님은 부족함이 없으며 관대하시니라."); 제3장 제134절("부유함과 어려움을 가리지 않고 자선을 베풀되 노하지 아니하며 사람들에게 자비를 베푸는 자는 하나님의 사랑을 받을 자라."); 제4장 제149절("너희가 드러나게 선을 행하든 모르게 행하든 또는 잘못을 관용으로 용서하든 실로 하나님은 관용과 권능으로 충만하시니라."); 제16장 제126절("벌을 가하되 너희가 당한 고난과 같은 것이라. 그러나 너희가 인내한다면 인내하는 이들에게는 더 큰 복이라."); 제24장 제22절("… 그리고 그들로 하여금 관용을 베풀도록 하라. 너희는 하나님께서 너희에게 관용을 베풀어 줄 것을 원하지 아니하느뇨…"); 제42장 제37절("이들은 큰 죄악을 피하고 부끄러운 행위들을 피하며 화가 날 때에도 용서하는 자들이라."), 제 42장 제40절("그러나 관용을 베풀어 개선하게 하는 자는 하나님으로부터 보상을 받노라."), 제42장 제43절("인내하고 관용을 베푸는 것 실로 그것들이 인내요 굳은 결심중의 하나라."); 제64장 제14절("너희가 사랑을 베풀어 용서하고 관용을 베푼다면 하나님은 관용과 자비로 충만하시니라.")(『성 꾸란(의미의 한국어 번역)』, 72, 112, 165, 498, 646, 920, 921, 1096면 참조).

54) 역자주: 여기에서의 'rights'는 엄격한 의미에서의 법적인 권리를 뜻하는 것으로 보인다. 분쟁당사자가 엄밀한 의미에서의 권리를 주장한다면 대립관계가 극단을 향해 치

는 경우에 예언자 무함마드는 종교적·도덕적 원칙을 그 법제도에 적용하는 것을 멈추어야 했다.55)

21 꾸란은 공정한 중재를 하고 뇌물을 제공하지 말 것이며, 진실된 증거를 제공하고 적절한 해결책을 제공하라고 명령하고 있다.56) 계약은 서면의 작성, 증인소환 그리고 서면작성이 없는 때에는 담보제공[보증 및 물적증거에 해당하는 라흔(Rahn)]에 관한 꾸란의 명령에 의해서 보호된다. 이는 꾸란이 인정하는 것으로서 이슬람 이전 시대로부터 내려온 관습들이다. 또한 일반적으로 계약은 이행을 위한 명령,57) 특히 신탁물 또는 위탁물(아마나, Amāna)은 소유자에게 반환할 것을 요구하는 명령에 의해 보호된다.58) 이러한

달을 것인데 이러한 상황을 지양하고 용서의 미덕이 강조된다는 의미에서 저자는 '권리의 포기'라는 표현을 사용한 것 같다.

55) 역자주: 종교적·도덕적 원칙을 법제도에 일괄 적용하는 것에는 한계가 있다는 사정을 설명하고 있다.

56) 역자주: 꾸란 제4장 제58절("하나님은 모든 기탁물을 그들 소유자들에게 환원토록 명령하셨으며 너희가 판별할 때에는 공정하게 판정하라 하였으니 이것이 바로 하나님이 가르친 교훈이라…"); 제5장 제42절("…그대가 판결할 때에는 공평하게 판별하라. 하나님은 공평하게 다스리는 자들을 사랑하시니라."); 제6장 제152절); 제2장 제188절; 제2장 제283절; 제4장 제135절; 제5장 제8절; 제25장 제72절; 제70장 제33절; 제6장 제152절; 제17장 제35절; 제55장 제8절 이하; 제83장 제1절~제3절. (『성 꾸란(의미의 한국어 번역)』, 145면, 187면 참조).

57) 역자주: 형태와 종류에 관계없이 체결된 조약을 준수하는 것은 이슬람 윤리의 핵심에 해당한다.

58) 역자주: 꾸란 제2장 제282절("…일정기간 채무를 계약할 때에는 서식으로 기록하되 양자 사이에 서기로 하여금 공정하게 쓰게 하라. 하나님의 가르침이시니 기록하는 것을 거절해서는 안 되며 또한 채무를 진 사람으로 하여금 받아쓰게 할 것이며… 그 당사자가 능력이 부족하거나 허약하여 받아쓸 능력이 없는 경우에는 그이 후원자로 하여금 공정하게 쓰게 하라. 그리고 두 남자의 증인을 세울 것이며 두 남자가 없을 경우는 한 남자와 두 여자를 선택하여 증인으로 세우라… 증인으로 요청이 있을 때는 거절하지 말라. 그 계약의 기간 또는 규모가 작든 크든 기록하는 것을 꺼려하지 말라. 그것이야 말로 하나님 앞에서 보다 옳은 것이며 증거로서 보다 적합하며 너희간의 의심을 없애는 보다 편리한 것이라. 그러나 너희가 즉석에서 거래하는 경우라면 기록을 하지 않아도 죄가 아니나 상업적 거래인 때에는 증인이 있어야 하며 증인이나 서

명령은 법적 문제에 접근하는 꾸란의 윤리적 태도의 전형적인 모습이다. 심지어 일정한 사행성오락(Game of Hazard: 마이씨르, Maysir)과 불로소득(리바, Ribā)[59]의 금지도-비록 (그것들이) 특정한 법적 거래유형과 직접 관련되어 있기는 하지만-이들 거래의 유형과 효과를 규율하는 법규범을 정하려고 했던 것은 아니고 일정한 거래를 허용하거나 금지하는 도덕규범을 세우려는 노력의 일환이었다. 그러나 그와 같이 금지된 거래가 이루어진 경우에 대하여 꾸란은 그 거래가 효력이 없고 그로부터는 어떠한 의무도 발생하지 않는다는

기에게도 손해를 주지 말라…"); 제2장 제177절; 제3장 제76절; 제4장 제58절("하나님은 모든 기탁물을 그들 소유자들에게 환원토록 명령하셨으며 너희가 판별할 때에는 공정하게 판정하라 하였으니 이것이 바라 하나님이 가르친 교훈이라…"); 제5장 제1절; 제8장 제27절("믿는 자들이여 하나님과 예언자를 배반하지 말며 너희의 신념도 배반하지 말라…"); 제9장 제4절("…너희와 조약을 맺은 불신자들이 너희와 맺은 조약을 조금도 깨뜨리지 아니하고 너희의 적을 지원하지 아니한 그들은 제외이니 그들과 기간 만료까지 조약을 이행하라. 실로 하나님은 정의로운 자들을 사랑하시니라."); 제9장 제7절; 제16장 제91절 이하; 제17장 제34절; 제23장 제8절; 제70장 제32~35절("신용을 지키고 약속을 이행하는 자들과 증언을 함에 정직한 자들과 예배생활에 충실한 자들은 축복받은 천국에 있게 되리라."). (『성 꾸란(의미의 한국어 번역)』, 76면, 77면, 145면, 306면, 322면 참조).

59) 역자주: 꾸란 제2장 제219절("술과 도박에 관하여 그대에게 물을 때 일러 가로되 그 두 곳에는 큰 죄악과 인간에게 유용한 것이 있으나 그것의 죄악은 효용보다 크다…"); 제5장 제90절("믿는 자들이여 술과 도박과 우상숭배와 점술은 사탄이 행하는 불결한 것들이거늘…") 이하; 제2장 제275절~제9절; 제3장 제130절; 제4장 제161절; 제30장 제39절. Ribā는 부당이득 또는 꾸란에서 표시하듯이 타인의 재산을 정당한 이유 없이 소비하는 것(즉 자신의 이익을 위해 사용하는 것)에 해당하는 경우이며, 이는 꾸란 제2장 제188절("…너희의 재산을 무익하게 삼키지 말 것이며 또 타인의 재산을 탐내어 교만스럽게 재판의 미끼로써 사용치 말라…"), 제4장 제29절·제161절, 제9장 제34절에서 금지되어 있다. (『성 꾸란(의미의 한국어 번역)』, 50면, 58면, 199면 참조). 흔히 리바(Ribā)를 Interest(이자)로 번역하고 있으나, 정확한 리바(Ribā)의 의미는 증가(Increase)이다. 리바(Ribā)에는 두 가지 종류가 있다. 하나는 신용거래나 돈의 지불을 연기함으로써 발생하는 증가를 뜻하는 리바 알 나시아(Ribā al-Nasiha)이고, 다른 하나는 신용거래나 돈의 지불을 연기 외의 상황에서 발생하는 증가를 뜻하는 리바 알 파들(Ribā al-Fadl)이 있다.

관념을 표현하지 않았다. 이슬람 법학으로서는 종교적 평가의 단계를 설정하는 것과 아울러 법적 효력의 단계를 설정해야 할 과제를 안고 있었다.[60] 이와 동일한 태도는 전쟁과 전리품에 관한 꾸란과 가족법의 전체 체계도 지배하고 있다. 전쟁과 전리품에 대한 법은 주로 싸워야 되거나 싸우게 될지도 모르는 적을 결정하는 것과 전리품을 (이슬람 이전 시대 관습법의 전체적인 틀 안에서) 어떻게 분배할 것인가와 피정복자들을 어떻게 다룰 것인가와 관련되어 있다. 꾸란에서 가족법은 많은 절(대부분 꾸란 제2장과 제4장)에 흩어져 있음에도 불구하고 매우 자세하게 다루어지고 있다. 여기서 중요한 비중을 차지하는 문제는 여성과 아이들, 고아와 친척, 부양가족과 노예들을 어떻게 대해야 하는가의 문제이다. 규범을 준수한 행위에 대한 법적 효과에 대하여 특별한 언급은 없으나, 가령 유효한 혼인·이혼 등이 성립할 수 있음은 대체로 자명하다; 반면에 규범을 위반한 행위의 법적 효과, 예컨대 민사책임[61]의 문제에 대해서도 마찬가지로 특별한 언급이 없다. 적어도 채권법과 가족법에 관한 한, 특정한 관련 사실 내지 행위에 대하여 일정한 법적 결론을 부여하는 전문적인 법적 진술은 거의 없다. 그와 같은 전문적인 법적 진술은 형법의 영역에 존재하는데, 형법 분야에 있어서는 그것이 필수불가결한 것이다. 꾸란의 구절에 범죄에 대한 제재가 규정되어 있다는 것은 쉽게 알 수 있으나, 그것들 역시 본질적으로는 도덕적인 것이고 형벌적인 성질은 단지 부차적인 것에 불과하다; 금지는 필수적인 요소인데 반해, 처벌에 관한 규정은 새롭게 세워진 이슬람국가의 관리(Agents) 또는 보복문제에 연루된 피해자 또는 피해자의 가까운 친족을 위한 규범이다. 절도의 금지는 이미 알고 있는 것으로 간주되어 그에 대한 처벌만이 규정되어 있다(꾸란 제5장 제38절[62]).

60) 이 책 [203], [204] 참조.

61) 역자주: 민사책임은 금지된 행위로 인하여 타인에게 손해가 발생한 경우에 그에 대한 배상이 문제되는 제도라는 점을 생각해 보라.

62) 역자주: 제5장 제38절 "물건을 훔친 남녀의 손을 자르라. 이는 그 두 손이 얻은 것에 대한 하나님의 벌이거늘 하나님은 전능과 지혜로 충만하심이라." (『성 꾸란(의미의

반대로 술을 마시는 행위(꾸란 제2장 제219절[63]; 제4장 제43절[64]; 제5장 제90절[65] 이하), 사행성오락(Game of Hazard: Maysir) 및 불로소득의 금지에 대해서는 (지옥에서 처벌되지 않는 이상) 처벌내용을 정하지는 않고 이들 행위가 금지된다는 취지만을 정하고 있다.[66] 보복과 피의 값(Blood-Money),[67] 절도, 간통과 간통무고,[68] 간통·간통무고 소송에 관한 절차 및 노상강도에 관한 규정들이 존재한다.[69]

22 이러한 사안들에 대해 꾸란이 규정을 둔 이유는, 당시의 지배적인 사회상황에 만족하지 않고 여성·고아 및 약자들의 일반적인 지위를 개선하며 성도덕의 해이를 규제하면서 혼인관계를 강화하고,[70] 부족간의 싸움을 없애는 동시에 개인적 보복과 앙갚음을 규제하기 위한 것에서 찾을 수 있다; 그리고 이교 숭배와 관련된다는 이유로 마련된 도박의 금지, 음주

한국어 번역)』, 186면 참조).

63) 역자주: "술과 도박에 관하여 그대에게 물을 때 일러 가로되, 그 두 곳에는 큰 죄악과 인간에 유용한 것이 있으나 그것의 죄악은 효용보다 크다…" (『성 꾸란(의미의 한국어 번역)』, 58면 참조).

64) 역자주: "믿는 자들이여 술에 취하여 예배하지 말라…"(『성 꾸란(의미의 한국어 번역)』, 142면 참조).

65) 역자주: "믿는 자들이여 술과 도박과 우상숭배와 점술은 사탄이 행하는 불결한 것들이거늘 그것들을 피하라…" (『성 꾸란(의미의 한국어 번역)』, 199면 참조).

66) 이슬람법에서 음주에 대한 처벌은 꾸란이 아닌 하디스에 기초하고 있다.

67) 역자주: 피의 값(Blood-Money)에 대해서는 이 책 [12] 참조.

68) 역자주: 이와 관련하여 꾸란 제24장 제4절은 다음과 같이 말하고 있다: "순결한 여성들을 중상하는 자들이 네 명의 증인을 내세우지 못할 경우 그들에게 여든 대의 가죽형을 가하되 그들의 증언도 수락해서는 아니 되나니 이들은 사악한 죄인들이라." (『성 꾸란(의미의 한국어 번역)』, 642면 참조).

69) 꾸란 제2장 제178절 이하; 제4장 제92절; 제5장 제45절; 제16장 제126절; 제17장 제33절; 제5장 제38절; 제4장 제15절 이하, 제25절; 제24장 제2절~제20절. 제5장 제33절 이하.

70) 무함마드에 의해서 지향된 이 분야에 대한 개혁은 다소 점진적인 것이었고, 그가 대면할 상황은 논의의 대상이 되는 꾸란의 구절에 대한 전통적 이슬람식 해석에 따라 추측되는 것보다 더욱 복잡했다.

의 금지 및 이자취득의 금지는 아마도 고대 아랍인의 행동규준과의 가장 뚜렷한 단절이다. 불로소득 취득의 금지는 메카인의 상업적 관습에 대한 무함마드의 개인적 반응이라기보다는 유대교의 교리와 메디나의 관습에 대한 무함마드의 인식태도로부터 영향을 받았음이 거의 확실하다. 그리고 보복의 원칙이 살인에서 신체상해로까지 확대된 것(꾸란 제5장 45절[71]) 또한 무함마드가 유대인의 구약성서(출애굽기 제21장 제23절~제25절[72]; 레위기 제24장 제19절 이하[73]); 신명기 제19장 제21절[74])로부터 배운 것에 기초하고 있다. 그밖에 고대 부족조직의 해체와 새로이 무슬림이 된 신자들로 구성된 공동체의 창설이라는 무함마드의 주된 정치적 목적에 따라 가족법, 보복 관련법 또는 전쟁법에서 발생한 새로운 문제들을 다루어야 할 필요성이 생기게 되었다. 이것은 꾸란이 일부다처제를 언급하고 있는 점에서 볼 때 특히 명백하다(꾸란 제4장 제3절[75]). 몇 가지의 현실적인 논쟁들도 명백한 규범의 필요성을 부각시켰을 가능성이 있다.[76] 이러한 필요성에 따라 꾸란은 도덕적 원칙과 가장 관련이 없고 개인에게 권리를 부여하는 문

---

71) 역자주: "하나님은 그들에게 명령하여 생명은 생명으로, 눈은 눈으로, 코는 코로, 귀는 귀로, 이는 이로, 상처는 상처로 대하라 했으니, 그러나 자선으로써 그 보복을 하지 아니함은 속죄됨이라…" (『성 꾸란(의미의 한국어 번역)』, 188면 참조).

72) 역자주: "… 생명은 생명으로, 눈은 눈으로, 이는 이로, 손은 손으로, 발은 발로, 데운 것은 데움으로, 상하게 한 것은 상함으로, 때린 것은 때림으로 갚을 지니라."

73) 역자주: "사람이 만일 그 이웃을 상하였으면 그 행한 대로 그에게 행할 것이니 파상은 파상으로, 눈은 눈으로, 이는 이로 갚을지라…"

74) 역자주: "네 눈이 긍휼히 보지 말라. 생명은 생명으로, 눈은 눈으로, 이는 이로, 손은 손으로, 발은 발로니라."

75) 역자주: "만일 너희가 고아들을 공정하게 대처하여 줄 수 있을 것 같은 두려움이 있다면 좋은 여성과 결혼하라. 두 번 또는 세 번 또는 네 번도 좋으니라…" 꾸란에서 일부다처제를 인정한 것은 잦은 전쟁에서 남성이 많이 사망함에 따라 여성과 고아를 보호하기 위한 조치라고 설명한다. (『성 꾸란(의미의 한국어 번역)』, 130면 참조).

76) 어떤 규범들은 무함마드의 개인적 문제에 의해서 제기된 것들인데, 양자(養子)가 그의 아내와 이혼을 한 후에는 양부가 그 여자와 혼인을 할 수 있다든가(꾸란 제33장 제5절, 제37절) 간통에 대한 무고(꾸란 제24장 제4절~제20절)와 같은 것이 그 예이다.

제와 가장 긴밀하게 관련되는 상속 문제에 대해서 규정한 것으로 보인다.[77] 여기에서조차도 꾸란의 법제정은, 죽은 사람의 재산을 어떻게 처리해야 하는가에 관한 명확한 규정을 두기 위하여 윤리적 행동규칙을 제공하는 것에서부터 순차적으로 진행되었으며, 최종적인 단계인 법제정에 있어서도 윤리적인 요소가 포함되었는데, 여기에서의 윤리적인 요소는 예전의 관습법 하에서 상속권이 부정된 자에게도 상속분을 배분하는 경향으로 나타났다.

23 법제정에 관한 꾸란의 이러한 성격은 이슬람법에서 유지되었다. 그리고 관련 행위에 대해서 법적인 결론을 부여해야 한다는 순수한 법적 태도는 주로 신자들에게 부과하는 윤리적인 기준에 의해서 대체되었다.

---

77) 꾸란 제8장 제72절, 제75절; 제33장 제6절; 제2장 제180절~제182절, 제240절; 제4장 제19절, 제33절; 제4장 제7절~제14절, 제176절.

제4장 이슬람의 첫 세기

24 1.

예언자 무함마드 사망(서기 632년) 후 3세대의 기간(약 이슬람력 1세기)은 그 시대와 관련된 증거의 부족으로 인해 가장 모호한 시기라고 볼 수 있지만, 많은 면에서 볼 때 이슬람법의 역사에서 가장 중요한 시기이기도 하다. 이 시기에 이슬람법 특유의 여러 속성들이 형성되기 시작했고 초기 이슬람사회는 고유의 법률기관도 만들기 시작했다. 신빙성이 충분하지는 않지만 이용 가능한 증거들에 따르면, 고대 아랍의 중재제도와 일반 아랍 관습법은 꾸란에 의해 개선되고 완성되면서 무함마드의 첫 계승자인 메디나의 칼리파들[78](Caliphs, 632-661년)에 의해 지속되었음을 알 수 있다. 무함마드의 사망 후 칼리파들이 이슬람 사회의 지도자가 된 것은 사실이지만 그들이 최고 중재자의 역할까지 수행한 것으로 보이지는 않는다. 이는, 무함마드 사망 이후 다소 시간이 흐른 뒤에 어떤 시인이 관객들에게 무함마드의 부족인 꾸라이쉬(Ḳuraysh)에 속하는 사람 중에서 중재자들을 뽑을 것을 권고하는 모습을 통해 알 수 있다.[79] 비록 무함마드와 같은 종교적 권위는 결여되었으나 칼리파들은 최고통치자와 최고행정가로서의 역할을 수행하면서 대부분은 공동체사회의 입법자로서 활동하였다. 이슬람력 1세기 전반에 걸쳐서 이슬람정부의 행정업무와 입법업무는 분리되지 않았다. 그

78) 역자주: 칼리파(Caliph)에 대해서는 이 책 [7] 참조.

79) 역자주: 칼리파들(Caliphs)이 당연히 중재자가 되었다면 따로 중재자를 선택하는 문제가 발생하지 않았을 것이다.

러나 이러한 행정입법은 종래의 관습법을 수정하는 것과는 관련이 없었고, 단지 그 입법의 목적은 이슬람 국가의 이익을 위해 새롭게 정복한 지역들을 조직화하는 것을 목표로 하고 있을 뿐이었다. 한편, 형법 분야에 있어서 초기의 칼리파들은 태형과 같은 형벌을 부과하는 것과 같이 꾸란에 정해진 제재를 넘어서기도 했다. 가령, 고대 아라비아에서 시적 표현의 한 형태로 흔히 경쟁 부족들을 향해 풍자적인 시를 쓰곤 했는데 그 작가들을 태형으로 벌하였다.[80] 또한 이 시기에는 간통행위에 대한 처벌로서 투석(投石) 형벌이 소개되기도 했는데, 이는 분명히 꾸란이 아니라 모세의 율법에서 유래된 것이었다.[81] 보복과 피의 값의 집행은 계속해서 피해자의 가장 가까운 친지의 주도 아래 이루어졌다. 초기의 칼리파들은 까디(Ḳāḍī)를 임명하지 않았고, 일반적으로 후에 이슬람 재판제도가 될 기반을 마련하지도 않았다; 이 점에 대해서는 직접적인 증거가 있다기보다는 당시의 정황에 비추어 볼 때 그렇게 판단할 수밖에 없다; 칼리파 오마르(Umar)가 까디(Ḳāḍī)에게 행한 것으로 알려진 명령[82] 또한 이슬람력 3세기의 일이었다.

25 2.

메디나 칼리파시대 말기에 이르러 이슬람사회는 정치적으로 분열되었다.

---

80) 역자주: 꾸란에는 태형이 규정되어 있다. 다음 구절이 그 예이다: "간통한 여자와 남자 각자에게 백 대의 채찍을 가하라"(제24장 제2절). 이런 점에서 볼 때 저자의 이 부분 설명은 꾸란이 태형을 규정하지 않았다는 의미가 아니라, 꾸란이 태형으로 처벌하도록 규정하지 않은 행위에 대해서도 태형을 가했다는 의미로 이해해야 할 것 같다.
81) 그러나 음주에 대한 형벌은 우마이야 왕조시대에도 아직 정착되지 못했다.
82) 역자주: 제2대 칼리파 오마르는 아부 무사 알 아샤리를 까디로 임명하면서 그에게 판결의 지침을 명령했다. 그 내용의 요지는 다음과 같다: "…증거에 입각하여 재판을 하라. 피고인에게 진실만을 증언할 것을 보장하는 선서를 하게 하라. 절차적 정의보다 실체적 진실 발견을 우선하라. 증거 발견에 시간 제한을 두라…"(Abdur Rahman I.Doi, Shari'ah The Islamic Law, Ta Ha Publsiher, 1984, p. 14)

그리고 카와리지(Khārijīs)파[83]와 쉬아파(Shiite)의 '이단적인' 운동은 정통파이자 다수파인 순니파(Sunni)와 어깨를 나란히 했다. '열두 이맘파'('Twelver' Shiites)[84]의 특별한 믿음으로 인하여 상속법은 순니파와는 전혀 다른 체계를 형성했다. 그러나 그 외의 다른 분야에 있어서 카와리지파와 쉬아파의 이슬람법의 원칙과 순니파 사이의 차이는 순니파의 4대 법학파 상호간에 존재하는 차이보다 크지 않다. 이러한 사실을 통하여 이슬람법의 여러 유형에 공통되는 본질적 특징들은 이슬람공동체가 분열하기 전인 이슬람력 1세기의 중반 이전에 확립되었다는 점을 알 수 있다. 그러나 최근 연구는, 고대 이슬람 분파들은 그들이 정통사회로부터 분리될 무렵 그 이전까지 존재하지 않았던 법체계의 본질적인 요소들을 다수파[85]와 공유할 수는 없었음을 보여주고 있다. 상당한 기간 동안, 특히 이슬람력 2·3세기 동안 그 분파들은 정통법학파들이 발전시키고 있던 이슬람법을 수용하기 위하여 순니파 사회와 충분한 교류를 유지하면서, 다만 그들의 특정한 정치적·종교적 교리에 의해 요구되는 수정만을 가하였다. 그리고 순니파의 법이론과 비교해 볼 때 쉬아파 고유의 이론부분이 적었기 때문에 그들 고유의 법이론을 정밀하게 정비하였다.[86] 한편 정확하게

83) 역자주: 제3대 칼리파(오스만)이 사망한 후 제4대 칼리파로 선임된 알리는 시리아 총독 무아위야 사이의 전쟁에서 무아위야는 협상을 청하였다. 이에 대응하는 과정에서 알리의 추종자들은 주전파와 협상파로 양분된다. 알리는 무아위야와 협상을 하게 되고 주전파는 알리의 진영을 떠나게 된다. '카리지야'라는 말은 '이탈자' 혹은 '탈퇴자'라는 뜻을 지닌 아랍어 '카라지'의 파생어이다. 즉 카리지파는 알리 진영으로부터 이탈한 자들이었다. 카리지파는 쉬아파를 형성한 알리와 순니파를 형성한 무아위야 모두를 알라의 적으로 규정하였다.

84) 역자주: 열두 이맘파 또는 이마미야(al-Imāmiyah)파는 쉬아파의 본류로 12명의 이맘을 모시기 때문에 그 같은 이름이 붙었다. 'Twelvers'라고도 하는데, 이들은 숫자상으로 쉬아파의 절대다수를 차지하며 현재 이란의 공식교리이기도 하다. 상세한 것은 손주영, '쉬아의 교리적 특성과 주요 갈래', 『중동연구』 제23권 제2호, 한국외국어대학교 중동연구소, 2004, 130~133면 참조.

85) 역자주: 순니파를 가리킨다.

86) 이에 대해서는 이 책 [192] 참조.

쉬아파 또는 순니파에 속하지 않는 몇몇 특정 학파들의 교리는 그것이 순니파의 법에 합치하지 않아 우연히 쉬아파의 교리로 정착된 것도 있다. 이에 해당하는 사례로는 일시적 혼인의 인정,[87] 주인에게 아이를 낳아준 천첩도 팔 수 있다[88]는 등의 교리를 들 수 있다. 카와리지파와 쉬아파의 운동은 이슬람 사회의 두 극단주의를 대표한다. 두 교단 모두 이라크에서 시작되었고 오랫동안 그곳에서 활동하였다. 만약 법의 기술적인 부분에 대한 그들의 교리가 때로는 일치하고 그것이 순니파의 교리들과 차이가 있다면, 이는 그와 같은 교리들이 한때 이라크 지역에서 통용되었지만 후에 순니파에 의해 버려졌기 때문이다.

26 3.

일찍이 고대 아랍에서 순나(Sunna)라는 관념은 선행(先行) 또는 규범적인 관행을 의미하는 것이었는데 이슬람 시대에 들어와 입지를 확고히 굳혔다. 아랍인들은 전통과 선례를 따르는 경향이 있었는데 이러한 태도는 지금도 마찬가지이다. 즉 조상 대대로 행해왔던 것은 본받을 만한 가치가 있는 관습을 따르는 것이다. 아랍인의 생활환경은 매우 불안정하여 새로운 실험과 개혁을 위한 여지가 거의 없어 종래의 전통을 유지하는 것이 그들에게는 황금률이었다. 이러한 선례 또는 순나의 사고 안에서 아랍의 보수주의가 나타난 것이다. 물론 그들은 순나가 비교적 가까운 과거에 한 개인에 의해 씌어졌을 수도 있다는 것을 알았으면서도, 그 개인이 그룹 전체의

---

87) 역자주: 부인이 4명 미만인 남자는 쉬아파의 성직자가 발급한 혼인허가서에 따라 정해진 기간 동안 임시적인 혼인관계를 가질 수 있다. 혼인기간은 최소 몇 시간에서부터 길게는 몇 년까지로 설정할 수 있으며 몇 시간 동안의 혼인허가서는 실제에 있어서는 매춘에 해당하는 것으로 볼 수 있다.

88) 역자주: 순니파 교리에 따르면 천첩이라 하더라도 아이를 낳아준 때에는 팔 수 없다.

지도자(이맘, Imām)로서 대표자 내지 대변인으로 여겨졌을 수도 있다고 믿은 것이다. 순나의 관념은 언제나 개혁에 대한 장애물로 작용했으며, 순나는 예나 지금이나 개혁의 신빙성을 떨어트리기 위해 존재했다. 아랍이 만난 최대의 개혁인 이슬람은 이러한 장애물을 극복해야만 했으며 이는 매우 고된 싸움이었다. 그러나 일단 이슬람이 널리 세력을 펼치게 되자 예전의 보수주의가 다시 주장되었는데, 이는 심지어 아랍의 작은 집단에서조차 그러했다. 바로 직전까지만 해도 혁신이었던 것이 이슬람의 등장으로 인해 이제는 행하여야 할 것, 즉 선례와 전통에 의해 신성화된 순나가 된 것이다. 이러한 고대 아랍의 순나 개념은 이슬람법의 중심개념이 되기에 이르렀다.

27 이슬람에 있어서 순나는 원래 법적이라기보다는 정치적 의미를 함축하고 있었다; 순나는 칼리파의 정책과 행정을 일컫는 것이었다. 초기의 두 칼리파였던 아부 바크르(Abū Bakr)[89]와 오마르(Umar)의 행정결정이 구속력 있는 선례인가의 문제가 오마르(Umar)의 계승자가 지명될 무렵(이슬람력 23년, 서기 644년)에 제기되었다. 그리고 제3대 칼리파 오스만(Uthmān)은 그의 정책에 대한 불만으로 인해 이슬람력 35년(서기 655년)에 암살되었는데, 그가 칼리파의 직위에 있을 때 전임자들의 정책과 꾸란을 따르지 않았을 당시에도 논란이 제기되었다. 이때에 '예언자의 순나'[90] 개념이 나타났는데, 이는 당시에는 아직 결정적인 규범체로서의 위상을 확보하지는 못했지만 아부 바크르(Abū Bakr) 및 오마르(Umar)의 순나와 꾸란 사이의 이론적 연결점을 제공하였다. '예언자의 순나' 개념의 사용에 대한 가장 초기의 명백하고

---

89) 역자주: 아부 바크르는 무함마드의 가장 가까운 교우이며 조언자였다. 63세의 나이로 무함마드가 사망하여 비탄에 빠진 신도들에게 그는 다음과 같이 말했다: "만일 그대들이 무함마드를 숭배하고 있다면, 분명히 무함마드는 죽었다. 그러나 만일 신을 숭배하고 있다면, 신은 지금도 살아 있다. 신은 결코 죽지 않는다."

90) 역자주: 여기에서의 예언자란 물론 무함마드를 말하는 것이다. 무함마드의 순나는 이슬람법의 법원(法源) 중 하나인 하디스를 구성한다.

신뢰할 만한 증거는 카와리지파의 지도자인 아브드 알라 이븐 이바드(Abd Allāh ibn Ibād)가 우마이야 왕조의 칼리파인 아브드 알 말리크(Abd al-Mālik)에게 이슬람력 76년(서기 695) 즈음에 보낸 편지이다. 하산 알 바스리(Ḥasan al-Baṣrī)가 아브드 알 말리크 칼리파에게 보낸 서신에도 '예언자의 순나'라는 동일한 용어가 등장하는데 여기에는 신학적인 의미가 담겨있고 '선조들의 모범'이라는 말이 곁들여져 있다. '예언자의 순나'라는 용어는 대략 이슬람력 1세기가 끝날 무렵에 이라크 학자들에 의해 이슬람법이론에 도입되었다.

28 4.

법적 문제에 관하여 꾸란이 정하는 명백한 언명은 최소한 아랍사회가 혁명적 변화를 수용하던 초기 시점부터 준수되었다고 보는 것이 자연스러울 것이다. 예배와 의식절차에 있어서는 물론이고, 특히 가족법과 상속법에 있어서 이슬람법의 많은 규범들은 초기부터 꾸란을 기반으로 하고 있었다는 것 또한 명백하며, 이는 여러 자료를 통해 증명될 수 있다. 예를 들자면, 초기에 이혼문제에 관한 두 가지 결정이 있었는데 이는 후기 법학파에까지 유지되었다; 하나는 꾸란의 텍스투스 레셉투스(Textus Receptus)[91]에 기초해 있고 다른 하나는 꾸란 외의 다양한 문헌에 기초하고 있다. 우마이야의 칼리파인 압둘 알 말리크[Abd al-Mālik: 이슬람력 65~86(서기 685~705)]가 정권을 잡고 있던 동안 꾸란을 제외한 나머지 문헌들은 공식적으로 폐지되었으므로 두 가지의 결정은 모두 이슬람력 1세기 중반이 지나기 전에 형성된 것으로 결론지을 수 있다. 다른 한편, 꾸란의 규범들에 대한 매우 형식

91) 역자주: 'Textus Receptus'라는 말은 라틴어이다. 'Textus'는 원래 망(網, Web)을 의미하는데 거기서부터 파생되어 생각이 얽히고 짜여 있는 글을 가리키게 됐다. 'Receptus'는 'Recipio'라는 동사의 수동분사로서 '받아들여진' 혹은 '용납된'(Accepted or Received)이라는 의미이다. 그러므로 'Textus Receptus'는 '정통본' 정도의 의미가 될 것이다.

적인 관심과 꾸란의 규범으로부터 도출되는 가장 기초적인 결론들을 제외한 나머지 사항들은 다음 단계의 이슬람법이론 발전과정에 해당한다. 도둑에 대하여 꾸란은 그의 손을 자를 것을 규정하고 있지만(제5장 제38절) 실제로는, 존 다마스쿠스(St. John of Damascus[92])가 증명한 바와 같이, 태형으로 처벌했다는 사실은 고대 아랍인들에게 알려지지 않았던 형벌을 새로 실행하는 것이 매우 어려웠다는 점을 보여주고 있다. 그러나 초기의 이슬람법의 교리 중에는 명백하고 분명한 꾸란의 구절로부터 도출된 몇 가지의 경우들도 존재한다. 이슬람법에서 전형적인 것으로 유지된 중요한 하나의 예는 증인들의 증언에 대한 법적 증거력을 제한하는 것과 문서에 대한 법적 효력을 부인하는 것이다. 이는 계약서를 문서로 작성하던 당시의 관행을 지지한 꾸란의 규정(제2장 제282절; 제24장 제33절 참조)과 모순되는 것이었는데, 이러한 관행은 이슬람력 1세기 동안 유지되다가 나중에는 법이론과 융합되기에 이른다. 존 다마스쿠스(John of damascus)는 사라센인의 특유한 관습으로서 오직 증인에 대해 부여된 중요성을 언급하고 있으며, 이것 또한 아마도 이슬람력 1세기 중반 즈음에 확립되었을 것이다.[93]

29 5.

이슬람력 1세기 대부분의 기간 동안 전문기술적인 의미에서의 이슬람법은 아직 존재하지 않았다. 무함마드 시대에 그랬듯이 법은 종교의 영역 밖에 있었고, 또한 특정한 거래에 대한 종교적·도덕적 비난이나 행동양식이

---

92) 역자주: John of Damascus(675~749)는 이슬람제국의 수도 다마스쿠스에 살았던 동방의 크리스찬이다. 그는 이슬람을 기독교의 한 이단으로 보고 무함마드를 거짓 예언자 내지 적그리스도로 지칭하였다. Thomas Aquinas(1225~1274)는 John of Damascus의 이론을 계승하여 16세기 가톨릭 신학자 Jerome Emser(1477~1527)로 이어주는 중간고리 역할을 하였다.

93) 그 다른 예로서는 이 책 [394] 참조.

없었던 만큼, 법에 대한 전문기술적인 시각은 무슬림들에게 무관심의 대상이었다. 초기 무슬림들의 이러한 태도는 그들이 정복한 지역에서 시행되던 법률제도, 행정제도 및 관습을 폭넓게 채택한 사실, 어떤 시각에서는 정복지역의 제도를 답습한 사실을 잘 설명해 준다.[94] 가장 두드러진 예로는 허용된 종교들을 다루는 방법, 과세 방식, 엠피테우시스(Emphyteusis)[95] 및 와끄프(Waḳf)[96][97]제도를 들 수 있다. 와끄프는 이슬람법의 초기요소의 복합적 성질과 그 제도에 내포된 질적으로 새로운 특성을 보여주는 좋은 예이다. 와끄프는 ① 무함마드가 메디나에서 그를 따르는 자들에게 계속적으로 요구했던 종교전쟁, ② 동방정교회의 경건한 토대(Piae Causae), ③ 초기 이슬람교인들의 자선행위와 공적인 선행 및 ④ 나중에 나타난 것으로 새로운 이슬람사회가 상속법의 몇 가지 문제에 대응해야 할 필요성 등에서 그 기초를 찾을 수 있다. 역사학자 바라두리(Balādhurī: 사망 279/892)의 아래 글에서 볼 수 있는 바와 같이, 이슬람사회에서 발견되는 이슬람 이전 법관습 보존의 원칙은 때때로 명시적으로 확인되었다:

> "아부 유수프(Abū Yūsuf)[98]는, 한 나라에 오래된 비아랍적 순나(Sunna)가 존재하는데 이슬람이 이것을 바꾸거나 폐지하지 않았다면, 비록 사람들이 칼리파에게 이것이 그들을 고통스럽게 한다고 항의하더라도 칼리파는 그 순나를 변경할 권한이 없다고 주장한다; 그러나 말리크(Mālik)학파와 샤피이(Shāfi'i)학파는,

---

94) 역자주: 정복지역의 제도를 그대로 시행하는 경우가 많았는데 이것은 바라보는 시각에 따라 정복지역의 제도를 채택했다고 평가할 수도 있고 정복지역의 제도가 그대로 유지되었다고 평가할 수도 있다는 점을 말하고 있는 것이다.

95) 역자주: 'Emphyteusis'란 고대 로마법에서 연지대(Annual Rent)와 토지개량을 대가로 부동산을 영구적으로 임대하는 제도이다.

96) 시장감독원(Inspector of the Market)의 지위에 대해서는 이 책 [40] 참조.

97) 역자주: 와끄프는 모스크 또는 기타 자선을 목적으로 하는 공공시설을 재정적으로 유지하기 위하여 기증된 토지·가옥 등의 재산을 말한다(일종의 이슬람재단).

98) 역자주: 아부 유수프는 하나피 법학파를 창설한 하니파의 제자로서 무함마드 아스 샤이바니(Muhammad ash-Shaibani)와 함께 스승의 학설을 체계화하여 발전시켰다.

칼리파는 오래된 순나라 하더라도 그것을 변경할 권한이 있다고 주장하는데, 왜냐하면 칼리파는 비무슬림들에 의해서 소개된 것은 물론 무슬림들에 의해서 소개된 그 어떤 유효한 순나도 금지시킬 수 있었기 때문이었다.[99]"

30 두 견해[100] 모두 이슬람 이전의 법적 관행을 보존하는 것을 정상적인 것으로 전제한다.

31 법제도와 관습의 보존에 발맞추어 법개념과 법언(法諺)을 수용하게 되었고, 이는 추론의 방법론과 법학에 대한 기본관념에까지 확장되었다; 예를 들어 로마법에 있어서 학자회신(Opinio prudentium)[101]의 개념은 고대 이슬람의 법학파에서 형성된 매우 체계화된 개념으로서의 '학자들의 합의'[102]에 하나의 모범을 제시한 것으로 보인다. 그리고 다소 그 이후이기는 하지만 '다섯 가지의 평가'[103]의 단계는 스토아 철학에서부터 나왔다. 문명화된 비아랍권의 무슬림 개종자들은 다른 문화권과의 매개자가 되었는데, 이들 또는 그 조상들은 아랍인들에 의해 정복된 동쪽 근처의 '비옥한 초승달'[104] 지역에서 자유로운 교육, 즉 헬레니즘 수사학을 보편적으로 수용하고 있었다. 이러한 교육은 법학의 기초에 대한 지식을 이끌어 갔으며 이것은 법률가들이기도 한 웅변가들에게 필요한 것이었고, 교육받은 사람들에

---

99) liber expugnationis regionum, ed. M. de Goeje, Leiden, 1865, 448면.

100) 역자주: 칼리파에게 고대의 순나를 변경할 수 있는 권한이 있다고 보는 입장과 없다고 보는 입장을 가리키는 것이다.

101) 역자주: 'Opinio Prudentium"은 'Responsa Prudentium"이라고도 하는 것으로, 로마법에서 재판을 관장하던 법무관(praetor)의 요청에 따라 법학자가 사건에 대한 법적 의견을 제시하는 것을 말한다.

102) 역자주: 이슬람법의 법원 중의 하나인 이즈마를 말한다.

103) al-Ahkam al-Khamsa: 이에 대해서는 이 책 아래 [203] 참조.

104) 역자주: 비옥한 초승달(Fertile Crescent) 지역이란 미국의 역사가 제임스 헨리 브레스테드(Brestead: 1865~1935)에 의해서 발굴된 서아시아의 고대 문명 발생지에 대한 아칭이다. 유프라테스 강과 티그리스 강에 사이에 있는 초승달 모양의 비옥한 평야지대로서 일찍이 문화가 일어나 수메르, 바빌로니아 등 활동무대였다.

게 유용한 것이었다. 이와 같이 교육을 받은 무슬림 개종자들은 그들의 법적인 개념과 법언을 포함하여 그들에게 익숙한 사상들을 새로운 종교[105]에 들여왔다. 사실 문제된 법개념과 법언들은 법률가뿐만 아니라 교육받은 모든 사람들에게 익숙한 일반적인 것이었다. 이와 함께 이슬람법과 로마법 사이에 존재하는 공통점은 유스티니아누스법이 아니라 고전기 로마법 및 후기 비잔틴법에서 발견되는 원칙들과 관련이 있다. 이것은 이슬람법에만 특유한 현상은 아니다. 탈무드와 랍비법 역시 널리 퍼져있던 헬레니즘의 수사학을 통하여 들어온 고전 로마법의 개념들과 법언들을 담고 있다. 그리고 사산조 페르시아법이 이라크의 탈무드법과 관련을 가지고 있었던 것 또한 같은 경우이다. 또한 이라크에서도 법률적 개념과 법언의 잠재적 전달자들인 교양 있는 비아랍 무슬림 개종자들에게 이슬람문명이 널리 개방되었는데, 그 결과 이슬람법학은 세기의 전환점을 맞이하게 되었다. 초기 이슬람의 종교법 전문가들이 의식적으로 외국법의 어떤 원칙이라도 수용해야만 했다는 것은 의문의 여지가 없다.

32 이러한 방식으로 로마법과 비잔틴법, 동방정교회의 교회법, 탈무드와 랍비의 법 및 사산조 페르시아의 법에서 유래하는 개념과 법언들이 미성숙기에 있었던 신생 이슬람 종교법에 파고들어 이슬람력 2세기의 교리에 표출되기에 이른다.

33 다음에서 설명하는 것은 이러한 방식으로 이슬람법에 들어왔다고 볼 수 있다. "자녀는 혼인 방 침대로부터 나온다"(al-Walad lil-Firash)[106]라는 법언은 비록 이슬람법에서는 실제적인 역할을 하지는 않았으나 로마의 법언인 "Pater St quem Nuptiae Demonstrant"에 대응하는 것으로 자주 인용된다.

---

105) 역자주: 이슬람교를 말하는 것이다.

106) 역자주: 어머니는 출생 사실에 의하여 결정되지만 아버지는 그렇게 결정할 수 없다. 그리하여 출생 당시에 어머니와 혼인관계에 있는 남자가 아버지로 추정된다. 한국민법도 "처가 혼인중에 포태한 자는 부의 자로 추정한다"(제844조 제1항)라고 규정한다.

꾸란이 적용되지 않는 절도범을 처벌하는 경우에 절도범은 도품의 2배의 가치를 배상해야 했는데 이 규범은 이슬람법에서 곧 폐기되었다. 옛 아라비아와 꾸란에서의 담보에 대한 개념이 채무변제에 대한 담보로 전환된 것은 로마법의 질권(Pignus)에 대응될 수 있다. 이자라(Ijāra) 계약의 법구조는 로마의 임약계약(Locatio Conductio)[107]을 모델로 하여 전통적으로 세 개의 서로 다른 계약, 즉 물건의 임대차('Kirā': 로마법의 'Locatio Conductio Rei'에 해당), 고용('Ijāra Proper': 로마법의 'Locatio Conductio Operarum'에 해당함) 및 도급('Ju'l': 로마법의 'Locatio Conductio Operis'에 해당함)의 작용이 합쳐진 것이다. 무게·수량·치수(Quae Pohdere Numero Mensura Constant)를 기준으로 체결되는 매매에 대응하는 것으로 매매법에 있어서 중요한 개념으로는 마킬(Makīl), 마우준(Mawzūn), 마아두드(Ma'dūd)가 있다. 간통이 혼인의 장애사유가 된다는 동방정교회의 교회법에서 나온 원칙은 순니파의 법에서는 단지 그 흔적들만 남아있으나, 열두 이맘파, 이바디파에서는 보존되었다.

34 유대법에서 나온 것으로서는 그 자체가 아랍어로부터의 차용어인 끼야스(Ḳiyās)의 방법론과 이스티하브(Istiṣḥab)[108] 혹은 이스티슬라(Istiṣlāḥ)[109]와 같은 다른 법적 추론방법이 있다. 이슬람법에 도입된 어떤 개념이

---

107) 역자주: '賃約契約'은 계약당사자 일방이 물건이나 노무를 제공하고 이에 대하여 타방은 물건 또는 노무의 사용대가를 지급하는 유상·쌍무계약을 말한다. 임약계약은 현행 우리 민법상의 임대차, 고용 및 도급에 대응하는 개념인데, 우리 민법상으로는 이에 대응하는 정확한 용어가 없어 이를 임약계약으로 번역하기로 한다(명순구, 프랑스 민법전, 법문사, 2004, 673면 참조).

108) 역자주: 연속성 추정의 원리로 사실의 지속을 가정하는 이슬람 법률용어이다.

109) 역자주: 꾸란 또는 하디스에 대한 주해에 있어서 사용하는 용어로서 끼야스를 중단하고 편의성을 수용함을 의미한다. 꾸란이나 하디스에서 명시된 내용은 아니지만, 일반적으로 인정되는 이해관계를 나타낸다. 가령 옷을 세탁함에 있어서는 짜는 방법으로 하라는 것이 꾸란의 명령이라고 해보자. 옷뿐만 아니라 이불이라든가 보자기와 같은 것도 짜는 방법으로 세탁하여야 한다. 끼야스의 방법론을 적용한 결과이다. 그러나 그릇과 같은 물건은 짜는 방법으로 세탁할 수 없음이 명백하다. 이와 같은 경우에는 끼야스를 중단하고 편의성을 수용하게 된다. 이스티슬라는 특히 말리크학파의

직접 헬레니즘 수사학에서 온 것인지 혹은 유대법에서 온 것인지 의심스러울 때가 간혹 있다. 특히 종교예식에 있어서는 유대법의 영향이 두드러진다.

35 사산조 페르시아법에서부터 '법원사무관'(Kātib)의 직책이 유래하였는데 이 직책은 까디(Ḳāḍī)와 함께 이슬람력 2세기 후반에 나타났다. 그리고 이슬람력 2세기 전반부에는 칼리파가 순나를 성문화해야 한다는 주장이 나타났는데 이는 이슬람법에 기초한 것이 아니라 사산조 페르시아법에서 유래한 것이다.

36 6.

이슬람법의 기술적 측면에서의 뚜렷한 특징 중의 하나는 계약의 법구조라 할 수 있는데, 이는 고대 근동[110]의 법에서 유래하여 이라크의 상업관행을 통해 무슬림들에게 수용되었을 가능성이 크다. 이슬람법에 있어서 계약의 본질적인 형식은 청약(이잡, Ijāb)과 승낙(까불, Ḳabūl)으로 이루어져 있으며, 여기서 청약과 승낙은 통상적·일상적 의미가 아니라 계약을 구성하는 법률적 분석을 위한 필수적·기술적 요소이다. 청약은 승낙이 있기까지는 언제나 철회할 수 있으나 일단 승낙이 있게 되면 계약이 성립한다. 그러나 이러한 법구조는 어원상의 의미에서 볼 때 논리적이라고 할 수 없다. 왜냐하면 어떤 것을 의무적인 것으로 한다는 의미를 가진 이잡(Ijab)이라는 단어는 어원상으로 제안 내지 청약한다는 의미가 아니라 "확정적이고 의무적으로 만든다"라는 것을 의미하기 때문이다. 이는 다른 법체계에 있어서 널리 알려진 계약구조와는 다른 일방적인 계약구조를 반영한다.[111] 이와

추론방법을 가리키며, 이는 한발리학파의 추론방법인 이스티흐산과 실질에 있어서 동일하다(양자의 관계에 대해서는 이 책 [97] 참조).

110) 역자주: 근동(Near East)이란 일반적으로 북동 아프리카와 서남 아시아 발칸 반도를 포함하는 지중해 동쪽 연안지역을 가리키는 말이다.

같은 계약의 일방적 법구조는 새로운 법률구조, 즉 이자라(Ijāra)계약[112]이 널리 사용되면서 쌍방적 법구조로 대체되었던 것으로 보인다. 이러한 쌍방적 계약구조는, 기원전 7세기에서부터 설형문자의 문헌이 끝나는 기원전 1세기까지에 걸쳐 증명된 바와 같이, 신바빌로니아의 임대차와 혼인에 관한 계약의 경우를 제외하고는 고대의 법에 있어서 매우 예외적인 것이다.[113] 이러한 유형의 계약이 바빌로니아(즉 이라크)에서 살아남았을 가능성과 이슬람법에 있어서의 계약의 법률구조가 바빌로니아에서 유래된 것인가에 대해서는 더 많은 연구가 필요하다.

---

111) 역자주: 근대적 의미에서의 계약이란 계약당사자 사이의 청약과 승낙이라는 의사표시의 합치에 의하여 성립한다는 점에서 상호적이라고 말할 수 있다. 그런데 '이잡'(Ijab)이라는 단어는 상대방에게 일방적으로 의무를 부과한다는 의미를 가지고 있다는 점에서 계약의 일방성을 말하고 있는 것이다.

112) 이자라(Ijāra)에 대해서는 이 책 [33] 참조.

113) 예를 들어 로마법에서는 청약과 승낙에 대한 고정된 기술적 개념이 없다. 청약과 승낙이 양당사자간의 합의 내지 결의를 나타낸다는 것은 사실이지만, 로마법의 계약합의라고 하는 것은 본질적으로 이슬람의 계약에 대한 사고와 차이가 난다. 꾸란은 '합의에 의한 거래'('an tarad in)에 대해 말하고 있으나(꾸란 제4장 제29절), 이는 꾸란 제2장 제233절에서도 보여지듯이 기술적인 의미로 쓰이는 것은 아니다. 그리고 합의 또는 총의와 같은 개념은 계약에 대한 이슬람 이론 속에 도입되지 않는다.

제5장 우마이야 왕조와 초기의 전문가들

37 1.

이제는 메디나 칼리파에 의한 통치가 우마이야(Umayyads) 왕조로 옮겨간 이슬람력 1세기 중반(서기 661~750년)으로 돌아가 보자. 훗날 정권을 대체한 압바시야(Abbāsids)의 우마이야에 대한 적대적인 태도를 반영하던 아랍의 역사가들에 의해 종종 서술된 바와 달리, 우마이야 왕조는 이슬람에 대한 적대세력이 아니었다.[114] 오히려 그와 정반대로 미숙한 요소들만이 엿보이던 이슬람의 예배의식과 종교의식의 중요형태를 발전시키는 데 결정적인 기여를 한 것이 바로 우마이야 왕조와 그 통치자들이었다. 사실 그들의 주된 관심사는 종교 내지 종교법이라기보다는 정치행정(Political Administration)에 있었다.[115] 그들은 베두인족의 개인주의와 아랍인들의 무정부적인 삶의 양식과는 대조적으로 조직적이고 중앙집권적이며 관료제적 성향이 점차 강화되고 정비된 행정체제를 보여주었다. 이슬람의 종교적

---

114) 역자주: 우마이야 가문은 무함마드의 가문인 카심 가문과 함께 꾸라이시 부족을 이끄는 큰 축이었다. 초창기 이슬람의 성립 이후, 우마이야의 수장인 아부 소피얀(Abū Sufyan)은 이슬람 박해에 앞장섰으며 메카가 무함마드에 함락된 이후에 마지못해 무슬림으로 개종한다. 또한 우마이야 가문이 왕조를 여는 과정에서 무함마드의 후손인 까심 가문과 대립을 빚어 이들 구성원을 살해하고, 비이슬람적 정책을 다수 취하였기에 후세에 아랍 역사가들은 우마이야 가문을 이슬람의 찬탈자로 기술하는 경향이 있다.

115) 그들은 종교적인 정책과 이론들이 자신들에 대한 충성(다시 말하면, 국가안보)과 관계가 있는 범위 내에서만 종교적 정책과 이론에 관심을 가졌다.

이상과 우마이야 왕조의 행정이 상호작용한 결과 아랍의 여러 부족민을 차별 없이 고용하여 아랍 이슬람 사회의 새로운 기틀을 형성하였고, 이는 방대한 정복지에 널리 퍼지게 되었다. 많은 부분에 있어서 우마이야 왕조의 통치는, 메디나에 있어서 칼리파들이 통치하던 격동기가 지난 후 예언자 무함마드 치세의 이슬람 공동체의 본질적 성향을 완전한 형태로 보여준다. 이는 이슬람 법률, 이슬람 사법행정, 그리고 이슬람 법학의 숨겨진 토대였다.

38 2.

우마이야 왕조의 통치는 비잔틴제국을 비롯한 외부의 적들에 대항하여 전쟁을 수행하고 피복속민들로부터 세금을 거둬들여[116] 금전 혹은 이와 유사한 것으로써 아랍의 수익자에게 특별보조금을 지급하는 데에 중점을 두었다; 이는 아랍 왕국의 핵심적 기능들이었다. 따라서 우리는 주로 전쟁법·세법 분야에서 우마이야 왕조의 규율이나 행정법규의 흔적을 찾을 수 있다. 우마이야의 법에서는 사망자가 유언을 통해 처분할 수 있는 유증의 범위를 총재산의 1/3로 제한했는데 이는 조세상 특별한 의미를 가졌다; 어떤 사람이 최근친 없이 사망한 경우에 그 유산의 2/3가 국고로 환수되었다.[117] 우마이야 왕조는 꾸란에서 규율하고 있는 바에 따라 개인적인 보복에 대해

116) 역자주: 우마이야 시대에 이슬람 세력은 타 종교를 믿는 지역을 정복하였다. 이 경우 아랍인들은 타 종교를 믿는 정복민에게 지즈야(Jizya)라 불리는 인두세(人頭稅)를 부과하여 이를 세원으로 삼았다. 이는 민족적인 차별이 아닌 종교적 차등 대우로, 설사 아랍인이 아니더라도 이슬람으로 개종한 사람에 대해서는 인두세를 부과하지 않았다. 이는 꾸란에 근거한 조치이다: "하나님과 내세를 믿지 아니하며 하나님과 예언자가 금기한 것을 지키지 아니하고 진리의 종교를 다르지 아니한 자들에게 비록 그들이 성서의 백성이라 하더라도 항복하여 인두세를 지불할 때까지…"(제9장 제29절). (『성 꾸란(의미의 한국어 번역)』, 328면 참조).

117) 하나피(Ḥanafī) 학파의 법제 하에서 유산의 수증자에게 인정된 국고에 대한 우선권은 이후에 발전된 소산이다.

서는 관여하지 않았으나, 국가의 안보를 위협하는 부족 간의 불화는 막고자 노력하였고, 국가의 보조금으로 지불하는 피의 값의 지급관계에 대해 명확히 해두었다.[118] 한편, 우마이야 왕조는 순수한 이슬람 형벌의 적용을 주관하였는데 그것이 항상 꾸란에 명시된 규율에 철저히 합치하지는 않았다.

39 3.

우마이야 왕조 혹은 그들의 통치자들은 또한 이슬람 재판관, 즉 까디(Ḳāḍī)를 임명하는 중요한 조치를 취했다. 까디의 직책은 새로운 이슬람 사회를 위해 만들어졌으며, 아랍의 정복에 의해 새롭게 형성된 아랍 왕국의 도심에 배치되었다. 새로운 사회에 있어서 이슬람 이전 시대 및 초기 이슬람의 중재제도는 더 이상 적합하지 않았고 아랍의 하캄(Ḥakam)[119]은 이슬람의 까디(Ḳāḍī)로 대체되었다. 이러한 과정은 까디 슈라이(Ḳāḍī Shurayḥ)라는 전설적인 인물의 예를 통해 나타난다. 세부적인 사항에 관하여 다른 기록들이 존재하기는 하나, 전통적 견해에 따르면 그는 매우 오랫동안 쿠파(Kufa) 지역의 까디를 지냈고 장수하였다고 한다. 그러나 역사적 인물인 슈라이는 쿠파 지역 아랍 부족들의 구식(舊式) 하캄에 불과했다고 전해진다. 그의 활동은 이슬람의 형성과 전파에 부합했고 그의 존재는 낡은 사법 행정에서 새로운 것으로의 전환을 의미한다. 까디가 하캄의 지위와 권한을 물려받은 것은 매우 당연한 일이지만 하캄과 달리 까디는 총독[120]의 대리

---

118) 그들은 또한 살인자로 의심받는 사람이 희생자의 가장 가까운 친척의 유죄증언으로 처형되었던 고대 아랍의 까사마(Ḳasāma)의 혹독함을 완화하기 위해 일정한 노력을 했던 것으로 보인다; 이 책 [357]의 하나피(Ḥanafī) 학파의 원칙 참조; 이슬람법의 다른 학파는 까사마 원칙을 토대 위에서 다양한 등급의 보복가능성을 인정하였다.

119) 역자주: 하캄에 대해서는 이 책 [14], [19] 등 참조.

120) 역자주: 총독은 칼리파가 지방에 파견한 입법·사법·행정의 책임자로서 군사령관을

자였다. 총독은 칼리파가 정한 제한 내에서 자신의 관할지역의 행정·입법·사법에 관하여 완전한 권한을 누렸다. 총독은 자신의 사법적 권한을 '법률비서관'인 까디에게 위임할 수 있었으며 실제로 그렇게 하는 것이 일반적이었다. 그러나 총독은 자신이 원한다면 모든 소송에서 자신의 의지대로 판결을 내렸고, 까디를 해임할 수 있는 권한도 그에게 있었다. 존 다마스쿠스에 의해 이슬람의 입법자라고 일컬어진 사람들은 다름 아닌 이들 총독과 그의 대리자인 까디들이다.

40 까디의 관할권은 무슬림들에게만 미쳤다; 즉 비무슬림인 피복속지의 주민들은 자신들의 전통적인 법률제도를 계속해서 유지했는데, 여기에는 이슬람 정복 이전 수 세기 동안 비잔틴제국의 사법체제를 상당한 정도로 모방하였던 기독교(그리고 유대교) 법정이 포함된다. 비잔틴제국의 하급판사들은 다른 공무원들과 함께 이슬람 통치 초기에 자진해서 점령지로부터 대피했다; 그러나 사법업무의 일부를 담당했던 지방행정관들은 이슬람의 체제의 한 부분으로 수용되었다: 제한적인 범위에서 민사 및 형사상의 사법권을 가진 '시장감독원'[Inspector of the Market: 아랍어로는 아밀 알 쑥(Āmil al-sūķ) 또는 사히브 알 쑥(Ṣāḥib al-sūķ)]이 그 예이다; 이것은 압바시야 초기에 무흐타십(Muḥtasib)[121]이라는 이슬람 직책으로 발전하게 된다. 이와 유사하게 이슬람인들은 까디의 조력자가 된 '법원사무관'(Clerk of the Court) 제도를 사산조 페르시아 왕조로부터 받아들였다; 이는 고전학자들에게는 잘 알려진 사실이다.

41 초기 이슬람 시대의 까디들은 우마이야 왕조의 공무원들로서 자신들의 판결에 의해 이슬람 법률의 기본 토대를 쌓았다. 그들의 이름은 잘

겸했다.

121) 역자주: 압바시야 시대부터 존재해 온 관리. 상인들의 자질과 물건의 가격을 감독하는 업무를 담당한다. 아직도 일부 전통시장에서는 무흐타십의 모습을 찾아볼 수 있다고 한다.

알려져 있고 그들의 일생과 그들이 내린 판결의 내용은 상당한 분량의 자료로 존재하기는 하나 그에 대한 허구와 진실을 가려내기는 어렵다. 이슬람력 1세기로 거슬러 올라가는 법적 교리들은 드물다. 그러나 까디에 의하여 선고되었으며 훗날의 기준으로 보면 변칙적인 것으로 평가되는 일부 판결들은 이슬람력 1세기로 소급하는 것 같다. 그로부터 약간 시간이 지난 후인 히즈라 2세기 초에는 증인·증거만을 독점적으로 사용하는 것에 대한 완화책으로서 원고에게 서약을 요구하는 경향이 어떻게 사법관행에서 생겨나게 되었는지를 볼 수 있다. 가장 초기 시대의 이슬람 까디들은, 필연적으로 행정규범을 포함하고 있는 관습상의 실제(Customary Practice) 혹은 꾸란상의 규제들에 적합한 모든 이슬람 종교규범들을 고려하여 그 자구(字句) 및 정신을 바탕으로 자기 자신의 재량 혹은 이른바 '건전한 의견'(Ra'y)[122]에 따라 판결을 하였다. 그들이 언급하는 관습적 실제란 자신들의 관할 아래 있는 지역사회나 자신이 거주하는 행정구역에서 발생하는 일들인데, 후자에 있어서는 규범충돌이 발생하기 쉬웠다.[123] 법적 주제는 아직 꾸란에 필적할만한 수준 이상으로 이슬람화되지 못했음에도 불구하고, 까디는 기초적인 행정 효율성을 추구하는 한편 이슬람화 추세를 함께 반영하면서 우마이야 왕조 시대에 있어서 전형적인 이슬람 법률기관으로 기능했다. 그 후의 이슬람법의 발전상황을 보면, 가장 초기 시대의 까디들이 토대를 쌓으면서 이루어 놓은 부분이 후세에 전파되었으나 당시에는 법이론에 관한 교리로 인정받지는 못했고, 이는 판례의 개념과 선행판결의 권위가 발전되지 못했음을 알려준다.

122) 역자주: 법학자 개인의 이성적 판단을 말한다. 법률문제를 해결함에 있어서 꾸란·순나 등과 같은 정규적인 법원이 없는 경우에 최종적으로 의지하는 수단이다. 이에 대해서는 이 책 [60], [76], [86], [96], [97], [112] 등 참조.

123) 역자주: 지역마다 관습이 통일되지 않아 동일한 사안에 대하여 까디 자신이 생각하는 관습과 거주지역에서 통용되는 관습에 차이가 있음을 말하는 것이다.

42 이와 같은 상황에서 이미 존재하는 관습법의 보다 철저한 이슬람화 과정을 위한 분위기가 성숙되었다.

43 4.

까디들의 업무는 불가피하게 점점 전문화되어 갔다. 따라서 세기가 바뀌는 시점 이후에는(대략 서기 715~720년경) 까디를 '전문가'들 가운데서 임명하는 것이 규칙으로서 확립되었는데, 이는 기술적으로 수련을 받은 전문가를 의미하는 것이 아니라 개인적으로 혹은 비슷한 생각을 가진 동료들과 토론을 함에 있어서 그러한 주제에 관하여 평소에 심각한 고민을 해봤을 정도의 충분한 관심을 가진 사람들을 의미한다. 우마이야 왕조 후기의 학구적인 풍조 속에서, 이러한 전문가들의 주된 관심사는 당연히 관습법이 꾸란 내지 이슬람의 일반규범에 합치하는가의 여부를 규명하는 것이었다; 다시 말해, 까디로서 점차 많이 임명되게 된 전문가들은 종교적으로 독실한 신앙인들로서 그들의 종교적 관심은 개별적 논증을 통하여 이슬람적 삶의 방식을 정교하게 만들어 갔다. 이에 해당하는 라자(Rajā')라든가 아부 낄라바(Abū Ḳilāba)와 같은 사람은 우마이야 칼리파들의 측근이었다. 이 독실한 신앙인들은 행정적 규제뿐만 아니라 보편적 관습에 이르기까지 법률분야를 포함하여 해당 시대 전분야의 활동을 모두 조망하였다. 그들은 널리 이미 인정된 관행들에 대하여 제기될 수 있는 종교적, 특히 의식적(儀式的) 혹은 윤리적 관점에서의 반대론을 고려하여 그 관행을 지지·수정 또는 폐기하였다. 그들은 법체계에 종교적·윤리적 사상을 주입하였고, 이를 이슬람 규범 아래 종속시키면서 모든 무슬림에게 부여되는 의무로 삼았다. 이렇게 함으로써 그들은 훨씬 더 광범위하고 훨씬 더 정교한 방식으로 꾸란에서 예언자 무함마드가 메디나의 초기 이슬람 사회를 꿈꾸었던 일들을 이룩하였다. 그 결과 우마이야 왕조 후기의 일반적·행정적 관행들이 이슬람의 종교법으로 대체되었다. 이로써 생겨난 이상적인 이론은 여전히 현실을 통해 실천될 수 있는 것이어야 했다; 이러한 임무는 종교적으로 독실한 전문가들의 권한 밖이어서 칼리파, 총독, 까디 혹은 이해관계자들의 관심과 열정에 기댈 수밖에 없었다. 이슬람 종교법이 존재하는 제반 환경은 법률이 실제적 관습과 밀접하게 연관되어 발전한 것이 아니라 그 실제적 관습에 반대되는 종교적 이상의 표현으로 발전하도록 유도되었다.

44 이러한 과정은 이슬람력 1세기 초기에 점진적으로 나타나 말기에 이르기까지 계속되었다; 즉 쿠파(Kufa) 지역의 이브라힘 알 나카이(Ibrāhim al-Nakha'ī: 이슬람력 95 또는 96년, 서기 713~715년 사망)와 같은 종교법 전문가는 의식(儀式)에 관한 문제들 혹은 직접적으로 종교적 중요성을 갖는 혈연 문제들, 자선구호세금, 혼인, 이혼 등과 관련된 양심에 관한 사안에 대해서 의견을 제시할 뿐이었지 법률의 기술적인 부분에 대해서는 아무런 언급을 하지 않았다. 이브라힘 알 나카이와 동시대에 메디나에서 활동하던 사람들[124] 역시 마찬가지였다.

45 종교적으로 독실한 전문가들은 이슬람교 교리 원칙에 따른 이상적인 삶에 대하여 충실하고 일관되게 생활했기 때문에 대중과 통치자로부터 존경과 권위를 얻을 수 있었다. 그리고 그들은 자신들에게 문의하는 무슬림들에게 올바르게 행동하는 방법에 대해 조언을 해주었다. 다시 말해 그들은 이슬람의 첫 무프티(Muftī)[125]들이었다. 그들은, 당시 보편적인 관습들을 바람직하지 않다고 선언하는 것과 같이 정부에 의하여 이루어지는 행위와 규제들을 비판하는 경우도 있었는데, 그렇다고 하여 우마이야 정부나 이미 수립된 이슬람 국가에 대하여 정치적으로 반대하는 것은 아니었

---

124) 이에 대해서는 이 책 [52] 참조.

125) 역자주: 무프티는 종교적 유권해석(파트와)을 내리는 법률전문가이다. 무프티와 파트와(Fatwā)의 기초개념에 대해서는 이 책 [118] 참조.

다; 한편, 왕조의 종말을 암시하는 내전이 일어나기 전까지 우마이야 시대는 상당히 '좋았던 옛날'(Good old time)의 일부로 여겨졌다; 이 시대의 관습들은 이상화되어 행정의 현실과는 대조되는 것이었다.

제6장 고대의 법학파와 반대운동 그리고 전승주의자들[126)]

46 1.

종교적으로 독실한 전문가 집단이 그 수와 결집력에 있어 점차 성장해 가면서 이슬람력 2세기 초반부터 이들은 '고대 법학파'(The Ancient Schools of Law)로 발전해 갔다. '고대 법학파'라는 용어는 어떤 분명한 조직이나 각 학파 내부의 엄격한 교리의 통일성 혹은 정규적인 교습, 공식적인 지위, 더 나아가 서양에서 정의되는 법의 중요한 실체의 존재조차 내포하지 않은 개념이다. 그 구성원들은 '학자'(울라마, 'Ulamā')[127)]나 '법률가'(푸까하, Fuḳahā')[128)]들로서, 사회를 위한 관심, 그 결과 생겨나는 사람들의 존경, 그리고 그들 자신이 서로에게 부여하는 동질적 사조에 대한 상호 인정에 의해 수많은 무슬림들 중에서 구별되어 계속적으로 개별적 존재로 남았다. 우리가 알고 있는 가장 영향력 있는 고대 법학파로는 이라크 지역의 쿠파(Kufa) 학파와 바스라(Basra) 학파, 히자즈(Hijaz) 지역[129)]의 메디나(Medina) 학파와 메카

126) 역자주: 전승주의자는 Traditionist를 번역한 것이다. '전승주의자'란 문자적으로는 순나를 중시한다는 뜻이지만 실제로는 이슬람의 최대종파인 수니파를 가리키는 것으로 보아도 무방하다.

127) 역자주: 울라마는 이슬람법학자를 지칭한다. 이슬람교에서는 성직자를 인정하지 않지만 크리스트교의 성직자와 같은 종교적 권위를 가진다. 울라마의 합의를 얻은 것이 이즈마이다.

128) 역자주: 푸까하(Fuḳahā')는 파끼(Faqih)의 복수형이다. 파키는 이슬람법의 전문가 내지 율법학자이다. 파끼는 'alfaqui'라는 단어로 스페인에서는 지금도 유지되고 있다.

(Mecca) 학파, 그리고 시리아에 있었던 학파들이다. 쿠파 및 메디나 학파에 대해 우리가 가지고 있는 정보들은 바스라 및 메카 학파에 대한 정보에 비해 더욱 구체적이며, 앞의 두 학파(쿠파 및 메디나 학파)의 모습을 전형적인 것으로 간주할 수 있다. 이집트에서는 독자적인 학파가 발전하지는 않았으며, 특히 메디나 학파와 같은 다른 학파들의 영향력 아래 있었다. 이들 학파 사이의 차이는 본질적으로 상호간의 소통을 어렵게 하였던 지리적 요소, 사회적 조건, 관습법 그리고 관행에 의한 지역적 다양성으로 인하여 발생한 것일 뿐, 원칙이나 방법론에 관한 어떤 두드러진 견해 차이에서 비롯된 것은 아니었다.

47 우마이야의 보편적 관습과 행정규율에 대한 모든 고대 법학파들의 일반적인 태도는 각각의 학파가 규명한 사항에 대한 개별적 반응과 무관하게 본질적으로 같은 것이었다. 이와 같은 공통적 기본태도와는 별개로 이슬람 법학의 초기 단계에서는, 훗날 학파들 사이의 차별성이 커지면서 감소되기는 하였으나, 상당한 정도의 공통된 교리가 존재했다. 이러한 현상은, 태동기에서의 이슬람 법학이 어느 한 장소에서 배타적으로 개발된 것이 아니라, 어떤 한 장소가 우마이야의 보편적인 행정 관행을 이슬람법으로 전환시키고자 하는 초기의 이론화·체계화 노력의 학문적 중심지가 되어주었음을 의미하는 것이다. 모든 사정들을 종합해 볼 때 이라크가 바로 이러한 중심지 역할을 담당했음을 알 수 있다. 이슬람의 종교법과 법학의 발전에 있어서 이라크의 주도적 역할은 이슬람력 2세기 내내 지속되었다. 어떤 학파의 교리가 다른 학파의 교리에 영향을 미친다고 할 때 그 방향은 늘 이라크로부터 히자즈로 이어진 것이지 그 반대는 아니었으며, 메디나 학파의 교리의 발전은 쿠파 학파에 비해 뒤떨어지곤 했다. 이 밖에도 메디나 학파와 쿠파 학파의 교리는 각각 히자즈 지역과 이라크 지역의 당시 지

129) 역자주: 히자즈는 사우디아라비아 북서부 지방을 의미한다.

배적 사회상황을 반영하였는데, 히자즈에 비해 이라크 사회는 과거의 영향으로부터 보다 자유로웠고 다른 지역과 차별화되었으며 사회구조가 견고했다.

48 2.

고대 법학파의 활동에서 중요한 점은 그들이 꾸란의 규범을 처음으로 진지하게 받아들였다는 데에 있다. 이슬람력 1세기의 경우와는 대조적으로 본질적으로 종교적이고 윤리적인 꾸란의 격언들로부터 형식성을 구비한 해결책들이 이 시기에 도출되기 시작했는데, 이 해결책들은 가족법이나 상속법 물론, 예배와 종교의식뿐만 아니라 꾸란에서는 구체적으로 다루지 않고 있는 법률 분야에도 적용되었다. 꾸란 규범의 초기 이슬람법에의 수용이 정점에 달했던 시점은 이슬람력 2세기 초 고대 법학파가 발생했던 때와 시기적으로 일치한다.

49 3.

고대 법학파는 우마이야의 관행과 실정적인 종교법의 상당 부분은 물론 법이론의 핵심요소까지 공유한 것으로 보이는데, 이러한 사실들이 모두 역사적으로 명백하거나 체계적으로 자명한 것은 아니다. 법이론의 중심사상은, 학파의 권위자들이 지속적인 학설을 통해 드러내는 바와 같이 '법학파의 살아있는 전승'[130](Living Tradition of the School)이라는 관념이었다. 이

130) 역자주: 'Tradition'이란 하디스를 말하는 것이다. 저자는 'Tradition'이라는 표현을 많이 사용하고 있다. 이 책에서는 'Tradition'을 '전승'(傳承)으로 번역한다. 그리고 '법학파의 살아있는 전승'이란 각 법학파가 나름대로의 방법론에 따라 이끌어낸 전승을 가리키는 것으로 예언자 무함마드에 직접 기원을 두는 전승과 대비되는 개념이다.

관념은 이슬람력 2세기 내내 고대 법학파의 법적 교리의 발전을 지배했다. 이 관념은 회고성(Retrospective)과 동시성(Synchronous)이라는 두 가지 측면으로 나타난다. 회고적 측면에서는 '순나', '관행'('Amal), '잘 형성된 선례'(Sunna Māḍiya) 혹은 '고대의 관행'(Amar Ḳāḍīm)으로 나타난다. 이들 관행은 한편으로는 지역공동체에서 시행되는 실제적 관습을 반영하지만, 다른 한편으로는 이론적이고 이상적인 요소를 포함하고 있어 규범적 순나, 마땅히 그렇게 되어야 하는(즉 당위적인) 관습을 의미한다.[131] 이 이상적인 관행은 실제에 있어서는 이슬람 사상이 법률문제에 적용됨에 따라 발전한 것임에도 불구하고 사람들은 그것을 불변성의 존재로 여겼는데, 이러한 이상적 관행은 각 중심지의 대표적 종교학자들이 만장일치로 채택한 교리, 즉 "각 지방 사람들이 종교법에 있어 최고의 전문가로 여겨 그의 의견을 수용하고 결정에 따르는 사람들"의 가르침에 나타난다.

50 다음으로 동시성의 측면을 보자. 중요한 것은 오직 다수(Majority)의 의견이었다; 소수(Minority)에 속하는 학자들은 배제되었다.[132] 각 세대에서 얻어진 교리의 공통요소들을 보여주는 학자들의 합의(이즈마, Ijmā'[133])는 각 학파의 '살아있는 전승'(Living Tradition)[134]의 동시성의 측면을 보여준다. 학자들의 합의가 어떻게 작용하였는가에 대하여 바스라(Basra)의 고대 학자는 다음과 같이 언급하고 있다:

"배움의 장에 있는 한 세대 학자들의 대다수가 같은 의견을 지지하는 것을 볼

131) 역자주: 어느 지역에 A라는 관행이 실행되고 있을 때 그것은 A라는 관행의 존재를 의미할 뿐만 아니라 그 지역공동체의 구성원으로 하여금 그것을 준수하라는 규범의 의미도 가진다는 말이다.

132) 역자주: 바로 앞에서는 고대 법학파의 두 가지 핵심관념 중 회고성을 설명하였는데 여기에서는 두 번째 측면인 동시성을 설명하고 있다.

133) 역자주: 꾸란, 하디스, 끼야스와 함께 이슬람법의 법원을 구성한다.

134) 역자주: 이 개념에 대해서는 이 책 [49] 참조.

> 때마다 나는 이것을 '합의'하고 부른다. 이는 선배들이 동의하든 동의하지 않든 마찬가지이다. 왜냐하면 다수는 자기 선배들의 교리를 무시하는 어떠한 견해에도 동의하지 않을 것이며, 과거의 교리가 무효로 된 경우(가령 선배들이 꾸란의 구절을 간과하고 이룩한 교리)에만 그것을 폐기할 것이기 때문이다. 혹은 다수는 비록 그들이 언급하지 않는다 하더라고 보다 더 우수한 논리를 알고 있기 때문이다."

결국, 규범적 관례를 구성하는 것이 무엇인가 하는 것은 각 법학파의 최후 대표자들에게 남겨지게 된다.

51 이슬람 법학자들의 합의(이즈마)란 본질들에 관한 전체 무슬림의 합의와는 구별된다. 후자는 당연히 이슬람 세계 전체를 포괄하는 반면 막연하고 일반적이지만, 학자들의 합의는 해당 학파의 지리적 위치에 한정되어 구체적이고 세부적이며, 또한 관대하고 배타적인 것이 아니어서 다른 중심지의 학설을 인정한다. 이슬람 법학자들의 합의가 실질적으로 훨씬 더 중요하여 가르침의 실제 기초로 작용했음에도 불구하고 두 종류의 합의[135] 모두 고대 법학파에게 있어 궁극적인 논거로 여겨진다. 전체 무슬림의 합의는 오류의 대상이 될 수 없다고 간주되는 것은 당연하다; 이슬람 법학자들의 합의도 동일하게 간주될 것인지 여부는 전체 무슬림의 합의의 경우와 같은 정도로 명확하지는 않으며, 이슬람 법학자들의 합의 중 전체적으로 잘 알려진 개념은 외국의 영향을 받은 것으로 보인다.

52 4.

원래 이슬람 법학자들의 합의(이즈마)에는 이름을 밝히지 않는다. 중요한

135) 역자주: 두 종류의 합의란 학자들의 합의(이즈마)와 전체 무슬림의 합의를 의미하는 것이다.

것은 학파 대표들의 평균적인 의견인 것이지 가장 저명한 학자들의 개인적인 학설은 아니라는 것이다. 이슬람력 2세기 후반까지는 고대 법학파들이 제시한 '살아있는 전승'(Living Tradition)[136]에 있어서 본질적인 익명성이 잘 유지되었다. 그럼에도 불구하고 순나의 개념에 내재하는 영속성의 관념, 즉 이상화된 관행은 지금까지 다수의 의견이 본능적으로 신임해 온 사실에 대한 어떤 이론적 정당성을 만들어야 할 필요성과 함께 이슬람력 2세기 초부터는 줄곧 유지된 '살아있는 전승'과 과거의 위대한 몇몇 인물로 거슬러 올라가는 결과를 낳았다. 그 최초의 예로는 이브라힘 알 나카이(Ibrāhim al-Nakha'ī)[137]를 들 수 있다. 그의 것으로 확인된 견해가 소수에 불과하고 게다가 그의 견해가 법률적 학설의 중요부분과 거의 무관하였지만 쿠파의 학자들은 자기 학파의 교리를 이브라힘의 공으로 돌렸다. 오히려 그것은, 매우 권위있는 교리로 인정받는 쿠파의 첫 법률가인 이븐 아비 술레이만(Ḥammād ibn Abī Sulaymān: 사망 120/738)의 시대에 형성된 법에 관한 가르침의 단계를 보여준다. 이라크에서 유행하던 학문적 관습에 따르면 학자나 작가는 스승의 지도하에 자신의 교의를 제안하거나 연구하는 것이 통례였다. 메디나 학자들은 이슬람력 1세기 말경이나 2세기 초에 사망한 수많은 고대 권위자들에게로 거슬러 올라가 그 선례를 따라 자신들만의 교수법을 고안했다. 후에 그들 중 일곱 명이 대표자로 선택되었다; 이들을 '메디나의 일곱 법률가'(Seven Lawyers of Medina)라고 부른다. 사디 이븐 알 무사입(Sa'īd ibn al-Musayyib), 우르와이븐 알 주베이르('Urwaibn al-ZuBayr), 아부 바크르 이븐 압둘 알 라흐만(Abū Bakr ibn' Abd al-Raḥmān), 우바이드 알라 이븐 아브드 알라 이븐 우트바('UBayd Allāh ibn 'Abd Allāh ibn 'Utba), 카리자 이븐 자이드 이븐 타빗(Khārija ibn Zayd ibn Thābit), 술라이만 이븐 야사르(Sulaymān ibn Yāsar), 까심 이븐 무하마드 이븐 아비 바크르(Ḳasim ibn Muhammad ibn Abī Bakr)가 그들이다.

---

136) 역자주: 이 개념에 대해서는 이 책 [49] 참조.
137) 역자주: 쿠파학파에 속하는 법학자이다.

이 고대 권위자들에 의해 만들어진 교리들 중 어떤 것도 인증된 것으로 보기는 어렵다. 히자즈에서의 법적 학설의 전달에 대해 역사적으로 확인할 수 있는 범위에서 말한다면 이라크에서와 거의 같은 시기에 메디나에서는 주흐리(Zuhrī: 사망 124/742)와 그보다 젊은 동시대인인 라비아 이븐 아비 아브드 알 라흐만(Rabī'a ibn Abi 'Abd al-Raḥmān), 메카에서는 아타 이븐 아비 라바흐('Atā' ibn Abī Rabāh)가 중요한 역할을 하였다.

53 고대 학파들에서 가르쳤던 것과 같이 이슬람 종교법의 이론적 토대를 위해 시대를 거슬러 올라가는 과정은 상대적으로 뒤에 활동한 권위자들에서도 멈추지 않았다. 쿠파 학파의 교리가 이브라힘 알 나카이(Ibrāhim al-Nakha'ī)의 업적 혹은 심지어는 그 이전의 것을 회고하여 기린 것과 동시에, 그 교리 및 궁극적으로 그 기초를 이룬 지역의 이상화된 관행은 쿠파로 이슬람이 전파된 최초 시기, 곧 무함마드의 교우(Companion)[138] 이븐 마수드(Ibn Mas'ūd)와 관련된 초기 이슬람 시대와 직접적으로 연관되어 있었다. 그러나 가장 먼저 언급된 것은 이븐 마수드 자신이 아니라 '이븐 마수드의 동료들'이라는 비공식적 모임이었는데, 이 모임은 쿠파의 정확한 관행과 교리의 확실하고 연속적인 전달을 보장한다고 여겨졌다. 다음 단계에 이르러서는 이븐 마수드 자신이 직접 '이븐 마수드의 동료들'에 대해 공식적으로 명백하게 언급하였으며, 그 결과 초기 쿠파 학파의 교리의 상당부분이 이븐 마수드의 것으로 귀속되었다. 이 교리는 세부내용의 많은 부분에서 이브라힘 알 나카이의 이름 아래에서 이루어진 쿠파 학파의 일반적인 가르침과 달랐음에도 불구하고 이브라힘은 이븐 마수드로부터 비롯된 교리의 주된 전승자로 나타난다. 그리고 많은 법적 견해들이 이브라힘을 넘어 이븐 마수드에게로 거슬러 올라간다. 역사적으로 볼 때 이브라힘과 이븐 마

138) 역자주: 교우(Companion; Sahaba)는 무함마드 생전에 그를 따르고, 종교적 임무를 수행하였던 사도(使徒)를 의미한다. 교우들이 기록한 무함마드의 행적 혹은 교우들의 교리 해석은 전승(Tradition; Sunnah)의 가장 중요한 부분을 차지한다.

수드 사이에 개인적인 접촉은 없었지만 비공식적 모임인 '이븐 마수드의 동료들'의 구성원 중 일부가 이브라힘의 외삼촌들이었음이 나중에 밝혀졌고, 그 외삼촌들은 두 권위자 사이에 가족과 같은 유대감을 형성하도록 하는 역할을 했다. 그 결과 이븐 마수드는 쿠파 학파의 교리명의 시조가 되었다. 이에 상응하는 메카 학파 교리명의 시초는 무함마드의 또 다른 교우인 이븐 압바스(Ibn 'Abbās)인데, 그 학파의 입장이 이븐 압바스의 동료들에 의해 주장된 교리를 의미하는 것으로 보아야 한다. 무함마드의 교우들 중에서 메디나의 중요한 두 권위자는 칼리파 오마르('Umar)와 그의 아들인 압둘라 이븐 오마르('Abd Allāh ibn 'Umar)였다. 고대의 법학파는 각각 무함마드의 교우 중에서 자기 지역 사람의 이름을 시조로 하면서 가르침의 근거로서 그의 권위를 강조했다. 이러한 무함마드의 교우들에 대한 인용을 타끌리드(Taḳlīd)[139]라고 하는데 이 용어는 훗날 이슬람법 이론에서 다른 의미를 얻게 된다.

54 5.

고대 법학파 학설의 견고한 이론적 토대를 찾기 위한 보다 진전된 또 하나의 단계가 있었는데, 그것은 이슬람력 2세기 초에 '예언자의 순나'라는 용어를 정치적·이론적 의미로부터 법적 의미로 전환하고 그것을 지역공동체에서 이상화된 관행과 그 지역 학자들의 학설을 의미하는 순나와 동일시한 이라크 학자들에 의해 이루어졌다. '순나'라는 것은 자명한 이치인 공리(公理)를 표현하는 용어였을 뿐이지 훗날 일반에 널리 알려지게 된 '전승'(Traditions)과 같이 적극적인 교시를 의미하는 것은 아니었다. 즉 어떤 사실에 대하여 예언자(무함마드)가 말이나 행동으로써 해당 관례를 창안하

139) 역자주: 이에 대해서는 이 책 [112]~[115] 참조.

거나 승인했다는 교시가 포함되어 있지는 않았다. 이와 같은 이라크학자들의 예언자의 순나에 대한 독창적인 관념은 시리아 학자들에게로 이어졌다; 살아있는 전승(Living Traditions)[140]에 대한 그들의 관념은 예언자로부터 시작되어 초기 칼리파들과 그 후의 통치자들에 의해 유지되고 학자들에 의해 인증되어 이어져 온 무슬림들의 관행으로 볼 수 있다. 한편 메디나학자들은 이러한 개념을 거의 사용하지 않았으나 사실 이라크학자들도 관행에 대해 아말('Amal)[141]이라는 용어를 거의 사용하지 않았다.

55 6.

얼마 지나지 않아 고대 법학파들의 다수가 지지하는 견해에 대하여 다양한 반대 움직임이 일어났다. 예를 들어, 법적 학설의 주요 흐름에 이븐 마수드의 이름이 붙여지기 시작한 쿠파에서의 전통적인 다수견해에 반대하여 어떤 다른 학설을 주장하고자 한다면 다수설과 동등하거나 혹은 그보다 더 높은 권위에 호소해야만 했는데, 이를 위해서 쿠파에 중심지를 둔 칼리파 알리('Alī)의 이름이 쉽게 오르내렸다. 쿠파에서 알리('Alī)의 이름 아래 행해지는 학설들은 어떤 개별집단의 일관된 가르침을 구현하지는 않았다; 다만 우리가 말할 수 있는 것은, 이들 학설은 일반적으로 당시의 평균적인 가르침인 쿠파 학파의 '살아있는 전승'[142]에 반대하는 견해를 보여주었다는 점이다(알리로부터 나온 이러한 이라크학파의 학설에서 쉬아파의 법적 학설을 옹호한 성향의 흔적은 없다).[143] 알리에 귀착하는 학설들을 주장하

140) 역자주: 이 개념에 대해서는 이 책 [49] 참조.
141) 역자주: 아말('Amal)에 대해서는 이 책 [98], [136], [169], [183], [191] 등 참조.
142) 역자주: 이 개념에 대해서는 이 책 [49] 참조.
143) 역자주: 칼리파 알리('Ali)는 암살당하고, 무아위야가 알리의 뒤를 이어 칼리파의 지위에 오른다. 알리의 옹호자들(Shi'attu 'Ali)은 무아위야를 알리 암살의 배후로 지목하여 기존의 이슬람 제국과 결별하고, 알리와 알리의 부인이자 무함마드 딸인 파티

던 한 그룹은 성공적이지 못했던 초기의 체계화 노력 과정에서 미숙하고 초보적인 유추법을 보여준다; 그들은 체계적인 법률적 사고에 있어 쿠파의 대다수 동시대인들보다 앞서 있던 집단 또는 개인들의 견해를 반영한다. 또 다른 한 그룹은 엄격하고 지나치게 신중한 경향을 보이면서 종교와 윤리를 고려하는 데에 있어 쿠파의 평균적인 학설보다 더 나아갔다. 알리에게로 귀착하는 이러한 유형의 이라크의 학설들은 성공적이지 못했으며 메디나의 학설과 대부분 견해를 공유함으로써 양 학설은 거의 일치한다. 쿠파에서는 이미 형성된 법학파의 전승(Tradition)을 극복하지 못하여 성공하지 못한 채 남아있었던 학설들이 메디나에서는 상당한 정도로 인정을 받게 된 것은 상대적으로 발전이 느렸던 메디나 학파의 상황에 기인한 것이다. 게다가 쿠파에서의 견해대립 양상과는 대조적으로 메디나에서의 견해대립 양상은 이미 전승주의자(Traditionist)들의 활동을 반영하고 있었다.

56 7.

전승주의자들의 운동은 히즈라 2세기의 이슬람법 역사에 있어서 단일사건으로는 가장 중요한 것으로서 고대 법학파에 대하여 종교적·윤리적으로 반대하는 움직임의 자연적인 결과 내지 그 연속이었다. 법학파들 스스로도 어떤 면에서는 우마이야 왕조 후기에 이루어진 일반적·행정적 관행 중에 포함된 비이슬람적인 요소에 대하여 반대입장을 표현했는데, 전승주의자들은 이러한 경향을 강조했다. 고대 법학파들에 대하여 반대입장을 보이는 전승주의자들의 주된 명제는 예언자에 기원을 둔 공식적인 '전승'('Traditions': Ḥadīth 복수형은 Aḥādīth)이 고대 법학파의 '살아있는 전승'[144)]보다 우월하다는 것이

마의 권위를 인정하는 별개의 교단을 창설하였는데 이것이 오늘날 쉬아(Shi'a)파의 기원이다. 따라서 저자는 알리의 이름을 붙인 주장이, 쉬아파의 주장으로 보일 수도 있다고 생각하여 괄호 안의 문장을 삽입한 듯하다.

었다. 고대 법학파들은, 자신들의 학설이 전체적으로 볼 때 스승[145]의 의도를 아마도 가장 잘 알고 있었을 것으로 여겨지는 예언자의 교우들의 가르침에 기반을 두고 있다거나 혹은 자신들의 살아있는 전승[146]이 예언자의 순나를 표현하고 있다고 주장하였으나, 전승주의자들을 설득시키기에는 충분하지 않았다. 전승주의자들은, 예언자의 말과 행동을 눈과 귀로 지접 목격한 사람들의 기록으로서 믿을만한 사람들에 의해 끊임없는 고리(이스나드: Isnād)로 전해지는 상세한 서술 혹은 전승을 만들어냈다. 종교법의 시각에서 말한다면 이들 전승 중 어떤 것도 정확하다고 평가하기는 어렵다; 그런데 이들 전승은 이슬람력 2세기 전반부터 줄곧 전승주의자 자신들에 의해 의심의 여지없이 가장 고상한 동기로 유포되었다.

57 전승주의자들은, 각 지역의 법학파와 교류를 유지하였지만 그에 반대하는 입장에서 집단을 형성하면서 메디나에 국한되지 않고 이슬람의 큰 중심지 전역에 존재했다. 그들은 고대 법학파들의 살아있는 전승[147]의 필수불가결한 부분이면서 매우 이른 초창기부터 이슬람법적 사고의 구성요소였던 모든 인간적 논리와 개인적 견해를 선호하지 않았다. 2세기 말에 샤피이(Shāfi'ī)가 푸념한 바와 같이 그들의 추론의 기준은 고대 법학파들에 비해 열등했다. 그들이 유포한 전승들은 체계적으로 어렵게 되어있는 경우가 종종 있었다. 그들의 일반적인 경향은 엄격함과 엄정함에 있었으나 예외가 없었던 것은 아니다. 때때로 그들은 오늘날 우리로서는 알 수 없는 이유로 순수하게 법률적인 문제들에 대해서 관심을 갖기도 했으나, 주로 법적인 사안을 예언자로부터 내려온 전승에 나타나 있는 종교적·윤리적 원칙에 종속시키는 일에 관심을 가지고 있었다. 예를 들면, 메디나에서 전승주

144) 역자주: 이 개념에 대해서는 이 책 [49] 참조.
145) 역자주: 예언자 무함마드를 가리킨다.
146) 역자주: 이 개념에 대해서는 이 책 [49] 참조.
147) 역자주: 이 개념에 대해서는 이 책 [49] 참조.

의자들은, 예언자는 가격을 비싸게 부르는 것과 인위적으로 가격의 등락을 조절하는 행위를 금지하였다는 내용의 전승을 유포하였다. 그들의 목표는 가령 이자를 취하는 것이 불법적인 것과 마찬가지로 이러한 관행들을 불법적인 것으로 만들어 금지를 위반하여 체결된 계약을 효력이 없는 것으로 하려는 것이었다. 그러나 이러한 특별한 전승들은 이라크의 학자들과 마찬가지로 해석에 의해 그 내용을 최소화시킨 메디나의 학자들에게는 보편화되지 못했다. 그리고 고대 법학파의 교리를 변경하고자 했던 전승주의자들의 노력은 이 경우에 있어서 성공적이지 않았다.

58 애초부터 이라크는 물론 메디나의 고대 법학파들도 예언자에게로 돌아가자는 전승주의자들의 주장에 포함된 평온을 방해하는 요소에 대하여 강한 반감을 드러냈다.[148][149] 예언자 이후 첫 세대부터 줄곧 새로운 문제가 발생할 때마다 예언자의 결정(진짜로 예언자의 것일 수도 있고 특별한 근거 없이 그냥 그렇게 주장될 뿐일 수도 있음)에 문의하는 것을 매우 당연하게 여겼다고 추정하였다. 그러나 사실은 그렇지 않았다. 예언자로부터 나온 전승들은 거센 저항을 이겨내야만 했고, 히즈라 2세기 대부분의 기간 동안 그에 대한 찬반 논쟁이 퍼져나갔다. 동시에 꾸란 다음으로 가장 높은 예언자의 권위가 일단 발동되자 의식적으로 체계화된 전승주의자들

---

148) 전승주의자들에 대한 극단적인 반대는 무으타질라(Mu‘tazila)에 의해 표현된다(이에 대해서는 이 책 [101] 참조.

149) 역자주: 무으타질라는 서기 8~10세기에 번창하였던 이슬람교의 선구적인 합리주의 신학파이다. 신(神)만이 유일한 절대자이고 꾸란도 신이 만든 것에 불과하다고 하여 꾸란을 중요시하는 정통파 전승주의자들의 학설에 정면으로 대립한다. 무으타질라는 인간의 자유의지를 강조하는 입장이다. 즉 정통파는, 인간은 신의 의지에 무조건 복종해야 한다고 생각했던 반면, 무으타질라는 신은 인간에 대하여 최선(最善)을 바라지만 사람은 자유의지를 가지고 선과 악을 스스로 선택하므로 결국 자기 행동에 책임을 져야 한다는 입장이다. 유명한 무으타질라 신학자로는 바스라의 아부 알 후다일 알 알라프(841 사망)와 바그다드의 비슈르 이븐 알 무타미르(825 사망)를 들 수 있다.

의 명제는 어느 정도 성공을 거두었으며, 고대 법학파들은 예언자로부터 비롯되는 전승의 거센 조류에 실질적으로 대항하지 못했음이 분명하다. 그들이 할 수 있었던 최선은 해석을 통해 전승주의자들이 주장하는 전승의 유입을 최소화하고 예언자가 주장한 다른 전승들 안에서 자신들의 입장과 학설을 구현하는 것이었다. 그러나 이것은 전승주의자들의 목적이 이미 이루어졌음을 의미하는 것이었다. 고대 법학파들은 전승주의자들의 원칙에 말뿐인 호의(Lip-Service)를 보여주었을 뿐 자신들이 확신을 가지고 있는 학설들을 반드시 전승주의자들이 바라는 대로 완전히 바꾸지는 않았다. 전승주의자들은 때때로 교리에 있어서 변화를 가져오는 일에 성공했고, 이와 같은 일이 생길 때에 반대의견을 가진 소수의 교리를 다수의 교리와 구분하는 것이 쉽지 않았다. 그래서 어떤 특정한 교리가 전승주의자들에게서 나온 것인지 아니면 고대 법학파에서 나온 것인지를 판단하는 일이 항상 용이한 것은 아니다. 그러나 그들도 더러는 실패를 했고, 우리는 '성공적이지 못했던' 메디나와 이라크의 모든 소수 학파들의 학설이 예언자의 전승에 표현되어 있는 것을 볼 수 있다. 법적 학설과 전승의 상호작용은 당연히 일원적 과정으로 평가되어야 하며 오직 분석을 위해서만 여러 측면과 구절로 나누어질 수 있다는 것은 말할 나위도 없다. 이들 모두는 고대 법학파의 가르침에 있어 모순을 경험했고, 이들 법학파는 자신들의 살아있는 전승[150]에 일치되는 한도에서만 예언자의 전승을 권위있는 것으로 받아들였다. 그 다음 단계의 발걸음은 히즈라 2세기 말기에 샤피이(Shāfi'ī)에 의해 이루어졌다.

150) 역자주: 이 개념에 대해서는 이 책 [49] 참조.

제7장 초기의 체계적 추론: 2세기의 법률가들

59 1.

초기의 법률전문가들과 고대 법학파들에 의한 이슬람화의 경향 및 이슬람 규범을 법의 테두리 안으로 포섭하려는 경향과 병행하여 그에 대한 보완적 경향으로 추론과 체계화의 경향도 함께 나타났다. 추론(Reasoning)은 이슬람이 아주 초기부터 지니고 있던 고유한 특성이었다. 이는 초기의 법률전문가와 까디가 개인적인 의견 혹은 개별적 판단을 제시하는 데서부터 출발했다. 그러나 법률전문가나 까디의 임의적 판단이 기본적 유추와 정합성을 위한 노력에 앞서는 것은 아니었다. 초기 이슬람 시대에 있어서 두 요소는 분명히 구별되어 있는 한편 동시에 밀접하게 연관된 것이기도 했다. 이 모든 개별적 추론은, 그것이 순전히 임의적이고 개인적인 것이든 또는 일관성을 유지하려는 노력에 의해 뒷받침된 것이든 간에 나아가야 할 방향이나 방법론이 없이 매우 모호한 형태로부터 출발하여 점차 엄격한 질서를 보이는 경향으로 발전해 나갔다.

60 개별적 추론은 일반적으로 '라이'(Ra'y)라고 불리는데, '견해' 혹은 특별한 의미로는 '확고하고 숙고된 견해'를 가리킨다. 추론이 체계적 일관성 추구를 지향하거나 현존하는 제도 또는 판단을 고려하면서 일정한 결론을 도출하기 위한 것인 때에는 이를 특히 '유추'(끼야스, Ḳiyās)라고 한다. 추론이 적절성에 관한 법률가 자신의 관념에 기초하여 그의 개인적 선택과 자유재량적 견해를 반영하는 것인 때에는 이스티흐산(Istiḥsān) 또는

이스티하브(Istiḥbāb)이라고 하는데, 이들 용어는 각각 승인(Approval), 선호(Preference)의 의미이다.[151] 따라서 '승인'(이스티흐산)이라는 개념은 공공의 이익, 편의성 또는 이와 유사한 고려사항을 이유로 엄격한 유추를 중단하는 것이다.[152] 개별적 추론의 사용은 일반적으로 '이즈티하드'(Ijtihād)[153] 또는 이즈티하드 알 라이(Ijtihād al-Ra'y)라 하고, 무즈타히드(Mujtahid)는 이를 사용하는 자격을 갖춘 법률가를 말한다. 이들 개념은 고대에 있어서는 대체로 동의어였으며, 이는 샤피이(Shāfi'ī) 이후에도 역시 마찬가지였다. 라이와 이스티흐산은 고대 법률전문가들의 권고적·주의적(Cautelary[154]) 활동으로부터 유래한다.

61 법적 추론의 가장 오래된 단계로서 대표적인 것은 이라크파의 학설인데, 이는 자유재량적 판단 또는 유추에 의한 미숙하고 초보적인 판단이었다. 이러한 종류의 오래된 판단 중 하나가 하나피 교리(Ḥanafī[155] Doctrine)에 유지되었는데, 이에 따르면 피의자가 부정행위로 인하여 핫드(Ḥadd)[156] 처벌을 받기 위해서는 꾸란(제24장 제4절)에 서술된 내용의 유

151) 역자주: 이에 대해서는 이 책 [97] 참조.

152) 역자주: 이스티흐산(Istiḥsān) 또는 이스티하브(Istiḥbāb)는 일시적·예외적 규칙의 완화로 이해할 수 있다. 이스티흐산 또는 이스티하브를 적용하면 이슬람법에서 비슷한 사안들의 선례(판례)에서는 금지되었던 사안일지라도 일시적·예외적으로 허용될 수 있다. 가령 꾸란은 여성들이 남편이나 가까운 친척들 외의 남성들 앞에서는 몸을 가릴 것을 요구하고 있으나 이스티흐산을 적용하면 의학적 치료를 필요한 경우와 같이 부득이한 경우에는 여인들은 남편이나 가까운 친척들 외의 남성들 앞에서 몸을 가리지 않아도 허용된다.

153) 역자주: 즉 '이즈티하드'란 특정 문제에 대하여 샤리아의 판단을 도출하기까지의 개인적인 추론이나 독립된 판단을 말한다.

154) 역자주: 'Cautelary'는 라틴어 Cautela로부터 유래한다. 로마시대의 사법관들은 특별한 전문적 법률지식을 갖춘 자들이 아니었으며, 따라서 종종 법학자들이나 성직자들에게 특정 사안에 관한 법률적·종교적 자문을 구하곤 했는데, 법률가들의 답변은 Responsa Prudentia, 성직자들에 의한 답변은 Responsa Cautela라 불렀다. 후자는 어떠한 판단이 종교적으로 문제가 될 수 있음을 주의하라는 내용의 답변이다.

155) 역자주: Hanafi는 Hanifa의 형용사형이다.

추를 통해 4명의 증인 앞에서 4중의 고백을 할 것이 요구된다는 것이었다.[157] 이는 오직 체계적 추론의 결과인 것이지 어떠한 전승에 바탕을 둔 것은 아니었다. 이라크 내의 반대파들은 하나피 교리의 밑바탕에 깔린 경고적 경향을 과장하여 알리(Alī)[158]는 원래 5중의 고백을 요구했다는 내용의 전승을 유포하였으나 성공하지 못했다. 이러한 이라크 고유의 교리[159]는 히자즈(Hijaz)로 퍼져나갔고, 다른 여러 전승과 함께 예언자의 보호 아래 놓이게 되었다. 그럼에도 불구하고 메디나(Medina) 학파에서는 이 교리가 인정되지 않았다. 유추에 의한 근원적인 결론은, 절도죄의 처벌에서 요구되는 2명의 증인이라는 사실에서 유추하여 절도에 대한 핫드(Ḥadd) 처벌은 피의자가 2중의 고백을 한 후에야 비로소 적용될 수 있다는 식으로 또 다른 유추를 낳았다.[160] 이 학설은 알리의 전승에서 다시 나타났고 아부 하니파(Abū Ḥanīfa)와 동시대의 인물이자 쿠파(Kufa)의 까디인 이븐 아비 라일라(Ibn abī Laylā)를 포함하여 몇몇 이라크 학자들에 의해서 지지되었다. 그러나 아부 하니파는, 만일 2중의 고백이 요구된다면 첫 번째 고백은 이미 민사책임을 발생시킬 것인데 민사책임이 부과된 후에는 비록 두 번째의 고백이 행해진다 하더라도 핫드 처벌은 이루어질 수 없다고 주장하였고, 하나피학파에서는 이와 같은 경우에 있어서는 단 한 번의 고백만으로

---

156) 역자주: 핫드(Ḥadd)란 간통, 중상, 음주, 절도 등과 같이 꾸란에 정해진 범죄로서 이에 대해서는 재판관의 재량이 허용되지 않는다. 핫드에 해당하지 않는 범죄는 재판관의 재량에 따라 형이 가해지는데 이를 '타으지르'(Ta'zīr)라고 한다. 문서위조, 사기, 공갈, 위증 등이 이에 해당한다.

157) 역자주: 꾸란 제24장 제4절은 다음과 같다: "순결한 여성들을 중상하는 자들이 네 명의 증인을 내세우지 못할 경우 그들에게 80대의 가죽형을 가하되 그들의 증언도 수락해서는 아니 되나니 이들은 사악한 죄인들이라." 이 구절은 여성의 순결성을 중상하는 범죄에 관한 것이지만 이 규범을 다른 범죄에 유추했음을 말하고 있다. (『성 꾸란(의미의 한국어 번역)』, 642면 참조).

158) 역자주: 제4대 칼리파 알리를 가리키는 것이다.

159) 역자주: 하나피의 교리를 말하는 것이다.

160) 역자주: 증인의 수와 고백의 수를 일치시키는 식으로의 유추를 말하는 것이다.

충분하다는 학설이 유지되었다.

62 절도를 이유로 하는 핫드 처벌이 적용되기 위한 도품의 최소 가치에 대하여 몇몇 이라크 학자들은 다섯 손가락에 의한 소박한 유추[161]로써 5디르함(Dirham)[162]으로 정하였다. 그러나 이라크에서 일반적으로 받아들여진 학설은 이를 임의적으로 10디르함으로 정하였으며, 이는 하나피(Ḥanafī) 학설에서 유지되었다. 이러한 학설은 독창적인 견해로 평가될 수밖에 없으며, 세련된 방법론으로서 고안된 유추적 추론이 늘 성공적인 결과에 이르지는 못했음을 보여주는 것이다. 도품의 최소한의 가치는 소박한 유추를 통해 혼인계약의 필요요건인 결혼지참금(Mahr, 마흐르)[163]의 최소량을 정하는 출발점을 제공하였다. 여기서도 또한 이라크의 독창적인 결정은 자유재량적인 것이었다: 그들은 "성교행위가 근소한 양의 돈으로 적법해질 수 있다는 것은 충격적이다"라고 말했다; 그리하여 "이브라힘 알 나카이(Ibrahim al-Nakha'i)는 40디르함보다 적은 결혼지참금을 승인하지 않았던 반면에 한때는 10디르함이라고 하기도 하였다"라고 말했다. 이러한 자유재량적 결정은 후에 소박한 유추에 의해 바람직하다고 볼 수 없는 방향으로 수정되었는데, 이에 따르면 남편에 의한 아내의 신체 일부의 사용은 절도범에 대한 핫드 처벌을 유추하여 사지(四肢) 중의 한 개의 상실을 정당화하는 대가보다 적은 금액으로써 해서는 안 된다고 하여, 결혼지참금의 최소금액이 10디르함으로 정해지게 되었다. 이러한 추론은 알리(Alī)의 전승으로 표현되었다. 이브라힘(Ibrāhīm)이 한 말

161) 역자주: 절도죄에 대한 핫드 형벌을 손을 자르는 것인데 손가락의 수가 다섯이라는 사실에서 유추했다는 의미이다.

162) 역자주: 디나르와 함께 당시 이슬람 세계에서 통용되는 화폐의 단위이다. 1디나르는 12디르함이다.

163) 역자주: 이슬람의 혼인관습으로 신랑이 신부에게 선사한다. 꾸란은 다음과 같이 말한다(제4장 제4절): "결혼할 여자에게 결혼지참금을 주라. 만일 너희에게 그것의 얼마가 되돌아온다면 기꺼이 수락해도 되니라." (『성 꾸란(의미의 한국어 번역)』, 131면 참조).

의 뒷부분은 그 결론을 알리의 권위 아래 두고자 하는 것이었다. 핫드 처벌을 위한 도품의 최소량이 5디르함이라고 주장하던 이라크의 일부 학자들은 결혼지참금의 최소량 역시 5디르함이라고 꾸준히 주장하였다. 메디나의 학자들은 종래 결혼지참금의 최소량에 대해 아무런 제한을 두고 있지 않았다. 다만 말리크(Mālik)와 그의 뒤를 이은 말리키(Māliki[164])학파는 이라크 학자들의 유추적 추론의 원리를 채용하여, 핫드 처벌을 적용하기 위한 도품의 최소가치를 1/4디나르(즉 3디르함)로 하여 그의 독자적인 기준으로 삼아 결혼지참금의 최소금액도 그와 같은 금액으로 설정하였다. 이와 동시에 이라크의 법학자들은 이러한 소박한 유추가 만족스럽지 못하다고 보아 당시 그들의 학설에 부합하는 것으로 보이는 전승의 권위에 기대게 되었는데, 이것이 하나피(Ḥanafī) 학파의 학설에도 남게 된다.

63 2.

이러한 초기의 체계적 추론의 결과는 자주 법적 ‘수수께끼’라든가 운율을 갖춘 법언 또는 속담의 형태로 표현되었다. 전형적인 법언의 예로서, “자녀는 혼인 방 침대로부터 나온다[165]”[166], “강박상태 하에서는 이혼도 해방도 있을 수 없다”(Lā Ṭalāḳ wa-lā 'atāḳ fī Ighlāḳ), “이익에는 책임이 따른다”(al-Kharāj bil-Ḍamān), “담보는 피담보물의 자리를 대신한다”(al-Rahn bi-Māfīh)[167][168] 등이 있고, 이와 반대 입장에 있는 학설로 “담보는 회수불

---

164) 역자주: ‘Māliki’는 ‘Mālik’의 형용사형이다.

165) 역자주: 자녀에 대한 부성추정(父性推定)을 의미한다.

166) 이 책 [33] 참조.

167) 이라크 학자들의 견해. 이와 다른 하나피(Hanafi) 학파의 학설에 대해서는 이 책 [250] 참조.

168) 역자주: 담보물이 멸실은 피담보채권의 변제를 충당한 것으로 간주된다는 의미이다. 가령 A가 저당물로 말 한 필을 B에게 맡기면서 1000만원을 차용했는데 B가 말을

가능한 것이 아니다"(al-Rahn lā Yaghlaḳ)[169][170] 등이 있다. 이러한 법언들은 교훈적인 목적으로 거칠고 조잡한 형식을 통해 법적 학설을 표현하는 방식으로서 매우 선호되었다; 그 밖의 것들은 원래부터 널리 퍼져있던 격언이나 속담이었을 수도 있다. 그 기원이나 시기에 있어서는 일정하지 않지만 이들 대부분은 히즈라 2세기 전반에 형성되었으며, 이들 법언은 비록 나중에는 거의 모두 단계적으로 전승의 형태를 갖추게 되었으나 학설이 아직 전승에 체계적으로 표현되지 않은 단계에 있었음을 반영한다. 몇몇 법언의 기원이 이슬람 이전 시대로 거슬러 올라갈 가능성을 미리부터 배제할 수는 없으나, 부계상속에 관한 초기의 규율을 반영하고 있는 한 가지 법언인 "al-Walā' lil-Kubr"[171]에 관해서는 명확한 증명이 필요하다.[172]

64 이슬람법에 있어서 개인적 판단이나 개별적 견해의 요소들은 전승, 특히 예언자의 전승의 축적에 선행하였으나, 전승주의자들의 주된 명제의 성공으로 인하여 종래 학자들에 의한 임의적 판단이나 개별적 추론의 결과였던 것들의 대부분이 예언자의 전승의 형식으로 기록되기에 이르렀다. 이에 관한 중요한 사례는 말린 대추야자 열매와 나무에 달린 신선한 대추야자 열매를 교환하는 고대의 무자바나(Muzābana)계약과 관련된 규범에서 찾아볼 수 있다. 이 계약은 꾸란이 정하고 있는 불로소득(리바, Ribā) 금지를 위반한 것이고, 따라서 일반적으로 인정되지 않았다. 그러나 스스로 대추야자나무를 소유하지 못했던 가난한 이들이 갓 수확된 시기의 생열매를 구할 수 있도록

점유하는 동안 죽었다면 채무는 변제된 것으로 간주된다.

169) 메디나 학파의 견해이다.

170) 역자주: 변제기 후에 변제를 해도 담보제공자는 담보물을 회수해 올 수 있다는 의미이다.

171) 피보호자(마울라, Mawlā)에 대한 권리의 상속에 의한 승계와 관련된 것이다.

172) 역자주: 이슬람 성립 이후 아랍인들의 세력이 팽창하던 이슬람력 1세기 동안 이슬람으로 개종한 사람들이 아랍부족의 일원으로 받아들여졌다. 개종자들은 아랍인 보호자의 피보호자(마울라, Mawlā)가 되었다.

하기 위하여 어떤 학파는 엄격히 제한된 수량의 한도 내에서 말린 열매를 대강 이와 같은 양의 생열매와 교환하는 것을 허용하였다. 이는 원래 결혼지참금의 최소금액에 관한 이브라힘 알 나카이(Ibrāhim al-Nakha'ī)의 재량적 견해와 같은 종류의 재량적 결정(이스티흐산, Istiḥsān)[173]이었다. 두 견해 모두 엄격한 금지와 제한된 수량의 한도에서 인정된 예외가 예언자의 전승의 형태로 규율되게 되었고, 그러한 예외를 수용가능하게 하기 위하여 이러한 시각의 고려가 행해지는 거래를 '바이 알 아라야'(Bay' al-'Arāyā)라는 기술적인 용어로 부르게 되었다. 이는 전승주의자뿐만 아니라 고대의 법학파와 전승주의자들로 하여금 두 부류의 전승을 조화롭게 해석할 수 있도록 하였고, 이로써 고유의 자유재량적 요소가 학설에서 제거되게 되었다.

65 3.

이슬람법이 문자로 정리되기 시작한 시기는 대략 히즈라 150년(서기 767년) 경으로, 이때부터 전문화된 법적 사고의 발전은 학자로부터 학자에게 단계별로 서서히 이어져 내려갈 수 있었다. 이라크의 경우 이러한 계승단계는 하마드(Ḥammād: 사망 120/738)에게서 비롯된 학설, 이븐 아비 라일라(Ibn Abī Laylā: 사망 148/765)의 학설, 아부 하니파(Abū Ḥanīfa: 사망 150/767)의 학설, 아부 유수프(Abū Yūsuf: 사망 182/798)의 학설 및 샤이바니(Shaybānī: 사망 189/805)의 학설로 나타난다. 시리아의 아우자이(Awzā'i: 사망 157/774)는 고대 형태의 학설을, 말리크(Mālik: 사망 179/795)는 당대 메디나 학파의 평균적 학설을 대표한다. 이슬람력 2세기 내내 전문화된 법적 사고는 유추에 의한 소박하고 기초적인 결론이었던 초기의 형태로부터 매우 빠르게 발전하였다. 첫째, 이슬람법적 사고가 점차 완결되는 경향을

173) 역자주: 이스티흐산의 개념에 대해서는 이 책 [60], [97] 참조.

띠었다. 둘째, 많은 수의 전승이 생산되고 그것이 권위있는 것으로 인정됨에 따라 전승에 대한 의존이 심화되었다. 셋째, 법적 주제를 이슬람화 하는 과정의 한 측면을 나타내었던 종교적이고 도덕적인 고려가 체계적 추론에 녹아들게 되었고, 그러한 두 경향은 결국에는 따로 떼어낼 수 없을 만큼 융합되었다. 이러한 세 가지 경향 모두가 샤피이(Shāfi'ī: 사망 204/820)에 의해 집대성된다. 다음 예들을 통하여 발전과정에 있어서의 일반적 경향을 살펴본다.

66 어떤 남성이 네 명 이상의 여자와 혼인하여 이슬람으로 개종한 경우에 대하여[174] 가장 초기의 그리고 일견 가장 자연스러운 해법은, 그가 그 여자들 중 여전히 혼인관계를 유지하기를 원하는 네 명을 선택할 수 있도록 하는 것으로, 이는 아우자이(Awzā'ī)에 의해 채택된 것이었다. 이는 또한 예언자의 전승에도 나와 있는 내용이었다. 말리크(Mālik)는 이러한 교의를 따르면서도, 두 자매와 동시에 또는 모녀와 동시에 혼인할 수 없다는 꾸란의 금지(제4장 제23절[175])는 이 경우에도 적용된다고 명시하여 선택가능성을 제한하게 된다. 고대 이라크 학자들은 이에 대한 체계적 개량을 시도한다. 즉 아부 하니파(Abū Ḥanīfa)는 "만약 어떤 자가 그의 모든 아내들과 하나의 계약으로 혼인하였고 그들이 모두 무슬림이 되었다면 그는 모든 아내들과 헤어진다"라고 선언하였다. 아부 유수프(Abū Yūsuf)는 이 학설과 같은 방향에서 체계적 추론을 원용하여 덧붙이기를, "그러나 만약 그가 연

174) 역자주: 이슬람의 성립 이후로는 아내는 4명까지만 허용되었기에 나타나는 문제이다.
175) 역자주: 꾸란 제4장 제23절은 다음과 같이 말한다. "너희들에게 금지된 것이 있으니 어머니들과 딸들과 누이들과 고모들과 외숙모들과 형제의 딸들과 누이의 딸들과 너희를 길러준 유모들과 같은 젖을 먹고 자란 양녀들과 아내들의 어머니들과 너희 부인들이 데려와 너희의 보호를 받고 있는 의붓 딸들이라 너희가 아직 그녀들과 부부생활을 하지 아니했다면 너희가 그들의 딸들과 결혼해도 죄악이 아니나 너희 아들들의 아내들과 결혼은 금지라 또한 너희가 두 자매를 동시에 부인으로 맞아도 아니되나 지나간 것은 예외라" (『성 꾸란(의미의 한국어 번역)』, 136면, 137면 참조).

속된 별개의 계약에 의해 혼인하였다면 처음 네 번의 혼인이 유효하다"라고 하였다; 이에 관련된 세부적인 사항에 대해서 아부 유수프 이브라힘 나카이(Ibrāhim al-Nakhaʿī)의 학설을 원용하였다. 첫 번째 학설[176]과 같은 취지의 전승은 아부 유수프 시대에는 아직 '비정규적'으로 인식되어 수용할 수 없는 것이었다. 그런데 샤이바니(Shaybānī)는 예언자의 말씀을 많이 알고 있었던 까닭에 그러한 전승들을 무시할 수 없었다; 그러나 그는 관용적 종교 경향을 지지하던 사람들을 고려하여 아부 하니파와 아부 유수프의 학설을 유지하였다; 그런데 그 결과는 매우 일관성이 없었다. 샤피이(Shāfiʿī)는 전승의 문언에 따라 가장 오래된 학설로 완전히 회귀하였고 이에 대한 훌륭한 체계적 논거를 제시하였다.

67 고대 아랍의 관습에 따르면, 전쟁에서의 승자는 정복된 적들의 여자 가솔들을 기혼·미혼 여부에 관계없이 첩으로 취할 수 있었다. 이러한 거칠고 조잡한 관행은 이슬람 성립 이후에도 계속되었는데, 아우자이(Awzāʿī)는 "이것이 무슬림의 관습이고, 따라서 이는 꾸란의 명령이다"(꾸란 제4장 제24절[177])라고 말하였다. 메디나의 학자들은 이러한 관행을 유보없이 승인하였는데, 단순히 포로의 상태(이슬람의 관점에서 바라보는 경우를 말함[178])가 혼인관계를 해소한다는 법원칙을 형성해 냄으로써 논리적인 결론을 도출하였다. 그러나 이라크의 학자들은 포로의 상태가 혼인관계를 해소시키지는 않는다고 논박하였고, 따라서 일정한 보호장치를 마련하

---

176) 역자주: 네 명 이상의 여자와 혼인한 경우에 관한 아우자이의 학설을 말하는 것이다.

177) 꾸란 제4장 제24절은 다음과 같이 말한다. " 이미 결혼한 여성과도 금지되나 너희들의 오른손이 소유한 것은 제외라. 이것은 하나님의 명령이며 이 외에는 너희를 위해 허락이 되었으며 간음이 아닌 합법적 결혼을 원할 경우 지참금을 지불해야 되나니 너희가 그들과 결혼함으로써 욕망을 추구했다면 그녀들에게 지참금을 줄 것이라 그 의무가 행해진 후에는 쌍방의 합의에 의한 것에 관하여는 너희에게 죄악이 아니거늘 실로 하나님은 만사형통 하심이라." (『성 꾸란(의미의 한국어 번역)』, 137면 참조).

178) 이 책 [217] 참조

려고 시도하였다. 아우자이(Awzā'ī)는 부분적으로 이라크 학자들의 법적 사고의 영향을 받아, 그러한 관습을 뒷받침함에 있어서 포로들의 혼인상태는 포로로 잡힌 이후에도 여전히 유효한 것으로 보았고, 이는 그의 학설이 일관성을 잃는 결과를 가져오기도 하였다. 아부 유수프는 아우자이의 모순을 비판하였고, 샤피이의 학설은 아부 유수프의 학설보다도 더욱 일관된 체계를 갖추었다. 이와 함께 아우자이, 아부 유수프 및 샤피이는 차례대로 전승에 대한 의존성 증대의 세 단계를 보여주고 있다.[179]

68 꾸란은 제24장 제33절에서 "그리고 너희가 소유하고 있는 하인들 중에서 일정 금액으로 해방증서를 원할 경우 너희가 그들 가운데서 신임을 발견한다면 그들에게 증서를 주라. 그리고 하나님께서 너희에게 베푼 재산 중에서 그들에게 일용할 양식을 주라"라고 한다. 위 구절은 꾸란의 독자들이 그 구절에서 말하는 거래의 구체적인 내용을 알고 있는 것으로 전제하고 있는데 위 구절에 대한 엄격한 해석은, 여기에서 문제되고 있는 거래가 훗날 이슬람 2세기에 법률가들에 의해 고안된 무카타바(Mukātaba)[180]에 의한 노예해방계약과는 같지 않다는 사실을 보여준다. 초기 그들의 판단은 임의적인 것이었는데, 예를 들어 무카타브(Mukātab)[181] 노예는 약정된 금액의 절반을 지급함과 동시에 자유의 몸이 된다는 결정이 있었는가 하면, 당시 권위가 있었던 것으로 보이는 아타('Aṭā)[182]는 약정액의 3/4을 지급하여야 한다고 판단하였다. 또한 마찬가지로 권위 있는 것으로 보이는 자료

---

179) 역자주: 아우자이, 아부 유수프, 샤피이의 순서로 전승에 대한 의존이 증대된다는 의미이다.

180) 역자주: 무카타바(Mukātaba)는 노예의 합법적 해방을 약속하는 계약을 말한다. 자히리학파는 무카타바를 의무사항으로 여겼지만, 샤피이학파, 말리키 학파, 하나피학파는 무카타바를 의무사항이 아닌 권장사항으로 간주한다.

181) 역자주: 무카타브(Mukatab)는 무카타바 계약을 맺은 노예를 말하며, 이 계약을 맺은 노예는 주인에게 일정 금액을 지불해야 한다.

182) 역자주: 당시 권위있던 이슬람법학자였던 '아타 이븐 랍비 라바'를 뜻한다.

에 따르면 아타는, 비록 이 학설을 뒷받침하기 위하여 전승의 권위를 인용할 수 없다는 사실을 인정함에도 불구하고 주인에게는 자격이 있는 노예와 무카타바 계약을 체결할 의무가 있다고 여겼다; 다시 말해, 꾸란 구절과의 연계는 아타 시대 때부터 고려되기 시작한 것이다. 이보다 전문적으로 조금 더 정제된 형태의 견해들로서 무카타브 노예는 그가 대금을 완납한 때에 자유의 몸이 된다는 견해,[183] 그가 지급한 금액에 비례하여 자유를 얻는다는 견해,[184] 즉시 자유의 몸이 되고 그가 지급하여야 할 금액은 일반적인 채무에 해당한다는 견해[185] 등이 있었다. 결국 무카타브는 약정된 금액의 일부를 미납한 채로 있는 한 여전히 노예의 지위를 벗어나지 못한다는 학설이 체계적으로 가장 일관된 것으로 인정되어 이라크와 메디나에서 지지를 얻게 되었는데, 이러한 결론은 예언자의 일부 수행자들 그리고 더 나아가서는 예언자에까지 거슬러 올라갔으며 이 모든 일들은 메디나에 있어서의 고대 법학파의 권위자들 중에서 두 사람에 대한 참조가 있은 후에 이루어졌다. 무카타브에 관한 최후의 학설이 정립된 후에도 채무를 이행하지 않고 있는 무카타브를 위한 용인이 존재하기도 했다; 그러나 그 후에는 이러한 용인이, 완전히 배제되지는 않았으나 보다 엄격한 체계적 일관성이라는 관점에서 점차 축소되었다.

69 4.

시리아에서의 아우자이의 견해는 이슬람 법학에 의하여 규범으로서 채용된 가장 오래된 해법이다. 그의 학설의 고전적인 성격은, 아부 하니파

183) 이는 한 때 쿠파 학파의 학설이기도 하였다.
184) 이 학설은 이라크의 반대세력과 연관된 것으로 보인다.
185) 역자주: 금액 지급과 상관없이 즉시 노예 신분으로부터 해방되고 해방된 사람은 주인에게 미래의 채무를 부담한다는 것이다.

(Abū Ḥanīfa)와 동시대의 인물이었던 그가 우리에게는 이름 외에는 알려진 것이 없는 그의 이전 세대 선학들의 가르침을 잘 보전하고 있음을 나타내고 있다. 그의 이름으로 된 학설이 형성될 무렵에 초기 이슬람 법학에 있어서의 이슬람화 및 체계화의 경향은 실제로 이미 작용하기 시작하였으나, 그의 학설은 고대의 관행에서 문제되는 상황들을 모두 포섭하지는 못했다. 그의 체계적 추론은, 비록 명시적으로 표현되기는 하였으나 전반적으로 초보적인 수준이었다. 이러한 점은 그가 '예언자의 순나'(Sunna of the Prophet)와 동일시하는 '살아있는 전승'(Living Tradition)에 대한 의존태도로 인하여 외견상 잘 드러나지는 않았다. 순나에 대한 존중태도 및 다른 몇 가지 측면에서 볼 때 아우자이의 학설은 고대 이라크 학자들의 학설에 가장 근접한 것이었다.

70 말리크(Mālik)의 죽음은 아부 유수프(Abū Yūsuf)와 샤이바니(Shaybānī)의 죽음보다 불과 몇 년 전이었으나, 말리크의 전문적인 법적 사고는 그의 동시대 이라크 법학자들의 법적 사고에 비해 상당히 덜 발달된 모습을 보였다. 그의 추론은 특히 (이상화된) 관행, '살아있는 전승'(Living Tradition), 그리고 학자들 간의 합의(Consensus) 모두에 의존한다는 점에서 아우자이(Awzā'ī)의 추론과 전반적인 면에서 비교될 수 있다. 말리크의 목표는 메디나 학파에 의해 승인된 학설을 배합하는 것이었는데, 이는 상당한 정도까지 메디나 학파의 대표적 학자들에 기반한 것이었다. '살아있는 전승'에 대한 의존과 함께 광범위한 추론의 사용을 결합함에 있어서 말리크는 전형적인 메디나 학자의 모습을 보였다. 대다수의 사례들에 있어서 우리는 현실적 고려, 실용적 편의, 이슬람화의 경향 등에 의해 영향을 받은 말리크의 독자적인 추론을 엿볼 수 있다. 말리크의 무와따(Muwaṭṭa')[186],

186) 역자주: 최초로 편찬된 하디스집의 이름이다. 부카리의 하디스집인 사히흐(Ṣaḥīḥ)와 함께 하디스 연구의 토대를 마련하였다.

즉 그의 제자들에 의해 여러 개의 상호 밀접한 버전으로 쓰여진 그의 가르침의 기록은 이슬람력 2세기 후반의 메디나에 있어서의 실제 관행을 잘 나타내주고 있다.[187]

71 이라크에 있어서 일반적으로 함마드(Ḥammād) 시대의 쿠파(Kufa) 학자들의 학설과 함마드의 개인적 견해를 구별하는 것이 불가능하나, 함마드와 그보다 한 세대 후에 활동하던 쿠파의 까디 이븐 아비 라일라(Ibn Abī Laylā) 사이에 전문적인 법적 문제에 대하여 현격하게 진전된 논의가 이루어졌다. 이븐 아비 라일라의 기술적인 추론은 비록 대체로 서툴고 근시안적인 것이기는 했지만 초보단계는 훨씬 넘는 것이었다. 체계적 일관성의 추구, 일반적 경향과 원리의 작용 등은 그의 학설 전반을 지배하였다. 경직된 형식주의는 어쩌면 그의 법적 사고의 가장 전형적인 특징이라 할 수 있을 것이다. 이븐 아비 라일라는 그의 실용적이고 상식적인 논증에 있어서 때때로 현실적, 특히 이슬람 윤리적 문제들을 고려한다. 이와 연결되는 것이 당시의 관행에 대한 그의 관심이다. 그의 학설에는 자신의 까디로서의 활동이나, 결코 간과될 수 없는 그의 보수주의의 흔적 등을 많이 찾아볼 수 있고, 따라서 그는 그와 동시대 인물인 아부 하니파(Abū Ḥanīfa)보다 더 이슬람 법학 발전의 초기단계를 대표하고 있다.

72 이븐 아비 라일라와 달리, 아부 하니파는 전문적 법적 사고의 현격한 진전을 이룩한 이론적 체계화의 전문가로서의 역할을 한 것으로 보인다. 아부 하니파는 까디가 아니었던 까닭에 이븐 아비 라일라에 비해 일상적 관행에 덜 얽매일 수 있었다; 또한 그는 사법행정의 현실로부터도 상대적으로 자유로웠다. 그의 학설에는 새롭고 명확히 표명된 법적 사고들이 많이 포함되어 있어서 그 중 상당 부분은 결함이 있다는 이유로 그의 제자들에 의해 거부되기도 하였다. 그의 법적 사고는 그와 동시대의 선학들보

187) 이에 관한 예로는 이 책 [129] 참조.

다 더 넓은 기반을 가지고 더욱 철저히 적용되었을 뿐만 아니라, 더욱 고도로 발달된 전문성을 지닌 것이었고, 더욱 신중한 것이었으며, 더욱 정제된 것이었다. 때때로 다소 무모하고 균형감이 없으면서도 관행을 덜 고려하는 면이 발견되기도 하지만, 높은 수준의 추론이 아부 하니파의 법적 사고의 전반적인 특징이다.

73 아부 유수프(Abū Yūsuf)의 학설은 대체로 그가 스승으로 여겼던 아부 하니파(Abū Ḥanīfa)의 학설을 전제로 삼는다. 아부 유수프의 독자적 법적 사고의 가장 현저한 특징은, 아부 하니파의 시대에 비해 권위를 인정받은 예언자의 전승이 더 많이 존재했던 까닭에 전승에 대한 의존 또한 더 컸고, 그러한 전승에 대한 의존에 비해 현실적인 종류의 이슬람 윤리적 고려를 상대적으로 덜 중요하게 여겼다는 점이다. 둘째로, 아부 유수프의 학설은, 비록 그가 스승으로부터 갈라져 나오면서 보다 더 통찰력을 갖추고 고도로 발달된 학설을 폐기한 경우도 있으나, 종종 아부 하니파의 다소 정제되지 못한 논증에 대한 반발을 나타낸다는 점이다. 마지막으로, 아부 유수프의 학설에 있어서 주목할 만한 특징은, 반드시 좋다고만은 할 수 없는 방향으로 그의 견해를 빈번히 변경하였다는 점이다. 당대의 자료에 나타난 직접적인 자료 또는 그 밖의 다른 사례를 통해 짐작할 수 있는 바에 의하면, 까디로서의 경험이 그의 견해를 변경하도록 하였다고 한다. 아부 유수프는 쿠파(Kufa)의 고대 이라크 학파들이 아부 하니파 추종자들의 학파로 대체되는 과정의 시작을 알리는 상징성을 갖는다.

74 아부 하니파와 아부 유수프의 수제자인 샤이바니(Shaybānī)는 아부 유수프보다도 더 전승에 의존하였다. 이는 그의 학설의 변화에서 뿐만 아니라, 체계적 추론을 전승에서 비롯된 주장을 통해 뒷받침하는 그의 방식, 실제로 전승을 따르지 아니할 때조차 항상 전승을 인용하여 마무리짓는 "우리는 이를 따른다"라는 습관적 공식에서도 잘 드러난다. 샤이바니는 그의 개인적 견해를 고대 법학파에서 통용되던 한도 내에서 사용하였으나,

이러한 식으로 외관상 드러나는 그의 대부분의 추론은 사실 엄격한 유추와 체계적 논증이었다. 이러한 면에서 볼 때 샤이바니는 샤피이(Shāfi'ī)가 임의적 판단을 거부하고 엄격한 유추나 체계적 논증을 고집할 수 있도록 하는 이론적 길을 열었던 것이다. 높은 차원의 체계적 추론은 샤이바니의 전문적 법적 사고의 가장 두드러진 특징이었다. 샤이바니는 쿠파의 학설을 체계화하는 데에 있어서 많은 기여를 한 인물이다. 그는 또한 작품을 많이 남긴 작가였으며, 아부 하니파와 아부 유수프의 학설적 전통을 분명히 인식하며 따랐던 수많은 그의 저작들은 고대 쿠파 학파로부터 탄생한 하나피(Ḥanafī) 학파가 세력을 확장하게 된 전환점이었다.

75 5.

샤피이(Shāfi'ī)는, 그가 전승주의자들의 핵심 주장을 이슬람법에 보급하는 역할을 했음에도 불구하고 자신을 메디나 학파의 구성원으로 여겼으며, 샤피이의 시대에 이르러 법적 추론은 그 정점에 달하게 된다. 대부분이 탁월한 수준을 유지하였던 그의 명확한 법적 추론은 그의 학설에 있어서 중요한 위치를 차지하였는데, 각 학자마다 보유하고 있는 문체나 성향의 차이를 감안하더라도 그의 역량은 선학들의 것에 비해 탁월하였다. 샤피이가 저술활동을 할 당시 법의 이슬람화의 과정과 이를 종교적·윤리적 사상과 융화시키는 작업은 대체로 이미 완성되어 있었다. 따라서 우리는 그가 인식한 법적 사고가 아우자이(Awzā'ī), 말리크(Mālik), 이븐 아비 라일라(Ibn Abī Laylā), 아부 하니파(Abū Ḥanīfa)의 학설에서와는 달리 종교적·윤리적 종류의 현실적 고려에 의한 영향을 거의 받지 않았음을 엿볼 수 있다. 또한 우리는 그가 동일한 문제에 대한 도덕적·법적 양 측면이 부각되었을 때 그의 선학들에 비해 양자를 보다 더 일관되게 구분하고 있음을 알게 된다. 이러한 관점에서 샤피이는, '금지된 것'과 '무효인 것'을 동일시하고자 했던 전승주의자들의 방법론을 그대로 따르지 않았다. 반면, 샤피이가 예언자의 전승에 대해 근본적으로 의존했다는 점에서 전승주의자들과 동일하였는데, 이는 법적 학설을 이슬람화함에 있어서 기존의 것들과는 다른 방법론으로 나타났다. 이론적으로 샤피이는 전승에 의한 주장과 체계적 사고의 결과를 명확하게 구분하였다. 그러나 그의 실제 논증에 있어서는 양 측면이 밀접하게 교차한다; 즉 그는 전승에 대한 추종적 성향과 체계성을 동시에 보여주었는데, 이러한 새로운 조합은 그의 법적 사고의 특징이라 할 수 있다.

76 샤피이는 그의 선학들에게는 통상적이었던 재량적 견해나 독단적 판단(라이와 이스티흐산)[188]을 배제하고 원칙적으로 오로지 엄격한 유추적·체계적 추론[189]만을 사용하였다. 이것은 그의 법이론을 고대 법학파들의 그것과 확연히 구별되게 한 하나의 중요한 혁신이었다. 그의 법이론은 그가 끊임없이 모순 덩어리라고 비판하던 선학들의 이론에 비해 훨씬 논리적이고 형식적으로 일관되어 있었다. 그의 법이론은, 어떤 것도 예언자의 공식적인 전승의 권위를 거역할 수 없다는 전승주의자들의 명제에 바탕을 두고 있다. 이를 받아들임에 있어서 샤피이는 고대 법학파에 있어서의 자연적·계속적인 학설의 발전으로부터 자신을 절연하고, 장기적으로는 융통성을 잃게 될 수밖에 없는 원리를 채택하였다. 또한 샤피이가 제시한 해법들은 종종 사회학적으로 보았을 때 당대의 이라크와 메디나의 학자들이 주장했던 것들에 비해 덜 진보적인 것이었다. 이렇듯 소급적(회고적) 관점에 의해 지배되었던 그의 체계적인 법적 사고는 진보적 해법을 위해서는 그다지 유용한 것이 되지 못했다.

77 대표적인 학자들과 달리 샤피이에게 있어 순나(Sunna)는 더 이상

188) 샤피이는 라이(Ra'y)와 이스티흐산(Istiḥsān)을 동의어로 사용하였다.
189) 좁고 전문적 관점에서의 끼야스(Ḳiyās), 이즈티하드(Ijtihād), 그리고 아끌('Akl: 이성) 또는 마아꿀(Ma'kul: 합리적인 것)을 가리킨다.

이상화된 관행이 아니었다. 각 세대에서 오직 단 한 사람에 의해 전승이 전해진다 하더라도 순나는 예언자의 공식적인 전승과 내용이 동일하기 때문이다. 샤피이에 따르면, 우리는 마치 고대 법학파가 했던 것과 같이 예언자 무함마드의 수행자들이 스승의 의도를 가장 잘 알고 있었으며 그리하여 스승의 견해에 충돌하는 견해를 주장하지 않았을 것이라고 결론지어서는 안 된다. 이에 따라 샤피이는 고대 법학파에서 관행처럼 사용되었던 '타끌리드'(Taḳlīd)[190]의 개념을 거부하기에 이른다. 또한 샤피이는 무함마드의 수행자가 아닌 자가 제시한 견해나 시작한 관행에 대해서 어떠한 권위도 인정되지 않는다고 주장했다. 이와 같은 새로운 개념의 순나, 즉 공식적인 전승에 구체화되어 있는 예언자의 순나는 고대 법학파의 '살아있는 말씀' 개념을 대체하였다. 예언자의 전승은 꾸란의 구절에 의해서도 무효로 될 수 없었다. 샤피이는 꾸란의 내용이 예언자의 전승과 모순되지 않는다고 간주하였고, 오히려 그 전승은 꾸란을 자세하게 설명한다고 보았다; 따라서 꾸란은 예언자의 전승에 비추어 해석되어야 하며 그 반대의 방법[191]으로 해석되어서는 안 된다고 보았다. '살아있는 전승'으로 표현한 학자들의 합의 또한 샤피이에게는 중요하지 않았다; 그는 오히려 학자들의 합의의 존재 자체를 부정했는데, 이는 합의와 다른 견해를 가진 학자를 얼마든지 찾을 수 있었으며, 중요한 사안의 경우 (학자들의 합의가 아닌) 무슬림 전체의 일반합의에 의존했기 때문이다. "무슬림이 인정하거나 인정하지 않는 모든 것은 알라의 눈으로 볼 때 좋거나 나쁜 것이다"라는 명제는 샤피이가 등장하기 얼마 전에 형성되었다. 샤피이는 이 명제를 더욱 발전시켰는데, 무슬림 공동체는 절대로 잘못된 것을 합의하지 않을 것이라는 샤피이의 원칙은 이슬람력 3세기 중반에 들어서야 예언자의 전승의 형식으로 바뀌었다. 학자 개개인이 가지는 지식의 범위와 상관없이 무슬림 공동체는 예언자의 전

190) 역자주: 이에 대해서는 이 책 [112]~[115] 참조.
191) 역자주: 예언자의 전승을 꾸란에 비추어 해석하는 태도를 말한다.

승들을 전체로써 축적했다고 샤피이는 주장했다. 따라서 여기에 개인적인 견해를 임의로 피력할 여지가 전혀 없으며 인간적인 추론은 단지 예언자의 전승을 정확히 추론하고 전승으로부터 체계적인 결론을 도출하는 데에만 제한적으로 사용되어야 한다고 주장했다. 샤피이는 이런 주된 의도에 매우 충실하였기 때문에, 만약 자신의 학설이 본의 아니게 예언자의 전승과 충돌한다면 언제든지 학설을 버릴 준비가 되어 있다고 선언하였다.

78 요컨대, 이런 점들이 샤피이의 법이론을 구성하는 원칙들이었다. 샤피이의 이론은 아주 냉정한 혁신으로서 정교하게 다듬는데 다소 시간이 소요되었는데, 그의 저작은 그의 수많은 관념이 발전의 흔적과 아울러 해결되지 않은 일부 내용상의 불일치를 포함하고 있다. 그럼에도 불구하고 샤피이의 법이론은 고대 법학파의 이론보다 훨씬 우월적인 논리구조를 가졌으며, 이후 샤피이는 이슬람법의 이론적 기초 연구를 의미하는 우술 알 피끄(Uṣūl al-Fiḳh)[192]의 창시자가 되었다. 이는 강력한 정신력의 성과인 동시에 예전부터 시작되었던 과정의 논리적 결과이다. 이슬람 2세기 법학이론의 발전에 있어서 가장 두드러진 특징은 다음 두 관념 사이의 갈등이다: 공동체에 공통되는 학설과 예언자의 전승이 가지는 권위 사이의 갈등이 그것이다. 고대 법학파의 학설은 쉽지 않은 타협안을 제시하였다; 이와 달리 샤피이는 전승주의자들의 명제를 옹호하였고 후대의 법학파들은 그의 본질적인 명제를 따를 수밖에 없었다.[193]

79 이제 우마이야 왕조 말기 이후에 이루어진 이슬람법의 외형적인 발전 모습을 살펴보자.

---

192) 역자주: 이것은 '법학의 뿌리들, 법학의 근본'이라는 뜻이다.
193) 역자주: 이슬람법에 있어서 샤피이의 영향력을 엿볼 수 있는 대목이다.

제8장 초기 압바시야 왕조에서의 이슬람법: 입법과 행정

1.

이슬람법의 중요한 특징들은 이슬람력 132년(서기 750년) 우마이야(Umayyads) 왕조가 압바시야(Abbāsids) 왕조에 의해 전복되었을 때 드러나게 되었다; 새로운 법체계에 대한 필요성이 채워진 것이다. 초기 압바시야 왕조는 우마이야 왕조 후기부터 점차 뚜렷해진 이슬람화 경향을 계속적으로 강화하였다. 정책상의 이유에 따라 압바시야 왕조는 자신과 자신들의 혁명을 이전의 집권 왕조와 구별하기 위하여 서로의 차이점을 강조하였고, 그들보다 전세대인 우마이야 왕조에 대한 반대입장을 견지하기 위하여 의식적으로 지상에서의 하나님의 통치를 확립하기 위한 계획을 공포하였다. 이 정책의 일환으로 압바시야 왕조는 종교적으로 독실한 전문가들에 의해 교육되었던 종교법을 이슬람의 유일한 합법적 규범으로 삼고 자신들의 이상적인 이론을 실천으로 옮기기 시작하였다. 그들은 종교법 전문가들을 법정으로 끌어들여 자신들의 권한 내에 발생할 가능성이 있는 문제들에 대하여 조언을 구하였다. 그 하나의 예로, 아부 유수프(Abū Yūsuf)는 칼리파 하룬 알 라시드(Hārūn al-Rashīd)의 요청에 따라 공공재정, 조세, 형사재판 및 기타 관련된 사항에 관하여 긴 논문을 썼는데 이것이 오늘날까지 전해오고 있다. 그러나 우마이야 왕조에서 이슬람화 경향의 선두를 형성하였던 종교적으로 독실한 전문가들이 현실에 너무 앞서 있었듯이 초기의 압바시야 왕조와 그들의 종교적 조언자들 또한 사회 전체를 이끌어 나아가기에 역부족이었다. 이는 특히 종교적 이상을 실천으로 옮기려는 칼리파들의 열망이 자신들이 공언한 만큼 항상 순수하지는 않았기 때문이다. 그리하여 초기 압바시야 왕조가 설파하였던 지상에서의 하나님의 통치는 절대 독재를 감추기 위한 고상한 방식임이 곧 드러났다. 그들은 이론과 실천의 괴리를 융합하지 못했으며 후계자들 또한 그러한 노력을 계속하기 위한 의지와 권력이 부족했다.

81 2.

초기 압바시야 왕조가 이룩한 것은 까디(Ḳāḍī)의 직책과 신성법 샤리아 사이의 영속적인 관계이다. 이것 또한 우마이야 왕조 때에 준비되었으나, 까디가 샤리아의 전문가가 되어야 한다는 확고한 규칙을 정한 것은 압바시야 왕조 때였다. 까디는 더 이상 총독[194]의 법률비서관이 아니었으며 정규적으로 중앙정부의 임명을 받았으며, 한 번 임명을 받으면 직책을 그만둘 때까지 정부의 간섭을 받지 않고 오로지 신성법에 의거해서 재판을 할 수 있었다. 그러나 이러한 까디의 독립성은 단지 이론적으로만 남게 되었다. 통치자의 독재가 강해짐에 따라 전제정권은 자신 이외의 진정한 독립기구의 존재를 점점 더 용납할 수 없게 되었다; 이에 따라 까디는 중앙정부의 변덕에 따라 쉽게 해임될 수 있었고 그들의 재판권 행사마저 정치 권력자에게 의존해야만 했다. 이것은 특히 형사재판에 있어서 중요한 문제였다.

82 까디가 총독의 법률비서관이었던 우마이야 왕조 시기 동안 까디 또는 총독은 통치지역 내의 모든 형사재판에 대하여 재판권을 가졌다. 그

194) 역자주: 이 당시 이슬람의 칼리파는 지방에 총독을 파견하여 통치하는 방식을 채택하였다.

러나 압바시야 왕조 초기에 까디의 직책이 일반 행정조직에서 분리되고 실체법과 절차법의 영역에 있어서 이슬람법의 적용을 받게 되면서, 까디는 (형사재판의) 증거에 대한 정형화된 규칙에 따라 범죄수사권을 담당하지 못하고 범죄사건을 다루지 못함이 명백해졌다. 그 결과 정치권력자들이 개입하여 형사재판권의 대부분을 경찰(Shurta[195])에게 넘겨주었고, 그리하여 형사재판권은 일반적으로 이슬람법의 실제적인 적용범위 밖에 있었다. 그럼에도 불구하고 이런 마지막 상태(형사 재판권을 상실한 상태)의 까디의 직책은 이슬람사회와 관련하여 발전된 가장 강력한 제도 중 하나이다.

83 중앙정부가 까디를 임명하였던 압바시야 왕조 초기의 중앙집권적 경향은 수석까디(Ḳāḍī l-ḳuḍat)의 권위와 위엄이 세워지는 결과로 이어졌다. 수석까디란 원래 수도(首都)의 까디에게 주어지는 명예로운 직함을 뜻하는데 칼리파가 일반적으로 사법사무에 관하여 조언을 구하는 사람이다. 까디였던 아부 유수프(Abū Yūsuf)는 이 직함을 받은 첫 번째 사람인데, 칼리파 하룬(Hārūn)은 위에서 언급한 대로[196] 정부의 재정정책 및 이와 유사한 사안에 관해 그에게 조언을 구하였을 뿐만 아니라, 이슬람 제국의 모든 까디의 임명에 관해 그와 논의했다. 수석까디는 머지않아 칼리파의 가장 중요한 조언자 중 하나가 되었고, 칼리파의 재가를 받아 이루어지는 일반 까디의 임명과 해임은 수석까디의 중요한 직무가 되었다. 이런 역사적 중요성에도 불구하고 이슬람법 이론가들은 수석까디의 직책을 다소 경시하였는데, 이런 수석까디 제도는 페르시아에서 기원하였으며 이를 이슬람 문맥에 맞게 옮기면 조로아스터의 모베드한 모베드흐(Mōbedhān Mōbedh)가 된다. 수석까디가 압바시야 왕조 초기에 도입된 사실은 분명 압바시야 정부에 페르시아의 영향이 강하게 미쳤음을 보여주며 고대 아랍의 저술가들은 두 제

195) 이 용어는 원래 장군이나 총독의 호위자를 의미하는데 아마 라틴어 'Cohort(em)'에서 유래된 것으로 보인다.
196) 역자주: 이에 대해서는 이 책 [80] 참조.

도의 유사점을 언급한다.

84 초기 압바시야 왕조와 그 이전 후기 우마이야 왕조가 페르시아 사산조로부터 차용한 제도가 '고소조사'(告訴調査, 나자르 필 마잘림: Naẓar fil-Maẓālim)[197]라는 것이었다. 재판의 오류·거부 및 그밖에 이와 유사한 까디의 부당행위, 판결집행의 곤란, 정부 관료나 권력자의 비행[198] 또는 이와 유사한 문제들에 관한 불평을 듣는 것이 칼리파 자신, 칼리파로부터 권한을 위임받은 수상 또는 특수관리, 그리고 그 이후에는 술탄 등과 같은 절대 군주의 특권이었다.[199] 그로부터 얼마 지나지 않아 공식적인 고소법원이 설립되었다. 소유권에 관한 중요한 소송은 이론상으로는 까디의 관할에 들어와야 할 것인데, 이것이 점차 고소법원으로 이전되는 경향을 보이게 됨에 따라 이들 고소법원의 관할권은 상당한 정도로 까디법원의 관할권과 병렬적으로 존재하게 되었다. 까디 관할권의 부족을 보완하기 위해 표면상 세워진 항소법원의 존재 사실은 까디에 의한 사법재판의 큰 부분이 초기부터 무너졌음을 보여준다.

85 까디법원의 관할권이 고소법원에 의해 상당부분 잠식되는 현상이 진행됨과 동시에 비잔틴 시대에 탄생하여 이슬람에까지 이어져 온 '시장감독원'(Inspector of the Market)의 관할권 증대도 계속되었다. 초기 압바시야 왕조는 '선을 권하고 악을 저지'하기 위해, 꾸란[200]에 강제되어 있는 집단적 의무로부터의 해방을 시장감독원의 직무를 수행하는 자에게 위임함으로써 시장감독원의 기능을 유지시키면서 표면적으로는 그 직책을 이슬람

197) 역자주: 이 개념에 대하여 좀 더 자세한 것은 이 책 [88] 참조.

198) 이 책 [306]에 서술된 'Ghasb' 참조.

199) 역자주: 공식적으로 고소법원이 설립되기 전에 절대권력자(또는 그가 권한을 위임한 사람)가 피지배인의 불만을 참작하여 주권적 결정을 내리는 행위를 말하는 것이다.

200) 꾸란 제3장 제104절, 제110절, 제114절; 제7장 제157절; 제9장 제71절, 제112절; 제22장 제41절; 제31장 제17절.

화 하였다. 그리하여 시장감독원의 직무를 수행하는 사람들은 무슬림 사회에서 이슬람의 도덕과 행위를 강제하는 역할을 담당하였는데 이들은 무흐타시브(Muḥtasib)[201](그의 직책은 '히스바'(Ḥisba)라 불린다)라는 이슬람 직함을 얻었다. 무흐타시브는 원래 교통, 건축, 공중보건, 무역규제에 관한 사항을 담당하고 여기서 야기되는 분쟁사항을 판단하였으나, 이후에는 범법자를 처벌할 수 있었고 음주자, 행실이 정숙치 못한 자에 대한 태형이나 절도행위시 붙잡힌 자에 대한 손의 절단까지 포함하는 형벌을 부과할 수도 있었다. 그러나 샤리아의 규정들을 강제하려던 통치자들의 열망은 무흐타시브의 절차가 이슬람의 엄격한 요구를 언제나 충족시키지는 못한다는 사실을 간과하였다. 히스바 제도가 지닌 이런 몇 가지 측면은 초기 압바시야 왕조 시대의 신성법에 관한 이상적 학설 채택의 본질과 한계를 나타낸다. 이 제도는 적어도 몇몇 이슬람 국가에서 오늘날까지 이어지고 있으며, (중앙정부가) 공식적으로 임명한 무흐타시브가 존재하는지의 여부와 상관없이 모든 무슬림은 사기소자(私起訴者: Private Prosecutor) 또는 일반고발자(Common Informer)로서 나설 수 있는 권리를 가진다.

201) 역자주: '무흐타시브'(Muhtasib)는 시장감독관 또는 종교경찰 정도로 번역될 수 있다. 칼리파, 술탄 또는 와지르(Wazir, 宰相)가 임명하며, 그 지위나 권한은 까디나 마잘림(재판소장관)보다 낮은 편이었다. 그 직무는 8세기 중엽 무렵에 이미 있었던 듯하지만, 그것이 히스바(Hisba) 제도로서 확립된 것은 13~14세기의 이집트에서였다. 경찰(Shurta)이 형사사건을 다루는 데 비하여 이들은 라마단 달의 단식(斷食)이 지켜지고 있는지의 여부, 금주 규범이 지켜지고 있는지의 여부, 이혼한 여성이 법률이 정하는 대혼기간(待婚期間)을 지키고 있는지의 여부 등 종교와 사회의 생활 문제를 다루는 한편, 공공시설의 유지, 환자의 보호, 상공업 제품의 양이나 질의 감시 등도 그들의 임무였다. 그러나 시일이 지남에 따라 상업상의 권한에 한정되어 거래의 부정 및 중량의 속임수를 방지하는 업무를 맡았다.

86 3.

우마이야 왕조 아래에서 사법재판권은 각 지방의 총독들과 그들의 법률 비서인 까디에게 있었으며, 중앙정부와 지방 총독의 행정·입법행위는 원래 초기의 이슬람법의 범위에서는 배제되었으나 시간이 지남에 따라 점차 편입되어 갔다. 그러나 압바시야 왕조 아래에서 샤리아의 중요한 특징들이 명확하게 확립되어 이슬람법은 최소한 이론적으로는 무슬림을 위한 유일한 행위규범으로 인식되기 시작했으며, 이슬람법을 적용할 의무가 있었던 까디가 칼리파의 직접적 권위 아래에 있는 중앙정부에 의해 임명되었고 칼리파 자신도 그 시스템 안에 편입되어야 했다. 이것이 칼리파에게 입법권을 부여함으로써 이루어진 것은 아니다; 정부의 관행에 기초한다기보다는 오히려 그 관행에 반대하는 입장에서 형성되었고 전승주의자들의 영향으로 인하여 그 중요성이 급속히 감소한 종교의무의 체계 안에서는 통치자에게 입법권을 인정하는 것이 어려웠을 것이다. 무함마드의 수행자였던 메디나의 칼리파들에 대해서도 샤피이(전승주의자들의 명제를 지지한 학자이다)는 다음과 같이 말했다: "예언자의 전승은 그에 합치하는 칼리파의 어떠한 행위에 의하여 지지되지 않는다 하더라도 그것을 알게 된 즉시 수용해야만 한다. 만약 칼리파의 일정한 행위가 있은 후에 이에 반대되는 예언자의 전승이 알려진다면, 예언자의 전승에 따라 그 행위를 버려야 한다." 칼리파를 시스템 안에 편입시킨 해결 방안은 다음과 같다. 즉 칼리파에게 종교학자와 법률가로서의 특성을 부여하여 까디들이 신성법의 구속을 받았던 것과 같은 방식으로 칼리파 또한 구속되도록 하였으며, 개인적 의견(이즈티하드 알 라이: Ijtihād al-ra'y)을 제시할 수 있는 권한을 칼리파에게도 허용한 것인데, 이는 법학파들에 의해서 허용되었다. 이 모든 것들이 명백한 이론으로 정리된 것은 훨씬 나중의 일이지만, 그 중요 사항들은 이슬람력 2세기 후반 즈음에 등장한 두 전승에 잘 나타나는데, 이는 우마이야 왕조의 칼리파였던 오마르 이븐 압둘 알 아지즈(Umar ibn ‘Abd al-‘Azīz)가 말한 것으로 전해진다: “꾸란에 자리잡은 사항들에 대하여 어느 누구도 개인적 의견(Ra’y)을 표명할 권한을 가지지 못한다. 칼리파들은 꾸란에 어떠한 계시도 없고 예언자의 유효한 순나도 없는 사항에 대해서만 개인적인 의견을 표명할 수 있다. 무함마드만이 유일한 예언자이며, 꾸란만이 유일한 성서이다; 알라가 무함마드를 통하여 허용하고 금지한 것들은 영원히 남을 것이다; 나는 결정을 내리는 자가 아니라 단지 알라의 뜻을 실행에 옮기는 사람일 뿐이며, 개혁가가 아닌 추종자일 뿐이다.”

87 압바시야 왕조 초기에 의도적으로 채택된 이 학설에 따르면, 칼리파는 무슬림 사회의 절대적인 통치자였음에도 불구하고 입법권을 가지지 못하였고 단지 신성법에 의하여 설정된 범위 내에서 행정규칙을 제정할 수 있는 권리를 가질 뿐이었다. 이전 시대에 확립된 이러한 학설은, 실질적으로 메디나(특히 우마이야 왕조 시기의) 칼리파들의 입법행위라고 할 수 있는 것들이 많은 경우에 있어서 직접적으로는 승인되고 또 간접적으로는 반대의 해결책을 야기함으로써[202] 이슬람법의 구조 안으로 들어가도록 유도하였다. 문제된 이론의 채택은 미래를 위하여 필요한 입법과 행정의 명확한 구분이라는 결과에조차 이르지 못했다. 후대의 칼리파들과 다른 세속적인 통치자들은 종종 새로운 규범을 제정하였다. 그러나 이것이 사실상 입법행위였음에도 불구하고 통치자들은, 이를 일종의 행정행위로 인식하여 그 행위는 자신의 정치적 권한범위 안에서 단지 샤리아를 적용·보충·강화할 뿐이라는 허구를 계속 유지하였다. 이러한 허구는 심지어는 통치자의 사실상의 입법행위가 신성법에 정면으로 모순되거나 침해되는 경우에도

202) 역자주: 칼리파의 입법관련 행위에 대한 학설의 반응을 말하는 것이다. 칼리파의 행위에 대하여 학설은 때로는 이를 지지하는 취지로 또 때로는 이에 반대하는 취지로 반응하였을 것이다. 전자의 경우는 직접적으로, 후자의 경우는 간접적으로 이슬람법의 내용을 구성했을 것이다.

가능한 한 유지되었다.

88 주권자의 재량적인 권력을 시야사(Siyāsa)라고 부르는데, 이는 이론적으로 그에게 신성법을 적용하고 완성할 권한이 있지만 실제에 있어서는 경찰·조세·형사재판 사안에 대하여 명백하게 독립적인 입법권한을 부여하였으며, 이러한 모든 권한이 초기 압바시야 왕조 시기에는 까디의 통제 밖에 있었다. 이 시야사는 우마이야 왕조 이래로 주권자가 보유한 것으로 그가 필요하다고 판단할 때마다 행사할 수 있는 완전한 사법권력의 표현이었다. 앞 단락에서 이미 설명한 바와 같은 모호성[203]으로 인하여 여러 이슬람법 이론 중에서 엄격한 것에 의한다 하더라도 시야사의 존재는 인정될 수 있었다.[204] 시야사는 문자 그대로 '정책'(policy)을 의미하고 주권자와 그의 정치적 대리인[205]에게 배분된 사법재판권의 전체를 포함하는데, 이것은 까디에 의해서 법이 집행되는 샤리아의 이상적인 제도와는 대조를 이룬다. 시야사의 적용은 필연적으로 자주 '고소조사'(告訴調査, 나자르 필 마잘림(Naẓar fil-Maẓālim)[206]와 접촉을 할 수밖에 없었는데, 이들 두 개념은 일정한 범위에서는 동의어로 사용되기도 하였다. 통치자들은 샤리아에서 규정한 한계 내에서 시야사를 실행하여 일정한 지시를 내릴 수 있는데(시야사 샤리야; Siyāsa Shar'iya), 까디들은 이 지시를 의무적으로 따르도록 되어 있었다. 법률근대주의가 이슬람법 자체에 대해 상당한 간섭을 했던 근대 시기까지는, 이슬람의 통치자들은 까디의 권한 밖에 있다고 평가한 사안들에 대한 입법활동을 통하여 만족감을 느꼈다. 이러한 세속법의 가장 중요한 예로는 군대 지배계급에 적용된 이집트의 맘루크 술탄(Mamluk Sultans)들의 시야사와 오스만 술탄(Ottoman Sultans)들의 까눈 나메

203) 역자주: 이 책 [87]에서 설명한 모호성, 즉 입법과 행정의 경계 불분명을 말하는 것이다.
204) 역자주: 입법행위가 아니라 행정행위로 판단하면 될 것이기 때문이다.
205) 역자주: 권한을 위임받은 수상 또는 총독 등을 말한다.
206) 역자주: 이에 대해서는 이 책 [84] 참조.

(Ḳānūn-nāmes)를 들 수 있다.

89 위에서 설명한 모든 것의 결과로 두 개의 사법재판권이 존재했는데, 하나는 종교적인 것으로 샤리아에 기초하여 까디에 의해 실행되었고, 또 다른 하나는 세속적 특성을 가진 것으로 관습, 형평, 공평, 때때로 재량, 행정적 규율에 의하여, 그리고 근대에는 법전의 기초 위에서 정치적 권력자에 의해 실행되었다.

90 4.

이것이 이슬람법이 실제적으로 발전한 과정이며, 어떤 사람은 이슬람법은 압바시야 왕조 훨씬 이전에[207] 잘 뿌려진 씨앗으로부터 자랄 운명이었다고 말하고 싶을지 모르겠다. 그러나 압바시야 왕조 초기에 성문화와 입법에 대한 관념을 도입하기 위한 노력은 성공하지 못했다. 이러한 관념을 제안한 사람은 이란인 이븐 알 무카파(Ibn al-Muḳaffa')인데, 그는 이슬람으로 개종한 후 국무장관을 역임하였다. 만수르(Mansūr) 칼리파 시절 국무장관의 임기 말년에 작성한 논문 또는 비망록에서 그는, 몇몇 큰 도시들(심지어 그 안의 몇몇 지역들) 사이에 그리고 주요 법학파들 사이에 법학이론과 사법행정에 관하여 큰 차이가 있음을 개탄하였다. 그는, 이와 같은 큰 차이는 지역에 따라 서로 다른 선례를 계속적으로 남기게 하였거나 혹은 개별

207) 우마이야 시대 말기에 이미 존재했던 자연적인 결과가 얼마나 큰 것인가 하는 것은 이슬라믹 스페인(압바시야 혁명 6년(138/756) 후에 도망친 우마이야의 왕족에 의해 건립된 독립된 공국)에 있어서 법의 실제와 이론이 내용과 목적에 있어서 압바시야 왕조의 실제 및 이론과 동일하다는 사실에서 알 수 있다. 압바시야 시대의 혁신내용 중 몇 가지는 즉시 이슬라믹 스페인으로 침투되지 못하였는데, 이것은 다음의 내용에서 확인된다. 즉 과거의 아밀 알 쑥(Amil al-Suk) 대신 무흐타시브(Muhtasib)라는 직책을 쓰거나 까디 리 쿠다트(Ḳāḍī l-Kudat)의 임무에 대해서 까디 리 자마아(Ḳāḍī l-Jamaa)가 단지 표면상 유사한 점이 바로 그것이다.

적으로 이루어진 추론에 종종 결점이 있거나 과도하게 추론한 것에서 그 원인을 찾을 수 있다고 말했다. 그러면서 그는, 칼리파가 여러 학설들을 고찰한 후 통일성을 기하기 위해 자신의 결정을 성문화하고 제정하여 까디들에게 구속력있는 법전을 만들어 주어야 한다고 주장하였다. 그리고 이 법전들은 후대의 칼리파들에 의해서 지속적으로 개정되어야 한다고 주장하였다. 이븐 알 무카파는 오직 칼리파만이 자신의 재량에 따라 결정할 권리가 있다고 주장하였다; 즉 칼리파는 군사, 일반행정 및 일반적으로 선례가 없는 모든 문제들에 대하여 구속력 있는 명령을 내릴 수 있고, 그 명령은 반드시 꾸란과 순나에 기초를 두어야 한다고 주장하였다. 그런데 이븐 알 무카파는 여기에서의 순나는 예언자와 메디나의 칼리파들의 권위있는 전승에 기초를 둔 것이 아니라 넓은 범위에 있어서 우마이야 정부의 행정규정에 기초를 둔 것으로 생각했다. 따라서 그는 칼리파가 자신이 옳다고 생각하는 바에 따라 자유롭게 순나의 내용을 결정하고 성문화할 수 있다고 결론짓는다.

91 이븐 알 무카파가 문헌을 남긴 시기는, 압바시야 왕조가 이슬람법을 국가의 유일한 법으로 만들려고 시도하였으나 그 법 자체가 아직도 형성과정에 있었던 시기였다. 압바시야 왕조는 혁명적인 선전을 통하여 세력을 일으켰으나, 이는 한편으로 '무함마드의 혈연들'이 지배하는 신성한 왕권을 지나치게 강조하는 결과를 초래했다. 압바시야 왕조는 일단 정권을 획득한 후에는 과격 지지자들과의 관계를 끊었지만, 법에 대한 국가의 지배(이는 우연히 종교에 대한 국가의 지배도 포함하였다)를 주장한 이븐 알 무카파의 청원은 압바시야 왕조 초기에 널리 보편화되었던 경향과 일치하였다. 그러나 이는 일시적인 현상에 그쳤으며, 정통의 이슬람은 국가와 너무 가까운 관계로 끌려들어가기를 거부했다. 그런데 까디의 임명과 해임권을 행사할 수 있었던 칼리파, 그리고 이후의 총독과 술탄 등이 가졌던 절대적인 권력 그 자체만으로는 법에 대한 통제력 상실을 만회할 수 없었다. 그

결과 이슬람법은 예전의 관행으로부터 점점 멀어져 갔다. 그러나 장기적으로는 무슬림들에 대한 이슬람의 지배가 육체적인 차원에서 상실된 것보다 정신적인 차원에서 획득된 것이 더 컸다. 이븐 알 무카파가 만수르를 위하여 비망록을 쓴지 40년도 채 안 되어 아부 유수프는 하룬(Hārūn)을 위하여 논문을 썼다; 이 두 문헌들을 비교해 보면 이슬람력 2세기 동안 이슬람법이 발전한 속도를 잘 알 수 있다.

제9장 후대의 법학파들과 그들의 '고전' 이론

92 1.

초기 압바시야 왕조 시대에 지리적인 차이에 따라 구분되었던 고대 법학파들은 각 학파장(學派長, Master)에 대한 충성을 기초삼아 후기의 모습으로 탈바꿈했다. 이슬람 세계의 중앙에 위치했던 각 학파의 종교 전문가들은 그들의 학설에 대해서 최소한의 합의를 이끌어 냈다. 그리고 이슬람력 2세기 중반에 이르러서 많은 사람들은 독창적인 교의를 만들기보다는 사소한 점에 있어서 의견이 다를지라도 큰 윤곽에 있어서는 널리 인정된 학파장의 가르침을 따르기 시작했다. 이는 고대의 법학파들 간에 집단을 형성하는 첫 단계로 이어졌다. 그리하여 쿠파(Kufa)의 이라크인 학파 내에 '아부 하니파(Abū Ḥanīfa)의 추종자들'이 존재하여 아부 유수프(Abū Yūsuf)와 샤이바니(Shaybānī)가 이에 속하였으며, 아부 유수프(Abū Yūsuf)는 이와 별도로 자신의 추종자들까지 가지고 있었다. 이와 유사하게, 메디나(Medina) 학파 내에 그리고 특히 메디나의 보호령이었던 이집트 안에는 '말리크(Mālik)의 추종자들'이 있었는데, 이들은 자신들의 학파장의 저서인 무와타(Muwaṭṭa')를 권위 있는 책으로 여겼다. 아부 하니파의 추종자들이 원래는 쿠파학파의 일부였던 것과 마찬가지로 '말리크(Mālik)의 추종자들' 또한 메디나학파의 일부였다. 그러나 아부 하니파의 추종자들(특히 이라크의 샤이바니와 북아프리카의 말리크 추종자들[208])

208) 말리크의 사망 후 10년 이내에 편찬된 무다와나(Mudawwana)는 그들 교리를 집성한

은 대규모의 저술 활동과 기타 다른 요소들(일부의 요소는 우연이었음)을 통하여 다음과 같은 결과를 가져왔다. 즉 쿠파(Kufa)의 고대학파 대부분이 하나피(Ḥanafī)학파로, 메디나의 고대 학파가 말리크학파로 전환되고, 바스라(Basra)와 메카(Mecca)의 고대 학파들이 각각 그들에게 합병되는 결과를 초래하였던 것이다. 대부분 이라크인으로 구성된 쿠파학파의 또 다른 집단은, 수 세기동안 많은 신봉자들을 불러 모았던 수피안 타우리(Sufyān Thawrī: 161/778 사망)학파를 형성했다. 시리아인의 고대학파는 아와자이(Awzā'ī)학파로 변형되었지만, 이는 그리 오래 지나지 않아 사라졌다. 도시의 살아있는 전승이 아니라 학파장(學派長)과 그의 제자들의 학설을 영속시켜 진행되었던 고대 법학파들의 '개인적인'(Personal) 학파로의 변천 양상은 이슬람력 3세기 중반(서기 865년경)에 이르러 완성되었다. 이 변화는 고대의 학파로부터 시작되었지만 샤피이(Shāfi'ī)가 활동하면서부터 가속화되었다.

93 이슬람력 2세기 후반에 걸쳐 생존했던 샤피이는, 메디나학파의 일원으로 시작하였다. 그는 비록 전승주의자들의 본질적 명제를 채택하고 강력한 논증법을 통해 고대 학파의 추종자들을 전환시키기 위한 노력을 하였지만 자신을 메디나학파의 일원으로 생각하였다. 그는 자신의 새로운 학설이 전승주의자들의 전제로부터 자연스럽게 도출되며 그렇기에 널리 채택되어야 한다고 선전했지만, 샤피이의 학설을 채택한다는 것은 메디나학파 및 그 외의 모든 고대 학파와의 관계를 끊는 것을 의미했다. 그러나 어떤 학파와도 입장을 달리한다는 것이 전승주의자들과 같은 등급으로 추락하는 것을 의미하지는 않는다. 왜냐하면, 샤피이 자신이 인식한 바와 마찬가지로 전승주의자들의 이해관계가 전문적으로 덜 법적이라는 사실은 논외로 하더라도, 그들의 추론의 기준이 고대 학파들의 기준에 비하여 열등했기 때문이다. 결과적으로 샤피이의 이론으로 전환한 모든 법률전문가는

것이었다.

샤피이 개인의 추종자가 되었으며, 이로 인하여 샤피이는 공통의 이론을 가지며 한 개인을 중심으로 하는 최초의 법학파를 창시한 사람이 되었다. 이러한 이론은 창시자에 의해서 일단 확립된 후에는 수정되지 않았다. 샤피이는 자신의 의도가 학파를 설립하고자 한 것이 아니었고 자신의 의견은 중요하지 않으며 만약 본의 아니게 자신의 견해가 예언자의 신뢰성 있는 전승과 충돌한다면 자기 견해를 수정할 의사가 있었다고 주장할지 모른다; 그러나 그의 직계 제자인 무자니(Muzanī: 사망 264/878)는 그의 저서 무크타사르(Mukhtaṣar)에서 다음과 같이 기술하고 있다: “이 책은 원하는 사람들을 위해서 샤피이의 학설과 그의 견해를 함축한 것에서 발췌하여 저술하였다. 다만 샤피이는 분명히 자신이나 기타 어느 누구를 따르는 것(타끌리드, Taḳlīd)을 금하였다는 사실에 유의하기 바란다.” 고대 학파들이 무함마드의 수행자들을 언급할 때 의례적으로 사용하던 ‘타끌리드’라는 용어는 제자들이 학파장의 가르침에 의지함을 의미하게 되었다. 샤피이로부터 시작된 학설운동은 언제나 샤피이학파로 알려져 왔으며, 곧 하나피(Ḥanafī) 및 말리키(Māliki)학파[209]와 어깨를 나란히 할 수 있었다.

94 2.

전승주의자들의 명제에 기초한 새로운 학설을 가지고 고대 법학파를 대체하고자 했던 샤피이의 노력은 실패하였으나, 그는 샤리아의 반박할 수 없는 이슬람적 기초를 통해 논리적으로 도출해 낸 명제를 법이론적으로 널리 보급시키는 데에는 성공하였다. 한편 쿠파(Kufa)와 메디나(Medina)의 고대학파를 계승한 하나피학파와 말리크학파는 샤피이의 등장 이후에도 그들의 인습적인 법이론을 거의 변경하지 않았으나 결국에는 샤피이학파와

209) 종교법의 학파를 가리키는 아랍어는 마드합(Madhhab, 복수형은 Madhahib)이다.

함께 전승주의자들의 법적 영감에 기초한 법이론을 수용하게 되었다. 이러한 이슬람력 3세기(서기 9세기)에 성립된 '고전적' 이슬람의 법이론 혹은 우술 알 피끄(Uṣūl al-Fiḳh[210])는 많은 측면에서 샤피이의 이론보다 정교하였고, 또한 한 가지 본질적인 측면에서 샤피이의 이론과 차이를 보였다. 샤피이는 예언자의 전승을 예외없이 따를 수 있도록 하기 위해서 고대 법학파의 살아있는 전승을 형성한 학자들에 의하여 도출된 합의의 원칙을 부정하고 합의의 개념을 무슬림 공동체의 만장일치의 학설로 한정하였다. 고전이론은 무슬림들의 학자들에 의한 합의의 개념으로 돌아갔는데, 이 이론은 학자들의 합의를 무슬림의 일반합의(General Consensus)와 마찬가지로 결점이 없는 절대적인 진리로 간주하였다. 그러나 고전이론은 그동안 샤피이가 예언자의 전승에서 이끌어 낸 이론의 위상을 고려하여야 했고, 그리하여 학자들의 합의의 승인범위를 샤피이가 예언자의 전승과 순나를 동일시한 것에까지 확장하였다. '살아있는 전승' 원칙과 샤피이와의 단절의 주된 결과는 오히려 그 후의 단계에 있어서 그 자체가 '살아있는 전승'의 일부분이 되는 것이었다. 이렇게 인식하게 된 결과, 예언자의 전승이 실제에 있어서 법의 기초로서 수용되는 범위가 미래 학자들의 합의로 결정되었고, 이는 각 학파를 대표하는 학자들이 (해석 등에 의해) 자유롭게 결정될 수 있었다. '살아있는 전승'과 합의 대신에 예언자의 전승에 법적으로 최고의 가치를 부여하여 정립시키고자 했던 샤피이의 시도의 그 효과가 오래 지속되지 못하였다. 샤피이학파 스스로가 창설자의 법이론의 수정을 받아들여야만 했던 사실은 합의의 개념이 이슬람법에서 얼마나 확고하게 자리잡았는가 하는 사실을 잘 보여준다. 이는 또한 공통의 법이론, 즉 우술 알 피끄(Uṣūl al-Fiḳh)가 각 학파의 특징적인 학설들과 연관성이 거의 없음을 보여준다.

---

210) '근원'에 해당하는 '우술'(Uṣūl)에 대응하는 개념으로서는 '가지'라는 의미의 '푸루아'(Furu')가 있다.

95 지금까지 살펴본 이슬람법의 발전을 종합해 볼 때, 고전이론은 크게 네 개의 원칙 내지 근원(Uṣūl)에 기초한다: 꾸란, 채택된 전승에 나타난 예언자의 순나(Sunna), 정통파 학자들의 합의(이즈마, Ijmā'), 유추에 의한 추론의 방법론(끼야스, Ḳiyās)이 바로 그것이다[211].

96 고전이론의 핵심들, 특히 학자들의 합의에 대한 충분히 발전된 개념은 이미 타바리(Ṭabarī: 사망 310/923)의 연구에서 드러났다. 샤피이는 꾸란과 순나를 '2대 원칙'이라 부르고 이즈마와 끼야스는 이 '2대 원칙'에 종속되는 것으로 간주한 반면, 타바리는 3개의 우술을 인정하였다: 꾸란, 예언자의 전승으로 표현되는 순나, 그리고 그에게 결정적으로 중요했던 이즈마; 이들 외에 타바리는 끼야스를 제시하였다[그 자신의 학설과 관련하여 전문적 용어를 피하고 '대등한'(Parallel), '비슷한'(Similarity), '결과적으로 동일한'(Amounting to)과 같은 완곡한 표현을 사용하였다]. 후대의 한발리(Ḥanbali)학파[212]는 이스티흐산(Istiḥsān)[213]과 이스티슬라(Istiṣlāḥ)[214]를 '논쟁의 여지가 있는 원칙'의 등급으로 다루었음에도 불구하고, 끼야스(Ḳiyās)에 대해서는 인정받는 원칙으로 취급하기는 했지만 이를 다른 우술(Uṣūl)과 형식적으로 같은 등급에 위치시키기를 꺼렸다. 끼야스가 최종적으로 고전적 4대 우술의 유형에 포함된 것은 샤피이의 일련의 사고, 즉 여전히 제한되지 않은 라이(Ra'y)(또는 이스티흐산: Istiḥsān)의 사용과 종교법에서의 모든 인간이성의 배제[215] 사이의 타협의 결과였다.

211) 이 책 [192] 이하 참조.
212) 이 책 [100] 참조.
213) 역자주: 이스티흐산(Istiḥsān)은 법적 재량권을 뜻하는 용어로, 법해석 및 법적용에 있어 좋은 것들을 고려한다는 뜻을 지니고 있다.
214) 실질적으로 같은 기능을 하는 것으로 이들에 대해서는 이 책 [97] 참조.
215) 이 책 [100]~[102] 참조.

97 3.

비록 이후의 법학파들이 이러한 고전이론의 핵심부분을 공유하였다 하더라도, 고대 법학파들의 다양한 학설의 흔적들은 많든 혹은 적든 남아있었다. 가령 예전의 자유로운 개인적 견해(라이: Ra'y)의 사용이 하나피(Ḥanafīs)학파에 의해, 엄격한 유추가 바람직하지 않은 결과를 가져오는 경우에 '승인' 혹은 '선호'(이스티흐산: Istiḥsān)라는 이름으로 계속 합법적인 것으로 인식되었다.[216] 이것은 하나피학파의 추종자들이 다른 학파의 추종자들보다 재량적인 판단이 더 자유롭다거나 지난 천년 동안 더 자유로웠다는 것을 의미하는 것은 아니다; 이는 단지 학파의 공식적인 학설이 일부의 사안에 대해서는 엄격한 유추보다 학파의 초기 권위자들의 개인적 견해를 자유롭게 적용한 것에 기초하였음을 의미한다. 말리크(Mālik)와 다른 초기 말리크(Māliki)학파의 권위자들 역시 많은 경우에 이스티흐산(Istiḥsān)을 적용했던 것으로 알려지고 있다; 그러나 말리크(Mālik)학파는 이름에 있어서만 다를 뿐 논증의 종류에 있어서는 하나피(Ḥanafī)학파의 그것[217]과 다르지 않으며 본질적으로 동일한 요건이 적용되는 이스티슬라(Istiṣlāḥ)의 방법을 선호하였다. 여기서 이스티슬라(Istiṣlāḥ)는 '공공의 이익을 고려함'(마슬라하: Maṣlaḥa)이라는 의미이다. 샤피이(Shāfi'ī)학파와 한발리(Ḥanbalī)학파[218] 역시 이스티슬라(Istiṣlāḥ)를 사용했다. 이즈마(Ijmā')에 대한 정확한 정의는 항상 논란의 여지가 있어왔다. 말리크학파는 학자들의 일반합의(General Consensus) 외에 예언자의 도시인 메디나의 (고대)학자들의 합의(이즈마 아흘 알 메디나: Ijmā' ahl al-Madīna)를 인정하였고, 이를 통해 예언자의 순나의 진정한 발생지를 인식하였다. 이 학설은 고대의 지역적·지리적인 합의

---

216) 이에 대해서는 이 책 [399] 참조.
217) 역자주: 이스티흐산(Istiḥsān)을 의미한다.
218) 이 책 [100] 참조.

의 관념을 영속시키고 있다.

98 중세시대 후기에 모로코가 상대적인 고립 속에서 발전하여 말리크학파의 중심지가 되었을 때, 다른 학파들과의 교류가 없었던 까닭에 심지어는 다른 나라의 같은 말리크학파의 학설과도 다른 많은 특징들이 나타나게 되었다. 이러한 특징들의 대부분은 '사법상의 관행'(아말: Amal)과 관련된 것들이다. 아말의 개념은 메디나의 고대학파의 이론에서 두드러지게 나타났고, '메디나의 관행'은 말리크학파 법이론에서 약간의 역할만을 수행하였다. 오늘날 모로코에서는 9세기 말/15세기 이후로 법학파의 엄격한 학설과 대비되는 '사법상의 관행'(Judicial Practice)이 체계 속에 공인되어 자리잡았고, 특별한 연구를 통하여 정립되었다. 모로코의 후기 말리크학파가 다른 법학파들에 비해 실제로 존재하는 조건에 더 많은 관심을 가진 것은 어떤 관점에 대한 법의 이상적인 학설을 변경하는 방법에 의한 것이 아니라 엄격한 이론이 관행으로 전화되어서는 안 된다는 점을 인정하는 방법으로 이루어졌다. 그리고 관행을 완전히 폐기하는 대신 될 수 있는 한 조정을 시도함으로써 샤리아를 보호하고자 했다. 모로코의 후기 말리크학파의 학설은 "사법상의 관행이 완벽하게 입증된 견해보다 우세하다"는 원칙을 유지했고, 이는 곧 엄격한 말리크의 학설에 의해 거부당한 수많은 제도들을 허용하는 결과로 이어졌다. 이러한 서부 말리크의 아말('Amal)은 관습법이 아니다; 이것은 샤리아의 범위 내에서 관습을 이끌어내는 합당한 것으로 여겨지는 한 타당한 대체적 학설이며, 다른 차원에서는 그의 선학인 메디나의 아말을 반영하는 것이다.

99 만약 서부의 후기 말리크 학설이 관습과 실제적인 관행들에 대해 이처럼 제한된 인식을 보였다면, 말리크학파를 포함하여 이슬람법은 관습을 공식적인 법원(法源)으로 인정하지 않았을 것이다. 관습('Urf, 'Āda)은 처분과 계약[219]에 있어서 제한적인 요소로 인식되었고, 의사표시 해석의 원칙으로 간주되었으며, 종종 이스티흐산(Istiḥsān)[220]이나 이스티슬라(Istiṣlāḥ)의 기초

가 되었다. 게다가 관습과 관습법은 이슬람법 체계의 외부에 있기는 했지만 전체 이슬람 세계에서 이슬람법의 이상주의적인 이론과 병존하였다. 역사적인 사실에 비추어 볼 때 관습은 이슬람법을 형성하는데 막대한 공헌을 하였다. 그러나 이슬람법의 고전이론은 이슬람법의 역사적인 발전과정이 아닌 법의 체계적인 기초에 주목하였고, 학자들의 합의는 관습에 대하여 의식적으로 인정하는 것을 거부하였다.[221]

100 4.

샤피이에 의해 다듬어져 온 법적 학설은 완고한 전승주의자들을 만족시키지 못하였다. 그것은 사실 예언자의 전승에서 유래한 것이기는 하나 고도로 발전된 유추의 방법과 체계적인 논증에 의한 것이었다. 전승주의자들의 입장은 법에 있어서 가능한 한 인간적인 논증을 사용하길 거부하고, 그들의 반대자들이 지적하는 바와 같이 "확고한 유추보다는 빈약한 전승이 낫다"며 견해의 개별적 주장들 하나하나가 예언자의 전승에 근거하기를 원했다. 비록 개별적인 전승들이 계속 증가하여 각 사안의 유형을 모두 전승으로 포섭할 수 없는 상황이 되었고, 사실상 전승주의자들은 추론 없이는 아무것도 할 수 없었다. 그러나 그들이 사용했던 추론은 도덕적인 문제와 관련되며, 샤피이에 의해 기술적으로 완성된 것으로 전승주의자들이 싫어했던 체계적인 법적 사고와는 뚜렷하게 구별되는 신중한 성격의 것이었다.

219) 아래 [213], [263], [286] 참조.

220) 아래 [278], [286], [293] 참조.

221) 관습이나 조건의 변화에 의해 법이 변화한다든가 혹은 법은 관습을 반영한다는 식의 추상적인 원칙을 간헐적으로 언급하는 문헌이 있더라도 그 서술이 실정법과 관련되어 있는 한 그 서술내용을 과대평가해서는 안 된다; 그러한 문헌들은 꾸란이나 순나가 문언으로 혹은 존재하는 것으로 확인된 관습으로 언급된 것을 염두에 두고 그리 말하는 것이다.

이는 전승주의자들의 학설에 영향을 받은 가장 오래된 법률문헌들에서 명백히 드러난다. 이 문헌들은 저명한 전승주의자인 이븐 한발(Ibn Ḥanbal: 사망 241/855)의 가르침을 담은 것으로, 그의 제자들은 말리크(Mālik)의 제자들이 자신들의 학파장의 가르침을 편찬한 것과 같은 방법으로 문헌을 편찬하였다. 그들은 하나피(Ḥanafī)학파와 말리크(Mālik)학파가 선학(先學)의 변화를 완전히 흡수했던 것과 달리, 그러한 선학들의 변화를 흡수하지 못한 한발리(Ḥanbalī)학파의 초기 형성단계를 보여준다. 일정한 기간 동안 이븐 한발(Ibn Ḥanbal)과 그의 추종자들은 다른 학파의 추종자들에 의해 진정한 '법률가'가 아니라 단순히 전승에 관한 전문가로 간주되었다. 그럼에도 불구하고 한발리학파는 널리 인정받은 학파 중 하나가 되었으며, 그들의 수가 결코 많지 않았음에도 불구하고 다른 이슬람의 법학파들에 비해 놀랄 만큼 많은 비율의 일류 학자들을 보유하였다. 이슬람력 3세기의 전승주의자들은 전승의 권위에 대한 일반적인 관념 외에 법이론에 대해서는 많은 관심을 갖지 않았던 것으로 보인다. 그러나 훨씬 뒤 한발리학파의 학자들이 완전한 체계의 학설을 완성시키고 나서는 전승주의자들 역시 전승이 아닌 합의를 기초로 한 고전적 법이론을 수용할 수밖에 없었고, 유추적인 추론[222]을 인정하게 되었다. 학자들의 합의에 대하여 포괄적 기능을 부여하는 것을 거부하고, 동시에 보다 발전된 유추적 추론의 필요성을 주장하는 것은 한발리학파의 위대한 독립적 사상가인 이븐 타이미야(Ibn Taymiyya: 사망 728/1328; 그에 대해서는 후에 다시 살펴보기로 함[223]))의 몫이었다.

101 5.

전승주의자들의 운동이 한발리학파를 발생시킬 즈음 다우드 이븐 칼라

222) 이 책 [96] 참조.
223) 이 책 [115], [116] 참조.

프(Dāwūd ibn Khalaf: 사망 270/884)는 그 존재와 이름을 법이론의 원칙에서 가져온 유일한 학파인 자히르(Ẓahiri)학파를 창설하였다. 그들이 유일하게 신봉하는 원칙은 꾸란의 문자적 의미(자히르: Ẓāhir)와 예언자의 전승에만 의지하는 것이었으며, 샤피이 이전에 관습화되었던 개인적 견해의 자유로운 적용뿐만 아니라 샤피이가 유지하였던 유추적·체계적 추론의 사용조차도 종교에 모순된다는 이유로 허용하지 않았다. 예컨대, 꾸란은 이자를 금지하고 있는데, 많은 전승들이 예언자 무함마드가 금, 은, 밀, 보리, 대추야자의 교환 또는 매매에 있어서 과도한 수량과 인도의 지체를 금지하는 것과 관련되어 있다. 다른 학파들은 이러한 금지의 적용 범위를, 마치 하나피학파가 무게나 수량에 의해 판매되는 모든 물건에 이를 유추적용하였다든가 혹은 보존 가능한 식료품에 유추적용하는 등과 같이 꾸란에서 언급한 5가지 물품이 아닌 것에 대해서도 적용의 범위를 확장시켰다. 그러나 자히르학파는 전승에 의하여 언급된 물품들 외의 것에 적용을 확장시키는 것을 거부하였다. 이러한 특별한 경우에 있어서는 자히르학파가 덜 엄격한 것처럼 보이지만, 다른 부분에서는 다른 학파들보다 훨씬 엄격했다; 그들은 추상적인 원칙을 결과에 대한 고려 없이 적용하였다. 자히르학파가 거부한 것은 추상적인 사고라기보다는 그들이 생각하기에 주관적이고 임의적이라고 보는 법적 추론에 관한 기술적인 방법론이었다. 결국에는 그들 또한 증거문구(Proof Texts)[224)]들로부터 도출된 추론이나 결론에 의지하지 않을 수 없었으나, 그들은 그들의 결론을 자신들 문구 자체에 함축된 내용을 통하여 설명하려고 노력하였다. 자히르학파의 또 다른 원칙은 법적으로 유효한 이즈마는 오직 무함마드의 수행자들에 의한 합의에 한정된다는 것이다. 이후에 한발리학파의 이븐 타이미야(Ibn Taymiyya)가 완화된 형식으로 계승한 것이 바로 이 자히르학파의 명제이다.[225)] 우리가 주로 이븐 하즘(Ibn

224) 역자주: 꾸란의 구절과 같이 명백히 드러난 문구를 말하는 것이다.
225) 이들에게 역시 공통적인 타끌리드(Taḳlīd)에 대한 거부에 대해서는 이 책 [115] 참조.

Ḥazm: 사망 456/1065)의 저술을 통해 알고 있는 자히르학파의 법적 사상은, 일반적으로 한발리학파나 전승주의자들의 견해와 유사점을 갖고 있으나, 본질적으로는 저 멀리 이슬람력 1세기의 카와리지파(Khārijīs)나 2세기의 무으타질라(Mu'tazila)의 신학운동[226]에서 볼 수 있는 문자적 해석의 태도로 소급하는 것이다.[227]

102 북아프리카 알모핫드(Almohads)의 정치적·종교적 운동의 시초인 이븐 투마르트(Ibn Tūmart: 사망 534/1130)는 종교법이 꾸란과 순나 그리고 이즈마에 기초해야 한다고 주장하였다. 그는 이즈마를 무함마드의 수행자들에 의한 합의로 제한한 반면, 순나의 정리에 있어서는 전승보다 메디나 사람의 관행을 우선시하였다. 그 결과 메디나의 관행은 그에게 결정적인 논거가 되었으며 말리크(Mālik)의 무와타(Muwaṭṭa')[228]는 그에게 권위있는 서적이 되었다. 그는 또한 매우 좁은 범위의 끼야스(Ḳiyās)를 인정하였다; 동시에 그는 말리크학파에 의해 해석되고 그 당시 북아프리카에서 알모라비드(Almoravids)[229]의 지도 아래 연구되었던 실정법체계(푸루아: Furū')[230]에 강하게 반대하였고, 아울러 다른 법학파의 체계에 대해서도 강하게 반대하였다. 특히 그는 저명한 학파의 무즈타히드(Mujtahids)[231]의 권위를 부

226) 역자주: 무으타질라에 대해서는 이 책 [58] 참조.

227) 무으타질라(Mutazila)는 전승주의자들에 극단적으로 반대하였다. 그들은 그들의 종교적 학설체계는 오로지 꾸란에만 기초한다고 주장하였고, 전승에 대한 신뢰를 실추시키기 위해 체계적인 추론과 함께 문자적 해석의 방법을 사용하였다. 그들이 비록 그들 고유의 법이론 체계를 발전시키지는 못하였지만, 그들은 종종 그들 특유한 시각에서 법이론과 실정법의 문제점들에 관해 논의하였다.

228) 역자주: 무와따는 이 책 [70] 참조.

229) 이 책 [139] 참조.

230) 역자주: '곁가지'를 뜻하는 '푸루아'(Furū')는 '근원'에 해당하는 '우술'(Uṣūl)에 대응하는 개념이다. 가지를 뜻하는 '푸루아'(Furū')는 이슬람법학의 4대 법원(꾸란, 순나, 이즈마, 끼야스)에서 법적 판단을 직접 이끌어 내는 학문이다. 이에 대해서는 이 책 [94] 참조.

231) 이 책 [112] 참조. 무즈타히드의 개념에 대해서는 이 책 [60]도 참조.

정하였는데, 무즈타히드에 대항하여 자신의 권위를 '절대적인 스승'(이맘 마아숨: Imām Ma'sūm)이라 주장하였다; 그는 그들의 논쟁을 용납할 수 없는 것이라 하였고, 타끌리드(Taḳlīd)의 관행을 무지로 간주하였다. 이러한 자히르학파의 영향을 받은 법이론은 적어도 알모핫드(Almohad)의 제3대 통치자인 아부 야쿱 유수프(Abū Ya'kūb Yūsuf: 558/1163~580/1184) 통치하에서는 통치자 자신의 엄밀한 감독으로 인한 자히르 계통의 사법운영에 의해 유지되었으나, 그러한 운동이 자신들의 고유한 전문법학으로 발전된 것으로 보이지는 않는다.

103 6.

개별적인 여러 학파, 특히 초기 이슬람 시대의 수많은 학자들은 말할 것도 없이, 아부 타우르(Abū Thawr: 사망 240/854)나 타바리(Ṭabarī: 사망 310/923)와 같은 여러 '개별적인' 법학파들이 존재하였다. 그러나 이슬람력 700년 혹은 서기 1300년 이후로는 오로지 4개의 법학파만이 정통 이슬람에서 살아남게 되었는데, 하나피(Ḥanafī), 말리크(Mālikī), 샤피이(Shafi'i), 한발리(Ḥanbalī) 학파가 그것이다.

104 하나피(Ḥanafī)학파는 그 발생지인 이라크와 시리아에서 번성하였다. 하나피학파는 일찍이 아프카니스탄, 인도대륙,[232] 그리고 터키의 중앙아시아로 전파되었다. 하나피학파는 터키의 셀주크투르크 통치자와 오스만투르크의 가장 총애받는 학파가 되었다. 그리고 하나피학파는 오스만제국에서 유일하게 공인받았으며, 이집트와 같이 원주민의 대다수가 다른 학파를 추종하는 과거 오스만제국의 식민지에서도 까디법정에서 존중받는 지위를 누렸다.

---

232) 쉬아파(Shiites)의 소수 분파들이 존재하는 곳이다.

105 말리크학파는 첫 번째 중심지인 메디나와 이집트로부터 서쪽으로 전파되어 북부 아프리카의 대부분 지역, 중앙 아프리카와 서부 아프리카의 이슬람 지역에 전파되었다; 말리크학파는 또한 일찍이 아우자이(Awzāʿī)학파가 지배했던 중세의 무슬림 스페인에서 지배적인 지위를 차지했다. 아라비아 반도 동안(東岸)의 무슬림들도 그들이 한발리학파(와하비파: Wahhābīs) 또는 분리주의파(카와리지의 한 분파를 대표하는 이바디[233] 또는 쉬아파)가 아닌 한, 역시 말리크학파이다.

106 샤피이학파는 샤피이가 그의 마지막 생애를 보낸 카이로에서 시작되었다. 샤피이 학파는 남부 이집트와 히자즈(Hijaz), 남 아라비아에서 자이디 쉬아파(Zaydī Shiite)가 아닌 지역, 동부 아프리카의 무슬림 지역에 걸쳐 널리 보급되었다. 이라크에는 상당수의 샤피이학파들이 있다. 중세시대에는 페르시아 지역 역시 샤피이학파가 지배적이었는데 그 후에는 '열두 이맘파'(Twelver Shiite)[234]가 득세하였다. 또한 중앙아시아의 몇몇 지역들과 인도의 몇몇 해안 지방에서도 샤피이학파가 존재한다. 결국 샤피이학파는 인도네시아, 말레이시아 및 그 밖의 동남아시아 지역에서 신봉되었다.

107 한발리학파는 나머지 다른 정통 법학파들처럼 일정한 범위의 광대한 영역에서 곧바로 널리 보급되지는 못했지만, 쉬아파가 되기 전의 페르시아를 포함한 이슬람 지역에서 많은 신봉자들을 보유하고 있었다. 한발리학파의 두 개의 핵심적인 중심지는 이븐 한발(Ibn Ḥanbal)의 고향인 바그다드와 얼마 후에 한발리학파의 개혁가인 이븐 타이미야(Ibn Taymiyya: 사망 728/1328[235])가 활동했던 다마스쿠스이다. 이븐 타이미야의 가르침은 전체적으로 한발리학파의 전형적인 모습은 아니었지만, 그 학파의 역사 전

233) 이바디파(Ibādī)의 다른 그룹들은 알제리, 튀니지 및 리비아에서 찾아볼 수 있다.
234) 역자주: 열두 이맘파에 대해서는 이 책 [25] 참조.
235) 아래 이 책 [115], [116] 참조.

성기의 중요 부분 중 하나였다.

108 8세기부터 14세기에 걸쳐 한발리학파는 쇠퇴하였고, 거의 소멸한 것처럼 보였다. 그럼에도 불구하고 12세기로부터 18세기에 걸친 금욕주의 운동과 20세기 와하비학파의 부활[236]로 인해 한발리학파는 더 오래 지속되었다. 이 운동의 종교적 창립자인 무하마드 이븐 압둘 알 와합(Muḥammad ibn 'Abd al-Wahhāb: 사망 1201/1787)은 이븐 타이미야(Ibn Taymiyya)의 연구에서 영향을 받았다. 한발리학파가 정통 이슬람에서 공인된 법학파로 인정받기는 하였으나, 초기의 와하비학파는 다른 학파에 속하는 무슬림들에 대해 편협한 태도를 취함으로써 오랜 시간 동안 이교도로 의심받았는데, 무슬림들은 그들이 20세기에 정치적으로 성공[237]을 이룬 뒤에야 비로소 널리 정통파로 간주하였다. 한발리학파는 사우디아라비아에서 공인받았으며, 사우디아라비아의 동부 쪽의 절반인 나즈드(Najd)의 거주자들도 대부분 한발리학파이다. 히자즈(Hijaz)와 페르시아만의 왕국들 그리고 인도 대륙에도 다양한 규모의 한발리학파가 존재한다.

109 7.

그들 상호간의 관계에 있어서 정통 법학파들은, 각자의 독창적인 행동양식에도 불구하고 특히 하층민들과 중세시대의 통치자들에 대해 일반적으로 상호관용의 태도를 보였다. 이러한 태도는 지리적인 차이로 인하여 학설의 차이를 자연스러운 것으로 받아들였던 고대 법학파 시대로 거슬러 올라간다.[238] 무슬림 사회에 있어서 의견차이(이크흐틸라프, Ikhtilāf)[239]는 신의 관

236) 역자주: 20세기에 사우디아라비아에서 이 학파가 채택된 사실을 말하는 것이다.
237) 역자주: 사우디아라비아를 가리키는 것이다.
238) 역자주: 이에 대해서는 이 책 [51], [92], [97] 등 참조.
239) 역자주: 이슬람법학자들은 의견차이(이크흐틸라프, Ikhtilāf) 덕분에 이슬람법이 발전

대함의 표상이라는 격언은, 비록 훨씬 뒤에야 비로소 무함마드가 언급한 것으로 되었지만, 이미 이슬람력 2세기에 공식화되었다. 이러한 상호인정은 조화될 수 있었고, 활발한 논쟁과 각각의 지역 학파 내에서 학파의 통일성이 필요하다는 인식과 공존할 수 있었다. 원칙의 문제에 대한 논쟁은 체계에 대한 혁신을 모색했던 샤피이(Shāfi'ī)의 시대로부터 비로소 시작되었다. 쟁점이 되는 특별한 경우에 있어서 몇몇 학파들은 합의에 도달하였고, 이슬람 원칙의 통합작용을 하는 이러한 일반적인 합의는 제거할 수 없는 서로 다른 의견들을 무해한 것으로 만드는 데 성공하였다. 그리하여 네 개의 학파는 이즈마(Ijmā') 에 의해 균등하게 포섭되었고, 그들은 꾸란과 예언자의 순나에 서술된 알라의 계시를 개별적인 법원칙으로 해석한 것으로 여겼다; 그들의 선택에 따른 해석들은 모두 평등하게 타당했고, 그들의 추론방법 또한 모두 정당한 것이었다; 간단히 말해 그들은 모두 평등한 정통파이다. 이는 다른 법학파들이 존재하는 한 그런 법학파에게도 동일하게 적용되었다; 서기 1300년 이전에는 4개가 아니라 7개 학파의 신성법[240]에 대한 해석이 동일하게 유효한 것으로 인정되었다; 그러나 어느 한 학파가 소멸하게 되면 다시 한 번 합의의 과정을 거치게 되었고, 그 후로는 더 이상 다른 학파와 절대적으로 동등한 자격으로 존재했던 학파의 입장을 주장하는 것이 허용되지 않았다. 이는 합의의 과정이 학파 사이의 입장 차이를 점진적으로 줄여가는 방식을 말해주는 명시적인 예이다. 일부 학파의 성공과 다른 학파의 소멸은 한편으로는 합의의 양적 증가에 의해, 다른 한편으로는 외부환경에 의해 발생하는데, 외부환경이란 왕자(Prince)들에 대한 선호나 비선호, 제자들을 모으고 그들의 학설을 알리기에 유리 또는 불리한 환경을 의미한다. 심지어 개개의 학파 내에서, 그리고 그들의 서로간의 관계에 있어서도 합의는 원칙을 통합하는 역할을 하였다. 각 학파의 인정된 학설[241]은 동떨어진 의견들을 제거함으로써 더욱 통일적이

해 왔다고 믿고 있다.

240) 역자주: 주로 꾸란을 말한다.

되고, 시간이 지남에 따라 가장 정교한 부분에 대해서까지 합의점을 찾게 되었다. 뿐만 아니라, 자신의 학설에 따르면 어떤 일정한 행위를 무관심(Indifferent) 혹은 허용되는(Permissible) 것으로 보는 학파가 동일한 행위를 의무적인(Obligatory) 혹은 금지된(Forbidden) 것으로 평가하는 다른 학파와 동떨어지지 않도록 하기 위하여 해당 행위를 권장되는(Commendable) 혹은 혐오받는(Reprehensible) 것으로 분류하려고 했다.[242]

---

241) 개개의 무슬림들은 그의 선택이나 신앙심의 변화에 따라 형식에 구애됨이 없이 학파에 가담할 수 있다; 게다가 그들은 편의에 따라서 또는 자신의 개인적인 어떠한 이유에 의해서든 개개의 행동이나 거래에 관해서는 그들이 평소에 따르는 학파 이외의 학설을 수용할 수도 있다. 이러한 절차는 이 개념이 나중에 갖게 되는 의미의 타끌리드(Taḳlīd)로 불린다. 그러나 만약 그렇게 할 경우, 그는 그 행위가 종료될 때까지 모든 면에서 그가 스스로 선택한 학파의 학설에 따라야 하며, 둘 이상의 학파의 학설을 결합해서는 안 된다(이를 탈피크(Talfīk)라 한다). 근대주의자들은 탈피크를 무시한다.

242) 역자주: 이슬람에 있어서 사람의 행위에 대한 법적 평가의 문제로 이에 대하여 자세한 것은 이 책 [203] 참조.

제10장 '독자적 추론의 문의 폐쇄'[243]와 학설의 심화 발전

110 1.

압바시야 왕조 초기의 수 십년 동안 이슬람법은 정부의 강력한 후원 아래 드디어 실제관행을 지배하는 것처럼 보였다. 그러나 그것은 성공적이지 못했다; 국가의 행정과 종교법은 또 다시 분리되었고, 샤리아의 경직성 증대는 실제관행과의 조화와 균형을 방해하였다. 이러한 발전과정은 두 가지의 병렬적 조사를 필요로 한다: 하나는 이슬람법 자체의 후기 발전과정에 관한 것이고, 다른 하나는 이론과 실제관행의 관계에 관한 것이다.

111 2.

초기 압바시야 왕조 시대는 법학파가 발생한 시기일 뿐만 아니라 이슬람법의 형성기의 끝을 알리는 시기였는데, 학파의 형성이라는 것 그 자체가 이슬람법 형성기의 끝을 알리는 특징이다. 이슬람법의 모든 부분에 이슬람 고유의 종교적이고 도덕적인 기준이 침투하였다; 이슬람법은 상세하게 다듬어져 갔다; 학자들의 합의에 대한 절대성의 원칙은 학설을 견고하고 정밀하게 하는데 일조하였다; 얼마 지나지 않아, '독자적 추론'(이즈티하드:

243) 역자주: 이른바 '이즈티하드 문의 폐쇄'를 말하는 것이다.

Ijtihād)의 무한한 가능성을 부정했던 학설은 입장을 변경하여 사실상 우세하게 된 학설에 공식적인 찬성의 의사를 표시하였다. 가장 초기의 이슬람법 전문가들에게 있어서 법원칙의 탐색이라는 것은 법이 무엇을 해야 하는가에 대한 판단을 그들 스스로의 개인적인 견해(이즈티하드 알 라이: Ijtihād al-Ra'y)에 적용하는 것과 동일시되었다. 그들은 꾸란에서 구할 수 있는 기초적인 지침과 무슬림 지역 사회의 관행에 기초하여 얻어진 기준들을 아라비아의 행정실제 및 관습법, 그리고 최근에 정복한 영토에 적용하였다. 누가 자격을 갖춘 학자이며, 누가 자기의 개인적 견해를 독자적으로 적용할 권리를 가지고 있는가에 대한 의문은 아직 제기되지 않았다. 이와 같은 종류의 이슬람법에 대한 논의에 참여하는 일은 이해관계가 있는 모든 사람에게 충분히 개방되었다. 개인이 독립적으로 행하는 개별적 판단의 자유는 몇 가지 요인에 의해 점차적으로 제한되었는데, 이러한 요인으로는 지역적인(조금 지난 후에는 일반적인) 합의의 성립, 고대 법학파 내에서의 집단과 단체의 형성, 증가하는 엄격한 체계적 추론의 원칙에 대한 자의적 견해의 굴복, 끝으로 예언자(그리고 그의 수행자들)의 다수의 전승들(원래 개인적인 견해에 불과했던 것이 권위 있는 준칙으로 형성됨)의 등장을 들 수 있다. 따라서 임의적인 결정이 통용되는 영역은 계속적으로 축소되었다. 그러나 그럼에도 불구하고 이슬람의 최초 2세기 반에 걸친 (혹은 서기 9세기 중반까지의) 이슬람법의 형성단계에 해당하는 기간 동안 이슬람법학자들은 법적 문제에 관한 자신의 해결책을 찾기 위해 노력하였다. 이즈티하드(Ijtihād)와 누가 그것을 행사할 자격이 있는가에 대한 의문이 제기된 것은 이슬람법의 형성기가 지난 후의 일이었다.

112 샤피이는 당대의 학자들이 그들의 선학들이 즐겨 사용했던 추론의 자유를 활용하는 것을 부정하였다. 그리고 이슬람력 약 3세기 중반(서기 9세기)부터는 과거의 위대한 학자들만이 '독자적 추론'을 행할 수 있는 권한을 가진다는 생각이 지지를 얻기 시작했다. 이 시기에 이르러 '이즈티하

드'(Ijtihād)라는 용어는 자유로운 개인적 의견의 행사(라이: Ra'y)와의 오랜 연결 관계에서 분리되었고, 꾸란과 예언자의 순나, 유추(Ḳiyās) 또는 체계적 추론에 의한 합의를 통해 타당한 결론을 이끌어내는 것으로 제한되었다. 샤피이는 이러한 변화를 가져오는데 기여하였으나, 한편으로 결론을 도출함에 있어서 개별 학자들에게 자신의 고유한 판단을 사용하여야 할 의무가 있다고 주장하는 데에도 주저하지 않았다. 그러나 이슬람력 4세기 초반(서기 900년경)에 이르러 모든 학파의 학자들은 필수적인 문제들은 이미 충분히 토론되었고 합의가 정립되었다는 것을 공감하기에 이르렀는데, 그리하여 이후로는 누구도 법의 영역에서 독자적인 추론을 할 수 있는 충분한 자격을 가질 수 없고, 앞으로의 활동은 이미 정립된 학설에 대한 설명·적용·해석에 한정되어야 한다는 관념이 지배하였다. 이를 '이즈티하드 문의 폐쇄'(Closing of the Door of Ijtihād)라고 하며 이는 타끌리드(Taḳlīd)에 대한 수요를 가져왔다. 타끌리드란 원래는 고대 법학파에서 관습화된 무함마드의 수행자들의 언행에 대한 원용을 나타내는 용어였으나, 이제는 저명한 학파와 권위자들의 학설을 의심없이 수용하는 것을 의미한다. 이즈티하드(Ijtihād)를 행할 수 있는 자격을 부여받은 사람을 무즈타히드(Mujtahid)라고 불렀고, 타끌리드를 실행할 의무가 있는 사람을 무깔리드(Muḳallid)라고 한다.

113 이미 형성된 타끌리드의 지배 아래에 있는 학설은 꾸란, 순나 및 이즈마(Ijmā')로부터 독립적으로 도출될 수 없고 사회적으로 인정받은 학파에서 가르치는 것을 수용해야만 했으며, 학파의 가르침의 내용은 물론 그 내부의 합의도 따랐다. 그리고 각 학파의 공식적인 학설은 옛날 학파장의 작업에서 발견되는 것이 아니라(학파장이 이즈티하드를 행할 수 있는 가장 높은 등급의 자격을 갖춘 사람인 경우에도 마찬가지였음) 학파의 공통된 의견에 따라 현재의 시점에서 가르침의 대표자로 권위를 인정받는 사람의 견해를 따랐다. 이 견해들은 일반적으로 중세 후기부터 시작된 지침서들에

서 찾을 수 있었다. 사회에서 승인된 지침서들은 각 학파가 결론에 이른 권위있는 학설의 최종 단계를 포함하고 있으나, 그것들이 법전의 성격을 띠고 있는 것은 아니다; 이슬람법은 입법의 집성체가 아니라 법학의 살아있는 결과물이다.

114 이즈티하드(Ijtihād) 체제에서 타끌리드(Taḳlīd) 체제로의 변화는 점차적으로 일어났다; 그리고 이는 이즈티하드에 하향식으로 몇 단계의 등급을 매기는 이론에 의하여 반영되었다; 권위 있는 지침서들의 저자들은 이즈티하드의 가장 낮은 단계조차 부정했으며, 그것을 단지 무깔리드(Muḳallid)로 간주했다. 어떤 학파의 최후의 학설은 때때로 그 학파의 창설자 또는 창설자들의 견해와 다를 수 있었고 필연적으로 이를 넘어서 멀리 나아가기도 한다. 각 학파 내에서 세부적인 학설의 발전은 현존하는 자료가 있음에도 불구하고 여전히 학문적 연구과제로 남아있다. 타끌리드의 시대 동안에서조차 몇몇 학파가 서로 경쟁하고 영향을 주었던 독창적인 사고가 나타났다. 그러나 독창적인 사고는 실정법에 의하여 확립된 결정 및 우술 알 피끄(Uṣūl al-Fiḳh)의 고전이론에 영향을 주지 않는 추상적 체계의 구조에서만 나타날 수 있을 뿐이었다. 이러한 이론적 발전들의 대부분 역시 꾸란, 순나, 이즈마와 매우 독립적이고, 이슬람의 법사상 중 가장 기술적인 법적 분야를 표방하고 있으며 여전히 연구대상으로 남아있다.

115 3.

그러나 타끌리드(Taḳlīd)의 지배에 대한 반대의견이 있었다. 후대에도 무즈타히드(Mujtahid)가 존재할 것이라고 주장하거나 혹은 자신들이 그동안 이론상 상당히 높은 수준으로 발전시켜 이즈티하드(Ijtihād)의 필요조건을 충족한다고 주장하는 경향이 있는 학자들이 있었다. 그러나 실정법에 관한 한 위와 같은 주장들은 이론적인 차원에 머물 뿐이었고, 그러한 주장을 했던 학자들 중 누구도 실제로 샤리아에 대한 독자적인 해석을 내놓지는 않았다. 다른 학자들은 스스로 이즈티하드를 그렇게까지 강력하게 주장하였다기보다는 타끌리드의 원칙을 반대하였다. 자히르학파의 설립자인 다우드 이븐 칼라프(Dāwūd ibn Khalaf: 사망 270/88[244])와 알모핫드(Almohad) 운동의 창시자인 이븐 투마르트(Ibn Tūmart[245]), 그리고 저명한 한발리학파의 학자인 이븐 타이미야(Ibn Taymiyya: 사망 728/1328), 그의 제자인 이븐 카임 알 자우지야(Ibn Ḳayyim al-Jawziyya: 사망 751/1350)의 경우가 그러하였다. 이들은 이슬람법에 관한 문제에 있어 어떤 개인(무함마드는 제외함)의 권위에 맹목적으로 따르는 태도에 대해서는 권위를 인정할 수 없고 그것이 위험하다고 보았다. 물론 이것은 학자들에게만 적용될 뿐 일반 평신도들에게 적용되는 것은 아니다. 타끌리드에 대한 이론적인 반대는 자히르학파의 주장의 하나가 되었다. 하지만 실제에 있어서는 자히르학파가 개개의 신자들에게 다른 학파들에 비해 학설의 자유를 더 많이 남겨주지는 않았다.

116 이븐 타이미야는 이즈티하드를 주장하지 않았음은 물론, '이즈티하드의 문'의 재개방[246]을 명시적으로 주장하지 않았다. 그러나 합의의 개념을 매우 좁게 설정함에 따라 그는 타끌리드를 반대할 수 있었고 꾸란과 하디스를 새롭게 해석할 수 있었으며, 그 결과 이슬람법의 많은 제도들에 관하여 탁월한 결론에 도달할 수 있었다. 한발리학파의 현재 추종자 중 다수를 확보하고 있는 와하비(Wahhābīs)학파는 이븐 타이미야(Ibn Taymiyya)의 이론적 학설과 함께 타끌리드의 반대를 그의 법이론 전체로 채택하였다; 그러나 동시에 그들은 이븐 타이미야 이전의 학파에서 발전되어 온 바대로의 한발리학파의 실정법을 변함없이 유지시켰는데, 이로 인한 일관성의 부재에 대해서는 크게 근심하지 않은 듯하다.

---

244) 이 책 [101] 참조.
245) 이 책 [102] 참조.
246) 역자주: '이즈티하드 문의 폐쇄'에 대해서는 이 책 [112] 참조.

117 18세기부터는 와하비학파와 나란히 그리고 부분적으로 와하비학파의 영향에 따라 개인이나 학파들 사이에 이슬람 원래의 순수함으로 돌아가자는 생각들이 나타났는데, 편의상 '개혁가'라고 일컬을 수 있는 살라피야(Salafiyya)[247] 운동과 같은 것이 그 예이다. 그리고 1890년부터 다른 사람들은 근대적인 조건에 비추어 이슬람을 새롭게 해석함으로써 이슬람을 혁신하는데 초점을 두었는데 이들은 편의상 '근대주의자'라고 부를 수 있을 것이다. 두 경향 모두 전통적인 타끌리드에 반대한다는 점에서는 어느 정도 일치한다. 특히 어떤 근대주의자들은 이것을 이슬람법 형성기에 행해진 어떤 것보다도 새롭고 자유로운 이즈티하드에 대한 과도한 주장과 결합시켰다. 그러나 두 종류의 운동 모두 실정 종교법(Positive Religious Law)[248]의 분야에서 언급할 가치 있는 어떠한 결과도 이끌어내지 못했다. 몇몇 이슬람 국가에서 나타나는 세속입법에 의한 샤리아의 재편성은 이즈티하드와 타끌리드의 타당성이라는 본질적으로 전통적인 문제들로부터라기보다는 근대의 입헌적·사회적 관념들로부터 더 많은 영감을 얻는다. 이러한 이슬람의 입법상의 근대주의는 아래 제15장에서 논의할 것이다.[249]

118 4.

이론적인 시각에서 이즈티하드와 타끌리드를 어떻게 평가하든 간에, '이즈티하드 문의 폐쇄' 이후 학자들의 활동은 샤리아의 성격 안에서 제한되었을 뿐 선대의 활동에 비해 창조성이 덜한 것은 아니었다. 일련의 새로운

247) 역자주: 살라피야(Salafiyya)운동은 순수 이슬람으로의 회귀를 통하여, 이슬람사회의 재건을 이룰 수 있다고 여긴 이슬람 부흥운동 중 하나이다.
248) 여기에서 쓰인 단어는 세속입법(Secular Legislation)에 대응하는 단어로서 종교법(Religious Law)이다.
249) 역자주: 이 책 [164] 이하.

사실들은 끊임없이 일상에서 일어나고 그것들은 법학이 제공하는 전통적인 도구들에 의하여 지배되고 형성되어야 했다. 이러한 활동은 무프티(Muftī)들에 의하여 수행되었다. 무프티는 학설의 관점에서 권위있는 의견을 내놓을 수 있는 법의 전문가이다; 그의 법적 의견을 파트와(Fatwā)라고 부른다. 이브라힘 나카이(Ibrāhim al-Nakha'ī)와 같은 초기의 전문가들이 전형적인 무프티이다; 그들의 주된 일은 이해관계를 가진 사람들에게 이슬람법의 관점에서 어떤 식의 행동이 옳은 것인가를 조언하는 것이었다. 이와 같은 주의적·조언적 요소들은 말리크(Mālik)의 업적에서 이미 분명하게 알 수 있다. 처음부터 전문가들을 같은 생각을 가진 비전문가들로 조직했고, 샤피이의 시대에는 전문가 계층이 나타났다. 샤피이는 일반 대중들이 이슬람법의 세부사항들을 알기에는 너무 어렵고 어떤 것은 전문가들조차도 알기 어렵다는 것을 인식했다. 일반인들에게는 전문적인 법률가이드가 필요했고, 법이 점점 더 기술적으로 되어가고 또한 표현이 더욱 학문적으로 되다보니 일반인들의 법적 지식의 필요성은 더 커지게 되었다. 독실한 무슬림들에게 있어 이슬람법의 실제적 중요성은 보통의 법을 준수하는 시민들에게 있어서 어떤 세속적인 법체계의 중요성보다 훨씬 컸다. 꾸란은 법정(法廷)에서만 작용하는 것이 아니다; 꾸란은 시민에게 종교적 의무는 무엇이고, 무엇이 그를 종교의식적으로 깨끗하게 혹은 더럽게 하는지, 무엇을 먹고 마실 수 있는지, 무엇을 입을 수 있으며, 또한 가족을 어떻게 대해야 하는지, 그리고 그가 선한 의식을 가지고 합법적인 행동과 재산으로 간주할 수 있는 것이 무엇인지를 말해준다. 그래서 이런 문제들에 대한 전문적인 조언이 계속적으로 필요한 것이다.

119 처음부터 무프티의 기능은 본질적으로 사적인(Private) 것이었다; 그의 권위는 학자로서의 그의 평판에 기초하고 있었고, 그의 의견은 공식적인 구속력이 없었으며, 일반인들은 자신이 알고 있다든가 혹은 신뢰하는 학자들에게 의지할 수 있었다. 그러나 일반 대중 및 정부 관리들에게 종교

법의 문제들에 관해 권위 있는 의견을 제공하기 위해서 이슬람 정부들은 최종적인[250] 법학파 설립 후부터 알려진 저명한 학자들을 공식적인 무프티로 임명하기 시작했다. 그런데 정부에 의한 공식 무프티의 임명이라는 사실로 인하여 그들의 의견들이 가지는 본질적인 가치가 증가한 것은 아니다. 그들은 파트와를 제공할 수 있는 권한을 독점하지 않았고, 훌륭한 평판을 지닌 사적인 학자들에게 자문을 구하는 관행 역시 지속되었다. 까디 역시 법적 의문이 있을 때에는 학자에게 자문을 구했고, 공식 무프티가 종종 까디 법정에 소속되기도 하였다. 소송당사자들은 까디 앞에서 가능한 한 권위있는 파트와(Fatwā)들로 무장을 하지만 까디는 그것들 중 어떤 것에 구속되지는 않았다.

120 이슬람법의 학설 발전은 무프티들의 활동에 힘입은 바가 크다. 그들의 파트와들은 각각 분리된 작업에 따라 종합되기도 했는데, 그러한 작업들은 특정 장소, 특정 시간에 실제에서 발생한 가장 중요한 문제들을 우리에게 보여주고 있다는 면에서 역사적으로 매우 흥미롭다. 새로운 문제에 관한 무프티의 결정이 학자들의 공통된 의견으로 옳다고 인식되는 즉시 학파의 학설집에 편입되었다. 반면에 까디에 의해 내려진 판단들은 초기 압바시야 시대의 이슬람법 형성기 이후에는 이슬람법 발전에 그다지 영향을 미치지 못했다. 까디는 초기 이슬람법의 설립에 공헌했을 뿐이다.

121 5.

위에서 살펴본 바와 같이, 이슬람법은 압바시야 초기까지는 융통성을 가지고 성장하였으나, 그 이후로는 경직화되어 최종적인 형태로 고정되었다.

---

250) 역자주: '이즈티하드 문의 폐쇄' 직전까지의 시기를 말하는 것이다. '이즈티하드 문의 폐쇄'에 대해서는 이 책 [112] 참조.

이슬람법의 이러한 경직성은 수세기 동안의 정치기관의 몰락과 쇠퇴 속에서도 이슬람법이 존속하는데 기여했다. 이슬람법에 변화가 없었던 것은 아니지만, 이슬람법에서의 변화는 실정법보다는 법이론과 체계의 상부구조에 관한 것이었다. 전체적으로 보자면 이슬람법은 초기 압바시야 시대의 사회·경제적 조건을 반영하고 그에 적응하였지만, 그 이후로는 국가·사회의 발전과 점점 동떨어진 성장을 해왔다.

제11장 이론과 실제

122 1.

예배, 의식 그리고 순수하게 종교적인 의무 등은 논외로 하더라도, 샤리아의 이상적인 이론이 실제로 효력을 갖는데 성공하는 정도에 따라서, 법적인 주제를 세 가지 유형으로 구분할 수 있다. 샤리아의 이상적인 법이론의 영향력은 가족법(혼인·이혼·부양 등), 상속법 및 종교재단(와끄프, Waḳf)[251]에 관한 법에서 가장 강했으며, 형법·세법·헌법 그리고 전쟁법 등에는 가장 약하여 어떤 면에서는 그 존재조차 인식할 수 없었다; 한편, 계약법과 채권법은 그 중간에 위치한다.

123 우리는 이슬람 초기에 정치권력들이 형사사법행정을 가져가는 모습을 보아왔다.[252] 과세에 관해서는 샤리아와 그의 온건한 요구에 명목적으로만 부응하였고, 이슬람법은 다른 세금들은 모두 불법적인 것으로 간주하였다.[253] 헌법에 관해서 말하자면 이슬람법 이론에 의해 그려진 것으로서의 국가는 현실에 전혀 존재한 적이 없는 허구에 불과했다. 그리고 전쟁법은 정복전쟁의 단편적인 측면에서 추론되었고, 실제에서는 거의 적용되지 않았다.

---

251) 역자주: 이 개념에 대해서는 이 책 [29] 참조.

252) 역자주: 이에 대해서는 이 책 [37], [39], [40], [41] 참조.

253) 이러한 종류의 세금에 대한 기술적인 용어는 마크스(Maks)인데, 그것은 이슬람 이전 시대 아라비아에서는 시장사용료(Market-Dues)를 의미했다. 그러나 그것은 이슬람법에서는 인정되지 않았다. 그것은 남아라비아에도 존재하였다.

124 반면, 인적인 지위(즉 혼인·이혼 및 가족관계), 상속 그리고 와끄프에 관한 제도들은 항상 무슬림의 의식 속에서 다른 법적 문제보다 더 종교에 관련되어 있었으며, 그에 따라 일반적으로 이슬람법에 의해 지배되었다. 가족법과 상속법의 이러한 종교적인 성격은 우연한 것이 아니다; 꾸란적인 입법의 대부분이 이들 문제와 관련되어 있었다. 그럼에도 불구하고 우리는 혼인, 이혼, 가족관계의 영역에서 조차도 실제 관행은 여자의 지위를 낮추거나 높이면서 종교법의 정신 그리고 경우에 따라서는 종교법의 조문까지 압도할 정도로 강하다는 것을 발견할 수 있다. 게다가 이슬람으로 개종한 수많은 집단들은 여자들에게 불리한 것이 대부분인 그들 본래의 상속법을 유지하였다. 샤리아에 그 약간의 기초가 남아있는 부동산에 관한 특별한 규율들은 이슬람법에 의해 제공된 기초들 위에서 상세하게 고안되었고, 그것들은 장소와 시간에 따라 가지각색이다; 샤리아에 대한 이러한 보완은 종종 엄격한 이론들로부터 갈라져 나온다. 부동산법의 중요한 부분이 되고 있는 와끄프 제도는 비록 전부는 아니지만 대부분의 이슬람 국가에 널리 퍼졌다; 여기에서도 또한 가령 초기 오스만 제국 시대에서와 같이 관행은 엄격한 이슬람법과는 일치하지 않는 발달을 이루었다. 종종 벌금의 원칙을 포함하고, 정부보다는 주로 마을, 부족 그리고 그와 비슷한 기관들에 의해 집행되어온 관습형법은 수많은 무슬림 집단의 관습법의 한 부분을 이룬다; 이러한 종류의 관습법은 심지어 성문화되기까지 하였다.

125 현대 베두인족의 관습법은 특별히 언급할 만한 가치가 있다. 왜냐하면 그것은 이슬람법의 영향에도 불구하고 이슬람 이전의 아랍 관습법에 접근할 수 있는 최후의 수단이며, 문헌 자료가 이슬람 이전의 아랍 관습법에 관하여 우리에게 제공한 정보들을 통제할 수 있게 해주기 때문이다. 예멘과 남아라비아의 원주민 사이에서는 일반적으로 이 부족적 관습법을 '보호규정'(Provisions of Protection)과 '제재'(Sanction)를 뜻하는 후큼 알 만(Ḥukm al-man') 또는 알 마나아(al-Man'a)라 불렀으며, 도파(Dhofar)와 오만

(Oman) 부족의 법집행관, 즉 하우즈(hawz)라는 용어에서 후큼 알 하우즈(Ḥukm al-Ḥawz)라고 불렀는데, 이는 의식적으로 그리고 공개적으로 샤리아에 상충하는 것이었다. 그래서 독실한 무슬림들은 꾸란 제4장 제60절[254]에 따라 그것을 '우상의 규정 또는 우상'을 뜻하는 후큼 알-타그후트(Ḥukm al-Ṭāghūt)라고 불렀다. 여기에는 또한 샤리아의 대변자들의 저술 속에 담겨있는 적대적인 언급뿐만 아니라 이 관습법이 성문화된 법전이 존재한다.

126 계약법과 채권법의 방대한 영역에서 샤리아는 관행과 관습에 있어 계속 증대되는 영역을 포기해야 했다. 신성법의 이론은, 비록 장소와 시간에 따라 정도의 차이는 있었지만 관행과 관습에 상당한 영향을 미치는 데에 실패하지 않았다. 그러나 그 자체를 완전하게 관철시키는 데에는 결코 성공하지 못했다. 이러한 실패는 주로 본질적으로 과거지향적인 이상론이 초기 압바시야 왕조시대부터 계속 변화하는 사회와 거래의 요구를 따라갈 수가 없었다는 사실에 기인한다.

127 대중적 의식에 관한 한, 신성법은 순수하게 종교적인 의무의 영역에서조차도 관습이 요구하는 정도까지만 지켜졌는데, 그 결과 본질적인 의무들은 종종 무시되고, 본질적이지 않은 관행들이 충실히 지켜졌으며, 더 나아가 심지어는 샤리아에 알려지지 않은 인습까지도 관습에 의해 강요당하였다고 말할 수 있다. 예를 들어, 재산법의 영역에서 이슬람법 그 자체는 회피(히얄: Ḥiyal)[255]의한 우선매수권(Pre-Emption)을 금지했음에도 불구하고 수많은 이슬람 국가에서 대중적인 관습들은 이것을 적극적으로 채택하였다.

---

254) 역자주: "그대에게 계시된 것과 이전에 계시된 것을 믿는 척하면서 우상에 구원하여 분쟁을 해결하려는 그들을 그대는 보지 않는뇨. 그들은 그것을 섬기지 말라 명령받았노라. 그러나 사탄은 그들을 방황케 하려 하도다."(꾸란 제4장 제60절) (『성 꾸란(의미의 한국어 번역)』, 146면 참조).

255) 역자주: 히얄의 개념에 대해서는 이 책 [129] 참조.

128 2.

계약법과 채권법은 샤리아의 주요한 원칙과 제도들을 존중했던 관습법에 의해 지배되었지만, 많은 면에서 그것을 보완하면서 더 큰 유연성과 적응력을 보여주었다.[256] 환매권(베이 알 와파: Bay' al-Wafā', 베이 알 우다: Bay' al-'Uhda)을 가지고 부동산거래를 발전시킨 것이 그 예이다; 환매권은 부동산 소유권에 대한 회복불가능한 양도를 피하기 위한 것이지만[257], 엄격한 이슬람법에서는 그것이 매매의 형식이든 담보의 형식이든 간에 허용되지 않았다. 관습법은 또한 수프타자(Suftaja)[258]와 하왈라(Ḥawāla)를 이슬람법이 세운 한계를 넘어서 환어음(Bill of Exchange)으로 사용하였다; 이것은 중세시대에 현실적 은행활동을 유태인 은행업자뿐만 아니라 무슬림 상인들에까지 가능하게 해주었다. 이 상업관습법의 여러 제도들은 상인법, 국제무역관습법을 통하여 중세 유럽으로 전해졌는데, 이러한 사실은 이중매매[259]의 방법으로 행해지는 이자금지의 회피를 가리키는 아랍어 무카타라(Mukhāṭara)에서 유래한 중세 라틴어 'Mohatra'에 의해, 환어음에 대한 배서(背書)를 의미하는 아랍어 하왈라(Ḥawāla)에서 유래한 프랑스어 'aval'에 의해, '서면'(書面)을 가리키는 아랍어 사크(Ṣakk)에서 유래한 'Cheque'에 의해, 그리고 '중개인'을 의미하는 아랍어 심사르(Simsār)에서 유래한 'Sensalis'(Sensale, Sensal)에 의해 증명되고 있다.

---

256) 이슬람법은 계약의 자유를 인정하지 않는다. 이에 대해서는 이 책 [263] 참조.
257) 역자주: A가 B에게 甲이라는 물건을 팔아 소유권이 B에게 넘어갔다 하더라도, 만약 A에게 환매권이 있다면 A는 이를 행사하여 甲에 대한 소유권을 회복할 수 있다. 물론 이때 A는 B에게 환매대금을 지급하여야 한다. 환매는 채권담보의 기능을 하는 경우가 많다. A가 B에게 받은 돈은 매매대금의 형식을 빌렸지만 실제는 돈을 빌린 것이다.
258) 역자주: 수프타자(Suftaja)는 환어음(Bill of Exchange)을 의미한다.
259) 이에 대해서는 이어지는 [129] 이하 참조.

129 3.

상관습법은 법적 의제였던 히얄(Ḥiyal, 단수는 Ḥīla) 또는 '법장치'(Legal Devices)에 의해 샤리아의 이론들과 부합되었다. 히얄은 상법에 제한된 것이 아니라 다른 분야에서도 논의되는 것으로서, 간단히 말하자면, 그 목적이 합법적인 것이든 불법적인 것이든 간에 샤리아가 제공하는 수단들에 의해서는 직접적인 방법으로 성취할 수 없는 초법적인 목적을 이루기 위하여 법률적인 수단을 사용하는 것을 말한다. 이러한 '법장치'는 만약 그것이 없었다면 환경의 압력 아래에서 신성법의 규범들에 저촉되는 행위를 할 수밖에 없었던 사람들로 하여금 그 규범들을 따르면서도 원하는 결과에 이를 수 있도록 해주었다. 예를 들어, 꾸란은 이자를 금지하였고 이러한 종교적 금지는 대중적인 견해가 그러한 금지를 공개적이고 직접적으로 어기는 것을 꺼려하도록 만들 정도로 충분히 강력했지만, 그 반면 상업활동에 있어서는 이자를 주고받는 것에 대한 필수적인 요구가 있었다. 이러한 요구를 만족시켜 주기 위해서 그리고 동시에 종교적 금지규범을 준수하기 위해서 많은 법장치들이 개발되었다. 그 중 하나는 부동산을 빚에 대한 담보로 제공하여 채권자로 하여금 그것을 이용하게 하여서 그 이용이 이자에 대응하도록 하는 것이다; 이러한 거래는 환매권을 유보한 채 물건을 파는 것[260]과 매우 유사하다. 매우 대중적인 다른 법장치로는 이중매매(Bay' Atān fi Bay'a)를 들 수 있는데 이에는 여러 유형이 있다. 예를 들어, (장래의) 채무자가 현금을 위해 (장래의) 채권자에게 자신의 노예를 팔고, 미래에 그 채권자로부터 예전보다 더 큰 비용을 지급하여 그 노예를 다시 매수하는 것이다. 이것은 노예를 담보로 돈을 대출하는 것과 같고, 매도가격과 매수가격 사이의 차이는 이자를 의미한다; 이러한 거래는 '무카타라'(Mukhāṭar

260) 이 책 [128] 참조.

a)[261]라 불리며, 혹은 보다 일반적으로는 '이나'(Īna)라고도 불린다. 완곡어법으로 그것은 거래를 의미하는 무아말라(Mu'āmala)라고 불리고, 상인들이 금전대여자의 역할도 했기 때문에 상인이면서 대여자의 의미를 금전대여자 타지르(Tājir)[262]로 불리기도 했다. 이 관습은 말리크(Mālik) 시대에서부터 메디나에 퍼져있었다. 계약법과 채권법의 모든 영역들에 걸쳐 수백 개의 이러한 법장치들이 있었고 그들 중 많은 것은 고도로 기술적이지만, 모두 꾸란의 문구에 대하여 세심한 배려를 하고 있다.[263] 자백(自白)은 수많은 히얄(Ḥiyal)의 형성에 매우 중요한 역할을 하였는데, 왜냐하면 그것은 추상적인 채무를 창설하고, 그에 따라 법적 의제를 발생시키는데 있어 특히 적당하기 때문이다.[264]

130 회피[265] 및 법장치들은 유대법과 기독교 교회법과 같은 다른 법체계에도 존재했으며, 특히 법적 의제는 로마법과 그 밖의 법에서 상당한 역할을 하였다. 그러나 로마법에 있어서 그들의 기능은 현재 실제의 새로운 요구에 대하여 최소한의 혁신으로 법의 틀을 제공하는 것이었다; 이슬람법에 있어서 그것은 실정법률을 회피하기 위한 것이었다.[266] 이자를 주고받는 것은 거래실제의 요구와 매우 일치하였지만, 꾸란과 그 후의 이슬람법은 명시적이며 분명하게 거래실제의 요구를 금지했다. 그 법장치는 이

261) 이 책 [128] 참조.

262) 역자주: '타지르'(Tājir)란 무슬림 상인(商人)을 말한다.

263) Ḥiyal의 특별한 한 분야는 선서에 의하여 부담하게 된 채무로부터의 탈피 혹은 조건의 성취에 의해 결정되는 처분 등으로 구성되어 있다(이 책 [193], [303] 참조); 이와 같은 사안에서 의사표시를 제한적으로 해석하기 위해 이슬람법의 경향을 이용하여 원하지 않는 채무 또는 처분을 회피할 수 있는 수많은 가능성들이 있다.

264) 이와 같은 자백(Acknowledgement)의 기능에 대해서는 이 책 [277] 참조.

265) 역자주: 히얄(Ḥiyal)을 말하는 것이다.

266) 또한 까디에 의해서 확인된 권리를 보유하기 위하여 당사자들의 합의에 의하여 도출된 의제적인 활동들도 있었다; 그것들은 반드시 히얄(Ḥiyal)과 관련된 것은 아니고, 가령 확인된 와끄프(Waḳf)의 유효성을 보유하기 위하여 사용된다.

론과 실제 사이에서의 일시적 타협(Modus Vivendi)을 나타낸다: 관습이 용인할 수 있는 최대한과 이론이 요구해야 하는 최소한이다. 이슬람 법이론에 의한 히얄(Ḥiyal)에 대한 유효성 인정은, 한편으로는 그 정신[267]보다는 문언대로의 준수를 요구하는 샤리아의 타율적이고 비이성적인 측면에 의하여, 다른 한편으로는 의식과 숨겨진 동기[268]의 문제가 아니라 단지 사물의 외부적인 측면에만 관련된 법의 원리와 까디의 판단에 의해 용이하게 되었다. 최초의 가장 간단한 히얄은 아마도 그것들에 대한 필요를 느낀 이해관계 있는 집단, 특히 상인들에 의하여 고안되었을 것인데, 좀 더 복잡한 것을 고안하고 적용하는 것은 그들의 능력 밖의 일이었다; 그들은 그 작업을 종교법 전문가들에게 의뢰해야만 했고 종교법 전문가들은 그 필요를 충족시키는 것을 주저하지 않았다. 일단 종교법의 체계가 애써 만들어지면 최초 전문가들의 종교적 열정은, 법구조의 작은 걸작을 발명하고 완성한 것에 대하여 자부심을 느끼는 전문가들의 성의있고 확신에 찬 관심이 아니라 기술적이고 현학적인 관심에 의해 점차로 대체되었다. 만약 신성법에 구속되는 까디가 그들의 고객인 상인들이 마음속에 품고 있는 거래의 실제적인 효과(이 효과는 종종 복잡한 일련의 공식거래에 있어서 해당 거래를 구성하는 모든 요소 각각의 유효성에 의존함)를 망치려 하지 않는다면 히얄의 고안자들은 법적 유효성의 가능성을 정확하게 계산해야만 했다. 히얄 발명가들의 활동은 관행을 공급하면서 이러한 조언적이고 훈계적인 특성을 이슬람법 이론을 처음으로 고안한 초기의 전문가들의 활동과 공유하였다. 초기의 전문가들은 동시대 사람들에게 이슬람의 삶의 방식과 부합하지 않은 행위에 대하여 경고했다; 히얄 고안자들은 동시대 사람들이 충분히 발전된 이슬람 법체계에서 효력이 없는 것으로 간주되는 계약들을 체결하지 않도록 도왔다.

267) 이 책 [398] 참조.
268) 이 책 [206] 참조.

131 히얄에 대한 몇몇 법학파들의 태도에는 어느 정도의 차이가 있다. 하나피학파는 히얄에 대하여 가장 호의적인 경향을 보인다. 아부 유수프와 샤이바니는 히얄을 다룬 책을 저술했고, 샤이바니의 저서는 지금까지 존재한다. 또 다른 문헌은 카사프(Khaṣṣāf: 사망 261/874)가 저술한 것으로 되어 있는데 아마 이라크에서 이슬람력 4세기(서기 10세기)에 쓰여졌을 것으로 추정되며, 법적으로 흠잡을 데 없는 형식으로 인하여 그 장소와 시대의 관행의 실제를 식별할 수 있도록 해준다. 샤피이(그리고 그의 사후 그 학파의 처음 몇 세대)는 히얄에 대하여 법적 유효성을 인정하면서도 이를 금지된(Forbidden) 또는 혐오받는(Reprehensible) 것으로[269] 간주하였다; 그러나 하나피학파에 의한 히얄 저술의 성공에 따라 히즈라 4세기 이후 샤피이학파 지지자들도 히얄에 관한 저술을 하였는데 그 중 카즈위니(Ḳazwīnī: 사망 440/1048)의 저서가 지금까지 전해온다; 또한 하나피학파에 의한 히얄 저술의 성공은 대다수에 속하는 허용되는 히얄과 금지된(Forbidden) 또는 혐오받는(Reprehensible) 것에 해당하는 히얄을 구별할 수 있도록 해주었다. 말리크학파는 그 주제에 관해 관심을 덜 가진 것처럼 보이지만, 이 학파도 히얄의 일정 부분은 인정하였지만 반대하는 히얄도 있었다. 전승주의자들은 종교법적 문제에 대한 그들의 일반적인 접근방식에 따라 히얄을 거부했다. 부카리(Bukhārī) 사히흐(Ṣaḥīḥ)[270]에서 히얄에 관한 절(節)은 그렇지 않았다면 잘 알려지지 않았을 히얄에 관한 초기 서적들을 인용하면서 히얄에 대한 지속적인 반대입장을 표현하고 있다. 한발리학파의 학자 이븐 타이미야(Ibn Taymiyya)는 그의 특별한 연구에서 히얄을 공격하면서 히얄은 일반적으로 무효하고 선언하고, 소위 '타흘릴'(Taḥlīl)('합법적으로 만드는 해

269) 역자주: 금지된 것, 혐오받는 것 등의 의미에 대해서는 이 책 [15], [109], [203] 참조.
270) 역자주: 이맘 부카리(Bukhārī)가 집대성한 하디스집 사히흐(Ṣaḥīḥ)는 총 97권으로 분류되고, 이맘 무슬림이 집대성한 하디스집과 더불어 정확성과 권위를 자랑한다. 아랍어 사히흐(Ṣaḥīḥ)는 '정확한', '진실된'이란 뜻이다.

석')이라고 비판했다; 이것은, 3회 이혼선언으로 이혼한 부부가 재결합을 위하여 여자가 (진실 혹은 가장의) 의사로 다른 남자와 신방치르기를 한 후에 즉시 혼인을 해소하는 현상을 정리함으로써 3회 이혼선언 이후의 예전 남편과 아내 사이의 재혼장애[271]를 제거하는 것을 목적으로 하고 있다. 그러나 이븐 타이미야의 제자 이븐 카임 알-자우지야(Ibn Ḳayyim al Jawziyya)는 합법적인 목적은 합법적인 수단에 의하여 달성될 수 있다는 사실에 근거하여 합법적인 히얄과 금지되는 히얄을 구별했다; 첫 번째 그룹은 상법 분야에서 속하는 다수의 제도를 포함하고 있다. 하나피학파는, 다른 사람에게 손해를 입히는 히얄은 금지되며 금지된 행위[272]는 물론 비난의 대상이 되는 행위[273]를 포함하고 있는 히얄을 제안하는 것을 반대하는 반면에, 그들로서는 히얄의 상세한 부분에 대한 도덕적 평가에 관해서 아무런 관심이 없었고 그들은 그것들이 법적으로 유효하다는 것을 당연하게 여긴다. 하나피학파에 따르면 많은 히얄은 상대악에도 해당하지 않는데, 가령 우선매수권의 결과를 회피하는 히얄이 그 예이다; 그리고 타흘릴(Taḥlīl)이라는 제도는 하나피학파, 말리크학파, 샤피이학파에 의해 널리 관행화되어 현 세대에까지 이르고 있다.

132 4.

상관습법 및 거래 실제에서 적용되는 이슬람법의 또 다른 특징은 기록된 문서[274]에 의지했다는 것이다. 우리는 초기 시대에 이슬람법이 문서증거의

271) 역자주: 이슬람법에서는 3회 이혼선언을 하면 이혼이 확정되므로 아내가 다른 남자와 혼인했다가 다시 돌아오지 않는 한 재결합을 할 수 없다. 이혼에 대해서는 이 책 [318] 이하 참조.
272) 역자주: 금지되는 것을 말하는 것이다.
273) 역자주: 혐오받는 것을 말하는 것이다.
274) 문서는 사크(Sakk, 복수는 Sukuk) 또는 와티카(Wathika, 복수는 Watha'ik) 또는 두크

효력을 부정하고 법적 증거를 증인의 진술로 제한하는 방식으로 꾸란의 명시적인 지배 및 동시대의 관행 양자로부터 벗어나는 모습을 살펴보았다.[275] 그러나 기록문서는 실제에서 매우 필수불가결한 것으로 밝혀졌고, 그리하여 기록문서는 이론적으로는 끊임없이 경시되었음에도 불구하고 지속적으로 사용되었으며 모든 중요한 거래에 일반적으로 수반되었다. 기록문서는 다수의 문헌을 가진 매우 발달된 실용법의 분야에서 발생되었는데 그 시작은 히즈라 4세기(기원후 8세기)부터였다. 이론은 마치 기록문서 없이 단지 증인의 구두증언만이 있는 것처럼 그들 자신의 사적인 기록에 의해서 도움을 받으면서 논증하기를 계속했다; 실제[276]는 마치 문서기록이 거의 필수적이고 '증언'은 그것들을 완전히 유효하게 만드는 유일한 형식인 것처럼 계속해서 작용하였다; 그리고 전문적인 증인들은 사실상 공증인의 기능을 수행하게 되었다. 또한 실무서식집의 저자들은 그들 스스로 종교법 전문가들이었다; 실무서식집의 저자들과 증인들은 관련 당사자들에 대한 법적 조언자로서 활동하고, 실제에서 요구되는 서식, 모든 개연성있는 우발사건에 대비한 안전장치 및 법적으로 유효해지기 위해서 증언되어야 하는 문서기록을 제공했다. 마침내 엄격한 이론조차도 기록문서의 존재를 인식하기 시작하여 자격을 갖춘 증인들에 의해 증명된 것이라면 그것을 유효한 증거로 인정하였다. 말리크학파는 광범위하게 인정하였고, 하나피학파와 한발리학파는 약간 주저하는 태도로 인정했으며, 샤피이학파는 그것을 단지 부속물에 지나지 않은 것으로 여겼다. 그러나 기록문서의 실제적 사용은 모든 학파의 지지자들에 의해 광범위하게 이루어졌다. 근대에 이르러 이슬람법의 적용과 법원의 조직이 점차 독립된 이슬람 정부에 의해 수

(Dhukr, 복수는 Adhkar), 또한 두크 하크(Dhukr Hakk, 복수는 Adhkar Hukuk)이라고도 불렀다. 문서를 다루는 법학의 분야를 슈루트(Shurūṭ: 이는 Shart의 복수) 또는 'Stipulations'라고 불렀다.

275) 역자주: 이 책 [28] 참조.

276) 역자주: 앞 문장의 '이론'(Theory)과 대조적인 의미에서의 '실제'(Practice)이다.

정되는 동안, 기록문서들은 일반적으로 유효한 증거로 인정되었고, 때에 따라서 심지어는 이러한 기록문서의 영향으로 인하여 까디의 권한이 제한되기도 하였다.

133 기록문서는 종종 히얄(Ḥiyal)의 필수적인 요소를 형성했다. 더욱 복잡한 히얄은 일반적으로 관련 당사자 사이의 여러 거래들로 구성되었는데 각각의 거래는 완전히 합법적인 것이었으며 그것들이 결합하여 원하는 결과를 만들어냈다. 각 거래는 당연히 기록되었고 독립된 문서로 증명되었다. 하나의 거래를 기록한 문서나 양당사자 중 일방에 의해 이루어진 자백(Acknowledgement)이 타방 당사자에 의해 그의 배타적 이익을 위해 그리고 전체 합의의 목표에 반대되는 목적으로 사용될 수도 있었다. 이러한 결과를 방지하기 위해서, 각 당사자의 실질적 관계와 합의의 실질적 목적을 설명하는 비공식의 봉인문서와 함께 공식문서는 믿을 만한 사람이나 중개인에게 맡겨졌다.[277] 그러면 중개인은 봉인된 문서의 내용에 따라 절차대로 각 당사자들에게 각 단계에서 사용되도록 정해진 문서를 전달하였다. 또한 중개인은 필요하다면 보상거래(Compensating Transaction) 혹은 사전에 바로 그 목적에 대하여 준비되고 증명된 자백문서를 만드는 방법으로 문서의 권한없는 사용을 방지하였다.

134 이러한 상관습법에 관한 모든 현상은 중세시대 이슬람의 법사회학(Legal Sociology)에 있어서 상당한 중요성을 갖는다.

135 5.

히얄과 슈루트(Shurūṭ)[278]에 관한 연구는, 와끄프(Waḳf)와 유산, 의사록

277) 이러한 종류의 문서는 기술적으로 '양해'를 의미하는 '무와다아'(Muwada'a)로 불렸다.
278) 역자주: 슈루트의 의미에 대해서는 이 책 [132], [135] 참조.

(Maḥḍar)과 까디의 판결문(Sijill), 일반적인 까디의 임무(아답 알까디: Adab al Ḳāḍī)에 관한 연구와 함께 일정한 거리를 가지고 지속적으로 하나피법학파의 문헌에서 잘 정리된 분야에 속한다. 이 모든 주제들은 실질적인 이슬람법의 실제적 적용에 있어서 매우 중요하며, 몇 세기에 걸쳐 매우 높은 평가를 받는 하나피학파 저술가들의 연구에서 결합되어 나타나는 경향을 보인다.

136 6.

우리는 이슬람법에 있어서 이론과 실제의 관계를 명확한 범주 구분으로서가 아니라 상호작용과 상호간섭, 즉 이론이 중대한 동화의 힘을 갖는 관계로서 고찰해 보아야 한다. 이러한 힘은 물질적인 조건을 통제할 수 없을 때조차도 정신적인 지배력을 부여하였다. 이것은 히얄과 슈루트 뿐만 아니라 후기 말리크학파[279]의 아말('Amal),[280] 나자르 필 마자림(Naẓar fil-Maẓālim)[281]과 무흐타시브(Muḥtasib)[282] 법령, 오스만 제국의 까눈 나메(Ḳānūn-Nāmes)[283] 및 여러 다른 방면에서 증명될 수 있다. 또한 과거에 이슬람 정부는 까디를 임명했고 원칙적으로 그들에게 집행의 필수적 수단을 제공했다. 이로 인해 까디의 기능은 단순한 사법행정을 넘어서게 된다.

137 그래서 대부분의 이슬람 국가에 있어서 법이론과 법실제 사이의 균형이 확립되었다; 종교법에 있어서의 전문가인 울라마(Ulamā')와 정치권력 사이의 불안정한 공존이 이루어졌다. 울라마 자신들은 이러한 사실을 인식하

279) 역자주: 후기 말리크 학파에 대해서는 이 책 [98], [99] 참조.
280) 이 책 [98] 이하 참조.
281) 역자주: 이 개념에 대해서는 이 책 [88] 참조.
282) 역자주: 이 개념에 대해서는 이 책 [85] 참조.
283) 역자주: 이에 대해서는 이 책 [88], [148], [405] 참조.

고 있었다; 그들은 그 당시상황의 계속 증대되는 타락(Fasād al-Zamān)에 대한 확신을 표현했고, 집행권력의 부재 속에서 무슬림들에게 엄격한 이슬람법의 준수를 강요할 수는 없다는 숙명론을 제기하기도 하였다. 전통적인 이슬람 정부가 입법에 의해 그러한 상황을 변화시킬 수는 없었지만, 학자들은 이미 꾸란[284]에서 강조된 바에 따라 설정된 권위에 대한 복종의무를 주장하는 방식으로 통치자가 제정한 법령을 상당부분 재가하였다. 신성법이 종교적 이상으로서 공식적으로 인정을 받았던 시대에도 그것이 실제에 있어서 완전하게 적용되는 것을 고집하지는 않았다.

138 샤리아는 독점적인 이론적 유효성에 대한 요청을 포기할 수 없었으며, 그래서 자율적인 관습법의 존재를 인정할 수 없었다. 이론의 대표자인 울라마들이 무슬림의 종교적 양심에 대한 해석을 할 수 있는 자격을 갖춘 유일한 사람들이었다. 샤리아는 엄청난 특권과 의심할 여지가 없는 지배력을 갖고 있었으므로 법은 종교에 의해 지배되어야 한다는 관념이 근대주의자들의 본질적인 전제였다. 만약 그렇지 않다면 근대주의자들은 이슬람법의 전통적 학설에 대하여 심각하게 간섭하기를 주저하지 않았을 것이다. 그러나 무슬림의 삶을 지배했던 법은 항상 무슬림법의 중요한 요소를 이루고 있었음에도 불구하고 순수 이슬람법과 함께 공존하지 못했다.[285] 이러한 현상은 초기 중세시대 이후로 이슬람 세계의 곳곳에서 우세하였다.

284) 역자주: 꾸란 제4장 제59절("믿는 자들이여 하나님께 복종하고 예언자와 너희 가운데 책임이 있는 자들에게 순종하라…"), 제83절("무슬림의 승리나 재앙의 소식이 위선자에게 이를 때 그들은 이를 전파하니라. 마일 그들이 그것에 관하여 예언자나 또는 그들 가운데의 책임자에게 문의하였다면 알 수 있었을 거시이라…") 등.

285) 이슬람법의 연구에서 실제(Practice)에 대한 적대적인 언급은 중세 이슬람법에 관한 정보에 대한 중요한 자료이다.

제12장 순수주의의 대응

139 1.

앞 장[286]에서 언급한 일반적이고 전형적인 상황은 폭력적 종교개혁 운동에 의해 때때로 혼란스러워졌다. 이슬람력 447-541년(서기 1155-1146년) 북서 아프리카와 스페인에서의 알모라비드(Almoravids), 19세기 북나이지리아를 포함한 서아프리카에서의 풀라니(Fulānī) 또는 풀베(Fulbe), 19세기와 20세기의 아라비아의 와하비(Wahhābīs)가 그 예이다. 알모라비드와 풀라니스는 말리크학파였고, 와하비는 한발리학파였다. 이러한 모든 운동들은 그들이 세운 국가에서 이슬람법을 배타적으로 집행하고 행정과 사법의 이원체계를 폐지하며 관습적 행정법을 금지하기 위한 목표를 세웠다. 과거 샤리아의 준수에 관한 종교적 개혁운동의 영향은 점차 사라져갔고 머지않아 이론과 실제 사이의 새로운 균형이 성립되었다.

140 2.

1900년 북나이지리아 풀라니(Fulānī)의 술탄 통치지역과 태수(太守) 관할지역에 영국 식민지 보호령이 설립되었는데, 그 당시 이 지역에 있어서 이슬람법은 여전히 실제적 영향력을 지니고 있었다. 완전히 사라지지 않은 관습은 여전히 그 효력을 유지하고 있었고, 유일하게 존재하는 법원은 형

286) 역자주: 이 책 [122] 이하.

법을 포함한 모든 사안에 대하여 관할권을 가지는 까디 법정이었다. 관습적 부동산법만이 유효하게 남아 술탄과 왕족의 협의회에 의해 집행되었는데, 통치자에 의한 시야사(Siyāsa)[287]의 집행과 까디에 의한 샤리아의 적용이 병행되는 것을 당연하게 받아들였다. 이슬람교에 대한 자연스런 존중은 영국의 행정당국으로 하여금 북나이지리아의 무슬림 거주 지역에서는 말리크학파의 순수 이슬람법이론과 '토착법과 관습'을 동일한 것으로 인식하도록 하였으며, 이것은 식민지 보호령이 시행될 때에 약속되었던 것이었다.[288] 식민지 통치자들은 가변적이고 잘못 정의된 관습보다는 이슬람법이 규정하는 것과 같이 공식적이고 명백한 원칙을 선호하는 경향이 있었다. 까디로 발탁되는 울라마는 이러한 우호적인 조건들을 최대한 활용했고 통치자들은 시야사의 집행을 거부했다. 또한 영국 보호령 실시 이후 수년 동안 무슬림에게 적용되는 법에 대하여 관여하려는 의지를 가지고 있지 않았던 영국 식민지 통치자들의 분위기 속에서 순수 이슬람법은 이전보다 더 실제적으로 작용하였다. 이것은 식민통치의 결과였다.

141 3.

한발리학파의 이슬람법은 까디에 의해 사우디아라비아 전역에 적용되었다.[289] 이슬람력 1346년(서기 1927년)에 이븐 사우드(Ibn Saud)왕은 정교한 이슬람법전을 편찬하는 계획을 세웠다. 이 법전은 한발리학파의 학설뿐만 아니라 이븐 타이미야의 사상에 기초를 두었고 각 특별규범은 꾸란과 순나에 기초를 두고 두 사상의 학설에 따라 제정될 계획이었다. 그러나 한발리

287) 역자주: 이에 대해서는 이 책 [88] 참조.

288) 노예제, 절단의 핫드형, 투석형, 십자형은 폐지되었지만 태형은 북나이지리아에서 매우 온건한 방법으로 여전히 집행되었다.

289) 이 나라 동부의 나즈드(Najd)에서도 총독에 의해 마찬가지로 직접 적용되었다.

학파 울라마의 저항으로 인해 이븐 사우드 왕은 이 법전 편찬 계획을 포기해야 했고, 이슬람력 1347년(서기 1928년)과 1349년(서기 1930년)의 사우디 아라비아 법령은 까디로 하여금 한발리학파에서 승인한 규정들을 적용할 것을 의무화하였다. 한발리학파의 학설에 따르면 샤리아 옆에 행정법령이 존재했다; 세속입법의 출현을 막아보기 위해서 이 행정법령은 포고령(Ordinance)이라는 의미의 니잠(Niẓām), 명령(Decree)이라는 의미의 마르숨(Marsūm)으로 불렸음에도 불구하고 사실상 법적 효력을 지니고 있었다; 행정부에서 제정한 규범을 근동(Near East)의 이슬람국가에 있어서 세속법률을 지칭하는 까눈(Ḳānūn)으로 부르지 않고 행정법령 수준의 니잠 또는 마르숨으로 부르기는 했지만 실제에 있어서는 법률과 같은 정도의 효력을 가졌다. 상업포고령(Ordinance of Commerce)이 1931년(이슬람력 1350년)에 공포되었고 상사법정이 젯다(Jeddah), 얀부(Yanbu), 담맘(Dammam) 지역에 설치되었다. 그러나 그것은 1954년 상업부(Ministry of Commerce)가 신설됨에 따라 다시 폐지되었다.[290] 샤리아의 형법은 형식에 있어서는 아니었지만 실질에 있어서는 노동·노동자에 관한 포고령이라든가 자동차에 관한 포고령 및 그 밖의 다른 행정법령에 의하여 영향을 받았다. 노동·노동자에 관한 포고령에 살펴보면, 노동사고에 대한 보상청구는 재정부(Ministry of Finance)에 의해 결정되었으며, 이때 까디는 이러한 보상 문제에 대하여 자신은 관할권이 없음을 선언하고 일반적으로 피의 값[291]에 대한 결정만을 한다. 자동차에 관한 포고령에 대해서 보면, 경찰이 조사를 해서 운전자의 유죄 여부를 결정하고, 그 후에 까디가 그 결정에 기초해 피의 값을 정한다. 많은 포고령이 형벌로서 벌금형과 징역을 규정하고 사건에 따라서는 샤리아에 규정된 바에 따라 벌금형과 징역이 병과되기도 하였다. 1954년(이슬람력 1373년)

---

290) 상업포고령(Ordinance of Commerce)는 오스만의 상법전(Code of Commerce)에 기초를 두었지만, 이자에 관한 조항은 모두 삭제되었다.

291) 역자주: 이에 대해서는 이 책 [12] 참조.

에 마침내 행정법원(디완 알 마자림: Dīwan al-Maẓālim)이 설립되었다.

142 예멘에서는 국민들의 반대를 무릅쓰고 이맘 야흐야(Yaḥyā)가 자이드 쉬아파(Zaydī Shiite)의 학설에 따라 순수 이슬람법을 실행하려고 시도하였다.

143 4.

아프카니스탄의 예를 보면, 이슬람법 영역에 남아있는 순수주의는 관습법의 실제적 적용에 대한 제한과 더불어 존재했음을 보여준다. 하나피학파에 따르면 부족의 관습이 우세했고 샤리아는 부수적인 것에 불과했다. 그러나 아마눌라(Amānullah)왕이 1924년에 까눈(Ḳānūn)[292]이 아닌 니잠 나메(Niẓām-Nāme)라 불리우는 샤리아에 따른 형법전을 보급하려 했는데, 그것은 벌금형의 도입에 불과한 개혁인 동시에 형벌에 대한 등급체계의 도입에 의해 타으지르(Ta'zīr)[293]에 관한 까디의 재량을 제한하는 것에 지나지 않았다. 그러나 울라마는 그것을 폐기하고 개정안으로 대체할 것을 강요받았다.

292) 역자주: 까눈은 이슬람국가에 있어서 세속의 입법기관이 제정한 법률을 말하는 것으로 행정부가 제정하는 행정입법과 구별된다. 이에 대해서는 이 책 [141] 참조.

293) 역자주: 핫드에 해당하지 않는 범죄는 재판관의 재량에 따라 형이 가해지는데 이를 '타으지르'(Ta'zīr)라고 한다.

제13장 오스만 제국에서의 이슬람법

144 1.

본질적으로 실제 관행을 신성법의 지배하에 두려는 노력은 그 효력이 꽤 다르기는 했지만 이슬람 국가(초기 압바시야 시대 이후)의 공통된 노력이었다. 이러한 노력 중에서 가장 괄목할만하고 한동안 가장 성공적이었던 것은 오스만 제국에서 이루어졌다.

145 오스만투르크의 이슬람화는 이슬람법의 역사에 있어서 매우 큰 중요성을 가지는 일대 사건이었다. 이슬람교를 받아 들인지 얼마 안 되었고, 역사의 속박에서 벗어났기 때문에 그들은 오랫동안 이슬람교를 믿어온 이들보다 더 진지하게 이슬람교를 받아들였다. 초기에는 신비주의적이고 도덕폐기론적(Antinomian) 경향이 만연했고, 관습법과 행정법이 지배적이었으며, 샤리아에 부합하지 않는 제도들이 당연하게 여겨졌는데, 우수한 군대 편성과 이슬람으로의 강제개종을 위하여 기독교도 어린이들에 대한 정기적인 강제징병제도인 데브쉬르메(Devshirme), 신부에 대한 세금 부과 같은 조세 수단(아루스레스미: 'Arūsresmi), 토지 보유제도 같은 것이 그 예이다. 이러한 특징적 사항은 그 이후 시대까지도 잔존한다.

146 2.

그러나 16세기 초에 특별히 이슬람법에 정통한 이슬람 학자들인 울라마에 의해 대표되는 이슬람정통파(Islamic Orthodoxy)가 승리를 거두게 되었다. 특별히 셀림 1세(Selim I: 1512-1520)와 술레이만 1세(Süleymān I: 1520-1560)와 같은 오스만 술탄과 그들의 계승자들은 종교적으로 독실한 통치자가 되고자 하는 열망에 따라 초기 압바시야 때보다 더 경건했다. 그들은 터키 사람들이 항상 선호하던 하나피학파의 형식으로 이슬람법에 대하여 초기 압바시야 이래 고도의 물질적 문명화 사회에서 가질 수 있는 가장 높은 정도의 실질적 효율성을 부여하였다. 그들은 사법행정의 전반을 샤리아에 근거하도록 했다; 심지어 그들은 까디의 권한권이 미치는 지역인 카다(Ḳādā')와 일치하는 방식으로 행정의 최소단위를 만들었으며 까디의 지휘 아래 수바쉬(Subashi)라 불리는 지역치안관을 두었다. 왕들은 학자와 까디에게 통일적인 양성교육을 제공했고 등급화된 전문적 위계구조로 그들을 조직하였다. 그들은 또한 위계질서의 정점에 있던 이스탄불(Istanbul)의 무프티인 대무프티(Grand Muftī)에게 특별한 권위를 부여하면서 '셰이크 알 이슬람'(Shaykh al-Islām)이라는 칭호를 부여하였다. 무프티는 국가의 최고위의 관리 중 하나가 되었고 국가에 있어서 신성법의 준수를 보장하며 까디의 활동을 감시하는 책임을 맡고 있었다. 무프티는 모든 중요한 사안마다 정부가 추진하는 일이 샤리아에 부합하는지 여부에 대하여 자문을 했다. 무프티의 권력은 술레이만 1세 통치하의 아불 수우드(Abūl-Su'ud: 952/1545년부터 982/1574년 사망시까지 대무프티를 역임)에 이르러 정점에 달했다.

147 아불 수우드는 오스만 제국의 행정법인 까눈(Ḳānūn)을 샤리아와 조화시키는 데에 성공하였다. 술레이만의 후원 속에서 그는 메헴메드 2세(Meḥemmed Ⅱ)[294] 때에 이미 시작된 발전을 완성하고 강화시켰다. 대무프티로 임명되기 전에 그는 이미 술탄의 명령에 따라 유럽 지역의 부동산법

294) 이에 대해서는 아래 [148] 참조.

을 개정하여 그에 대하여 샤리아의 원칙에 적용하는 작업을 시작했다. 그러나 이들 원칙들이 서로 화합할 수 없어 실현이 불가능한 것으로 드러나자 아불 수우드는 마침내 와끄프(Waḳf)라는 이슬람 관념과 타푸(Tapu)라 불리는 오스만의 조세제도 사이에서 실행가능한 타협점을 찾게 된다. 한편, 아불 수우드는 까디의 권한은 술탄의 임명으로부터 나오는 것이므로 샤리아를 적용함에 있어 까디는 술탄의 지침(Directive)에 따라야 한다는 원칙을 의식적이고 포괄적인 용어로 재구성하였다. 이들 지침은 아불 수우드 시대에 32개에 이르며 두 가지 형태를 띤다: 하나는 까디에게 하나피의 권위에 의해 인정된 여러 견해들 중 하나를 따르라는 지침이고, 다른 하나는 특정 사안에 대하여 까디의 권한을 박탈시키는 것이었다. 까디는 언제나 일정 지역별로 임명되었고, 심지어는 각 영역 내에서 일정한 소송(예컨대 혼인이나 상속 관련 소송)에 대해서만 관할권을 가지는 경우도 있었다. 이런 시각에서 보면 1550년 술레이만 술탄은 판결의 일관성을 기하기 위해[295] 아불 수우드의 제안에 따라 까디에게 법적 근거 없이 15년 이상 제기되지 않은 소송을 수리하지 말 것을 지시한 것은 이상할 것이 없다. 이것은 사실상 15년이라는 시효기간 또는 출소기간을 도입한 것이고 오스만 제국에 적용된 이슬람법의 전형이 되었다. 까디에 대한 권한 제한은, 오스만 제국은 그러한 생각을 전혀 품고 있지 않았음에도 불구하고, 근대주의자들이 이슬람법의 중대한 변화[296]를 설명하는데 있어서 선호하는 도구가 되었다.

148 3.

오스만 제국의 술탄들은 신성법에 대한 열성뿐만 아니라 입법활동에 대한 적극성에 있어서 남다른 모습을 보여주었다. 술레이만 1세(Süleyman I)

295) 이에 대해서는 아래 [243] 참조.
296) 이에 대해서는 아래 [176] 참조.

는 그 스스로 카누니(Ḳānūni)라는 칭호를 부여하였다(실제로 이것은 그의 입법활동뿐만 아니라 전반적인 효율적 행정을 위한 그의 관심에 의한 것이다). 그들은 완전히 신실한 믿음 속에서 진정한(real) 법에 해당하는 까눈(Ḳānūn) 또는 까눈 나메(Ḳānūn-Nāme)[297]를 제정했는데, 그렇게 함으로써 신성법을 폐기하지도 부정하지도 않았으며 종교적으로 중립적인 규제로써 그것을 보충한다는 확신을 가지고 있었다.[298] 실제로 오스만의 까눈 나메 중에서 첫 번째인 메헴메드 2세(Mehemmed Ⅱ, 1451-1481)의 까눈 나메(Ḳānūn-nāme)는 이슬람법에 대하여 반복적으로 언급하고 자유롭게 그 개념을 사용했다. 메헴메드 2세(Meḥemmed II, 1451-1481)의 까눈 나메는 여러 문제들(수상[299]의 직책, 법정절차, 재정법규) 중에서 형법을 다루었다. 이것은, 핫드(Ḥadd) 형벌은 시대에 뒤떨어진 것이어서 타으지르(Ta'zīr),[300] 즉 범죄자의 경제적 지위에 따라 정해지는 벌금형과 함께 태형을 가한다든가 혹은 벌금형과 태형을 병과(竝科)하는 것을 전제로 하고 있다. 이러한 규정은 단순히 통치자의 시야사(Siyāsa)[301]에 의해 샤리아를 보충하는 정도를 넘어 그것을 대체하는 데에까지 이른다. 그 주요 부분이 바에지드 2세(Bāyezīd II: 1481~1512) 통치기에 이미 집성되었던 것으로 보이는 소위 '술레이만 1세의 까눈 나메'는 다음과 같은 점에서 상당히 발전한 모습을 보여준다. 즉 군사 봉토, 비무슬림인의 지위, 치안과 형법의 문제, 부동산법,

297) 역자주: 까눈(Ḳānūn) 또는 까눈 나메(Ḳānūn-Nāme)의 의미에 대해서는 이 책 [88], [136], [141], [143], [147], [405] 등 참조.

298) 터키인들이 법기술 또는 용어를 최초로 도입하지 않았다는 사실은 그 이전 시대의 시리아와 이집트의 맘룩(Mamluks)과 북메소포타미아의 아크 코윤루(Ak-Koyunlu) 국가들이 잘 보여준다. 그러나 터키인들은 관행을 상당히 발전시켰다.

299) 역자주: 수상(首相)은 'Grand Vizier'를 번역한 것이다. 'Vizier'는 터키 제국의 장관을 가리키며 'Grand Vizier'은 수상을 의미한다.

300) 역자주: 사람에 의하여 규정된 형벌을 가리키는 것으로 꾸란에 규정된 형벌인 핫드(Ḥadd)와 구별된다. 이에 대하여 자세한 것은 이 책 [218], [226], [341] 참조.

301) 역자주: 이에 대해서는 이 책 [88], [140] 참조.

전쟁법에 대하여 매우 상세하게 다루고 있다는 점이 바로 그것이다. 형법 분야에 있어서는 신체형이 주류를 구성했는데 색마(色魔: Seducer)에 대한 거세라든가, 방화범, 특정 유형의 절도범, 침입강도에 대한 교수형이라든가, 관습이 있는 때에는 위조자와 화폐위조자에 대한 손절단형과 같은 것이 그 예이며, 절도와 은닉의 정황적 증거가 있을 때에는 고문이 행해지기도 하였다.

149 공중도덕의 감시는 까디의 책임이었다. 까디에게 이 문제와 관련된 많은 지침이 내려졌다. 무흐타시브(Muḥtasib)[302]가 거래와 산업 부문을 감독했음에 반해, 수바쉬(Subashi)[303] 또는 지역치안관으로 하여금 이러한 지시가 수행되도록 하였다.

150 4.

16세기 오스만 제국의 법질서는 통일성의 측면에서 현대 유럽보다 앞섰다. 그러나 그 이후 제국의 쇠퇴는 부정적인 영향을 줄 수밖에 없었다. 마흐무드 2세(Maḥmūd II, 1808-39) 통치 시기에 활기차게 시작된 개혁을 위한 노력은 샤리아와 피할 수 없는 마찰을 일으켰다. 마흐무드 2세의 후계자인 압둘메지드(Abdülmejīd, 1839-1861)에 의해 1839년 말에 공포된 귈하네의 '카티 쉐리프'(Khaṭṭ-i Sherīf of Gülhane)[304]에서는 역사상 최초로 무슬림과 비무슬림을 모두 통일적으로 '주체'(Subject)라고 불렀다. 10년 후에는 유럽을 모범으로 하여 '탄지마트'(Tanẓīmāt) 입법이 시작되었다; 그 최초의 중요한 성과가 상법전(1850년)이었으며, 계속되는 법적 문제들은 이슬람법의 궤도에서 벗어나게 되었다.

---

302) 역자주: 이에 대해서는 이 책 [85] 참조.
303) 역자주: 이에 대해서는 이 책 [146] 참조.
304) 역자주: 귈하네 칙령을 말하는 것이다.

151 그러나 아직 샤리아가 공식적으로 폐지된 것은 아니었다. 반대로 오스만 투르크는 이슬람 종교법의 일부를 국가의 법으로 제정하려고 시도한 유일한 국가였다. 이것이 메젤레(Mejelle)[305]이다.[306] 이 법은 조문의 형태를 갖춘 것으로 계약법과 채권법 및 민사절차법을 다루고 있으며 1877년 오스만 민법전으로 공포되었다. 그 법의 목적은 이슬람법 원칙의 권위있는 진술을 가지고 근대적인 세속법정을 만드는 것이었고, 난해하고 적용하기 어려운 것으로 입증된 이슬람 법학의 연구에 대한 의존을 금지하지 않으면서 회피하는 것이었다. 엄격한 이슬람법은, 정통학파 중 하나에 의해 전통적 방식으로만 전수되는 권위적 특징을 가지고 있어 그 본질상 성문화에 어려움이 있었다. 메젤레의 시행은 유럽적 관념의 영향 아래 시작된 것으로 엄격히 말해서 그것은 이슬람법이라기보다는 세속법전이었다. 이 법은 까디 법정을 위해 제정된 것이 아니었고, 실제로 터키에 존재하는 동안 사용되지는 않았으며, 특히 증거와 관련된 규정에서 엄격한 이슬람법 학설에 대한 수정을 포함하고 있었다.[307] 그럼에도 불구하고 메젤레는 오스만 제국의 공식법전 중의 하나였다. 이 법은 1918년[308] 이후 오스만 제국으로부터 분리된 지역과 국가에서 효력을 유지하면서 세속법정에서 민사법으로 적용되었으나 레바논(1932), 시리아(1949), 이라크(1953)는 독립과 더불어 각자의 신민법전으로 대체하였다. 그러나 메젤레는 사이프러스, 이스라엘, 요르단에 있어서 여전히 민법의 기초를 구성하고 있다.[309]

305) 메젤레의 온전한 명칭은 '메젤레 이 아흐캄 이 아드리이예'(Mejelle-i ahkam-i adliyye)이고, 근대 터키 철자로는 'Mecelle'이다.

306) 역자주: 메젤레는 오스만제국의 민법전으로 일컬어진다.

307) 예를 들어, 증언과 증거를 위해 전통적으로 내려오던 모든 요건을 요구하였으나 무슬림이라는 요건을 요구하지는 않았다(제1684조 이하).

308) 역자주: 제1차 세계대전이 터키 등의 패배로 종료된 시기이다.

309) 이집트에서는 메젤레가 효력을 갖지 않았다. 오스만제국의 1917년 가족법에 대해서는 이 책 [170] 참조.

152 5.

터키 내에서는 메젤레 뿐만 아니라 이슬람법 전체 및 까디 법정이 1926년에 폐지되었고, 1928년에는 알바니아에서도 폐지되었다. 유고슬라비아의 이슬람지역(보스니아와 헤르체고비나)에서도 우선매수권(Pre-Emption) 제도가 유지되었음에도 불구하고 메젤레는 폐지되었다. 그러나 신분지위, 유증, 와끄프(Waḳf)와 같은 문제 모두에 대해서는 세속법정에서 무슬림에게 여전히 이슬람법이 적용되고 있었다. 그리스에서도 무프티(Muftī)에 의해 집행되는 이슬람법은 1913년에 오스만 제국으로부터 분리된 지역에서 신분지위, 상속, 와끄프와 관련된 문제에서 여전히 무슬림들에게 적용되었다.

제14장 앵글로-이슬람법과 알제리-이슬람법

153 1.

비록 오랫동안 지속되지는 않았지만 이슬람법을 실제에 온전하게 적용하기 위한 또 하나의 중요한 노력은 무굴(Mogul)제국의 황제인 아우랑지브 알람지르(Awrangzīb 'Ālamgīr: 1067/1658년~1118~1707) 통치하의 인도에서 일어났다. 이것은 아크바르(Akbar: 1542~1605) 황제의 덧없는 종교적 실험에 대한 정통파 측의 반발의 일부였다. 이곳에서도 하나피학파의 학설이 득세했으며, 이때 거대한 편찬사업이 이루어졌다. 이 편찬사업은 파트와(Fatwās)[310]에 기초한 것이 아니라 황제의 명령에 의하여 하나피학파의 권위있는 연구로부터 발췌한 자료에 기초한 것으로 '파타와 알-알람지리야'(Fatāwā al 'Ālamgīriyya)라고 일컬어졌다. 이처럼 왕자(Prince)가 종교법 연구의 공식적 후원자로서 나타나는 경우는 극히 드문 사례이다.[311] 알람지르('Ālamgīr)에 의해 시작된 샤리아를 실제생활에 보급하는 작업은 인도의 영국 식민지 시대까지 지속되었다.

---

310) 역자주: 이 개념에 대해서는 이 책 [118] 참조.

311) 무함마드 2세 투그흐라크(Muhammad Ⅱ Tughlak: 726/1324~752/1351) 궁정의 귀족이었던 타타르칸(Tatarkhan: 752/1351 사망)의 명령에 의해 편찬된 파타와 알 타타르카니야(Fatawa al-Tatarkhaniyya)가 선례이다.

154 2.

1772년에 동인도회사(East India Company)가 주권과 공장 밖에서의 재판관할권을 요구하기로 결정했을 당시 인도에 있어서 인적 지위, 상속, 무슬림의 전반적인 민사관계는 물론 형법도 샤리아에 의해 지배되고 있었다. 지속적으로 수정되기는 했지만 샤리아는 1862년까지 영국 식민지령 인도의 이슬람 지역과 벵갈(Bengal)에서 모든 사람에게 적용되는 형법의 기초원리로 남아 있었다. 이슬람 증거법은 1872년에서야 완전히 폐지되었다. 가족법과 상속법 및 종교법에 의하여 규율되는 다른 문제(예컨대, 와끄프, 증여, 슈파(Shuf'a)[312] 등)에 관하여 무슬림들에 대한 샤리아의 계속적 유효성이 1772년의 규정에 의해 보증되었고 이러한 상황은 실질적으로 오늘날까지 이어지고 있다. 19세기 초 이래로 '열두 이맘파'(Twelver Shiite)[313] 법은 열두 이맘파에게 적용되었다. 엄격한 학설에 따르면, 민법·형법·증거법을 포함하는 이슬람법 전반은 종교에 의하여 규율되는 것으로 보아야 하지만, 이들 분야의 이슬람법이 19세기에 영국법의 영향을 받은 법전으로 대체되었을 때 심각한 반대의견이 제기되지는 않았다. 이것은, 법체계의 시각에서 볼 때 초기 중세시대 이후로 대부분의 이슬람 국가에서 일어난 이슬람법의 관련 영역에 대한 묵시적 외면보다 훨씬 더 큰 중요성을 갖는 변화였다. 이것은 세속법의 관념이 처음으로 중요 이슬람 공동체의 지도자들에 의해 수용되었음을 보여주는 것이다.

155 또한 1772년에는 영국 법관이 영국 식민지령 인도에서 까디를 대신하게 되었고 1864년까지 그들은 마울라위(Mawlawīs)나 이슬람 학자의 도움을 받았는데, 이들은 사실상 무프티였으며 그 임무는 영국 법관의 편

312) 역자주: 슈파는 우선매수권(Pre-Emption)과 같은 의미이다.
313) 역자주: 이에 대한 간단한 설명에 대해서는 이 책 [25] 참조.

의를 위해 이슬람법의 정확한 원칙을 말해주는 것이었다.[314] 사실 이전까지는 까디의 결정에 달려있던 것들이 이제는 법관이 수용할 수도 있고 수용하지 않을 수도 있는 일종의 보고서에 지나지 않게 되었다. 까디는 지금까지 사법기능을 보유하지 못한 채 증거의 목적으로 혼인신고를 관리하는 직책으로서의 명맥만을 유지하고 있다. 시간이 지남에 따라 영국령 인도의 이슬람지역 법관은 인도의 무슬림 내에서 선발되게 되었다. 그러나 모든 법관은 선례구속성원칙(Doctrine of Precedent), 코먼로(Common Law)와 형평법(Equity)[315]과 같은 영국의 법관념으로 훈련되었고, 영국법은 점점 더 인도의 이슬람법 영역에 침투하게 되었다. 또 하나의 중요한 것은, 비록 의도적인 것은 아니었지만 최종심으로서 추밀원(Privy Council)의 관할권이 법 자체에도 영향을 미친다는 점이다.

156 3.

많지 않았던 실정법의 변화[316]에 의해서라기보다는 이러한 방식[317]에 따라 훗날 파키스탄과 인도공화국이 된 영국령 인도의 이슬람법이 독자적인 법체계로 발전하였다. 이는 샤리아라는 엄격한 이슬람법과 본질적으로 달라 앵글로-이슬람법(Anglo-Muhammadan law)이라 불렸다. 이 법으로부터

314) 마울라위(Mawlawis)는 당연히 순수주의자(Purists)였으며 그들의 조언으로 인해 초기 영국의 법관은 서면증거(Written Evidence)를 거부하는 경향이 있었다. 때에 따라 영국 법관들은 심지어 절도에 대한 손절단형인 핫드(Ḥadd)를 적용하는 경우까지 있었다.

315) 역자주: 코먼로와 형평법의 간략한 개념에 대해서는 명순구, 『미국계약법입문』(민들레 제2권), 법문사, 2008, [3] 참조.

316) 예컨대, 일찍이 노예제를 폐지한 것, 종교의 차이를 이유로 한 상속무능력을 포함하여 법적 무능력제도를 폐지한 것(1850년), 조혼에 대하여 혼인무효로 다룬 것은 아니지만 이를 범죄로 규정함으로써 조혼을 금지한 것(1929년).

317) 역자주: 위에서 말한 영국 법관념의 수용과 추밀원의 관할권 확장을 가리키는 것이다.

새로운 앵글로-이슬람 법학이 성장했는데, 그 목적은 이슬람적 관점에서 특정한 법적 내용 그 자체를 평가하기 위한 이슬람법 형성기의 이슬람법학과는 대조적으로 현대 영국 법학에 영향을 받아 독립적 법원칙들을 앵글로 이슬람법에 적용하기 위한 것이다. 이 법과 이에 기초한 법학은 영국령 인도에서 이슬람 법사상과 영국 법사상의 공생이라는 독특하고 성공적이며 실용적인 결과라고 할 수 있다.[318]

157 인도에서의 영국 지배 말기에 가장 중요한 단행법률은 1937년의 샤리아법률(Sharī'at Act)이었는데, 이 법률은 영국령 인도의 무슬림들 사이에서 관습의 법적 권위를 거의 완전히 없애고 앵글로-인도(Anglo-Indian)의 성문법령에 의하여 변경되고 앵글로-인도(Anglo-Indian) 법원에 의해 재해석된 샤리아를 무슬림들에게 적용하였다. 샤리아의 우세에도 불구하고 많은 무슬림 공동체에 있어서 특히 상속은 여성을 제외하는 관습에 의하여 계속 규율되어 왔다; 샤리아법률은 이것을 개정하는 것을 목적으로 하였다.[319] 샤리아가 어떤 경우이든 단지 부분적으로만 적용되고, 심지어 신분지위와 같은 샤리아의 중심부분에서조차도 영국화 되어있는 국가에서 관습에 대항하여 샤리아의 순수한 이론을 관철하는 것은 의식적인 의고주의(擬古主義, Archaism)와 순수주의(Purism)의 행위였다.[320]

318) 단기간 동안이기는 하였지만 영국법과 오스만 메젤레의 상호작용과 유사한 상황이 영국 위임통치 시대의 팔레스타인에서 일어났다.

319) 이 법률은 농업지역에는 적용되지 않았다; 파키스탄에서는 1948년의 '펀잡 무슬림 인법 적용에 관한 법률'(Punjab Muslim Personal Law Application Act)이 상속에 관한 이슬람법을 농업지역에도 적용하도록 규정하였지만 이 규정에 대한 탈법상황이 종종 발생하였다.

320) 1939년 '무슬림의 혼인해소에 관한 법률'에 대해서는 이 책 [173] 참조.

158 4.

이슬람법 제도들에 대하여 영국의 법논리를 적용하는 일은 와끄프(Waḳf)의 경우에서처럼 가끔 어려움에 직면하였다. 하나피학파 이론에서의 와끄프의 본질적 특징은 그 목적의 영구성이며, 예를 들어 만약 수익자들이 설립자의 후손들이라면 빈민 또는 다른 어떤 영구적인 목적이 반드시 보충적 수익자로 정해져야 한다. 그러나 1894년 판결에서 추밀원(Privy Council)은 빈민에게로의 최종적 계승은 실체가 없을 뿐이고, 이와 같은 '가족 와끄프'는 이슬람법에서 금지되는 "아직 태어나지 않은 먼 후손에 대하여 양도불가한 종신재산권(Life-Interests)을 단순히 증여하는 행위"[321]로서 무효라고 판단했다. 중대한 실제적 중요성을 지닌 이슬람법의 근본적 제도를 무효화하는 이러한 판결은 인도에서 대단한 경악을 일으켰고, 1913년 입법부는 가족 와끄프에 관한 이슬람 법체계의 교리를 회복시키기 위하여 '이슬람 와끄프의 유효화를 위한 법률'(Mussalman Waḳf Validating Act)을 통과시켜야만 하였다. 그러나 이 법률은 소급효가 없었기 때문에 1922년 추밀원은 여전히 1913년 전에 설립된 가족 와끄프를 무효로 판결하였는데, 이 문제를 해결하기 위해 1930년에 또 다른 '이슬람 와끄프의 유효화를 위한 법률'이 제정되어 소급효를 부여하였다. 최근 1956년에 이르러 이슬람 가족법에 관한 파키스탄 위원회는 근동 국가들의 와끄프에 관한 근대주의 입법의 영향을 받아[322] 1913년 법률이 그 유용성을 잃었으며 폐지되어야 한다는 견해를 피력했지만 지금까지 아무런 입법조치가 취해지지 않았다.

159 앵글로-이슬람법은 동아프리카의 영국 점령지에 있던 무슬림들에게는 적용되지 않았지만 1946년 이후의 동아프리카의 항소법원(Court of

---

321) 이 인용은 유명한 Abūl Fata v. Russomoy 사안의 판결로부터 요약한 것이다(22 Law Report, Indian Appeals, 76).

322) 이 책 [170] 참조.

Appeal)과 1952년 이후의 추밀원은 가족 와끄프에 관한 1894년의 판결에 기속되어 판결하였다; 한편 1913년과 1930년 법률은 인도에만 적용되고 동아프리카에는 적용되지 않았다. 인도의 법률들에 상응하는 것으로 잔지바르(Zanzibar)와 케냐(또한 아덴)에서 취해진 입법조치들은 법원의 확립된 태도로 인하여 실효성이 없었으며, 그리하여 1958년 이 지역들의 무슬림 대표들은 그 법률의 폐지를 청원하였다.

160 5.

알제리에서 프랑스법의 영향 아래 진행된 이슬람법 변천은 몇 가지 측면에서 인도에서 영국의 영향 아래 진행된 법의 발전과 유사하였지만 결과에 있어서는 매우 다른 보습을 보여주었다. 알제리 대부분의 지역에서 까디는 관습적으로 그들의 관할 아래 있던 문제들에 대하여 말리크학파의 교리에 따라 이슬람법을 계속 적용하였다.[323] 프랑스 행정당국은 오스만 투르크의 통치하에서 행해졌던 것 이상으로 관습을 희생시키면서 이슬람법의 적용범위를 확장시키기까지 했다. 이것은 영국 통치 하에 있던 북나이지리아에서의 상황과 유사하다. 알제리에 있어서도 또한 실정법의 변화는 거의 없었다. 실정법은 주로 미성년자에 대한 후견제도와 혼인과 이혼 절차에 관한 것들이었는데, 혼인은 남편과 아내의 합의에 의하여 맺어짐을 규정하고, 혼인연령을 정하고, 혼인은 부부 일방의 사망 외에 일정한 이유에 따른 남편 또는 아내의 청구 혹은 공동의 청구에 따른 법원의 결정에 의하여 해소될 수 있음을 정한 (1959년 9월 17일의 명령과 함께) 1959년 2월 4일의 정령(Ordinance)에서 절정에 달하였다.[324] 최종심은 알제[325] 항소법원의 이슬

323) 1959년 명령은 까디 법정을 폐지하고 사법행정을 세속의 민사법정으로 통합할 것을 제안했다. 이는 1955년 이집트에서 유사한 조치를 채택한 예에 따른 것이다(이에 대해서는 이 책 [170] 참조).

람 항소부(Chambre de révision musulmane)이다. 알제리에서 이 법원이 이슬람법에 미친 영향은 영국령 인도에서 추밀원(Privy Council)이 이슬람법에 미친 영향과 유사하다. 이슬람 항소법원은 때때로 이슬람법의 세부 규정들이 서유럽의 평등·정의·박애의 이념들과 양립할 수 없는 것으로 판단할 때에 이슬람법의 엄격한 교리로부터 벗어나는 방향으로 판단하였다. 판단에 대한 근거를 제공함에서 있어서 가끔 법원은 무슬림 법학자들의 전통적 해석을 수정하는 것이 타당하다고 생각하였지만, 법원의 의도가 더 명백하게 드러나고 그 강점이 잘 표출된 것은, 법원 스스로가 지나친 중요성을 부여할 수는 없다고 판단하는 이유에 집착하지 않고 직접적이고 진솔하게 자신의 견해를 형성하는 때이다.

161 프랑스의 판례법 내지 선례는 알제리에서 이슬람법이 적용되는 형식을 결정한 주된 요소이다; 이 판례는 학설 및 알제리의 프랑스 법학자들의 법사상, 특히 1916년에 출판된 '알제리 이슬람법전 초안'(Avant-Projet de Code du Droit musulman algerien)을 준비하도록 1906년에 위촉된 마르셀 모랑(Marcel Morand, 1932년 사망)의 법사상으로부터 많은 영향을 받았다. 모랑은 하나피학파의 교리가 근대적 관념들과 더 잘 조화된다고 판단되는 경우에 그의 저서에서 하나피학파의 학설을 채택하는 방법으로 엄격한 말리크학파의 법이론에 변경을 가하였다. '모랑법전'(Code Morand)으로 불리는 이 법전은 법으로서의 효력을 발생할 기회를 갖지는 못했지만, 실제에 있어서는 매우 커다란 중요성을 갖는다.[326]

162 이와 같은 방식으로 알제리에서 적용된 이슬람법도 독자적인 법체계로 발전하여 '알제리-이슬람법'(Droit musulman algérien)이라는 용어로

324) 이것은 1956년의 튀니지의 신분적 지위에 관한 법전(Code of Personal Status)을 떠오르게 한다(이에 대해서는 이 책 [182] 참조).

325) 역자주: 알제는 알제리의 수도이다.

326) 튀니지의 '산티아나 법전'(Code Santillana)에 관해서는 이 책 [180] 참조.

불렀다. 영국과 프랑스 법학이 이슬람법의 문제들에 접근한 상이한 방법들에 대한 비교연구는 지금까지 행해진 바가 없다.

163 6.

파키스탄(그리고 인도공화국)에 있어서 독립의 성취가 앵글로-이슬람법의 계속된 유효성에 어떠한 변화를 가져오지는 않았다.[327] 알제리공화국에 있어서 이슬람법의 위상이 어떻게 될 것인지에 대해서는 앞으로 지켜볼 일이다.

327) 파키스탄에서의 최근 법 발전에 대해서는 아래 이 책 [174] 이하 참조.

제15장 근대의 입법[328)]

164 1.

근동[329)]에서 서양이 이슬람법에 미친 영향은 인도에 있어서와 같이 법기술적인 측면이 아니었고, 알제리에서처럼 복합적인 성격의 것 또한 아니었다. 그러나 그 결과를 가지고 본다면, 초기의 서양화(Westernizing) 경향과 후기의 근대화(Modernist) 운동 모두 이슬람 세계가 근대 서양문명과 접촉하면서 일어난 것이었다. 근대주의(Modernism)는 근대적이지 않고 중세적인 것으로 여겨지던 이슬람의 전통적 지식을 혁신함으로써 이슬람사회를 근대의 사정에 맞게 적응시키는 것을 목적으로 한다. 근대주의 비평은 전통적 형태의 이슬람법에 대한 반대를 이끌었는데, 실은 이것은 '종교법'의 개념, 종교로서의 이슬람교가 법의 영역 또한 규제해야 한다는 전제에 대한 반대가 아니라 중세 무슬림 학자들과 그들의 유효성이 계속된다는 주장에 의해 발달한 학설에 반대한 것이었다. 많은 선구적 근대주의자들은 근대적인 직업 법률가들이었다. 그리고 근대주의자의 활동이 많은 영역에 걸쳐서 확장되었지만, 그 주요 원천은 이슬람법학을 예전의 것 대신에 새로운 형태의 것으로 발전시키고자 하는 욕구에서 비롯된 것이다.

---

328) 역자주: 이 문제에 대한 논의의 단서에 대해서는 이 책 [117] 참조.
329) 역자주: 근동(Near East)이란 아라비아, 북동아프리카, 동남아시아, 발칸 등을 포함하는 지역이다.

165 2.

19세기 동안 서양과의 접촉이 이슬람법에 미친 영향은 대체로 조항별로 세분화된 법전과 같은 서양식의 규정방법을 채택하는 것에 한정되었다. 오스만 투르크의 메젤레(Mejelle)[330]와 이집트에서 무함마드 까드리 파샤(Muhammad Ḳadrī Pasha)[331]에 의해 공식적으로 지원된 하나피(Ḥanafī)의 친족·상속법(1292/1875) 모두가 그러하였다. 이와 같은 작업의 목적은 역시 과거 까디법정에서 적용되었던 법을 세속법정에서 규명하는데 편리한 수단을 제공하기 위함이었다. 혼인과 이혼에 관한 법의 성문법전화 계획이 1916년에 이집트의 사법부에 의해 이루어졌음에도 불구하고 메젤레와는 대조적으로 성문법전이 공식적으로 제정되지는 않았다. 까드리 파샤의 친족·상속법전은 몇몇 다른 나라에서의 유사한 개인적 노력에 영감을 주었다. 알제리의 모랑 법전(Code Morand)과 튀니지의 산티아나 법전(Code Santillana)의 편찬은 근동지방의 두 주요 국가가 까드리 파샤(Ḳadri Pasha)의 영향을 받은 예에 해당한다.

166 증거법 분야에 있어서 메젤레와 유사하거나 또는 그 이상으로 뛰어난 이슬람법의 변경은 이집트의 1897년 메케메 규정(Règlement des Mehkémehs)에서 처음으로 나타나고, 1910년과 1931년의 규정에서 훨씬 확장되어 나타난다.[332] 이러한 최근의 개정은 실제로 1943년에 레바논, 1947년에 시리아에서 채택되었다. 또한 1880년부터 이집트에서의 샤리아 사법행정은 심급제의 창설, 항소 개념의 도입, 상급법원 재판부의 합의제 등의

330) 역자주: 이에 대해서는 이 책 [151], [152] 참조.

331) 재산법(1308/1891)과 와끄프법(1311/1893)의 법전화는 까드리 파샤(Kadri Pasha)의 개인적인 작품이었다.

332) 여기서 또한, 무슬림이라는 지위는 증인에게 요구되는 자격요건 목록에서 조용히 생략된다. 문서에 의한 증거가 많은 사례에서 요구된다.

요소로 인해 재편성되었다. 이러한 종류의 법원 조직은 (사우디아라비아를 포함해서) 다른 대부분의 이슬람 국가들에서도 채택되었다.

167 3.

겨우 오늘날에 와서야 이슬람 정부들은 가족법, 상속법, 와끄프(Waḳf)법과 같이 샤리아(Sharī'a)의 핵심영역에서 논의되었던 주제들에 대한 입법의 토대를 마련하였다. 이슬람법 자체의 핵심부분에 대한 이러한 입법적인 간섭은 (관습에 의한 것이든 법에 의한 것이든 간에 그것의 적용영역을 묵시적으로 또는 명시적으로 제한하는 것에 반대하는 것으로서) 서양의 정치사상의 수용을 전제한 것이다. 그런데 전통적인 무슬림의 통치자는 신성한 이슬람법의 봉사자로 남아있어야 했음에 반해, 근대의 주권사상을 배경으로 하는 근대정부, 특히 의회는 그 자신을 주체로 만들 수 있었다. 입법기관은 공식적으로든 사실상으로든 샤리아가 그에게 부여한 임무에 대해 더 이상 만족하지 못하고 있다; 입법기관은 그 스스로 전통적 이슬람법에 남겨질 영역을 결정하고 제한하기를 원하고, 입법기관 스스로의 요구에 따라 그에게 남겨진 것들을 직접 수정하기를 원한다. 이것은 이슬람법과 세속법 사이의 관계를 전례가 없는 관계로 이끌었다.

168 근대법학이 그 자신의 힘을 발견하는 데에는 어느 정도 시간이 걸렸다. 초기에는 후세대에 대해 이즈티하드(Ijtihād)에 대한 권리를 인정하지 않는[333] 전통적인 이슬람법학의 틀 안에서 법이론을 정립해야 하는 어려움으로 인하여 근대법학은 그 출범에 방해를 받았다. 전통적인 학자들인 '울라마'('Ulamā')들이 근대주의자들에 대하여 이러한 이의를 제기한 것은 당연한 것이다. 또한 근대주의자들이 상대방의 주장을 뒤흔들려 하면서 마

333) 이른바 '이즈티하드 문의 폐쇄'를 말하는 것이다. 이에 대해서는 이 책 [112] 참조.

치 그들의 목표가 전혀 새로운 것이 아니라 기존의 것에도 일관되게 적용될 수 있는 것처럼 한 것 역시 자연스러운 일이다. 근동지역에서 많은 전통적 학자와 근대주의자들이 공을 들인 새로운 이즈티하드(Ijtihād)가 정당한지에 관한 토론은 근대주의자들이 이슬람법학의 새로운 시작을 옹호하며 근대적인 입법을 자극하는 것에 성공한 이래로 거의 사라졌다.

169 오늘날에는 전통적인 출신배경을 지닌 많은 이슬람 학자들이 반드시 근대주의자들의 모든 의견을 공유하지 않고도 입법을 하고 한편으로는 그들의 조언자로서 행동함으로써 그들의 노력이 합리적이라는 것을 인정하는 상황에 이르렀다; 비타협적인 타끌리드(Taḳlīd)[334]의 요구, 즉 한 법학파의 전통적인 학설에 대한 무비판적인 수용은 그 기반을 많이 상실했다. 이러한 울라마의 태도는 중세 후기에 '아말'('Amal)[335]을 인정함으로써 변화된 사회조건 속에서 전통적인 이슬람법을 가능한 최대한도로 보존하려 했던 모로코의 말리크학파 학자들에 비유할 만한 것이다. 이것은 전통적인 학자들의 진정한 목표로 남았으며, 그들은 가족법의 영역에서 별다른 언급 없이 대개 지나치곤 했던 근대주의자들의 이즈티하드(Ijtihād)를 적용하려는 시도에 대해 가장 강력하게 대응한다. 가장 좁은 의미의 이슬람의 종교적인 의무, 즉 단식과 같은 것에 대해서도 또한 그러하다. 그러나 엄격한 이슬람법의 관점에서 보았을 때 문제의 그 두 가지 영역에는 어떤 근본적인 차이점이 존재하지 않는다. 이슬람법의 보수파는 형법이나 헌법의 영역에 진지하게 참여한 적이 거의 없었다; 이슬람 중세시기 전체에 걸쳐서 그리고 19세기까지 다양하게 성공하면서 싸워왔던 부분은 계약과 채무의 영역이다. 여전히 싸움이 계속되고 있는 친족법, 상속법, 와끄프법의 영역에서는, 비록 지지자들의 다수가 그것을 깨닫지 못하고 있지만, 이미 패하

334) 역자주: 이에 대해서는 이 책 [112]~[115] 참조.
335) 이에 대해서는 이 책 [98] 이하 참조.

여 왔다. 최후의 강한 지위는 좁은 의미에서의 종교적 의무에 있으며, 지지자들의 최고의 기회가 바로 여기에 있다는 것은 명백하다.

170 4.

이슬람법에 대한 근대주의자들의 입법적인 간섭은 1917년 오스만 제국의 가족권에 관한 법(Law of Family Rights)에서부터 조심스럽게 시작되었다. 그 법은 후에 터키에서 폐지되었으나, 시리아, 레바논, 팔레스타인 및 트랜스요르단(Transjordan)[336]에서는 (당시에 있었던 그대로[337]) 유효하게 남았다. 그리고 레바논과 이스라엘에서는 여전히 무슬림 가족법의 일부이다. 1920년 이후로 근대주의자들의 법학과 근대적 입법운동의 힘은 이것에 의해서 영향을 받았고, 이는 이집트에서 비롯된 것이었다. 이집트에서의 이러한 입법에 있어서 가장 중요한 이정표는 다음을 들 수 있다: 가족법에 관한 1920년의 법령 제25호, 1929년의 법령 제25호; 까디 법원의 조직에 관한 1931년의 법령 제78호(가족법에 관한 중요한 개정도 포함됨); 상속법에 관한 1943년의 법령 제77호; 와끄프에 관한 1946년의 법령 제48호; 유증에 관한 1946년의 법령 제71호; 개인 또는 가족 와끄프(Private or Family Waḳf)를 폐지한 1955년의 법령 제462호; 마침내 (개인적 지위의 종파적인 모든 사법권과 함께) 까디 법정을 폐지하고 세속법정으로 사법행정을 통합한 1955년의 법령 제462호. 일부다처제와 남편이 일방적으로 아내와 이혼할 수 있는 권리를 제한하는 것을 목표로 한 법안이 1956년부터 준비되기 시작했고, 1962년에는 혁신적인 요소를 가미해서 새로이 '신분지위에 관한 법전'(Code of Personal Status)의 초안을 완성하여 발표하였다. 결과적으로 실제로 적용되어 왔던 이슬람법의 모든 부분은 이집트에서 꽤 철저하게 수

336) 역자주: 트랜스요르단(Transjordan)은 요르단의 옛 이름이다.
337) 그러나 영국 군대에 의해 점령당했던 이라크에서는 그렇지 않았다.

정되었다.

171 이러한 근대주의자들의 입법에 의한 이슬람법의 수정은 많은 관심을 불러일으켰고, 수단, 요르단, 레바논, 시리아, 이집트, 이라크, 리비아와 같은 근동의 다른 나라에서 유사한 경향을 불러일으켰다. 그리고 이들 국가에서 시행되었던 법들은 때로는 이집트의 원형보다 더 앞서간 것도 있었다. 1946년의 이집트 법령은 와끄프에 관한 1947년의 레바논 법의 모델이 되었고, 시리아의 1949년의 법령은 개인 또는 가족 와끄프(Private or Family Waḳfs)를 폐지하는데 있어서 1952년의 이집트의 법령을 앞질렀다.[338] 1953년 신분지위에 관한 시리아의 법령에서는 두 번째 부인을 부양할 능력이 입증된 남편에게 두 번째 혼인을 허가하였다. 그리고 이와 유사한 1959년의 이라크의 법은 부가적으로 거기에 어떠한 '정당한 이익'(Lawful Benefit)이 있을 것을 요구했으며, 이러한 규정은 1956년의 이집트의 법계획안에 반영되어 1961년의 정령을 탄생시켰다.

172 이라크에 있는 근대주의 입법자들은 난관에 직면하게 되었다. 왜냐하면 특히 그 나라의 무슬림들은 순니파와 열두 이맘파로 나눠지는데, 그들의 상속에 관한 법이 각각 근본적으로 달랐기 때문이었다. 시행되지 않았던 1947년의 신분법전 초안은 그 각각의 두 그룹에 모두 적용할 수 있는 대체 규정들을 상당히 많이 포함하고 있었다. 상속법 부분뿐만 아니라 친족법 부분에 있어서도 그러했다. 1959년 신분적 지위에 관한 법률에서는 모든 규정들이 통일되었고, 상속 문제에 있어서는 급진적이고 전례가 없는 해결책을 채택했다. 그 해결책은 정부 소유 토지에서의 임차권 양도를 규율하는 규칙으로부터 도출된 것이었고, 이는 순니파와 열두 이맘파의 법과는 방향을 크게 달리하는 것이었다. 그러나 새로운 정권은 1963년에 이 마

338) 동시에 상속에 관한 이슬람법은 시리아에서 폐지되었으나, 이 특별한 수단은 그것을 시행했던 단명의 정권을 살리지는 못했다.

지막 혁신을 폐지하였고, 열두 이맘파의 법이 모든 이라크 무슬림들에게 적용되도록 하였다.

173 근동의 법적 근대주의는 영국령 인도에까지 영향을 미쳤는데, 이는 인도에서의 1939년 무슬림의 혼인해소에 관한 법률(Dissolution of Muslim Marriage Act)에서 나타났다. 일반적으로 말하자면, 이 법률은 말리크학파의 교리들이 인도 대륙 무슬림 사이에 널리 퍼져있었던 하나피(Ḥanafī)학파의 교리들보다 근대적 사상과 더 일치한다는 관점에서 채택된 것이었다. 그 법률은 근동에서 진행된 근대적 입법의 전형이었지만, 독자적인 노선을 추구했던 앵글로-이슬람법의 발전과 1937년의 샤리아 법률(Sharī'at Act)[339]에 깔려있던 경향과는 거리가 멀었다.

174 5.

파키스탄에 있어서 근대적 법사상의 발전은 여전히 이즈티하드에 관한 문제의 그늘에서 벗어나지 못하고 있었다. 이것은 놀라운 일이 아닌데, 그 이유는 최근 몇 백 년까지도 이슬람 세계의 그 영역의 학자들의 마음에는 이즈티하드의 개념이 강하게 작용하고 있었기 때문이다. 이러한 문제의 마력(魔力) 아래에서 파키스탄의 근대적 법사상은 그것이 부정적인 방법일지라도 근동의 사상에 상응하기보다는 그 스스로를 더욱 전통적인 체계에 맞춰나갔다. 전통주의자와 근대주의자 당파들 사이의 괴리는, 첫 근대적 입법이 아주 최근에 들어서야 비로소 시행된 파키스탄에서는 근동에서보다 더 강경한 상태로 남게 되었다. 한 위원회가 "무슬림들의 혼인, 이혼, 부양, 그리고 다른 부수적인 사항들을 규율하고 있는 현존하는 법"을 개정하는 것이 바람직한 것인지 여부를 조사할 임무를 맡게 되었다; 이는 1956년 그

339) 이에 대해서는 이 책 [157] 참조.

위원회의 보고서에서 나타난다. 혼인과 이혼 관련 법률에 관한 권고는 비록 매우 상이한 추론에 의해서 뒷받침되기는 하였지만, 그것은 근동에서 시행된 입법 방식들과 매우 유사했다. 그리고 그것은 마침내 1961년 무슬림 가족법령에서 채택되었다.[340] 그 위원회 구성원의 대부분은 근대주의 사상가들 중에서 선정되었고, 그래서 소수의 전통주의자는 본질적 사항에 대한 대다수의 결론을 반박하는 소수의견을 제시했다. 파키스탄에서 서로 대립하는 사상이 공존하는 경향은 대부분의 가족법 개정에 관한 위원회의 보고서에서도 거의 동시적으로 나타났다. 1954년에는 자카트(Zakāt)[341]에 관한 또 다른 위원회의 보고서가 작성되었는데 거기에는 가난한 사람들에 대한 자발적인 기부 외에 정부의 조세법령으로서 오랫동안 폐지되었던 이슬람의 구호세금(Islamic Alms-Tax)을 다시 도입하자는 제안이 포함되어 있었다. 1952년에는 모든 제안된 법안을 승인하기 위한 목적으로 울라마 위원회를 구성하려는 시도가 실패로 돌아갔다. 1962년 헌법은 '이슬람 이념 자문위원회'(Advisory Council of Islamic Ideology)를 규정했다. 이 모든 것이 파키스탄 헌법의 이슬람적 성격에 대한 폭넓은 논의의 일부를 구성하는 것으로 볼 수 있다.

175 6.

근대주의적 입법은, 일반적으로 말해 진정한 공공의 요구에서 비롯한 것은 아니었다. 대부분의 지역에서 전통주의자들인 울라마들과 대다수가 근

---

340) 와끄프법에 관한 권고에 대하여는 지금까지 어떠한 입법조치도 취해지지 않았다(이 책 [158] 참조).

341) 역자주: 무슬림은 매년 자신의 수입 중 일부를 자카트(Zakāt)를 내야 한다. 모든 것은 신의 것이므로 가난한 사람들은 다른 사람의 재산과 수입을 나눠 가질 수 있고, 그 일부를 요구할 권리가 있다.

대적 법률가인 근대주의자라는 뚜렷한 두 집단이 존재한다. 근대주의적 입법은 근대주의자들이 정부의 공감을 얻고 정부가 전통주의자들의 저항을 극복하기에 충분히 강하다고 느낄 때마다 정부의 주도 아래 이루어진다. 그래서 근대주의적 이슬람 입법은 때때로 다소 우연적이고 변덕스런 모습으로 나타난다. 예를 들어 요르단에서는 주로 1917년 오스만 제국의 법률에 영향을 받아 '가족권에 관한 법률'(Law of Family Rights)이 1927년 제정되었으나, 1943년의 법률은 가족법의 전통적인 교리에 좇아 그것을 폐지하였다. 1943년 법률은 이번에는 1951년 요르단의 '가족권에 관한 법률'(Law of Family Rights)에 의해 다시 폐지되었는데, 이 법률의 몇몇 규정은 이전의 이집트 입법에 영향을 받아 나타난 것으로 1953년 시리아의 '신분지위에 관한 법률'에 선행한 것이었다. 요르단의 사회적 조건과 여론이 1927년과 1951년 사이에 두 개의 상반되는 방향으로 이동했다는 사실과 얼마동안 시리아의 사회적 조건과 여론보다 앞서 나갔다는 사실은 믿기 어려운 일이다.

176 7.

근동의 근대주의 법학자들과 입법자들에 의해 사용된 방법론은 유보없는 절충주의와 복수 학파의 교리를 결합시키는 것을 넘는 경향[342]이 있다[343]; 과거에 지지되었던 어떤 의견이든 그 역사적·제도적 맥락에 구애받지 않고 수용될 수 있다. 실질적으로 근대주의자들은 대담한 혁신가라고

---

342) 탈피크(Talfik); 이에 대해서는 이 책 [109] 참조.

343) 역자주: '탈피크'란 '꾸며냄', '서로 짜 맞춤'의 의미이다. 이슬람법에서 탈피크란 4대 법학파의 교리를 섞은 것을 말한다. 각 법학파들은 법적 접근방법과 판결이 상이하기 때문에 전통적으로 복수의 법학파의 교리를 혼합하는 것은 바람직하지 않은 것으로 여겨졌다. 그러나 현대에 들어와서는 다른 법학파의 교리를 원용하는 경향이 늘어가고 있다.

할 수 있다; 공식적으로는 그들은 샤리아의 핵심적인 내용에 간섭하는 모양을 피하려고 하였다. 근대주의자들은 전통적인 이슬람법의 실제규정을 변경하기보다는 지배자가 장소·시간·사람·내용에 관해 까디의 권한을 제한할 수 있으며 고대 권위자들의 의견 중에서 까디가 따라야 할 의견을 선택할 수 있는 권리가 있다는 원칙을 이용하였다.[344] 근대주의자의 생각과 논거는 서양의 관념에 근원을 두고 있지만, 그들은 터키가 한 것처럼 공공연하게 이슬람법을 폐지하기를 바라지는 않았다. 다른 인간관계뿐만 아니라 법도 종교에 의해 지배되어야 한다는 전제는 근동 아랍국가 무슬림의 시각에 있어서 본질적인 부분이 되었다.

177 8.

근동 아랍에서 전통적 이슬람법에 대한 입법적 간섭은 계약과 채권 분야에서 이슬람법학에 기초하여 근대적인 법을 만들고자 하는 외관상으로 보기에는 정반대의 요청을 수반한다. 1883년 주로 프랑스 법에서 유래한 근대의 세속법전이 이집트에 소개되었을 때, 이슬람법의 어떤 제도들, 예를 들어 우선매수권(슈파: Shufa'), 채무이전(하왈라 Ḥawāla), 취소권부여약정(키야르 알 샤르트 Khiyār al-Sharṭ), 운송료선지급부운송계약(運送料先支給附運送契約: Salam) 그리고 주류의 판매에서 생겨난 채무는 강제할 수 없다는 원칙은 이집트 민법에서 계속 유지되었다; 심지어는 피의 값(Blood-Money)[345]의 지불에 의한 사적 화해까지(비록 실제로 받아들여지기는 힘들었지만) 1950년의 형사소송법전에 규정되어 있었다. 레바논의 1930년 '재산법전'(Code of Property)과 1932년 '채권 및 계약법전'(Code of Obligations and Contracts)도 비슷한 규정을 담고 있다.

---

344) 이에 대해서는 이 책 [148] 참조.
345) 역자주: 피의 값(Blood-Money)에 대해서는 이 책 [12] 참조.

178 지금은 훨씬 더 거창한 무엇인가가 제안되고 있는데 그것은 다음과 같은 것이다: 엄격한 이슬람법의 적극적인 해결책을 채택하는 것이 아니라 선학들에 의해 다듬어진 일반적이고 공식화된 원칙을 채택하여 그것들로부터 새롭고 근대적인 법을 이끌어내는 것이 바로 그것이다. 이러한 태도를 지지하는 사람들 대부분은 이슬람법이 적용되고 있는 분야에서 근대주의자들이 이슬람법을 쇄신하는 것에 찬성하고 있다. 그들은 또한 까디법정이 세속법정에 녹아드는 것을 옹호하면서 사법관할권의 통합을 주장하였다. '세속적 이슬람 입법'과 이슬람법의 근대화 프로그램의 기저를 이루는 공통의 목표는 서양으로부터 들어온 근대적인 관념들을 전통적인 방법 안에서 표현하고자 하는 것이다.

179 위 근대화 프로그램에 관한 유일한 실제적 결과로는, 1955년 이집트와 1956년 튀니지에서의 까디법정의 폐지는 별도로 하더라도, 어떤 사안에 있어서 따라야 할 규칙으로서 명백한 지침은커녕 묵시적인 지침조차 줄 수 없는 법전으로서 관습과 자연적 정의와 함께 '이슬람법의 원칙'을 언급하고 있는 1948년 이집트 민법전 전문(前文), 이와 유사한 1949년 시리아 민법전 전문, 1953년의 이라크, 1954년의 리비아 민법전 전문이 있다. 이집트 민법전 서문의 내용이 어떠하든 간에 이슬람법은 예전과는 달리 중요한 구성요소로 작용하지 않았다. 시리아와 이라크의 민법전은, 비록 이라크 민법전에서는 이슬람법의 영향이 다소 좀 더 두드러지지만, 이런 관점에서 있어서 이집트 민법전과 근본적으로 다르지 않다. 1950년과 1953년의 시리아 헌법은 이슬람법이 입법의 주요 원천이 되어야 한다고 선언했으나, 이런 규정은 지금까지 실제적인 효력은 없었다.[346]

346) 이는 '입법의 본질적 원천'은 샤리아라고 선언한 1962년의 쿠웨이트 헌법에서 채용되었다.

180 9.

이슬람법학에 직접 기초한 입법으로서 세속법정에서 적용되도록 예정되어진 입법은 아주 일찍이 프랑스의 후원 아래 튀니지에 소개되어졌다. 그 곳에서 다비드 산티아나(David Santillana: 1931년 사망)는 1899년에 이미 '튀니지 법전화위원회'(Commission for the Codification of the Laws of Tunisia)를 대표해서 민법전과 상법전의 초안(avant-project)을 만들었다. '산티아나 법전'(Code Santillana)이라고 불리는 이것은 이슬람법과 로마법의 공통적인 특징을 강조하고 그 중의 일부는 1906년 '채권 및 계약법전'(Code of Obligations and Contracts)으로 제정되었다.

181 또한 튀니지에서는 말리크학파의 대무프티(Grand Muftī)가 1947년 법무부장관에 취임하여 위원회를 구성하고 그 위원회에 말리크학파와 하나피학파의 교리를 조화시킬 목적으로 '이슬람 가족법전'을 기안할 것을 위탁했고, 이에 따라 두 학파는 튀니지에서 동등한 지위를 누리게 되었다. 이 계획은 실제로는 근대적 입법이라기보다는 전통적인 이슬람 법학의 범주에 속하는 것인데, 정치적 이유로 수포로 돌아갔다.[347]

182 1956년의 입법에 의해 튀니지는 마침내 입법 근대화 운동의 선두에 서게 되었다. 무엇보다도 소위 공적 와끄프(Public Waḳfs)를 폐지하고 그 자산을 국유화 하였는데 이는 시리아나 이집트에서 소위 사적 와끄프(Private Waḳfs)가 폐지된 것보다 훨씬 발전적인 법안이었다.[348] 두 번째로, 그 전 해의 이집트 법령에 따라 까디 법정의 독립된 재판권이 폐지되었다; 그리고 세 번째로, 튀니지에서 신분지위에 관한 법전(Code of Personal

347) 사우디아라비아에서의 유사한 시도는 전통적 한발리 학자들에 의해 좌절되었다(앞의 [141] 참조).

348) 사적 와끄프 역시 같은 해에 튀니지에서 폐지되었다.

Status)이 제정되었다. 비록 이 법전에 혼인선물, 과부재산(寡婦財産: Dower)[349]', 동일 유모관계[350]를 혼인장애사유로 하는 것과 같은 전형적인 이슬람제도가 유지되었고, 튀니지에 알려진 하나 혹은 또 다른 이슬람법 법학파의 교리와 세부적인 면에서 여전히 많은 일치점을 보이고 있었지만, 가장 융통성 있는 해석에 의할지라도 이것을 단순히 전통적인 이슬람법의 변형이라 볼 수는 없다. 일부다처제가 금지되었고 형사범죄를 구성하였다; 혼인은 신랑, 신부 쌍방의 동의로 이루어졌다; 그리고 이혼은 (a) 법전에 명기된 근거에 의해서 배우자 일방이 청구한 경우에, (b) 쌍방이 동의에 따라, (c) 배우자 일방의 청구에 의해서 법원이 타방이 지급하여야 할 보상을 확정한 경우에 오직 법원에 의해서만 선언되었다. 그 결과 아내는 남편과 일부일처제, 이혼 및 부부재산제의 영역에서 동등한 지위를 차지하게 되었다. 상속법 분야는 거의 변화 없이 전통적 교리를 재현하였다; 그러나 1959년의 법전에서는 딸과 손녀를 위한 중요한 변화를 도입하였고, 유증을 규율하기 위하여 독립된 '권'(Book)을 추가했다. 이슬람법을 폐지하자는 제안이 있었고 이에 대하여 튀니지 당국은 조심스럽게 거부했지만, 객관적으로 볼 때 튀니지의 최근의 입법은 터키의 세속민법전이 전통적인 이슬람법과 다른 정도만큼이나 다르다.

183 10.

모로코에서 이슬람법의 적용은 관습상 적용가능한 한 전통적인 경향을 따랐는데, 모로코의 아말[351]에 대한 존중과 함께 현 세기까지 계속되고 있

349) 역자주: 과부가 살아있는 동안 분배받는 망부(亡夫)의 유류 부동산을 의미한다.
350) 역자주: 꾸란의 해당 부분은 "너희들에게 금지된 것이 있으니… 너희를 길러준 유모들과 같은 젖을 먹고 자란 양녀들과…"(꾸란 제4장 제23절)이며, 동일 유모를 가진 사람들은 혼인할 수 없다는 것이다.

다. 민법, 상법, 형법에 대한 까디의 관할권이 축소되는 것은 당연하게 여겨졌고, 베르베르(Berber) 부족은 친족·상속법의 영역에서조차 샤리아를 제외할 만큼 그들의 관습법을 따랐다. 과거에 술탄들이 가끔씩 허용하곤 했던 베르베르(Berber) 부족의 관습법의 유효성은 1914년 9월 11일의 명령(Ẓahīr)으로 확인되었지만, 관습법 법정은 1930년 5월 16일의 명령(Ẓahīr)에 의해서 비로소 공식적인 법적 근거를 인정받았다. 이것이 주민과 직접적으로 관련되는 것은 아니었지만 정치적 측면에서는 강한 비판을 받는다. 1938년 3월 14일의 명령은 미성년자들의 후견인 보호에 대해 규정했고, 하나피학파의 교리로부터 근대적 입법의 완화된 방식을 도입하였다. 그 후 1957년과 1958년에 무다와나(Mudawwana), 즉 신분지위와 상속에 관한 법전이 차례로 공포되었다. 이 무다와나 기초위원회는 이스티슬라(Istiṣlāḥ)에 대한 말리크학파의 원리뿐만 아니라, 아말('Amal)에 동의하기만 하면 법적으로 덜 완전한 이론을 선호하는 모로코에서의 후기 이슬람법학의 승인된 방법을 강조하였다. 그리고 이것은 그들이 자신의 임무를 새로운 모로코의 아말('Amal)을 창조하는 것이라고 본다는 언급에서 드러난다. 근동의 근대주의 입법에 의해 영향을 받았음에도 불구하고, 이러한 모로코의 입법은 그 나라에 특별한 이슬람 법사상적 전통에 바탕을 두고 있으며, '가장 잘 증명된 전통적 교리'와 아말을 명백하게 구별함으로써 입법의 기초자들은 많은 근동의 법률상의 근대주의가 본래부터 지니고 있는 주요한 모호성에서 벗어났다.[352)]

351) 이에 대해서는 이 책 [98] 이하 참조.

352) 전통적 이슬람 법학자로서 후에 모로코의 법무부장관이 된 저명한 학자는 이미 1930년에 가장 통찰력 있는 방법으로 이슬람법학의 '개혁' 문제에 관해 논의했다.

184 11.

이란에서 공식적으로 인정되는 이슬람법의 형태는 '열두 이맘파'의 방식이다. 이란에서 근대적 입법운동은 터키와 아랍어권 국가들에 비해 늦게 시작되었고, 따라서 그 결과, 샤리아와의 관계에서 보면 동시대에 이루어진 다른 것들보다 한편으로는 더 보수적이었고, 다른 한편으로는 더 발전적이었다. 관련된 이란 입법의 대부분은 1926년과 1938년 사이에 이루어졌다; 특히 이란 민법전의 제1편은 1928년에, 제2편은 1935년의 것이었다. 이 법전은 또한 친족법과 상속법을 포함하고 있다. 통상적인 재판권은 세속법정의 것이었다; 까디는 혼인, 이혼, 후견에 관한 제한된 사안에서, 그리고 샤리아의 증거법 규칙에 의해서만 판단할 수 있는 특정의 소송에서만 권한이 있었다[353]; 이들 사안에 대한 재판권이 까디법정에 있기는 했지만 모든 사건은 1차적으로는 세속법정이 접수하여 그 중 까디법정 관할 사건을 그 법정에 회부하는 형식을 취하였다. 근대 가족법은 전통적인 쉬아파의 법과 큰 차이가 없다. 계약법, 채권법, 상속법은 세속법정의 관할이기는 했지만 샤리아를 밀접하게 따른 반면, 노예제도와 같이 쓸모없다고 판단된 것들은 조용히 없애곤 했다. 1907년의 헌법은 어떤 제안된 입법이 샤리아와 일치하는지 여부를 판단하기 위하여 울라마 위원회를 규정했지만, 이 규정은 실제로는 효력이 없었다.[354]

185 12.

이슬람의 근대주의 법률가들이 처해있는 상황은 이슬람력(Hijra) 1세기

353) 샤리아의 증거법에 의한 재판은 소송절차에서 서증에 대한 의존의 증가로 인해서 대체로 무용하게 되었다.
354) 파키스탄에서도 유사한 사례를 볼 수 있다(이 책 [174] 참조).

후반과 2세기 초반의 상황과 본질적으로 닮아있다. 이슬람 법학은 현존하는 법을 탈피하지 못했고, 스스로 그것을 창조했다; 그리고 다시 한 번 새로운 입법을 준비하고, 유발시키고, 인도한 것은 근대주의 법률가들이었다. 법과 사회에 이슬람의 기준을 강요하는 것은 초기 전문가들의 임무였다; 전통적인 이슬람법을 근대적 상황에 적응시키는 당면한 목적을 넘어서, 동시대의 법률가들이 직면한 진정한 임무는 이슬람적 관점에서 근대의 사회생활과 근대의 법사상을 평가하여 전통적 이슬람의 교리 중에서 어떤 요소가 그들의 시각에서 본질적인 이슬람의 기준인지를 결정하는 것이었다. 이슬람법 역사의 연구자들이 관심을 가지는 것은 일시적으로 여기저기서 채택된 세부적 법제도가 아니라, 문제가 되는 쟁점에 영향을 준 몇몇 이슬람 국가들의 다양한 교리 내지 역사의 배경 정도이다. 그러나 1000년 이상을 존재해 왔고 여전히 열정적으로 이슬람 세계 곳곳에서 연구되고 있는 전통 이슬람법에 대한 관심과 그 중요성은 이런 변화들에 의해서 영향을 받지 않는다. 이슬람법은 여전히 현대의 이슬람 국가의 법에 영향력을 미치고 있다. 즉 이슬람법은 사우디아라비아 같은 전통 지향의 국가에서는 국가의 법으로서, 그리고 근대주의 지향의 국가에서는 세속입법에 이상적인 영향을 주고 영감을 주는 요소로서 영향력을 유지하고 있다.

제2편 법체계

(Systematic Section)

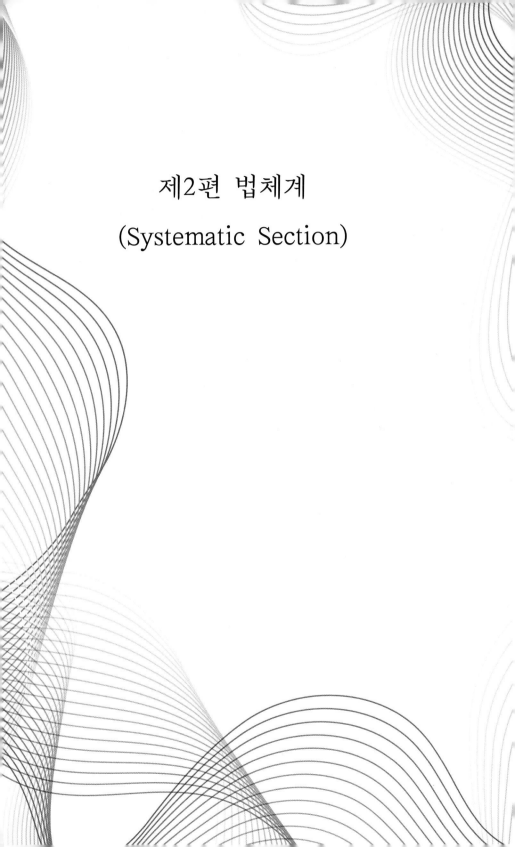

제16장 본래의 법원

186 1.

이하의 장(章)에서는 하나피법학파의 발달된 교리에 따라 좁은 의미에서의 법적 주제들에 관한 종교적인 이슬람법의 내용을 다룰 것이다. 헌법, 행정법, 국제법은 물론이고 예배, 의식 및 그 밖의 순수한 종교적 의무들에 관한 논의는 생략하였다. 왜냐하면 첫째로 이들은 서로 다른 조건에서 각 법학파의 교리와 밀접한 관련 하에서 발전하였기 때문이며, 둘째로 이들은 본질적으로 이론적이고 창작적인 성격이 있으며 관련 제도들이 이슬람법의 역사보다는 이슬람 국가들의 정치사와 밀접하게 관계되기 때문이다. 정통 무슬림의 주류에 속하는 여러 법학파들 중에서 하나피학파는 그 역사적인 중요성과 넓은 분포 때문에 선택되어져 왔다. 이하의 설명은 하나피학파의 교리에 대한 최신의 그리고 가장 높게 평가되고 있는 진술들 중의 하나로 법전의 범위를 넘어서 최종적이고 충분히 발달된 형태의 이슬람법을 소개하는, 이브라힘 알 할라비(Ibrāhim al-Ḥalabī: 956/1549 사망)의 물타칼 압후르(Multaḳal-Abḥur)에 기초하고 있다. 다른 정통 법학파들 및 이바디파(Ibādī)와 쉬아파(Shiites) 역시 비슷한 형태의 권위 있는 연구들을 내놓고 있다.

187 2.

이슬람법 연구의 양식, 방법 및 내용의 발전은 학설의 발전을 반영한다.

모든 연구는 공공연하게 논의되고 명백히 유사한 사례들만을 다룬다; 모든 새로운 사례는 새로운 결정을 요하는 새로운 문제를 나타낸다. 여러 연구들과 더 나아가 여러 학파들은 그들의 원리와 경향에 있어서뿐만 아니라 그들이 고려하는 사례군도 서로 다르다. 이전의 유사한 연구와 비교되는 나중의 연구에서 더 많은 사례들과 결정들은 그 동안의 토론의 성과를 나타낸다. 결정들은 여러 저자들과 그들이 속한 학파의 경향을 나타내는데 반해 사례들은 원칙적으로 새로운 주제의 유입을 반영한다. 후기에 주석서, 보충주석서, 해설서, 해설서개요, 보정주석서 등과 같은 것들의 생산에 의해 큰 영향을 받은 이슬람 법률문헌의 이러한 측면은 미래의 연구를 위한 넓은 장을 제공한다.

188 3.

이슬람법에 관한 연구들은 항상 종교의식적 의무와 함께 시작한다; 다른 주제들은 어떤 체계이냐에 관계없이 전통적 분야에 따라서 대체로 분명한 무리들로 배열되는데, 학파마다 그리고 같은 학파 내에서도 때때로 변형되어 서로 다른 점을 갖게 된다. 주제가 다루어지는 순서는 때때로 그럴듯한 논증에 의하여 정당화된다. 배열의 여러 가지 방식은 어떤 식으로든 연결되어 있고, 이는 이슬람력(hijra) 2세기(서기 8세기)의 이슬람 법률문헌의 초기로 소급한다. 외국 모델들의 영향이 제안되었지만 아직 입증되지는 않고 있다.

189 사법과 공법, 민법과 형법 또는 실체법과 절차법이라는 현대의 체계적인 구별은 이슬람의 종교법 안에서는 존재하지 않는다; 심지어 예배, 윤리, 그리고 엄밀한 의미의 법 사이에 분명한 구별도 없다. 사실 이슬람 법문헌의 개별적인 장(章)들은 예배나 윤리 등 어느 한 쪽에 관한 대주제의 하부목차로 분류된다. 서술하는 데 있어서 계속적인 중복이 있고 특히 체

계적인 구별에 관한 개념이 부족하다.[355] 기껏해야 우리는 특정 개념들이 일정한 영역들에 있어 적절하다는 것을 알 수 있을 뿐이다. 예컨대, 사적 권리(Ḥaḳḳ Ādamī: 학끄 아다미)와 대립되는 알라의 권리(Ḥaḳḳ Allāh: 학끄 알라)가 형법의 특별한 부분에 적절하다든가, 특별한 규정들이 예배영역에서의 대리(Proxy)[356]에 적용된다거나, 핫드(Ḥadd) 형벌에 대한 책임이 민사책임을 지는 것과 양립할 수 없다는 것[357] 등을 들 수 있다.

190 그러나 이 책에서는 문제되는 주제들을 물타칼 아브후르(Multaḳa'l-Abḥur)에서 그 예를 찾을 수 있는 전통적 순서에 따르지 않고 근대 법학의 폭넓은 체계적 구분에 따라서 다루기로 한다. 이는 결코 이슬람법을 이국적인 체계로 분석하려는 의도가 아니라 독자들이 근대의 법 개념들에 관한 배경과 대비하면서 이슬람법의 교리들을 평가하고 이슬람법에서 특유한 것뿐만 아니라 흠결된 것 또한 부각시킬 수 있도록 하기 위함이다.

191 4.

이슬람법에서 중요하거나 어려운 부분들은 종종 분리된 연구들로 다루어져 왔다. 특히 상속법(파라이드: Farā'id)이 그렇고, 와끄프(Waḳf), 법회피(히얄: Ḥiyal)[358], 증거서류(Shurūṭ: 슈루트)[359] 및 까디의 의무들(adab al-Ḳāḍī: 아다브 알까디)과 같이 실제로 종교법의 집행과 직접적으로 관련된 여러 주제

355) 이와 관련하여 오스만제국의 메젤레가 곧 민법전인 근대 법학자들이나 근대주의적 사고의 영향을 받은 전통 배경을 가진 학자들에게 이와 같은 구별이 존재했다는 사실은 이 부분과는 무관하다.

356) 역자주: 가령 아동은 자력이 없기 때문에 아동의 자카트를 부모가 대리하는 경우를 생각해 보라.

357) 앞의 이 책 [62] 참조.

358) 역자주: 히얄의 의미에 대해서는 이 책 [129] 참조.

359) 역자주: 슈루트의 의미에 대해서는 이 책 [132], [135] 참조.

들이 그러하다; 다수의 단행본은 책임(Liability)과 증거(Evidence)의 평가와 같은 난해한 주제들을 다룬다. 일반적으로 사법행정은 이슬람 국가의 정부와 행정기관인 아흐캄 술타니야(Aḥkām Sulṭāniyya)에 대한 연구들에서 논의된다. 무흐타시브(Muḥtasib)의 직책으로서 시장감독원인 히스바(Ḥisba)[360] 및 말리크의 아말(‘Amal)[361]에 대한 논문들은 더 많다. 일부의 중요한 연구들은 겉으로는 유사하지만 체계적으로는 구별되는 사례들(Furūḳ: 푸루끄)을 구별하는 문제와, 일반적 실정법의 체계적 구조를 다룬다. 특수한 연구들은 전문 용어들의 정의를 다룬다. 더 나아가 여러 학파들의 교리들에 대한 비교연구(Ikhtilāf: 이크틸라프)들이 있는데, 그 중에서 오래된 것들은 여러 학파들 사이의 논쟁들을 반영하고 있으며, 비교적 나중의 것들은 단순한 개론서들이다. 마지막으로 법률가들의 등급(Classes)이나 세대(Generations)인 따바까트(Ṭabaḳāt)를 다루는 문헌들은 인명 색인을 부록으로 하는데, 학파에 속한 학자들에 대한 인명·서지 정보와 아울러 때에 따라서는 그들의 저작 중 주요 부분을 제공한다.

192 5.

법학 연구의 또 다른 분파는 이슬람법이 유래하는 ‘뿌리’ 또는 본질로서 다른 말로 하면 이슬람 법이론이라 할 수 있는 우술 알 피끄(Uṣūl al-Fiḳh)의 분야인데, 그 발전 모습을 이 책의 앞부분에서 살펴보았다.[362] 최종적인 정통적 모습으로 네 가지 공식적인 법원이 인정된다. 꾸란, 예언자 무함마드의 순나(Sunna), 학자들의 합의(Ijmā’: 이즈마), 그리고 유추에 의한 논증(Ḳiyās: 끼야스)이 그것이다. 꾸란과 순나는 실재하는 원천이고, 이즈마는

360) 역자주: 이에 대해서는 이 책 [85] 참조.
361) 역자주: 이에 대해서는 이 책 [98], [136], [169], [183], [191] 등 참조.
362) 역자주: 이에 대해서는 이 책 [78], [94] 이하 참조.

방법론(Method)이며, 끼야스는 선언적 권위(Declaratory Authority)이다. 이즈마는 결정적인 단계이다; 그것은 꾸란과 순나의 진정성을 보증하고, 그것들의 정확한 해석을 결정한다. 해석과 연역의 방법들, 즉 이즈티하드(Ijtihād)와 타끌리드(Taḳlīd), 이스티흐산(Istiḥsān)과 이스티슬라(Istiṣlāḥ)에 대한 의문들, 그리고 유사한 주제들은 우술(Uṣūl)에 관한 다수 연구의 주된 내용을 형성하는데, 여기서 해석과 연역의 방법들은 꾸란의 한 구절이나 예언자 무함마드의 순나(Sunna)가 다른 순나에 의해서 폐지[363]되는 이론을 포함한다. 이 모든 것은 본질적으로 현존하는 실제적 교의들의 과거지향적 체계화와 정당화에 이른다. 우술(Uṣūl)에 대한 이론들은 샤피이(Shāfi'ī)와 다우드 알 자히리(Dāwūd al-Ẓāhirī)에 이르러 실정법의 완전한 체계들로 마무리되었다고 할 수 있다. 또한 우술에 대한 연구들은 제17장[364]과 제18장 제1절[365]에서 논의되는 것처럼 실정법의 주제 전부를 투과하는 일반개념들에 관한 것도 포함한다.

---

363) 폐지(Repeal), 나스크흐(Naskh); 어떤 것을 폐지시키는 문장을 '나시크'(Nasikh)라 하고, 그것에 의해서 폐지된 문장을 '만수크'(Mansukh)라 한다.

364) 역자주: 이 책 [193]~[206]에 해당함.

365) 역자주: 이 책 [207]~[213]에 해당함.

제17장 일반개념

193 1. 의사와 표시(Intention and Declaration)

이슬람 종교법 전체의 기본개념은 예배 또는 좁은 의미의 법의 관점에서 볼 때 의사(Niyya: 니야, Intent)이다. 니야는 원래 예배행위에 적용된다. 종교적 의무는 외부적 실행에 의해서가 아니라, 단지 그것이 경건한 의사로써 행해졌다면 이행되는 것이다. 그러나 이슬람의 정통학파는 실행을 주장했고, 니야는 단순히 정신 상태를 가리키는 의미로부터 더 나아가 종교적 임무를 수행하는 쪽으로 지향된 의지의 행위가 되었다; 원칙적으로 니야는 최소한 정신적으로는 명백히 형성되어야 한다. 니야가 결여된 예배행위는 무효이고, 예배행위 없는 니야도 마찬가지이다. 그리하여 니야는 법률효과를 발생시키는 것을 목적으로 하는 의사표시에서 논의되는 의사(Animus)의 개념과 유사한 것이다. 그러나 이슬람법에서의 표시(Declaration)는 단순한 의사의 표명이 아니다; 그것은 그 스스로의 가치를 가지고 있으며 일정한 상황에서는 심지어 의사 없이 또는 의사에 반하는 표시도 법적 효력을 발생할 수 있다. 비록 각각의 개별 사례에 적용할 수 있는 원리는 아닐지라도 세부적 부분에 대한 많은 결정들에 전제된 일반적인 경향이 있다. 그 경향에 따르면, 명시적이고 형식을 갖춘 용어로 만들어진 표시(Ṣarīḥ: 사리흐, Expressis Verbis)는 니야가 결여되었더라도 법적으로 유효하지만, 묵시적으로 또는 암시(Allusion)에 의하여 만들어진 표시(Kināya: 키나야)는 니야가 현존해야만 유효하다. 게다가 표시는 심지어 그 의미가 이해되지 않은 때에도 종종 유효하다. 이러한 경향은 올바른 말의 마법적 효력의 관념에서 비롯된 것으로 형식주의(Formalism)로 귀결된다; 가령 증인들의 증언은 '증언하기 위한'이라는 의미의 동사 샤-하-드(sh-h-d)의 파생어가 앞에 붙은 때에만 유효하다. 그러나 이러한 형식주의는 합리적인 논거를 가진다; 예컨대, 무파와다(Mufāwaḍa: 합명회사)를 설립하기 위해서는 이 용어가 반드시 사용되든지 하나하나의 법률효과가 언급되어야 한다. 다른 한편, 니야를 수반하였다면 표시가 매우 불완전한 것이라 할지라도 법적으로 유효한 것으로 간주된다; 매우 잘못된 표시만이 니야의 존재에도 불구하고 무효이다. 표시의 모든 가능한 형식들은 결의론(casuistry)[366]으로 잘 짜여진 체계에 의하여 그 자체로 유효한지, 니야가 수반될 때에만 유효한지, 아니면 무효인지에 관해 평가를 받는다. 마찬가지로 애매한(Mubham: 무브함) 표시는 그 특별한 의미에 관해 면밀히 조사된다. 이 조사는 종종 주어진 표시가 나중에 그 표시를 한 사람에 의해 주장된 일정한 니야의 존재와 모순되지 않는지를 결정하는데 이르게 된다. 즉 니야에 대한 고려없이 당사자의 표현을 해석하는 것이다. 그 해석은 엄격히 객관적이지는 않다; 종교적이고 법적인 의무로 귀착됨을 완화하기 위하여 표시의 효과를 제한하려는 경향이 있는데, 특히 불이행의 경우에 처와의 절연(Repudiation) 또는 노예의 해방과 같이 자기부과형벌(Self-Imposed Penalty)을 받기로 선서하고 어떤 일을 수임한 때에는 조건부절연 또는 조건부노예해방으로 되는 것이 그 예이다.[367] 이러한 경향은 발생한 의무를 회피할 가능성을 낳는다.

194 표시는 좁은 개념으로 정의되지 않는다; 이슬람법은 일반적인 원칙으로서가 아니라 구체적 사안에 따라 결정적인 행위나 거동(Ishara Mahuda: 이스하라 마후다)에 법적 의미를 인정한다. 몇 가지 특수한 경우들을 제외하면 침묵 그 자체는 승낙의 표시(Riḍā: 리다)를 대체할 수는 없다; 예컨대,

---

366) 역자주: 결의론이란 보편적 규범을 정확하게 적용하기 어려운 경우에 행위의 동기·목적을 살펴 해당 행위의 옳고 그름을 판단하는 방법론을 의미함.

367) 역자주: 이에 대해서는 이 책 [303] 참조.

혼인에 있어서 후견인이 타방의 혼인청약에 대하여 처녀인 신부에게 승낙 여부를 문의한 경우에 여자의 침묵(또는 웃음 혹은 조용한 울음)은 리다로 간주된다. 크게 말하는 것이 의무적인 사안에서는 침묵이 승낙이 되는 경우가 매우 드물 것이다. 서면(書面)은 그것이 언어장애자에 의한 경우에 한해서 무조건적으로 받아들여지고, 다른 사람에 의한 경우에는 최소한 이론적으로는 적지 않은 조건을 충족하는 경우에 한해서 받아들여진다.[368)]

195 표시의 결함들 중에서 착오는 결의론적 방법론[369)]에 의한 해석에서 제한적으로 참작된다. 자백에서의 착오는 형법에서 어느 정도 더 중요한 역할을 수행한다. 사기와 관련하여 피해자를 보호하려는 경향은 거의 없다; 그러한 경향은 오직 '중대한 사기'(Ghabn Fāḥish, Laesio Enormis)의 경우에만 나타난다. 강박(Ikrāh: 이크라)에 관한 학설은 좀 더 발달되었다. 가장 먼저 고려되는 것은 협박(Tahdīd: 타흐디드)이다; 그것은 오직 일방 당사자가 그것을 실행할 위치에 있고 타방 당사자가 그것이 실제로 일어날지도 모른다고 두려워하는 경우에만 인정된다. 민법과 형법에서 강박의 효과들(강박이 얼마나 당사자의 표시를 무효화시키고 얼마나 책임을 감소시키는지)은 구별되지 않는다. 민법상의 효과는, 살인, 잔인한 폭행, 장기감금을 내용으로 협박이 표시를 취소할 수 있도록 하는 것이다; 그러나 노예해방이나 이슬람교로의 개종과 같은 바람직한 행위를 위한 협박에 대해서는 예외가 인정된다. 형법에서의 효과들은 결의론적으로 논의된다; 강박의 효과는 강박이 인정되면 형벌을 면할 뿐만 아니라 행위 그 자체가 허용되도록 한다; 만일 강박이 인정되지 않으면 형벌은 완전하게 적용된다. 예를 들어 죽음이나 수족 절단의 위협 하에서 술을 마시는 것은 허용된다. 그리고 그렇게 하는 것을 거절함은 죄가 될 것이다. 역으로, 이슬람으로부터 배교

368) 역자주: 이에 대해서는 이 책 [132] 이하 참조.

369) 역자주: '결의론적'이란 말은 보편적 규범을 정확하게 적용하기 어려운 경우에 행위의 동기·목적을 살펴 해당 행위의 옳고 그름을 판단하는 것을 의미함.

하는 것은 죄이고 순교는 가치있는 것이지만, 강박으로 인하여 배교한 척 하는 것은 허용된다.[370)]

196 2. 기간(Term)과 조건(Condition)

이슬람법에 규정된 여러 기간들 중에서 가장 중요한 것은 혼인의 종료 이후의 여성에게 부과되는 대혼기간[371)]과 소유자가 변경된 이후의 여성노예에게 부과되는 대기기간[372)]이다; 또한 소멸시효와 취득시효 및 사망추정을 위한 기간도 있다. 특히 고용과 임대차계약에 있어서 여러 기술적 규정들은 당사자들에 의해 그들의 의사표시에서 언급된 기간들을 해석하기 위해 마련된 것이다. 일반적으로 기간(Ajal: 아잘)은 확정적이어야(Ma'lūm: 마아룸)[373)] 한다.

197 넓은 의미에 있어서의 조건(샤르트, 복수는 슈루트: Sharṭ, Shurūṭ)은, 필수적 구성요소들(루큰, 복수는 아르칸: Rukn, Arkān)과 대조적으로 법적 행위, 특히 예배행위의 유효성을 위한 일반적 필요조건이다(예컨대, 종교의식의 기도에 있어서 조건이란, 의식의 순수함, 노출된 부분을 가리는 것, 카아바[374)]의 방향으로 향하는 것, 그리고 니야이다). 또 다른 조건의 유형은 '계약의 본질에 내재된 조건들'(Shurūṭ Yaḳtaḍiha l-'Aḳd: 슈루트 야크타디하 릴 아크드)과 '계약과 밀접하게 관계된 조건들'(Shurūṭ Mulāyima or

370) 역자주: 이러한 가장행위(타끼야: Takiyya)는 쉬아파(Shiite)의 교리에서 중요한 역할을 수행한다.

371) 역자주: 이를 '잇다'(Idda)라 한다.

372) 역자주: 이를 '이스티브라'(Istibra)라 한다.

373) 역자주: 기간이 확정적(Certain)이라는 것은 "5월 1일"과 같은 식이어야 하는 것이지 "올해 처음으로 비가 오면"과 같은 식이어서는 안 된다는 것이다.

374) 역자주: 메카에 있는 이슬람교의 성전. 본래 정방형의 건물이라는 뜻으로, 이슬람교의 제1성소(聖所)로서 전 세계의 무슬림들은 이쪽을 향하여 예배를 드린다.

Muwāfiḳa, 슈루트 물라이마 또는 무와피카)인데, 예를 들어, "만일 당신이 X로부터 어떠어떠한 것을 산다면, 나는 그 가격을 보증한다"라는 보증계약을 들 수 있다. 그 외의 다른 유형은 빈민구호세(Alms-Tax)의 지불과 같이 종교적 또는 법적 의무(Shurūṭ Wujūb: 슈루트 우주브)의 이행의 요구에 의해서 이루어지는 경우이다. 이와 관련된 것으로 요구된 약정의 이행에 따라 법적 효과가 발생하는 의무가 그것이다. 예컨대, "내가 당신이 노예를 해방하는 조건으로 이 노예를 당신을 위해 산다"와 같은 것을 들 수 있다. 결국 여기서 문제되는 것은 좁은 의미의 조건이다.

198 기간과 조건은 몇몇 거래에서 결의론적으로[375] 논의되었고, 그에 따라 많은 탈법행위를 발생시켰다. 하나의 특별한 유형은 그 본질상 기간과 조건을 포함하는 것이 있는데, 장래의 인도를 조건으로 하는 매매(Salam: 살람)는 본질상 기간을 내포하며 선서부의 약속(Undertaking under Oath)은 본질상 일정한 조건을 내포하는 계약이다. 소유권의 즉시이전을 목적으로 하는 계약(Tamlīk fil-Hāl: 타므릭 필할)에 있어서는 기간이 있는 약정이 허용되지 않는다. 금전자산의 교환(Mu'āwaḍa Māliyya: 무아와다 말리야)의 경우에 있어서도 조건이 있는 약정이 허용되지 않는다. 그리하여 기간과 조건은 매매와 공유물분할의 경우에 있어서 배제된다; 조건이 아니라 기간이 있는 약정은 고용과 임대차에서 허용되지만 역으로 증여와 혼인의 경우에는 허용되지 않는다; 이혼과 노예해방과 유증에서는 기간과 조건이 모두 허용된다. 조합계약은 경우에 따라 달리 취급된다; 조건이 아니라 기간이 있는 약정은 이익을 공유하는 농지에 대한 특수한 임대차계약인 무자라아(Muzāra'a)와 무사까트(Musākāt)에서 허용된다. 역으로 쉬르카(Shirka: 상인조합)에서는 허용되지 않는다; 무다라바(Muḍāraba: 익명조합)[376]에서는 기간과 조건이 모두

375) 역자주: '결의론적'이란 말은 보편적 규범을 정확하게 적용하기 어려운 경우에 행위의 동기·목적을 살펴 해당 행위의 옳고 그름을 판단하는 것을 의미함.

376) 역자주: 조합계약에 있어서 출자만 할 뿐 업무에는 전혀 참여하지 않는 조합원

허용된다. 조건이 금지되는 약정의 경우에 무효인 조건은 계약 전체를 무효로 만들지만, 조건이 허용되는 약정에 있어서는 조건의 무효가 계약 전체를 무효로 만들지는 않는다.

199 특별한 경우로서 권리 또는 법률효과의 정지(Wuḳūf: 우꾸프)가 있는데, 가령 주인의 동의를 요하는 노예의 혼인, 실종자의 권리, 그리고 배교자의 대부분의 권리를 들 수 있다; 반대로 상속에 있어서 아들의 상속분을 산정함에 있어서는 피상속인의 포태중인 자녀를 고려하여야 한다. 이 모든 권리는 조건의 성취, 즉 주인의 동의, 실종자의 귀환, 배교자의 회개, 자녀의 출생에 각각 의존한다.

200 3. 대리(代理, Agency)

사자(使者, Rasūl, 라술)에 의한 의사표시가 대리행위와 명백히 구별되지는 않는다; 예컨대, 만약 사자(使者)가 물건을 매수한 경우에 있어서 그가 목적물을 검수했다면 검수 이후에는 해제권이 소멸되는지에 대하여 다툼이 있다. 본래적 의미의 대리에 관해서, 예배의 영역은 좁은 의미에서의 법의 영역과 분명히 구별된다. 예배에서의 대리인인 니야바(Niyāba; Nā'ib, 예배 내용에 관한 대리인)는 재산과 관련된 종교적 의무에 있어서는 인정되지만 사람과 관련된 종교적 의무에 있어서는 인정되지 않는다; 중요한 것은 누구에게 채무이행의 의무를 지울 것인가 하는 것이다. 좁은 의미의 법의 영역에 있어서 중요한 것은 처분권을 다른 사람에게 수여하는 데 있다[와깔라(Wakāla: 대리행위); 무와낄(Muwakkil: 본인); 와낄(Wakīl: 법률관계에서의 수임인·대행자·대리인)]; 본인의 존재나 부재가 중요성을 가질 수

(Sleeping Partner)을 구성원으로 가지고 있다면 그와 같은 조합을 익명조합(Sleeping Partnership)이라고 한다.

있다. 금전자산의 교환(Mu'āwaḍa Māliyya: 무아와다 말리야)에 있어서 대리인(와킬: Wakīl)은 본인(아실: aṣīl)의 이름으로 행위하고 그에 따르는 권리와 의무를 가진다; 다른 행위들, 예컨대 권리양도 또는 혼인에 있어서 와킬의 역할은 법적으로는 사자(使者)의 역할이다; 그러나 심지어 첫 번째 경우에 있어서도 소유의 권리는 본인(무와킬: Muwakkil)에게 직접 이전된다. 바람직하다고 여겨지는 일정한 효과를 위해 일반원칙에 대한 예외가 인정된다; 예컨대, 한 노예가 주인을 대신하여 주인의 이름으로 물건을 매수하도록 위임받았는데, 실제로는 그와 달리 노예가 자신의 이름으로 계약을 체결한 경우에 그 계약은 유효하다. 만약 처가 절연하는 내용의 권한을 위임받았다면 그 권한은 철회될 수 없다. 무제한의 위임도 가능하다; 이와 같은 위임은 "너의 마음대로 행위하라"라는 용어를 사용함으로써 이루어진다. 그러나 일반적으로 위임은 한정적이고 그 내용이 명확하게 정해져야 한다. 수임인(Deputy)은 그 지시에 구속되며 그의 자격은 사자(使者)의 자격에 가깝다; 이는 완전한 법적 행위능력을 가지지 않은 사람을 수임인으로 임명하는 것을 가능하게 한다. 반대로 수임인의 처분권은 위임인의 처분권을 초과할 수도 있다; 무슬림에게는 술을 사거나 팔 수 있는 권리가 없지만 비무슬림으로 하여금 그를 대신하여 그러한 행위를 하도록 요구할 수는 있다(그러나 이점은 다투어지고 있다). 서비스계약(Ijāra: 이자라)[377]의 목적은 위임의 대상이 될 수 없다; 그리고 민법과 형법 간의 구별이 없기 때문에, 신체형(핫드와 끼사스)을 적용하기 위하여 제3자를 수임인으로 지정하는 행위는 명백히 금지된다.

201 제3자에 관한 대리행위의 효과들은 위임인과 수임인 사이의 효과와 분리되어 다루어지지 않으며, 위임사무를 실행할 의무와 분명하게 구별되는 것도 아니다; 그러나 직업적 중개인(Simsār: 심사르)은 위임인의 요구

377) 역자주: 이에 대해서는 이 책 [286] 참조.

를 수용할 의무가 있다.

202 법정후견인(왈리: Walī)[378]과 유언에 의해 지정된 후견인(와시: Waṣī)은 대리인이면서(혹은 이거나) 유언집행자이다.

203 4. 유효·무효 및 종교적 평가

첫째로, 이슬람법은 종교적 평가(알-아흐캄 알-캄사: al-Aḥkām al-Khamsa: '다섯 가지 평가')와 관련하여 다음과 같은 단계로 분류한다.[379]

① 의무(와집: Wājib; 파르드: Farḍ)[380]; 이슬람법에서의 의무는 예배와 단식 등과 같은 개인적 의무(파르드 아인: Farḍ ''Ayn)와 장례의식, 성전(聖戰) 등과 같은 집단적 의무(파르드 키파야: Farḍ Kifāya)로 구분되는데, 집단적 의무는 상당수의 개인이 이행하면 나머지 개인들은 그 이행이 면제된다.
② 권장(순나: Sunna[381]); 만둡: Mandūb); 무스타하브: Mustaḥabb).
③ 무관심(무바흐: Mubāḥ)[382]; 이것은 허용되고 비난받지 않는 행위인 자이즈(jā'iz)와 구별되어야 한다.
④ 싫어함, 허용되지 않음(마크루흐: Makrūh).
⑤ 금지(하람: Ḥarām)[383]; 이것의 반대개념은 할랄(Ḥalāl)[384]인데 이는 금지되

---

378) 왈리(Walī)는 여성 친족과 미성년의 남성친족의 최근친 남자이다; 그는 부권(父權)을 가진 사람이며 특히 여성 친족을 시집보낸다.
379) 역자주: 이슬람법은 하나님께서 인간의 행위를 어떻게 보는가 하는 관점을 기준으로 인간행위를 다섯 가지로 분류한다.
380) 역자주: 파르드(Fard)는 종교적 의무나 책임을 뜻하는 것으로, 이 의무를 이행하지 않으면 벌을 받고 수행하면 보답을 받는다.
381) 이러한 의미의 순나는, 공동체의 '규범적 관행' 또는 무함마드의 훈계로서의 순나와는 구별된다.
382) 역자주: 무관심한 행위(무바흐, Mubah)는 하나님의 관심이 결여된 행위를 말한다. 즉, 하나님께서 칭찬하나 보상하지는 않으며, 또한 꾸짖지만 벌하지도 않는 것을 말한다.

지 않은 모든 것이라는 의미이다.

204 둘째로, 법적 유효성의 단계가 있다. 그 단계에서 가장 넓은 개념은 마쉬루(Mashrū)인데, 이는 법적으로 인정되며 법규범과 일치함을 의미한다. 법에 어느 정도 일치하는가에 따라서 행위의 법적 효력은 다음과 같이 구분된다:

① 행위의 성질(아슬: Aṣl)[385]과 상황(와스프: Waṣf)이 모두 법규범과 일치한다면 그 행위는 사히흐(Ṣaḥīḥ), 즉 유효한 행위이다.
② 행위의 성질(아슬: Aṣl)과 상황(와스프: Waṣf)은 법규범과 일치하지만, 금지된 어떠한 요소가 그 행위와 결합되어 있다면 그 행위는 비난받을만한, 승인되지 않는 행위(마크루흐: Makrūh)이다.
③ 행위의 성질(아슬: Aṣl)은 법규범과 일치하지 않지만 행위의 상황(와스프: Waṣf)은 법규범과 일치한다면 그 행위는 파시드(Fāsid), 즉 결함있는 행위이다.
④ 행위의 성질(아슬: Aṣl)과 상황(와스프: Waṣf)이 필수구성요소(루큰, Rukn)[386]와 조건(샤르트, Sharṭ)[387][388]에 대략적으로만 일치한다면 그 행위는

---

383) 역자주: 금지행위(하람, Ḥarām)란 하나님께서 금지하신 행위를 말한다. 무슬림은 이 행위를 결코 해서는 안 되며, 이를 행하는 경우에는 벌을 받게 된다.
384) 행위에 대해서가 아니라, 가령 누구의 아내 또는 여성노예와 같은 사람 혹은 물건(物件)에 대해서만 사용된다.
385) 역자주: 아슬(Aṣl)은 끼야스(Qiyas)의 구성요소 중의 하나로, 원전에 판단이 제시되어 있는 사례를 가리키는 것이다. '유추의 기준'이라고도 한다.
386) 역자주: 필수구성요소(루큰, Rukn)는 판단의 존재가 의지하는 곳으로, 그 사건의 본질 중의 일부이다. 예를 들어, 계약에 있어서 계약의 형식, 두 명의 계약자, 계약장소와 같은 것을 말한다.
387) 역자주: 조건(샤르트, Shart)이란 이것이 존재하는 것으로 인해 판단이 존재하며, 이것이 부재하면 판단도 존재하지 않게 되는 것이다. 이 조건은 위에서 말한 필수구성요소(루큰, Rukn)와는 달리, 사건의 본질 외의 것으로 그것의 일부분이 아니다. 예컨대 혼인할 때 두 사람의 증인 입회, 매매시 교환물의 지정, 증여시 증여물의 인도

바띨(Bāṭil), 즉 무효인 행위이다.

이 두 번째의 평가기준, 즉 법적 유효성의 기준은 첫 번째의 평가기준인 종교적 평가에 의한 기준보다 덜 발전된 것이다. 유효한 행위(사히흐: Ṣaḥīḥ) 또는 비난받을만한 행위(마크루흐: Makrūh)에 속하는 거래는 법적 효력을 발생시키므로 사히흐(Ṣaḥīḥ)는 유효한 행위와 비난받을만한 행위 양자를 다 포함하여 "법적 효력이 있다"라는 의미로 사용되기도 한다. 이러한 넓은 의미의 사히흐는 '구속력이 있는'이라는 의미의 라짐(Lāzim)과 와집(Wājib)[389], 그리고 '효력을 발생시키는'이라는 의미의 나피드흐(Nāfidh)와 동의어이다. 이들 중 앞의 두 용어는 주관적 효력을, 세 번째의 용어는 객관적 효력을 강조한 말이다. 결함 있는 행위(파시드: Fāsid)와 법률상 무효(바띨: Bāṭil) 사이의 구별은 다른 이슬람법학파에서는 그 구별되는 정도가 다르거나 혹은 전혀 구별되지 않는데, 양자의 구별은 종종 명확하지가 않다. 즉 결함있는 행위(파시드: Fāsid)의 개념은 비록 동일하지는 않더라도 'Voidable'(취소할 수 있는)의 개념에 가깝다. 그리고 결함있는 행위(파시드: Fāsid)에 속하는 계약은 비록 그 계약이 무효는 아니더라도, 때때로 제한된 범위에서만 법적 효력을 가진다. 결함있는 행위(파시드: Fāsid)와 구별되는 개념으로는 계약해제권(키야르: Khiyār), 취소권(파스크흐: Faskh) 또는 추인권(임다: Imḍa')이 있다. 이러한 권리는 법규정이나 계약에 의해 인정될 수 있다.[390]

205 위의 두 가지 평가기준은 동일한 사안에 대하여 동시에 문제될 수 있다. 이러한 현상은 비난받지 않는 행위인 자이즈(Jā'iz)가 문제되는 경우에 명백하게 나타난다. 즉 비난받지 않는 행위는 종교적 관점에서는 자

같은 것이 조건에 해당한다.

388) 역자주: 이에 대해서는 이 책 [196] 참조.

389) 여기서의 와집(Wājib)은 'Obligatory'의 의미로 사용되는 와집(Wājib)과는 다르다.

390) 역자주: 이에 대해서는 이 책 [279] 참조.

이즈이고, 법적 관점에서는 사히흐(Ṣaḥīḥ)와 와집(Wājib)이다. 만약 개개의 무슬림에 의해 주어진 안전통행권이 자이즈(Jā'iz)라고 판단된다면, 이는 주관적인 측면에서는 그에게 안전통행권을 주는 행위가 금지되어 있지 않다는 의미일 뿐만 아니라 객관적인 측면에서는 안전통행권을 발급해주는 행위가 비난받지 않는 행위이며, 따라서 유효하다는 것을 의미한다. 그리고 역으로 생각해 보면, 객관적인 측면에서는 비난받지 않는 행위이고, 따라서 주관적인 측면에서는 허용되는 행위이다. 만약 매매계약이 모든 법규정을 준수했다면 그것은 허용되고, 비난받지 않는 행위일 뿐만 아니라 유효하고 법적 구속력이 있다. 이렇듯 두 가지의 평가기준이 동시에 적용된다는 점은 '자이즈에 해당됨'을 의미하는 이자자(Ijāza)의 개념과 권한 없는 대리인(푸둘리: Fudūlī)의 행위에 대한 승인에서의 '승인'(Ratihabitio)이라는 개념에서 명백히 알 수 있다. 이 경우에 본인이 문제의 푸둘리(Fudūlī)의 행위에 대해 이의를 제기하지 않는다면 그 (권한 없는) 대리인의 행위는 유효이다. 자이즈(Jā'iz)의 개념은 법적인 내용이 종교적 관점에서 다시 한 번 면밀하게 검토되는 전형적인 모습이다. 즉 법적인 내용은 종교적 관점에 반하지 않는 것들로 구성되는 것이다. 유효 또는 무효인지의 문제와 허용 또는 금지되는지의 문제가 경우에 따라서는 각각 혼합되어 나타나는데, 이러한 현상은 예배의 영역에서 두 쌍의 개념이 모두 병존하기 때문에 더욱 빈번하게 나타났다. 이는 좁은 의미의 법영역에서 볼 때 한편으로는 사실이지만, 완전히 그러한 것은 아니다. 두 쌍의 개념 중에서 단지 한 쌍의 개념만이 전적으로 적용되는 상황은 없을 뿐더러, 가끔은 동일한 행위가 동시에 유효한 것이자 금지된 것으로 판단될 수도 있다. 그러나 더 자세히 검토해 보면, 이 두 가지 속성은 일정한 행위들을 구별하거나 혹은 일정한 상황의 특징들을 구별하기 위해 사용된다는 점을 알게 된다. 예컨대, 금요기도 시간에 체결된 매매는 두 번째 평가기준에서 보면 비난받을만한 행위(마크루흐: Makrūh)이다. 즉 그 매매는 법적으로는 유효하지만, 특수한 시기에 그러한 계약을 체결하는 것은 금지된다. 또한 만약 통치자가 '아들'('Adl)[391] 이 아닌 사람을 까디(Ķāḍī)로 임명한다거나 혹은 까디(Ķāḍī)가 아들('Adl)이 아닌 사람이 행한 증언을 증거로 채택한다면 이러한 행위들은 금지된 행위를 하지 않아야 할 의무에 위반한 것이 된다. 그러나 이 경우에도 까디의 임명과 그 증언에 기초한 판결은 유효하다. 비난받을만한 행위(마크루흐: Makrūh)라 하더라도 그 행위의 법적 효력을 방해하지는 못한다. 다만 특별한 경우에 효력과는 상관없이 불법행위책임을 질 수는 있는데, 사용대차계약의 기간이 만료하기 전에 계약관계를 종료시키는 행위가 그 예이다. 또한 비난받을만한 행위(마크루흐: Makrūh)는, 예컨대 판매되는 식품의 가격상승을 조장하는 투기꾼에 대하여 당국이 강제력을 동원해 조정하는 것과 같이, 공권력에 의한 간섭대상이 될 수 있다. 금지(하람: Ḥarām)의 영역 내에서조차도 등급이 있다. 즉 금지(Ḥarām)로 인정된 행위라고 해서 항상 무효(바띨: Bāṭil)는 아니고, 가끔은 불완전무효(파시드, Fāsid)가 되기도 한다. 그리고 심지어는 유효(사히흐: Ṣaḥīḥ)가 되는 경우도 있다.[392]

206   종교적인 영역과 엄밀한 의미의 법적인 영역 사이의 구별과 유사하게 나타나는 것이 바로 까디(Ķāḍī)에 의한 판결인 카다(Ķāḍā), 즉 'Forum Externum'과 양심을 의미하는 디야나(Diyāna), 즉 'Forum Internum' 사이의 구별이다.[393] 이는 특히 행위와 관련되는 (진실한) 의사(니야: Niyya)가 존재하는 경우에, 양심 앞에서는 유효가 될 수 있지만 까디 앞에서는 무효인, 하자있는 의사표시를 해석하는데 있어서 중요한 의미를 갖는다. 이와는 반대로, '교묘하게 법망을 피해가는 계략이나 탈법행위는 저변에 숨어있는

---

391) 역자주: 아들('Adl)이라 함은 공평을 의미하는 것으로 좋은 평판의 인격자(of Good Character), 즉 중대한 죄를 범한 적이 없어야 하고, 혹시 사소한 죄를 저지른 적이 있다 하더라도 그것을 계속적으로 행하지는 않았던 사람을 가리킨다.

392) 역자주: 이에 대해서는 이 책 [268] 참조.

393) 아랍어로의 대체 용어는 자히르(Zahir)와 바틴(Batin), 즉 '외부'와 '내부'상태.

동기가 불순하다 하더라도 법의 내용 하나하나에 저촉되지 않는다면 유효한 것으로 간주된다. 타나주흐(Tanazzuh), 와라(Wara'), 즉 종교적인 가책과 이흐티야트(Iḥtiyāt), 즉 예방과 유사한 개념들은 디야나(Diyāna)의 영역에 속한다. 그러므로 부부간의 이혼의 경우에 있어서 까디 앞에서 일단 이혼이 성립되지만, 종교적인 가책을 경감시키기 위해서 이혼을 한 번 더 할 수 있다. 즉 만약 (까디의 판결로) 이혼을 한 부부가 자신들이 죄를 범하지 않는 것이라는 확신을 받기를 원한다면, 그들은 두 번(까디에 의한 이혼과 종교적인 이혼)에 걸쳐 이혼을 하여야 한다.

제18장 자연인

207 1. 능력과 책임

일반적으로 자연인의 권리능력은 출생한 때로부터 발생한다. 태아는 재산을 상속할 수 있으며 유증을 받을 수 있다. 태아는 재산상속권이 있으며 유증의 수혜자가 될 수도 있다; 노예인 태아는 해방의 대상이 되며 유증도 받을 수 있으나, 매매의 대상은 될 수 없다. 태아는 원칙적으로 문제가 발생한 때로부터 음력으로 6개월 내에 출생하여야 이 모든 것이 유효하다. 유산을 시킨 사람은 특별한 배상금(구라: Ghurra)을 지급해야 하는데 이것은 피의 값(Blood-Money)과는 다른 것이다. 이러한 의미의 배상금은 그 태아의 법정상속인에게 양도된다. 권리능력은 사망으로 소멸된다. 권리의 일부분이 정지상태에 있는[394] 실종자(마프쿠드; Mafḳūd)는 그의 출생시로부터 음력으로 90년이나 120년이 경과하면 사망한 것으로 간주된다.

208 책임이라는 개념은 권리능력(아흘리야: Ahliyya)이라는 개념에 포함되는데 그 개념 안에서 아흐리야트 알 우줍(Ahliyyat al-Wujūb)과 아흐리야트 알 아다(Ahliyyat al-Adā')가 구별된다. 아흐리야트 알 우줍, 즉 '의무부담능력'(Capicity of Obligation)은 권리와 의무를 취득하는 능력이다. 그리고 아흐리야트 알-아다, 즉 '의무이행능력'(Capicity of Execution)은 계약을 체결하고 처분하는 능력으로서 유효하게 그의 의무를 이행할 수 있는 능력이다. 의무이행능력은 완전한 것일 수도 있고 제한적인 것일 수도 있

394) 역자주: 이에 대해서는 이 책 [199] 참조.

으며 의무의 본질적 특성인 '자격'(Qualification: 후큼, Ḥukm)을 참작함으로써 아흘리야트 알 우줍과 조화를 이룬다.

209 최상위의 권리능력은 분별력이 있는(아낄: 'Āḳil) 성년(발리그: Bāligh)에 도달한 자유인 무슬림의 권리능력이다; 그는 완전한 책임능력이 있다(무칼라프: Mukallaf). 성년자인지 여부에 대한 결정은 그의 신체적인 특성과 해당 청소년의 선언에 의하여 이루어지는데, 만약 이 선언이 없다면 음력으로 15세에 도달함으로써 성년이 된다. 책임능력자(무칼라프: Mukallaf)는 계약을 체결하고, 처분(타사루프: Taṣarruf)할 수 있는 능력을 가지고 있으며, 또한 그는 종교적인 의무를 수행하여야만 한다. 그리고 의도(암드: 'Amd)를 결정할 능력이 있어 전적으로 형법에 복종하여야 한다. 심신상실자(마즈눈: Majnūn)와 유년아(띠플: Ṭifl)는 완전한 무능력자이지만 특정한 재정상의 의무를 부담할 수는 있다. 또한 이에 더하여 정신박약자(마투흐: Ma'tūh)와 미성년자(사비: Ṣabī; 사기르: Ṣaghīr)는 오로지 자신에게 유리한 거래를 체결할 능력과 수증능력 및 선물을 받을 수 있는 능력을 가진다. 심지어 지적 능력 혹은 분별력이 있는 미성년자(사비 야낄: Ṣabī Y'a'ḳil; 무마이즈: Mumayyiz)는 이슬람교로 개종할 수 있고, 만약 그들이 노예라면 노예에서 해방되는 것을 내용으로 하는 무카타바(Mukātaba)[395]계약을 체결할 수 있으며 대리행위도 할 수 있다; 가령 낭비자와 같은 책임무능력자(사피흐: Safīh)인 성년자에 대하여는 그가 행위무능력(하즈르: Ḥaj r)[396]에 해당하는지 아니면 원칙적으로는 행위능력이 있으면서 다만 음력 25세에 이를 때까지 대리인의 보호·감독을 받게 되는지에 대해서는 의견 다툼이 있다.

---

395) 역자주: 이에 대해서는 이 책 [68] 참조.

396) 역자주: 개인의 재산권 행사에 대한 제한은 'Ḥajr'란 단어로 하디스에는 언급되고 있는데 이슬람 법학자들도 즐겨 쓰는 용어이지만 그 본뜻은 금지된 것을 의미한다. 하즈르의 법적 개념에 대해서는 이 책 [213] 참조.

210 증인에 대해서는 더 높은 수준이 요구되며 증인은 '좋은 평판의 인격자', 즉 아들('Adl)이어야 하는데, 다시 말해 증인들은 중대한 죄[397]를 범한 적이 없어야 하고, 비록 사소한 죄를 범한 적이 있었더라도 그것이 계속적으로 행해진 것은 아니어야 한다. 아들('Adl)의 반대개념은 죄인(파시크: Fāsik)이다. 아들과 파시크 사이에는 어떠한 결점도 밝혀진 바 없는 '마스투르'(Mastūr)가 존재한다. 그러나 아들이라는 특성은 종교적으로 요구되는 조건이지, 법적으로 요구되는 조건은 아니다. 까디는 파시크가 제시한 증거를 채택해서는 안 된다. 그러나 파시크의 증거를 채택한다 하더라도 그에 근거한 판단은 여전히 유효하다. 까디 역시 아들이어야 하고, 게다가 필요한 자질과 지식을 보유해야 한다. 이와 유사하게 만약 파시크가 까디로 임명된다 하더라도 그의 임명은 유효하고, 만약 아들이었던 까디가 파시크가 된다 하더라도 그의 임명이 무효로 되지는 않는다.

211 형법에 있어서 중요한 자격은 '무흐산'(Muḥṣan)이며, 이 무흐산은 오직 자유인에게만 적용되는 것으로 전혀 다른 두 가지 의미를 가지는 개념이다. 하나는, 간통을 저지른 적이 없는 자유인이라는 의미의 '무흐산'으로서 까드프(Ḳadhf) 범죄로부터 형법상 보호를 받는다.[398] 다른 하나는, 자유인인 상대방과 유효한 혼인을 하고 신방치루기를 하여 혼인이 완성된 자유인이라는 의미의 '무흐산'이며, 만약 그들이 혼인 후에 간통을 저지른다면 더 중한 형벌(투석형)을 받게 된다. 무흐산의 위 두 가지 규범은, 전자는 꾸란, 후자는 전승에 각각 기초한 것이다.

212 이슬람법은 법인(法人)을 인정하지 않는다. 심지어는 국고(바이트 알 말: Bayt al-Māl)조차도 법인으로 간주되지 않으며, 국고의 소유자는 무

397) 만약 그가 그 죄에 대해서 뉘우친 적이 없는 경우에 한정된다; 그러나 결코 까드프(Ḳadhf)로 처벌받은 적은 없어야 한다(아래 이 책 [345] 참조).
398) 역자주: 이에 대해서는 이 책 [345] 참조.

슬림 공동체이다. 와끄프나 하브스(Ḥabs: 종교재단, 영구양도[399])는 그 설립자가 소유한 자산을 유통과정으로부터 회수하는 행위, 그리고 자선 목적을 위한 수익(만파아: Manfa'a)의 지출로 간주된다. 누가 그 자산의 소유자가 되는지에 관해서는 일치된 학설이 없다. 종교재단의 본질적인 특성은 목적의 영구성인데, 그 목적은 이슬람의 교리와 배치되지 않는 것이라면 무엇이든 가능하다. 그러므로 가령 수익자가 설립자의 후손인 경우에 원래의 수익자가 사망하고 없다면, 가난한 사람들이나 원래의 목적과는 다른 영구적인 목적이 2차적인 수익자로 지명되어야 한다.[400] 와끄프의 목적물은 대부분 부동산이다. 그러나 관습이 있는 경우에는, 가령 책과 같은 동산도 가능하다. 와끄프의 관리 및 설립자가 지정한 것과 다른 목적으로 와끄프를 사용하는 문제에 관해서는 자세한 규범이 있다.

213 처분능력은 '이든'(Idhn)이나 '하즈르'(Ḥajr)에 의하여 각각 확대되거나 제한될 수 있다. 이든('허가'의 의미)은 부(父)나 다른 법정대리인이 미성년자에게 허용해 줄 수 있으나 미성년자에게 불리하기만 한 문제(즉 이혼, 노예해방, 자백)에 관해서는 그러하지 아니하다. 하즈르('제한' 또는 '금지'의 의미)는 제한 또는 금지가 부과될 수 있는 지위와 그 행위를 모두 포함하는 용어이다. 미성년자와 노예는 통상적으로, 그리고 유소년자와 심신상실자는 언제나 하즈르의 지위에 있다. 행위로서의 하즈르는 허가(이든: Idhn)를 취소하기 위한 것이다. 사회에서 비난받을 만한 사술을 가르치는 무책임한 무프티(Muftī)에 대하여, 그의 환자들에게 위해를 가할 소지가 있는 무지한 의사에 대하여, 그리고 운송계약을 체결하는 파산자[401]에 대하

399) 역자주: 영구양도(Mortmain)란 부동산을 종교단체 등에 기부하면서 영구히 다른 곳으로는 양도할 수 없도록 한 양도형식이다.

400) 역자주: 근대의 용어법에 있어서, 이것은 이른바 사적 또는 가족 와끄프(Waḳf Ahli or Dhurri)라고 부르는 것으로 직접적으로 공공 또는 자선을 목적으로 하는 이른바 공공 또는 자선 와끄프(Waḳf Khayri)와 구별된다. 그러나 엄격한 이슬람법에 있어서는 사적인 와끄프도 자선으로 간주되며 두 종류의 와끄프에 동일한 규정이 적용된다.

여 당국은 하즈르를 선고한다.

214 2. 여성의 법적 지위

이슬람법에서 여성의 법적 지위가 그렇게 불리한 것만은 아니다. 사실 이슬람법에서 여성은 남성에 비해 열등하고, 여성은 종교적인 관점에서도 낮은 권리와 의무를 가진다. 여성이 다른 종교로 개종한다 하여 여성이 사형에 처해지는 것은 아니지만, 감금과 채찍질에 못이겨 다시 이슬람교로 개종하지 않으면 안 된다. 피의 값, 증거, 상속에 관해서 여성은 남성의 절반으로 계산된다. 여성은 아낄라('Āḳila)[402]에 속하지 않는다. 또한 혼인과 이혼에 있어서도 여성의 지위는 남성의 그것보다 불리하다. 일정한 경우에는 남편이 아내에 대한 징계권을 가진다. 그러나 재산권과 채권법에 있어서는 여성은 남성과 등등하다. 부부재산제는 많은 측면에서 여성에게 더 유리하다. 심지어 여성은 특정한 사안에 있어서는 까디의 직을 수행할 수도 있다.

215 3. 노예[403]의 법적 지위

종교적인 관점에서 노예는 사람으로 간주되지만 그의 주인에게 종속되어 있으므로 그는 완전한 책임능력이 없다. 그는 동시에 물건(Chose, Res[404])이다. 노예제도의 효과는 (a) 노예신분의 발생에 대한 제한[405] (b) 노

---

401) 역자주: 파산한 운송인에 관하여 말하는 이유는 운송계약, 즉 이자라(Ijāra)는 송하인의 선이행의무를 기본으로 하고 있기 때문이다.

402) 역자주: 이에 대해서는 이 책 [361] 참조.

403) 역자주: 라끼크(Rakik)는 노예 일반을 의미한다. 압둘(Abd) 또는 맘루크(Mamluk)는 남성 노예를 의미한다. 아마(Ama) 또는 자리야(Jariya)는 여성 노예를 의미한다. 후르(Hurr)는 자유인이다.

예의 법적 권리,[406] 그리고 (c) 노예해방을 위한 요건의 완화와 노예해방의 권고[407]에 의하여 완화된다.

216 (a) 노예신분은 노예로 태어나거나 포로로 잡힌 경우에만 발생될 수 있다. 만약 조약이나 안전통행권에 의해서도 보호받지 못하는 비무슬림이라면 노예의 신분이 된다. 채무의 변제를 위하여 자유인이 노예로 팔리는 사정에 의해서도 노예신분을 얻게 되는지에 대해서는 알려진 바가 없다.

217 (b) 노예는 인간으로서의 권리를 가진다. 특히 남녀 노예 모두 혼인을 할 수 있다. 남성 노예는 두 명의 여성 노예와 혼인할 수도 있다. 남성 노예는 그의 주인이 아닌 자유인인 여성과, 여성 노예 역시 주인이 아닌 자유인인 남성과 혼인할 수도 있다. 노예의 혼인은 주인의 허락이 있어야 한다. 또한 주인은 노예를 그들의 의지에 반해서 혼인하게 할 수도 있다. 주인이 노예의 혼인을 허락한다는 것은 주인이 노예의 신분(라까바: Raḳaba)에 대하여 책임을 지며, 예물과 같이 혼인을 통해 발생하거나 혼인생활 유지로 인해 발생한 금전상의 채무에 대하여 주인이 책임을 부담한다는 것을 의미한다. 만약 주인이 채무를 불이행하게 되면 노예는 담보로서 강제적으로 매매될 수 있다. 이때 미성년자인 노예는 가까운 친척, 특히 그들의 부모와 따로 떼어서 매매되어서는 안 된다.[408] 미혼의 여성 노예는 첩(妾)으로서 그녀의 남자 주인의 처분에 따른다. 그러나 남성 노예와 여성 주인 사이의 경우에도 동일한 규정이 적용되는 것은 아니다. 주인이 자신의 소유로 인정한 첩의 자녀는 자유인인 여성과의 혼인도 자유롭게 할 수 있다는

---

404) 역자주: 법학에 있어서 '물건'(Chose, Res)이라는 개념은 권리객체의 대표적인 것으로 '권리주체'(즉 Person)와 대비되는 개념이다.

405) 역자주: 이에 대해서는 이 책 [216]에서 설명한다.

406) 역자주: 이에 대해서는 이 책 [217]~[220]에서 설명한다.

407) 역자주: 이에 대해서는 이 책 [221]~[222]에서 설명한다.

408) 역자주: 이에 대해서는 이 책 [278] 참조.

것을 제외하고는, 여성 노예의 자녀는 그들의 어머니(母)의 지위에 따른다. 이 원칙은 이슬람 사회의 발전에 가장 커다란 영향을 주었다.

218 노예는 형법에 있어서 자유인에 비해 덜 보호받는다. 고의로 노예를 살해한 것에 대한 보복은 심지어 자유인에 대해서도 행해진다.[409][410] 그러나 노예에게 신체적으로 해를 가한 것에 대한 보복은 없다. 노예에게 까드프(Ḳadhf)의 죄를 지은 사람은 핫드(Ḥadd) 형벌에 처해지지 않고 단지 '자유재량에 의한 처분'(타으지르: Ta'zīr)[411]에 처해질 뿐이다. 왜냐하면 노예는 무흐산(Muḥṣan)이 아니기 때문이다.[412] 이와는 별도로, 일반적으로 노예에 대한 보호는 재산에 대한 보호의 범위를 넘지 않는다. 형법은 그의 주인에게 반항하는 노예를 보호하지 않는다. 왜냐하면 보복, 피의 값 등은 주인 자신에게 주어진 개인적인 권리이기 때문이다. 노예는 이와 같은 경우에 소송능력이 없다. 그러나 국가는 주인이 자신의 노예에 대하여 종교적인 의무를 수행하도록 보장해 주어야 한다. 노예의 주인은 노예를 혹사시켜서는 안 되고, 그에게 충분한 휴식을 제공해야만 한다. 계속적인 범죄를 저지르는 노예는 강제매각의 대상이 될 수 있다. 반면에, 노예의 형사책임은 자유인의 형사책임보다 더 가볍다. 그는 무흐산(Muḥṣan)이 아니기 때문에 간통을 저지른다 해도 투석형을 당하지는 않는다. 그는 무흐산이 아닌 자유인에게 적용되는 태형의 절반에 해당하는 형벌을 받을 뿐이다. 술을 마시는 행위 및 까드프(Ḳadhf)에 대해서도 그는 자유인에 대하여 적용되는 태형의 절반에 해당하는 벌을 받는다. 노예는 계획적인 살인에 대하여는 보복을 받지만, 타인의 신체에 해를 가한 경우에는 그러하지 아니하다.

409) 역자주: 이것은 하나피학파의 견해이다.

410) 역자주: 이것은 법학파들 사이에서 견해가 대립되는 중요한 문제이다. 말리크학파, 샤피이학파, 한발리학파는 이와 반대의 견해를 취하고 있다.

411) 역자주: 타으지르(Ta'zīr)는 시간과 장소에 따라 그 사회의 상황에 맞게 다른 판단을 내리는 것을 가리키는 것으로 꾸란에 규정된 형벌인 핫드(Ḥadd)와 대비된다.

412) 역자주: 이에 대해서는 이 책 [211] 참조.

219 노예에게 처분능력은 없지만 대리행위는 할 수 있다.[413] 금전거래에 있어서 그의 의사표시는 자유인의 의사표시와 동일하게 인정된다. 반면 종교적인 문제에 있어서는 그가 비록 아들('Adl)이라 하더라도 증인이 될 자격은 없다. 노예는 주인에게 부양을 청구할 수 있다. 노예가 행한 불법행위에 대한 금전상의 손해배상책임(지나야트: Jināyāt)[414]은 주인이 부담하지만, 손해배상의 명목으로 그 주인은 노예를 넘겨줄 수 있다(다프: Daf': Noxae Deditio). 반대로 어떤 경우에는 주인은 채무를 상환한 후에 책임을 부담토록 했던 노예를 다시 찾아올 수 있다(피다: Fidā'). 일정한 사안의 경우 주인은 자신의 노예의 행위에 대하여 책임을 지지 않는다. 그 경우 책임은 노예가 자유인이 된 이후에만 부활되는데, 예를 들면 노예가 기탁받은 물건이라든가 사용대차를 받은 물건 혹은 차용한 금전을 과실로 인하여 이를 감소시킨 경우가 그 예이다. 노예가 재산(Peculium[415])을 소유하는 것은 원칙적으로 인정되지 않지만, 사실상 노예가 재산을 소유하는 경우를 종종 볼 수 있다.

220 혼인과 같은 일회성의 법률관계라든가 일반적인 거래행위의 경우에 대하여 주인은 노예에게 처분권을 부여할 수 있다. 이와 같이 주인의 최종적인 허락을 받은 노예를 '마드훈'(Ma'dhūn)이라고 한다. 이 허락에 증여와 같은 편무계약은 포함되지 않으며, 혼인을 완성시키는 계약이나 보복으로부터 그의 지위를 회복하는 계약과 같이 비금전적인 거래행위도 포함되지 않는다. 마드훈에 의하여 체결된 거래는 주인이 그에게 맡긴 자산으로

---

413) 역자주: 대리행위의 경우에는 그 효과가 대리인이 아니라 대리권을 수여한 사람(본인)에게 귀속한다. 그러므로 대리인에게 권리능력이 인정되지 않는다는 사실과 대리행위를 할 수 있다는 사실은 별개의 문제이다. 여러 나라의 민법과 마찬가지로 우리 민법도 같은 취지를 규정하고 있다: "대리인(代理人)은 행위능력자(行爲能力者)임을 요하지 아니한다."(민법 제117조)

414) 역자주: 이에 대해서는 이 책 [349] 이하 참조.

415) 역자주: 'Penculium'은 영어의 'Property'에 해당하는 라틴어이다.

책임을 부담한다. 만약 그 노예가 타인에게 빚을 지게 된다면, 그 주인은 그 채무를 변제하기 위하여 노예를 팔거나 혹은 노예의 채무를 대신 변제해야 한다. 불법행위에 대한 마드훈의 금전상의 손해배상책임과 혼인으로 인해 생긴 채무에 대한 책임에도 동일한 규정이 적용되는데, 이는 보통의 노예에게 적용되는 규정과는 대조적이다. 주인의 허가는 그 주인이 정신이상자가 되는 경우와 같이 법에 의해 철회되거나 혹은 주인의 금지(하즈르: Ḥajr)에 의하여 철회될 수도 있다.

221 (c) 노예해방('Itk 또는 I'tāḳ)은 종교에 의하여 권장된다; 일정한 경우에 있어서 노예해방은 종교적인 속죄(카파라: Kaffāra)로 규정되며, 때에 따라서는 선서에 따른 책임을 불이행한 것에 대하여 자기 스스로에게 부과하는 형벌이다. 만일 노예가 자신의 마흐람(Maḥram),[416] 즉 혼인금지 촌수[417]에 해당하는 사람의 소유로 되면 그 노예는 법에 의하여 해방된다; 움 왈라드(Umm Walad), 즉 주인이 자신의 자녀로 인지(認知)한 아이를 낳은 여성노예는 그 주인이 사망하게 되면 법적으로 해방된다. 그러므로 주인은 오직 노예해방이나 무카타바(Mukātaba) 계약에 의해서만 그 여성노예를 처분할 수 있다; 주인은 여성노예를 포기할 수 없으며 그 대신에 주인은 여성노예의 가치에 해당하는 금액에 대하여 책임을 져야 한다. 그러나 주인은 여성노예의 동의 없이 혼인하게 할 수 있다; 노예해방이 인정될지 여부가 명확하지 않은 경우에 법은 노예해방이 되는 쪽으로 해석한다; 만약 노예가 해방될 것이라는 기대가 불완전한 경우에는 일정한 작용에 의하여 자유를 얻을 가능성을 갖게 되는데, 가령 노예가 공동소유의 대상이고 공동소유자 중의 한 사람이 자신의 지분(Share)에 해당하는 만큼을 해방시킨 경우를 들 수 있다.[418] 노예해방에는 몇 가지의 특별한 형태가 있는데, 그

---

416) 역자주: 마흐람이 문제되는 다른 법률관계에 대해서는 이 책 [313], [356] 등도 함께 참조.

417) 역자주: 혼인금지에 해당하는 촌수에 대하여 자세한 것은 이 책 [311] 참조.

첫째 유형은 유증(legacy)과는 구별되는 것으로 주인의 사망으로 인하여 효력이 발생하는 노예해방(타드비르: tadbīr)이다. 이러한 형태로 해방된 노예(무답바르: Mudabbar)는 움 왈라드(Umm Walad)와 동일한 법적 지위를 가진다.[419] 둘째 유형은 노예가 자기 자신을 매수하는 형태이다; 이 경우에 노예는 즉시 자유인이 되고 주인에게 매매대금을 지급할 의무를 부담한다. 마지막으로, 노예(Mukātab)가 분할급부에 의해 장래에 대가를 지급할 것을 조건으로 하여 자유를 얻게 되는 무카타바(Mukātaba) 계약이 있다; 그는 주인의 처분권한에 관한 한, 그리고 계약의 이행 후에 그의 재산(라카바: Raḳaba)에 관한 한, 즉시 자유인이 된다; 그는 마드훈(Madhuūn)과 동일한 처분능력을 갖게 되며, 주인은 그 노예의 동의 없이 혼인을 강제할 수 없다. 만약 합의에 의해 또는 주인의 신청에 따른 까디의 판결에 의해 노예측의 채무불이행 사실이 인정되면 무카타바 계약은 취소될 수 있다. 무카타브 노예가 점유한 물건에 대한 소유권은 그 소유권자가 미정인 상태에 있고, 계약의 이행이나 불이행에 따라서 무카타브 또는 주인에게 소급적으로 귀속된다. 무카타브 노예는 빈민구호세에 의한 보조에 대하여 청구권(Claim)은 없지만 기대권(Expextancy)을 가진다.[420] 이 모든 것은 노예가 그의 주인에 대해 상당한 범위에서 소송능력을 보유하는 데에서 오는 결과이다.

222 해방된 노예라 하더라도 극히 사적인 보호관계[왈라: Walā': 보호자와 피보호자 양자를 가리켜 '마울라'(Mawlā)라고 부른다]에서는 여전히 그의 전주인에게 소속된 채로 남아 있다. 이는 혼인법과 상속법에서 의미를 가진다.

223 그러므로 노예의 지위는 견딜 수 없는 정도에 있지는 않다. 노예

---

418) 역자주: 이와 관련해서는 이 책 [248]도 함께 참조.

419) 역자주: 이와 관련하여 이 책 [334] 참조.

420) 역자주: 청구권은 타인에게 일정한 급여를 현실적으로 요구할 수 있는 권리임에 반해, 기대권은 미래에 그와 같은 권리를 취득할 가능성에 대한 권리이다.

에 관한 이슬람법은 가부장적이고, 재산법이라기보다는 가족법의 영역에 속한다. 가사노예와는 별도로, 이슬람법은 상인노예에 대해서는 상당한 자유를 부여하는 반면, 농업과 산업을 영위하는 노예에 대해서는 그러하지 않다. 그러나 실제로 후자는 이슬람 사회에서는 거의 찾아볼 수 없다. 노예에 관한 법규정은 대체로 현실을 반영한다.

224 4. 비무슬림의 법적 지위

비무슬림에 대한 이슬람의 태도의 기초를 이루는 것은 전쟁법이다. 비무슬림들은 개종[421]하거나 정복당하거나 혹은 처형되어야 한다(다만 여성, 어린이, 노예의 경우는 예외). 일반적으로 처형은 이슬람교로의 개종이나 정복이 거절되는 경우에만 이루어진다. 예외적으로 아랍 이교도들은 오직 이슬람교로의 개종 또는 죽음 중 하나를 선택할 수 있을 뿐이다. 이와는 달리, 전쟁 포로들[422]은 이맘(Imām)의 재량에 따라 노예로 만들거나 처형하거나 자유로운 딤미(Dhimmī)[423](이하 내용 참조)로 생존한 채로 놓아두거나 혹은 전쟁포로가 된 무슬림과의 교환대상으로 사용된다. 또한 항복협정도 체결되는데, 이는 이 협정의 적용을 받을 비무슬림들의 대우에 관한 법적 기초를 정한다. 항복협정은 종종 딤마(Dhimma), 즉 '약속'(Engagement), '의무'(Obligation), '책임'(Responsibility)으로 불리는데, 이는 항복협정에 의하여 무슬림들은 문제가 되는 비무슬림들의 생명과 재산을 보호할 의무를 부담하기 때문이다. 이러한 협정은 언제나 그로부터 발생되는 모든 의무와

---

421) 이슬람법은 강제적인 개종을 허용하지 않는다.
422) 원칙적으로 이슬람법은 무슬림들 사이에서의 전쟁은 허용하지 않고 오로지 성전(聖戰)만을 예정할 뿐이다. 그러므로 전쟁포로들은 비무슬림으로 정의된다.
423) 역자주: 딤미(Dhimmī)란 이슬람 공동체 내에 거주하는 백성으로서, 이들은 무슬림이 아니지만 일신교도로 일정한 세금(인두세)을 지불함으로써 특별한 법적 지위를 부여받고 일정 한도 내에서 생명·재산·신앙을 보호받았다.

함께 비무슬림들의 항복을 규정한다. 특히 공물의 지급, 즉 고정적인 인두세(지즈야: Jizya)[424]와 농지세(카라즈: Kharāj)는 구체적인 사정에 따라 정해진다.[425] 비무슬림은 무슬림과 구별되는 의복을 입어야만 하고, 집에 구별되는 표시를 해야 하는데, 그들의 집은 무슬림의 것보다 더 높게 건축되어서는 안 된다. 그들은 말을 타거나 무기를 소지할 수 없다. 또한 그들은 무슬림에게 길을 양보해야만 한다. 그들은 공개적으로 자신들의 숭배나 특이한 관습(일례로 술을 마시는 것)에 따른 행동으로 무슬림을 화나게 해서는 안 된다. 그들은 새로운 교회, 유대교회당이나 은신처를 건축할 수 없다. 그들은 모욕적인 조건으로 인두세를 지불해야만 한다. 그들이 특별히 무슬림에게만 인정되는 특권으로부터 배제된다는 것은 두말할 필요가 없으나, 반면에 그들은 특별히 무슬림에게만 인정되는 의무로부터 면제된다. 원칙적으로 비무슬림들은 어떠한 행동이 합법적인 것인가의 문제에 관하여 자신들의 종교규범을 따른다. 특히 그들은 술이나 돼지고기의 금지에 종속되지 않기 때문에 술이나 돼지고기에 대한 거래도 할 수 있다. 심지어 딤미(Dhimmī)가 무슬림 개인에게 살인을 포함한 위법행위를 하거나 공물의 제공을 거절하고 비무슬림에게 부과되는 다른 규정들을 위반하더라도 이는 항복협정에 대한 위반으로 간주되지 않는다. 오직 적들에게 가담하는 행위를 하거나 자신들의 나라에 거주하는 무슬림에 대항하여 전쟁하는 것만이 항복협정의 위반으로 간주될 뿐이다.

225 협정에 의하여 보호되지 않는 비무슬림은 '전쟁 상태에 있는', '적국의 외국인'이란 뜻의 하르비(Ḥarbī)라고 불린다. 만약 임시적인 안전통행권(아만, Amān)을 보유하지 못하면 그의 생명과 재산은 법에 의하여

424) 역자주: 지즈야(Jizya)는 정복 초기에는 피지배 주민에게 부과된 세금이었는데, 후기에는 딤미(Dhimmī)들에게 부과된 인두세로 발전되었다.

425) 카라즈(Kharaj)는 심지어 그 토지의 소유자가 이슬람교로 개종하거나, 그 이외에 그 토지가 무슬림의 재산이 된다 할지라도 여전히 그 토지에 대한 세금으로 존속된다.

충분한 보호를 받지 못한다. 안전통행권은 무깔라프(Mukallaf)[426]인 남성 또는 여성 무슬림이 유효하게 발급해줄 수 있다. 이러한 안전통행권을 소지한 비무슬림은 무스타민(Musta'min)이라 불리는데, 이들은 해마다 조공을 바칠 의무를 진다는 점을 제외하고는 일반적으로 그 지위에 있어서 딤미와 유사하다. 만약 그가 이슬람의 영토에 오래 체류하다면 딤미가 된다.

226 누구를 비무슬림(카피르: Kāfir)으로 인정할 것인가에 대한 예민한 문제는 관용적인 관점에서 해결된다. 비무슬림은 그가 이슬람의 본질적인 요소를 부인하는 경우에만 이교도로 간주된다. 비교도들 사이에서도 세부적인 구별이 있는데, 예언자[427]를 믿고 성서(아흘 알 키타브: Ahl al-Kītāb)[428]를 소지하는 계시종교[429]의 신봉자, 조로아스터교도, 이교도의 순서로 권리에 있어 차이를 둔다. 비교도들 사이에서 태어난 자녀들은 보다 상위에 있는 종교에 속한다. 무슬림은 성서(Ahl al-Kītāb)를 믿는 비교도의 여자와 혼인할 수 있으며, 이 경우에 그들의 자녀는 물론 무슬림이 된다. 그러나 성서를 믿는 비교도의 남자는 무슬림 여자와 혼인할 수 없다. 그밖에 무슬림과 딤미는 사실상 재산법, 계약법과 채권법 전체에서는 동등한 지위를 가진다. 그러나 딤미는, 또 다른 딤미와 관련된 문제[430]를 제외하고는(심지어 그들이 서로 다른 종교에 속하는 경우라 하더라도) 증인이 될 수 없다. 여성의 딤미에게 무슬림인 자신의 자녀를 개인적으로 관리(보호)할 권한이 인정되기는 하지만, 딤미는 무슬림인 자녀의 후견인이 될 수는 없다; 딤미는 무슬림의 유언집행자가 될 수 없다; 딤미는 무슬림인 노예를 소유할 수 없고, 만약 소유했다 하더라도 당국에 의하여 그 노예를 매각할 것을 강제당한다. 그들이 무슬림인 것이

426) 역자주: 무칼라프의 개념에 대해서는 이 책 [209] 참조.
427) 역자주: 아담, 아브라함, 노아, 모세, 예수 등을 의미하는 것이다.
428) 역자주: 유대교경전, 기독교경전에 이에 속한다.
429) 역자주: 유일신 하나님을 믿는 종교를 통칭하는 것이다.
430) 역자주: 딤미와 딤미 사이의 법률관계를 말하는 것이다.

명확하게 밝혀지지 않은 한, 딤미는 형법에 있어서 핫드(Ḥadd)형벌과 '재량에 의한 형벌'(타으지르: Ta'zīr)을 면할 수 없다. 그러므로 술을 마시는 것에 대하여는 핫드형벌을 면할 수 있고, 무흐산(Muḥṣan)[431]의 간통에 대하여 중한 형벌을 면할 수 없다. 딤미는 형법에 있어서는 무슬림과 동등한 보호를 받는다. 그러나 형사책임은 무슬림에 비해 비교적 가볍기 때문에, 그는 까드프(Ḳadhf)에 대해서는 핫드(Ḥadd)형벌이 아니라 타으지르(Ta'zīr)를 받음으로써 보호된다. 딤미는 보복[432]에 있어서는 무슬림과 동등한 지위를 가진다. 마지막으로, 소극적인 측면에서 평등한 지위를 가지는 경우가 있다. 무슬림과 딤미는 어느 한 쪽도 다른 쪽과 함께 합명회사(무파와다: Mufāwaḍa)를 경영할 수 없다. 어느 한 쪽도 다른 쪽의 아낄라('Āḳila)에 속할 수 없다. 그리고 무슬림과 딤미 모두 만약 상속인과 피상속인 사에에 거주지가 다른 경우에 그것이 이슬람 국가 내(다르 알 이슬람: Dar al-Islām)이든 적국의 영역 내(다르 알 하르브: Dar al-Ḥarb)이든 상관없이, 상속인과 피상속인이 누구이든 (비록 유증은 가능하지만) 상속이 인정되지 않는다.

227 각종 자료들에서 논의되는 딤미와 관련된 법규정의 다수는 이슬람교로의 개종으로 인한 효과에 관한 규정인데, 이는 특히 이슬람의 영역 밖에서는 가능하지만, 이슬람 영역 내에서는 행해질 수 없는 경우(예컨대, 네 명 이상의 여자와의 혼인, 금지된 신분 내에서의 혼인, 술이나 돼지고기의 소유권)에 관한 효과이다. 가끔은, 만약 딤미의 이슬람교로의 개종이 다른 딤미의 법적 손해를 수반한다면(예컨대, 딤미의 아내의 개종), 이 다른 딤미에게도 자신의 권리를 보장받을 수 있도록 하기 위해 이슬람으로의 개종이 허용된다. 개종자는 마울라(Mawlā)가 된다. 즉 그는 해방된 노예와 동

431) 역자주: 무흐산의 개념에 대해서는 이 책 [211] 참조.
432) 그러나 이슬람법의 다른 학파들은 딤미는 자신들을 살해한 데 대한 보복을 무슬림에게 할 수 없다고 하는데, 샤피이학파와 한발리학파는 전적으로, 그리고 말리크학파는 대부분의 경우에 그러하다고 본다.

일한 방법으로 후견인(즉 '마울라'라고 불림)이 필요하다. 그러나 그는 후견인계약(무와라트: Muwālāt)에 의해 그의 후견인을 선택할 수 있는 자유를 보유한다. 반대로, 이슬람으로부터 다른 종교로의 개종은 배반행위로 간주되고 형사상 처벌을 받게 된다.

228 이상을 요약해 보면, 이슬람법은 다음과 같은 경우에 한해서만 비무슬림에게도 적용된다. 즉 무슬림도 직접적으로 관련된 경우, 무슬림이 간접적으로 관련된 경우, 예컨대 절도죄의 처벌이 무슬림의 종교적 이해관계를 구성하는 경우가 그것이다. 이와는 별도로, 비무슬림은 무슬림과 전혀 관계없는 경우 (이슬람)법으로부터 완전히 자유롭다. 종교문제에 있어서 자유는 명백하게 보장된다. 이는 그들 자신의 사법권을 포함한, 사실상 비무슬림의 법적 자치의 기초이고, 그것은 중세시대에 광범위하게 적용되었으며, 현 세대에까지도 부분적으로 유지되어 왔다.

제19장 재산권

229 1. 재산권의 대상

이슬람법은 재산권의 대상을 유체의 물건(Chose, Res)으로 엄격하게 정의하지 않는다. 유체의 물건('Ayn)이라는 개념이 채권 또는 채무(Dayn)와 대비되는 것이기는 하지만, 사용가능한 물건의 용익권(usufruct: Manfa'a, 복수는 Manāfi)도 독자적인 범주를 형성한다; 이 때 용익권(Manfaa)과 대비되는 것으로 물건 그 자체, 즉 실체를 라까바(Raḳaba)라 한다. 어떤 면에서 용익권은 물건처럼 다루어진다; 즉 사용한다는 것은 제한물권(ius in re Aliena)이 아니라, 용익권을 소유하는 것이다. 그러나 용익권은 다른 물건과 같이 다루어질 뿐만 아니라, 특별한 거래의 대상이 되기도 한다; 아리야('Ārriya: 비대체물의 대차) 계약은 용익권의 무상이전으로, 이자라(Ijāra: 임대차) 계약은 용익권의 매매로 정의되지만, 그럼에도 불구하고 이들은 별개의 계약이다. '수익을 발생시키는 물건'(Mālnāmi; Namā')의 경우 용익권은 산출물(Ghalla)을 포함하며, 이는 임대차를 통해 얻은 수익을 포함한다. 또한 산출물은 독립적인 별개의 권리의 객체가 될 수 있으며, 예를 들어 물건으로부터 발생한 산출물에 대한 권리를 수여하는 유증(Legacy)에서 그러하다; 이러한 권리들은 물건을 직접 사용할 권리는 포함하지 않는다.

230 법적 거래의 객체가 되는 물건, 즉 융통물(Res in Commercio)은 '말'(Māl)이라고 불리지만, 그 반대는 단지 불융통물(Res extra Commercium)로 불리는 것이 아니라 별도로 분류되는 범주가 있다.

231 (a) 법적 거래로부터 완전히 배제되고 재산권의 대상이 될 수 없으며, 그 매매가 무효(Bāṭil)인 물건, 예를 들어 자유인, 종교의식을 통해 도살되지 않은 동물들(Mayta), 그리고 피가 그러하다.[433)]

232 (b) 실제로, 어떤 소유권도 존재하지 않는 물건(Ghayr Mamlūk)이 있는데 이에 속하는 것으로는 다음과 같은 것을 들 수 있다. (1) 개인의 지배하에 있지 않은 물건(Ḥirz), 또는 공기, 물, 큰 강, 공공도로와 같이 공적 재산인 물건(Milk al-'Āmma): 이들 물건에 대해서는 누구든지 공중에게 손해를 야기하지 않는 방식으로 이를 사용할 권리가 있으며, 다만 어느 누구도 이를 처분할 수는 없다. (2) 와끄프[434)]: 와끄프에 대해서는 어떤 소유권도 존재하지 않는 입장이 있는 반면, 와끄프를 알라의 재산으로 보는 견해도 있다. (3) 창공의 새와 같이 '알려지지 않은' 물건(Ghayr Ma'lūm); 이는 도주한 노예와 같이 실제 점유 하에 있지 않은 물건과 동일시된다(Abik); 불확실성(Gharar)을 배제하기 위해서 이슬람법은 이와 같은 물건에 대한 소유권을 처분할 권한을 인정하지 않는다.

233 (c) 독립적인 소유권의 객체가 될 수 없는 물건, 즉 (1) 낱알 속의 밀가루, 짜기 전의 젖과 같이 독립적으로 존재하지 않거나, 적어도 아직까지는 독립적이지 않은 물건; (2) 지붕 속의 들보와 같은 구성부분들, 그러나 이는 일관되게 통용되지는 않는다. 왜냐하면 집의 위층은 독립된 재산일 수 있기 때문이다; 이 범주는 집의 열쇠와 같이 독립적으로 존재하지만, 통상 다른 물건에 속하는 물건들을 포함한다; 반대약정이 없다면, 이들은 속해있는 주된 물건에 종속된다.[435)]

---

433) 역자주: 이슬람 방식으로 도축되지 않은 동물과 피는 대표적인 하람이다. 할랄 식품(Halal Food, 이슬람법에 의해 허용된 음식)과 대조를 이룬다.

434) 역자주: 이에 대해서는 이 책 [212] 참조.

435) 그러나 매매 계약에서 달리 명시되어 있지 않다면 씨앗은 토지에 종속되지 않고, 열매는 나무에 종속되지 않는다.

234 (d) 제한된 소유권만 인정되는 노예들로는, 특히 움 왈라드(Umm Walad), 무답바르(Mudabbar) 및 무카타브(Mukātab)가 있다.

235 (e) 소유권의 대상이기는 하나 그 처분이 제한되어 있는 물건, 특히 (1) 경미한 가치의 물건; 말(Māl)의 최소한의 가치는 1 디르함(Dirham)이다; (2) 메카의 흙과 같이 신성한 물건이어서 그 매매가 불경스러운 물건; (3) 술과 돼지와 같이 종교적으로 불순한 물건; (4) 그 매매가 파시드(Fāsid)인, 시장가치 없는 기타의 물건(Māl Ghayr Mutaḳawwim).

236 (f) 마지막으로 분실, 침탈 또는 몰수된 물건과 같이 실제 점유하에 있지 않고 그 회복을 기대할 수 없는 물건(Māl Dimar).

237 이러한 체계는 전체로서 계획된 것은 아니며, 이들 범주들은 개별 거래들과 관련하여 하나씩 검토된다; 또한 거래가 바띨(Bāṭil)이 되는지 또는 파시드(Fāsid)가 되는지, 흔히 그 법적 효과는 결정되지 않은 채로 남겨지기도 한다. 때로는 거래의 성질에 따라 법적 효과가 달리 취급되기도 한다; 가장 중요하게 대비되는 영역은, 어떤 물건이 팔리거나, 기증되거나 또는 마흐르(Mahr)로서 건네질 수는 없지만, 상속되거나, 유증될 수는 있다는 것이며, 예를 들어 여성 노예의 태아가 그러하다.

238 유사한 제한은 이행(Performances)에도 적용되며, 그 중 일부는, 예를 들어 씨말의 암말에 대한 교미와 같이, 대가가 지급되어질 수 없고, 대가를 받고 제공될 수도 없다.

239 말(Māl)은 부동산('Aḳār)과 동산(Māl Manḳūl, Māl Naḳlī) 그리고 대체물(Mithlī)과 비대체물(Ḳīmī)로 구분된다. 대체물은 다시 측정할 수 있거나(Makil 또는 Kaylī), 무게를 잴 수 있거나(Mawzūn 또는 Waznī) 혹은 셀 수 있는(Ma'dūd mutaḳārib, 즉 동일한 종류에 속하는, '동종의') 물건들로 나뉘며, 이들 범주들은 리바(Riba)의 금지와 관련하여 중요하다. 이러한 금지에 관한 말씀에 기초해서, 밀·보리·대추야자열매·소금은 마킬(M'akil)의

범주에 속하고, 금과 은은 마우준(Mawzūn)의 범주에 속한다; 그밖에 어떤 물품이 어느 범주에 속하는지는 관습('Urf)에 의하여 결정한다.

240 2. 소유권과 점유

물건을 완전하고 독점적으로 처분할 수 있는 권리인 소유권은 밀크(Milk), 점유는 야드(Yad), 소유권자는 말리크(Mālik) 또는 랍브(Rabb), 점유자는 둘 야드(Dhul-Yad)로 부른다. 이슬람법은 점유(占有: Possessio)와 소지(所持: Detentio)를 구별하지 않는다. 밀크와 말리크는 물건에 대한 소유권뿐만 아니라 용익권, 혼인관계·첩관계에서의 성교권 등에도 사용된다. 나아가 야드 또한 혼인관계에서의 남편 또는 아버지의 권위를 표시할 수 있다. 원래의 점유 범주에는 신탁적 점유(Fiduciary Possession: Yad Amāna), 그리고 무엇보다도 합법 또는 불법의 점유(Yad Muḥiḳḳa와 Yad Mubṭila)가 있으며, 불법점유의 예로는 침탈행위가 있다. 소유권과 점유가 구별되는 많은 사례 중에서, 가장 중요한 것은 무카타브(Mukātab) 노예의 경우이다; 그는 주인의 점유에서는 벗어나지만 소유권에는 종속된다.

241 소유권의 취득은 원시취득일 수도 있고 승계취득일 수도 있다. (a) 원시취득은 우선 무주물(Res Nullius)의 선점(Istīlā')을 통해서 발생한다. 이와 관련하여, 기대권(Expectancy)의 문제가 제기된다. 누군가가 새를 잡기 위해 그물을 설치했다면, 그는 잡힐 새의 소유권에 대한 기대권을 가진다; 그러나 그가 그물을 말리기 위해 이를 설치했다면, 누구라도 그물에 잡힌 새를 꺼내어 갖는 이가 그 재산을 취득하며, 이는 설사 타인의 토지에서라도 마찬가지이다. 또한 토지의 소유자는 그 토지에서 자라는 나무와 그 토지로부터 충적 등을 통해 늘어난 자연증가지(Alluvion)에 대한 독점적인 권리를 가진다. 값나가는 금속에 대해서는, 광물(Ma'din)과 보물(Rikāz) 사이에 차이가 있다; 전쟁에서 적으로부터 노획한 전리품뿐만 아니라, 광물과

보물의 경우에도 1/5은 국고로 귀속되어야 한다. 광물은 토지의 소유자에게 귀속되고,[436] 단지 토지에 소유자가 없을 경우에만 발견자에게 귀속된다; 보물은 어느 경우든 발견자에게 귀속된다(적어도 아부 유수프의 교의에 의하면). 그러나 이는 보물의 연대가 이슬람 이전시대로 추정되는 경우에만 적용된다; 이슬람시대의 보물은 소유자가 없는 것이 아니라 단지 그 소유자의 점유를 떠난 것일 뿐이며, 발견된 재산(Luḳaṭa)으로 다루어진다. 소유권은 발견에 의해서 결코 취득될 수 없다; 발견자는 법적 공지기간이 성과없이 경과한 때 발견된 물건에서 기부(Ṣadaḳa)를 받을 권리만을 취득할 뿐이다; 만약 그가 가난하다면 그는 스스로 그 물건 자체를 사용할 권리를 가진다; 그러나 발견된 물건을 나중에 소유자에게 반환할 의사로 신탁물로서 보관하는 것으로 보는 것이 보다 적절한 이해일 것 같다. 만일 이러한 목적이 결여된다면 그 보관은 침탈행위(Usurpation)가 된다. 과실(果實)의 취득(Istighlāl)은 소유권의 핵심적인 부분이다.

242 가공(加工: Specification), 고형종류물혼합(固形種類物混合: Commixtion) 및 유동종류물혼화(流動種類物混化: Confusion)의 문제는 소유권의 관점이 아니라, 일부는 침탈행위(Usurpation)의 관점에서, 일부는 임치(Deposit)의 관점에서 다루어진다; 이슬람법은 수반되는 책임의 종류와 한계를 정립하는 데 주안점을 둔다. 그러므로 원소유자는 흔히 다음 양자의 선택권을 갖는데, 단지 배상만을 청구하거나 혹은 물건 자체의 반환을 청구하는 것이 그것이다. 후자의 경우 증가한 가치에 대해 원소유자가 침탈행위자의 몫을 보상하거나, 감소한 가치에 대해 침탈행위자가 원소유자의 몫을 보상하게 된다; 다른 고려 대상은 가공으로

436) 역자주: 이 법리는 한발리학파의 입장이다. 한발리학파를 따르는 대표국인 사우디아라비아는 이 법리에 관해서는 말리키학파의 입장을 따른다. 말리키학파는 광물의 소유권은 국가의 소유로 본다. 사우디아라비아가 이러한 입장을 보이는 것은 핵심 자원인 석유에 대한 소유권을 단순히 토지소유자의 사유로 할 수 없다는 점에 기인한 것으로 보인다.

인해 물건의 명칭과 주된 쓰임새가 바뀐다면, 가공은 침탈된 물건을 새로운 재산으로 만든다는 것이다. 같은 종류의 두 분량이 혼화(混化: Confusion)되는 것에 관해서는 견해의 차이가 있지만, 침탈행위자의 행위 없이 발생한다면 양에 비례해서 공동소유권(Ishtirāk)이 발생한다. 나아가 침탈행위자가 물건의 복구를 어렵게 만들고, 그 가치만큼 책임지게 되는 경우라면 침탈행위는 소유권을 창설하기도 한다; 그 대가를 지불함으로써 침탈행위자는 침탈행위 시점부터 소유권을 취득한다. 그러나 이때에도 침탈된 물건이 다시 복구될 수 있다면, 원소유자는 일정한 요건 하에서 소유권을 주장할 수 있다.

243 소유권의 원시취득의 개별 종류들은 절차법에서 중요하다. 소유권의 증명에 있어서, 건축(집은 그 동안 붕괴될 수 있으므로)·초목심기·씨뿌리기와 같이 반복되어질 수 있는 취득유형에 관한 증거보다, 직조·젖짜기·털깎기와 같이 반복될 수 없는 취득유형에 관한 증거에 우선적인 효력이 부여된다. 시효취득에 대해서는 그 정도의 효력이 인정되지 않는다; 그러나 일정한 요건 하에서 소유권에 대한 주장 없이 일정한 기간(30년, 33년 또는 36년이 종종 언급된다)이 경과된 후에는 점유자에 대한 토지소유자의 어떠한 청구권 행사도 받아들여질 수 없다는 절차적 규범에 의해 그 효과가 달성된다.

244 (b) 소유권의 승계취득은 (1) 점유의 이전, 즉 인도(Taslīm)와 점유취득(Ḳabḍ; Tasallum: 인수; Istīfā': 인수하기; Taḳabuḍ: 상호적 점유취득)에 의한 소유권의 이전을 통해서 발생한다. 이러한 종류의 재산취득은 다수의 채권관계에서 행해진다. 인도(Taslim)와 점유취득(Ḳabḍ)이 모든 상황에서 반드시 소유권 이전의 효과를 발생시키는 것은 아닌데, 예를 들어 취소권을 유보한 매매의 경우 그러하다; 그러나 그 이유가 소유권을 이전하려는 충분한 의사가 결여되어 있기 때문이라는 논증은 이슬람법에서 제시되고 있지 않다.

245 (2) 나아가 소유권의 승계취득은 물권적 권리를 창설하는 거래 자체를 통해서도 발생한다. 즉 점유취득 없이도 소유권을 발생시킨다. 이들 중 가장 중요한 것은 유증으로, 이는 단지 상속인에 대항하는 청구권을 취득하는 것에 그치는 것이 아니라 소유권을 창설한다. 계약 역시 경우에 따라서는 그 자체로서 물권적 권리를 부여하는 것으로 다루어진다; 이에 대해 이슬람법은 명확하게 구별하지 않는다.437)

246 (3) 질권(Rahn)은 특별한 지위를 가지는데, 이는 점유를 수반하지만 소유권은 이전되지 않기 때문이다; 소유권의 이전은 계약의 효과로서 단지 일정한 요건 하에서만 발생한다.

247 소유권의 상실은 통상 이전을 통해서 발생한다; 침탈행위자가 소유권 취득의 원인인 경우에서 같이 소유권의 상실은 소유자의 의사에 반해서 생길 수도 있다. 예를 들면 이슬람교를 배교하는 경우이다; 이 경우 우선 그 소유권이 정지되고, 소유권의 상실은 단지 배교자(Murtadd)가 죽거나 이슬람으로의 회귀없이 이슬람 국가를 떠나는 때에만 확정된다.

248 공동소유권(Mushā 또는 의무라는 관점에서 보면 Sharikat Māl, 즉 재산에서의 협력)은 상세하게 다루어지며, 특히 토지와 노예에 있어서 더욱 그러하다. 공동소유권은 일반적으로 상속으로부터 발생하며, 혼화(의도적인 또는 비의도적인)라든가 동업(同業)에 의한 수익의 취득으로부터도 발생한다. 혼화에 의한 공동소유권은 그 처분에 한계가 있다; 물건의 일부분은 다른 공동소유자(Sharīk)의 동의 없이는 공동소유자 외의 자에게 처분할 수 없다. 왜냐하면 이때 각 당사자는 그 물건을 구성하는 여러 부분들 중 한 부분의 개별 소유자에 불과하며, 이는 다른 사람이 소유하는 부분으로부터 사실상 분리될 수 없기 때문이다. 공동소유권은 그것이 분할되느냐

---

437) 역자주: 이에 대해서는 이 책 [252], [278] 참조.

여부에 따라 두 종류로 나뉜다. 분할(Ḳisma)이 통상적인 경우이다. 분할은 다른 공동소유자의 동의 없이도 흔히 실행될 수 있지만, 남은 부분의 사용을 제약하는 경우에는 그러하지 아니하다. 분할을 집행하는 까디가 준수해야 하는 절차에 관해서는 수많은 구체적 규범들이 있다. 만일 물건 자체가 분할되지 않는다면 그 사용이 분배되는데, 예컨대 건물의 방들을 일정하게 나누어 거주하는 것처럼 공간적으로, 또는 이것이 불가능하다면 시간적으로, 즉 한 달씩 순환하여 그 건물에서 거주하든지, 혹은 하루씩 순환하여 노예를 부릴 수 있다.

249 이슬람법에서 많이 언급되는 소유권의 보호는 특히 선의취득(Bona Fide Acquisition)의 보호와 관련해서 두드러진다; 거래목적물에 대해 제3자(Istiḥḳak, istirdād)가 권리를 주장하고 청구권을 행사한다면, 그것을 팔았던 당사자는 다락(Darak), 즉 소유권 결여에 대해서 이미 지불된 가액만큼 책임을 져야 한다. 소유권의 보호와 관련된 다른 중요한 예는, 소유자는 수탁자가 임대해 주었던 물건의 손해에 관해 임차인에게 직접 책임을 물을 수 있다는 것이다. 그러나 점유의 보호라는 개념은 이슬람법에서 발견되지 않는다. 점유는 소유권이 있다는 인상을 준다; 점유 자체가 분쟁중이라면, 청구는 결의론적438) 방법에 의해 결정된다; 옷을 입고 있는 사람은 그 소매 끝을 잡은 사람에 앞선다. 경우에 따라서 증거법의 특별규정들은 점유자를 불리한 상태로 두는 결과를 야기하기도 한다; 점유자와 '제3자'(Khārij)가 같은 종류의 소유권의 증거를 제출하면, 일정 요건하에서 '제3자'의 증거에 우선권이 주어진다. 왜냐하면 '제3자'가 청구인으로서 증명의 부담을 지고 있으므로, 이는 곧 우선적으로 고려되어야 할 권리를 그의 증거에 부여하는 것이기 때문이다.

---

438) 역자주: '결의론적'이란 말은 보편적 규범을 정확하게 적용하기 어려운 경우에 행위의 동기·목적을 살펴 해당 행위의 옳고 그름을 판단하는 것을 의미함.

250 3. 질권(Rahn)

질권설정계약은 청약과 승낙으로 이루어진다; 다만 질물의 점유가 이전될 때 효력을 갖게 된다(Lāzim). 질권설정계약은 이슬람법에서 강조되는 의무부과적인 성격을 갖는다; 질권자는 질물의 가치 또는 담보된 채무 중 더 작은 것을 한도로 질물에 관해 책임을 진다. 그러나 질권자의 과실(Ta'addī)로 질물을 상실하게 된다면 질물의 가치만큼 책임을 진다; 질권자는 또한 채무가 변제될 때 질물을 반환해야 할 의무를 진다. 질권설정계약의 물권적인 성격은 질권의 본질적인 요소로서의 점유이전을 통해서 명확히 알 수 있다; 질권설정자(Pledgor: 채무자)에 의한 질물의 처분은 완전히 배제된다; 질권설정자는 질권자(채권자)에게 변제할 목적으로 질물을 매매하기 위하여 그 인도를 요구할 권리조차도 갖지 못한다; 점유이전은 합의에 의해 수탁자, 즉 '좋은 평판의 인격자'('Adl)에 대한 질물의 신탁으로 대체될 수 있다; 질권자는 채무의 이행기가 도래한 때에 그 매각대금으로 자기 채권의 변제에 충당하기 위해 질물을 매각할 권리를 가진다. 질물은 채무의 존재를 전제로 한다; 가령 비대체물의 임치·대차계약, 다락(Darak: 소유권 결여)에 대한 책임, 인적 보증인, 동해보복(Retaliation), 우선매수권 등과 같은 신용관계(Amāna)에 있어서 제공되는 물건은 질물이 아니다. 또한 질물은 원칙적으로 담보물이다; 채무는 질물의 매매에 의해 변제충당되지 않는 한 존속하며, 질물을 매각하고 변제에 충당한 뒤에 남는 잔액은 질권자가 질권설정자를 위한 신탁으로서 유지된다. 예외적인 경우에 한하여 질물의 파괴 또는 손실이 채무를 소멸시키는데, 예를 들면 질물로 제공된 노예가 불법행위로 손해를 야기하고, 주인인 질권설정자가 노예를 포기하거나 되찾아가는 경우가 그러하다. 질권설정자는 질물의 소유권을 유지하므로 가축의 새끼, 나무의 열매와 같은 자연증가물의 소유권 또한 취득하게 되지만, 이들 역시 질물의 일부가 된다; 질물 자체에 필요한 비용은 질권설정자가 부담해야 하고, 질권자의 질물 보유로부터 야기되는 비용은 질권자가 부담해야 한다; 질물은 양자 어느 누구에 의해서도 사용되어질 수 없다. 저당권의 개념은 이슬람법에서 발견되지 않는다.

251 물건과 연관된 청구권을 담보하기 위해 그 물건을 보유하는 것(Ḥabs)은 질권과 다르다; 법은 많은 특별 사례들에서 이러한 물권적 권리(유치권)를 인정하는데, 예를 들어 어떤 물건에 행해진 작업에 대한 대가를 담보하기 위해 그 물건을 보유하는 것, 대리에 의해 구입한 물건에 대한 대금을 담보하기 위해 그 물건을 보유하는 것, 발견된 재산(그리고 일정한 조건하에서는 불법적으로 착복된 재산조차도)에 투입한 필요비용의 상환을 담보하기 위해 그 발견된 재산을 보유하는 것 등이 있다. 유치권자의 책임이 질권자의 그것과 같은지 혹은 더 과중한지 여부는 이견이 있다.

252 4. 부동산(부동산에 관해서만 발생하는 제한물권을 포함)

부동산에 관한 법은 재산에 관한 일반적인 법과 비교하여 큰 차이가 없다. 독립된 개체로서의 물건의 개념은 다소 유연하게 적용된다; 건물의 위층에 대한 독립된 소유권은 가능하다; 이는 역권 또는 지역권으로서가 아니라 부동산 소유권으로 다루어진다; 위층이 무너지면 매매될 수 없다. 독립된 소유권은 집의 방 하나에도 역시 가능하다. 매매시 소유권의 이전을 위해 점유이전은 요구되지 않는다(그러나 이에 대해서는 여러 이견이 있다); 매매계약이 순수하게 채권적 성질을 가지는 것만은 아니다. 이는 소유권의 증명에서 더 엄격한 증거의 규칙을 요구하게 된다. 부동산에 관한 소유물반환청구소송은 일반적으로 상대방이 점유자라는 사실을 청구인이 증명하여야 하고, 만약 청구인이 부동산의 상속을 주장하는 것이라면 더욱 더 엄격한 증명이 요구된다. 부동산의 침탈행위는 단지 용익권에만 영향을 미친다.

253 국고 및 와끄프(Waḳf)와 같은 관련 개념과 구별되는 것으로서 공공재산(Milk al-'Āmma)은 그 범위가 크게 제한되어 있다; 예를 들면, 도로에 관해서 통행로는 인접한 토지소유자의 공동소유물이므로 공공재산이다. 공공재산의 사용은 어느 정도 모두에게 자유롭다; 공중에게 손해를 야기하지 않는 한 그 위에 노점 등을 설치하는 것도 가능하다. 그러나 누구든지 이를 제거할 것을 요구할 수 있다. 거주지 부근의 토지는 일종의 공용지로서 방목·벌채 등을 위해 인근 거주자들에게 유보되어 있다.

254 부동산의 선점은 황무지(Iḥya al-Mawāt)를 개간하는 형태로 나타난다; 이는 사용되지 않고 소유자가 정해져 있지 않으며, 무슬림의 것도 그렇다고 딤미의 것도 아닌 토지이다; 선점을 위해서는 이맘의 허가가 필요하다. 선점되는 토지는 울타리로 표시된다; 선점자는 3년 내에 토지를 개간할 의무를 진다; 이를 이행하지 않는다면 허가는 취소된다. 다수의 견해에 따르면, 이맘의 허가가 요구되지 않는 특별한 경우로는 황무지에 우물을 파고 나무를 심는 것이다; 선점자는 그 토지 주변에 상황에 따라 다양한 넓이의 예비구역을 획득한다.

255 부동산법은 이웃의 배려에 관한 소유권의 제한을 포함하는 바, 이는 소유권 행사에 있어서 이웃에게 방해가 될 수 있는 행동을 피할 의무로부터 도출된다. 이는 단지 대인적 청구권만을 주는데 그치며, 타인의 재산에 간섭할 권리를 주는 것은 아니다.

256 나아가 우선매수권(Shuf'a), 즉 부동산(건물의 위층을 포함하는)의 전면적인 매매에서 구매자를 자기 자신으로 대체할 수 있는 권리가 있다. 우선매수권은 법에 의해 주어지는 것으로 매매대상이 될 수 없다. 그 권리 실행은 다음 순서에 따르는 바, 즉 (1) 공동소유자, (2) 그 재산에 대한 역권의 소유자, 그리고 (3) 인접한 재산의 소유자 순이다. 우선매수권의 행사는 몇 가지 사유에 의해 제한되는데, 예를 들어 우선매수권을 사용할 수 있었

던 자 스스로가 가격을 정해 매수를 제안하고, 세금부담을 회피하기 위해 탈세를 이용한 것이 다수에 의해 증명되는 경우가 그러하다.439) 우선매수권이 행사되는 곳은 우선매수권자가 다른 매매를 알게 된 후 바로 증인들 앞에서 권리를 주장한 장소이다. 이를 행하지 않을 때에는 권리주장을 포기한 것으로 여겨진다.

257 부동산의 역권(Servitudes)은 통행의 권리, 물을 흐르게 두거나 흘러 나가게 하는 권리, 그리고 반대로 물을 끌어 들일 권리, 가축에게 물을 먹일 권리 등이 다. 위층을 지을 권리는, 위에서 언급된 것들과 달리 재산, 즉 물(物)이 아니라 이미 존재하는 위층의 소유자로서의 인(人)에 좌우된다; 따라서 위층 자체는 매매의 대상이 되지만, 위층을 지을 권리는 그러하지 않다.

258 공공이익을 위한 수용(收用)은 매우 협소한 범위 내에서만 인정된다.

259 이상에서 본 바와 같이, 이슬람법 이론은 부동산관련 법에서 약간의 원리만을 발전시켜왔다; 실제로 토지 소유의 요건들은 장소나 때에 따라서 여러 이론과 다양한 차이가 있으며, 여기서 와끄프 제도는 매우 큰 실용적인 중요성을 갖는다.

260 5. 물

관개의 문제는 근동에서 항상 특별히 중요하게 다루어진다. 물에 관련된 권리에 관한 이슬람법 규정의 기원은, 연중 물이 흐르는 냇물이 없는 아라

439) 그러한 하나의 조치(device)로는, 장래의 구매자에게 방 하나를 자비로운 선물(a charitable gift)로 줌으로서 공동소유자가 되도록 하고, 이어서 집의 나머지를 그에게 파는 것을 들 수 있다.

비아가 아니라, 태고 시대부터 인공관개가 이루어진 이라크에서 찾을 수 있다.

261 유프라테스 강, 티그리스 강과 같이 큰 강들은 사적 재산이 아니다; 작은 물줄기와 수로는 인접한 토지소유자들의 공동재산이다. 이는 많은 의무부과적 효과를 갖는데, 특히 바닥의 준설에 의한 유지의무, 물 사용에 대한 일방적 변경을 금지하는 규범이 그러하다; 이런 의무부과적 효과가 기존의 권리와 배치되는 한, 모든 공동소유자들의 합의를 요한다. 여러 소유자들 사이의 물 사용의 분배는 기술적인 분배(살수기 또는 일정한 크기의 흡입구가 있는 수로) 또는 일정한 시간적 배정에 의해 보장된다. 물을 사용할 권리는 그것이 속하는 토지로부터 분리될 수 있는데, 매매에 의해서는 안 되지만, 유증에 의해서는 가능하다. 수로와 같은 물은 사적 소유의 대상임에도 불구하고, 누구나 그 물을 마시거나 종교적 세정식을 위해 이를 사용할 권리 등을 가진다. 그러나 필요한 경우를 제외하고는, 소유자의 허락 없이 타인의 토지에 침입하여서는 안 된다. 물에 관한 완전한 사적 재산은 단지 그것이 보관 중인 때, 즉 그릇에 담겨 있는 때에만 인정된다.

제20장 채권관계 일반

262 1. 서론

부당이득과 위험(Risk) 양자는 윤리적인 근거에 의해 모두 인정되지 않는다; 이러한 금지는 전체 법체계에 널리 퍼져있고 가장 명확하게 나타나는 분야는 채권법이다. 그리고 이는 왜 이 주제가 이 장에서 다루어지는가 하는 이유이다. 몇몇의 채무는 다른 장에서 다루어졌고, 또 다루어 질것이다: 대리에서 나오는 채무,[440] 노예에서 나오는 채무,[441] 종교의 변경에서 나오는 채무,[442] 공동소유권에서 나오는 채무,[443] 질권설정계약에서 나오는 채무,[444] 부부재산제와 부양의무에서 나오는 채무,[445] 그리고 불법행위와 범죄에서 나오는 채무가 바로 그것이다.[446]

263 2. 계약의 형태

이슬람법은 계약의 자유를 인정하지 않는다. 그러나 이슬람법은 일정하게 정형화된 유형 안에서 상당한 정도의 자유를 허용한다. 계약의 자유는

440) 이에 대해서는 이 책 [200] 참조.
441) 이에 대해서는 이 책 [215] 이하 참조.
442) 이에 대해서는 이 책 [227] 참조.
443) 이에 대해서는 이 책 [248] 참조.
444) 이에 대해서는 이 책 [250] 참조.
445) 이에 대해서는 이 책 [328] 참조.
446) 이에 대해서는 이 책 [349] 이하; [305-307] 참조.

법적 거래를 윤리적으로 통제하고자 하는 이슬람법의 기본태도와 양립할 수 없을 것이다. 이슬람법의 기본관념과 계약의 자유를 양립시킬 수 있는 방법은 無因債務(Abstract Obligation: D'Ayn Muṭlaḳ)의 관념인데, 이는 계약의 효력이 채무의 본래의 발생원인과 무관하게 채무(Debt)의 승인(Acknowledgement)에 근거하는 것으로 보는 것이다. 무인채무(無因債務)는 원래 다양한 종류의 계약에 적용될 것으로 예정하여 형성된 개념은 아니지만 재산적인 반대급부를 확보하기 위하여 사용될 수 있는데, 무인채무의 개념이 교의를 정립하는 과정에서는 적극적으로 활용되지는 않았다. 그러나 무인채무는 실제에 있어서 법적인 조화의 요소로서 광범위하게 활용되었다. 관습의 개념은 채권법에서 중요한 역할을 하지만, 본질적으로 극히 제한적인 기능을 가지는데 불과하다. 왜냐하면 거래는 관습에 부합하는(Muta'ārif) 한에서만 허용되기 때문이다. 로마법에서의 성의채무(Bonae Fidei Obligatio)[447]에 대응하는 개념은 전혀 존재하지 않는다.

264 '채무'에 대응하는 일반적인 용어는 없다; 채무에 가장 가깝게 접근하는 것은 딤마(Dhimma), 즉 '양심의 의무로서의 배려'이다; 채무자는

---

447) 역자주: 로마법상 계약의 분류 중에는 엄격계약(嚴格契約, Contractus Stricti Iuris)과 성의계약(誠意契約, Contractus Bonae Fidei)의 구분이 있다. 이 구분은 계약을 보호하는 소권의 구별에 의한 것이다. 엄격계약(嚴格契約)은 엄격소권(嚴格訴權, actio stricti iuris)에 의하여 보호되는 계약이고, 성의계약(誠意契約)은 성의소권(誠意訴權, Actio Bonae Fidei)에 의하여 보호되는 계약이다. 소권에 대해서는 다양한 분류가 가능하다. 그 중에는 대물소권(對物訴權, Actio in Rem)과 대인소권(對人訴權, Actio in Personam)의 구별도 있다. 대물소권은 물권·가장권과 같은 지배권을 보호하기 위한 소권이고, 대인소권은 청구권을 보호하기 위한 소권이다. 엄격소권과 성의소권은 대인소권에 속하는 소권이다. 엄격소권의 경우에는 심판인의 권한이 엄밀하게 규정되어 있기 때문에 심판인은 방식서(Formula)의 문구에 엄격하게 구속되는 소권이다. 성의소권의 경우에는 방식서에 '성의에 의하여'(ex Bona Fide)라는 문구가 포함되어 있으며, 심판인은 성의를 신의성실과 형평의 원칙에 따라 판결하므로 원고의 청구표시에 기재되지 않은 사실에 대해서도 판단할 수 있다. 본문의 '성의채무'(Bonae Fidei Obligatio)란 성의계약에 근거한 채무를 의미한다.

'자신의 배려로' 행위를 한다. 원칙적으로는 금전, 경우에 따라서는 대체물에 대한 청구권 또는 채무는 '다인'(Dayn)이라 불린다. 다인은 이미 이행기가 도래하거나(이때의 다인을 'Dayn Ḥāll'이라 한다) 혹은 장래에 이행기가 도래할 수도 있다(이때의 다인을 'Dayn ilā ajal'이라 한다). 채무 발생의 가장 일반적인 원인은 계약('Aḳd)이다; 계약은 재산적 거래(Mu'āmalāt)의 영역이다. 계약의 체결에 관하여 본질적으로 정해진 형식은 없다; 계약을 체결하기 위한 사프까(Ṣafḳa), 즉 '손 마주치기'와 같은 일정한 전문 용어들의 문언적 의미는 기존의 상징적 행동을 반영하는 것이다.

265 계약은 쌍방간의 거래로서, 청약(Ījāb)과 승낙(Ḳabūl)을 요구하고, 양자는 통상 계약당사자들이 만난 자리(Majlis, '회합')에서 이루어진다; 승낙을 하기 전에는 청약의 철회(Rujū')가 가능한데, 이는 해제권(Sharṭ al-Khiyār)의 약정의 경우와 같다. 계약의 한 범주는 금전적 자산 또는 권리(Mu'āwaḍa Māliyya)의 거래이다. 비대체물의 증여 또는 사용대차계약과 같이, 반대급부가 없는 재산적 거래 역시 쌍방계약(Bilateral Contract)[448]으로서 청약과 승낙에 의해 체결된다. 청약과 승낙은 예를 들면 '나에게 파시오'와 '당신에게 팔겠소'라는 말에 의하는 것과 같이 주문하고 이에 응하는 형식으로 표현된다. 승낙은 일방에 의한 처분으로서 즉각적인 법적 효과를 발생시키는 경우에는 요구되지 않는데, 예를 들어 권리포기, 노예해방 또는 채무의 이행 등이 그러하다(이러한 처분은 'Taṣarruf Nājiz' 또는 'Taṣarruf Munjaz'로 불려진다).

266 3. 부당이득

꾸란의 수많은 절에서 언급되고 있듯이, 이슬람법의 일반원칙상 부당이득, 즉 대가를 부담함이 없이 금전적 이득을 보는 것을 금지하며 부당이득

448) 쌍방계약의 개념에 대해서는 명순구, 미국계약법입문, 법문사, 2004, 면 참조.

을 취한 자는 그것을 빈민에게 자선선물로 주어야 한다. 가령 임차물을 더 높은 가격에 재임대하거나, 이미 매도한 물건을 대금을 치르기 전에 더 높은 가격으로 이중으로 매매하는 것 등은 허용되지 않는다. 이자를 주고받거나 '증가'나 '초과'를 뜻하는 리바(Ribā)는 이러한 것들의 특별한 형태이다. 리바는 '양 급부목적물의 교환에 있어서 일방당사자에게 이익이 되도록 약정된 것으로 대가를 부담함이 없는 금전적 이득'이라고 정의할 수 있다. 이 제한은 크기나 무게를 잴 수 있는 물건들, 그리고 거기에 더하여 같은 종류에 속한 물건들에 적용된다. 수량 초과나 이행기의 연장은 금지된다. 만일 이러한 두 가지 조건 중 하나가 충족된다면(가령 어떤 종류의 옷감을 크기나 무게를 재지 않은 같은 종류의 옷감으로 교환하거나, 혹은 밀을 보리와 같이 다른 종류의 물건으로 교환하는 경우), 수량의 초과는 허용되나 이행기의 연장은 허용되지 않는다. 비슷한 규칙이 용익권에도 적용된다; 두 물건의 상호임대차의 경우에는 그 두 물건이 같은 종류에 속하지 않는 때에 한하여 허용된다.[449)]

267 리바에 관한 규칙들의 적용을 받는 물품거래에 있어 이행기의 연장을 금하는 것은 채무와 채무간의 교환을 금하는 것(Bay' al-Dayn bil-Dayn)에서도 그 취지를 엿볼 수 있다. 부당이득의 금지는 두 계약의 결합을 금지하는 것, 그리고 다른 계약의 일부로서 하나의 계약을 체결하는 것(Ṣafḳa fi Ṣafḳa)을 금지하는 것에 의해서도 강화된다. 왜냐하면 이것은 대가 없이 금전적 이익을 취하는 계약을 초래할 수 있기 때문이다.[450)]

449) 역자주: 가령 두 물건이 같은 종류에 속하고 그것이 크기나 무게를 잴 수 있는 것이라면, 그러한 두 물건의 상호임대차는 - 두 물건이 완전히 동일한 것일 수 없는 이상 - 물건의 사용가치에 있어서 필연적으로 일방이 타방에 비해 이득을 보게 되는 결과를 초래할 것인데, 이는 '계약의 공정성' 이념이 투영되어 있는 리바(Riba)에 관한 규칙에 의해 허용될 수 없다고 할 것이다.

450) 이러한 규칙 하에서, 부대체물을 담보로 하는 매매계약은 파시드(Fāsid)가 되는데, 왜냐하면 담보약정이 별개의 계약이기 때문이다; 그러나 그것은 이스티흐산(Istiḥsān)

268 리바에 관한 규칙을 위반하여 체결된 계약은 파시드(Fāsid)이다. 같은 종류에 속하지만 양적으로 상이한 두 물건이 교환된다면, 적은 양과 그에 상당한 것에 한하여 유효하고 초과한 양은 반환되어야 한다.

269 모든 금지는 우선 매매와 교환에 적용되며, 또한 화해에도 적용된다. 식료품이나 귀금속에 대한 투기도 금지되며, 수확한 것보다 많은 양의 옥수수에 대한 교환으로 씨앗을 제공하는 것과 같은 옛날 방식의 거래를 포함하여, 이자를 주고받는 것과 같은 결과가 되는 거래도 금지된다. 우리는 금지를 둘러싸고 펼쳐진 결의론적[451] 방법론을 통해, 동물을 고기로, 밀을 밀가루로, 말린 대추야자의 열매를 나무에 난 싱싱한 대추야자의 열매로 교환하는 것(이른바 Muzābana), 혹은 옥수수에 관한 유사한 계약(이른바 무하깔라: Muḥāḳala[452])) 등, 이슬람 초기에 실제로 이루어졌던 몇 가지 거래의 유형들을 뚜렷하게 인식할 수 있다.

270 4. 위험(Risk, Gharar)

사행성이 있는 행위(Maysir)를 금지하는 꾸란에 기초하여, 이슬람법은 계약의 당사자에 의해서 약정된 채무에는 불확실성이 없어야 한다고 본다. 특히 계약의 목적은 반드시 특정되어 있어야 한다(Ma'lūm: '알려진'; 반대는 Majhūl: '알려지지 않은'). 이러한 요건은 리바 금지의 적용을 받는, 크기를 잴 수 있고 무게를 측정할 수 있는 물건들에 관하여 특히 엄격하다;

에 의해서는 유효하게 인정된다.

451) 역자주: '결의론적'이란 말은 보편적 규범을 정확하게 적용하기 어려운 경우에 행위의 동기·목적을 살펴 해당 행위의 옳고 그름을 판단하는 것을 의미함.

452) 역자주: 원문에는 'corn'으로 되어 있어 옥수수 변역을 하지만, 일반적으로 무하깔라는 밀(wheat)의 교환에 관한 것이다. 일반적으로 이슬람법에서는 줄기로부터 분리되지 않은 밀과 분리된 밀을 교환하는 계약이다.

심지어 무게나 크기의 한 단위의 가격이 명시된다고 하더라도, 수량이 불확정적인 계약(Juzāf)은 허용될 수 없다. 같은 이유에서 대추야자가 익으면 운반하기 위해 아직 익지 않은 대추야자의 열매를 판매하는 것은 금지되는데, 왜냐하면 대추야자가 반드시 익을지가 불확실하기 때문이다. 가격도 마찬가지여서, 대가 일반이 반드시 특정되어야 한다; 어떤 종류의 화폐로 지급할 것인지도 특정되어야 한다; 그러나 대가가 현존하고 나타나 있다면, 비록 특정되지 않더라도 대가로서 판매하는 것은 허용된다. 유사한 규칙들이 가령 임대차계약에 있어서 용익권과 임대와 같이 다른 계약들에서 교환된 가치에도 적용된다. 이는 약정된 기한의 경우에도 마찬가지이나, 계약의 성질에 따른 구별은 있다. 따라서 살람(Salam)계약에서는 허용되지 않는 애매한 표현이 담보계약에서는 허용된다. 이러한 요건과 리바의 금지로부터 리바에 관련된 규칙의 적용을 받는 상품에 있어서의 하나의 요건이 도출되는데, 이는 상품을 전매하기 전에는 반드시 점유의 이전이 있어야 하고 그 무게와 크기가 측정되어야 한다는 것이다. 이러한 규칙들은 고대 아랍인들에게 유행했던 모든 종류의 사행행위를 상정하여 만들어진 것으로서, 여기서도 이슬람법의 오랜 법원 등을 통해 초기 이슬람 시대에 이러한 열망이 표현된 몇몇 사행적인 거래들을 뚜렷하게 인식할 수 있다(이른바 Mulāmasa, Munābadha 그리고 Ilḳā' bil-Ḥajar). 사행적인 거래에 대한 일반적인 금지에는 단 두 가지 예외가 있다: (1) 성전에 대한 훈련으로서 그 중요성을 감안하여 경마경기에서 우승한 사람에 대한 부상(副賞)을 위한 경우, 그리고 (2) 이슬람법의 지식에 관한 시합에서 우승한 사람에 대한 부상을 위한 경우가 그러하다.

271 5. 책임(Liability: Ḍamān; Ḍāmin: Liable)

책임에 관한 문제들은 이슬람 채권법에서 가장 난해하고 복잡한 주제 중의 하나이다. 책임은 계약상의 채무불이행(예컨대, 목적물의 멸실로 인한 목적물인도의무의 이행불능의 경우)에 의해, 또는 불법행위(Ta'addī: 문자적 의미로는 '위반')에 의해, 또는 양자의 결합에 의해 발생한다. 수탁자 및 기타 타인으로부터 신뢰를 받은 사람들(Amāna; 그러한 사람을 Amīn이라고 한다)은 우연한 손해에 대해서까지 책임을 지지는 않지만, 그들은 이러한 특권적 지위를 타아디(Ta'addī), 즉 임치물을 유용하는 것과 같이 신뢰관계에 배치되는 위법한 행위에 의해서 박탈당하며, 여기에서 그 손해가 위법한 행위에 의해서 발생하였는가 여부는 불문한다. 그러나 타디의 개념은 책임이론에만 한정되는 것은 아니며, 그것은 일반적인 의미의 위법행위를 의미한다; 바꿔 말해 계약불이행에 의한 책임은 불법행위(Torts)에 의한 책임으로 흡수된다. 그럼에도 불구하고 이슬람법은 불법행위나 그 자체가 범죄인 행위의 효과에 의한 책임과 계약불이행으로 인한 책임을 구별하고, 따라서 계약불이행과 불법행위가 같이 문제되는 경우에 양자의 책임을 모두 논의한다.

272 6. 채권의 소멸(Extinction of Obligations)

채권이 소멸하는 일반적인 경우는 이행(Īfā'), 특히 채무의 이행(Ḳaḍā')이다; 채무는 또한 채권과 상계될 수 있다. 채권자에 의한 채무의 면제(Ibrā')도 마찬가지로 채무를 소멸시킨다; 그것은 무조건적이어야 하고, 이에 대해 기한을 약정하는 것은 허용되지 않지만, 유증의 형태로 이루어질 수는 있다. 채권의 포기(Isḳāṭ) 역시 같은 효과를 낳는다. 채무의 면제나 채권의 포기는 계약의 해제(Faskh)나 화해(Ṣulḥ)와는 구별되어야 한다. 계약의 해제(Faskh)에 의해 계약은 처음부터 존재하지 않은 것으로 된다; 계약의 해제는 키야르(Khiyār)에 의해 일방적으로 이루어질 수 있다.[453] 계약의 해제 역시 새로운 매매로 간주되는 매매의 취소(Iḳala)와는 구별되어야 한다.

273 화해(Ṣulḥ)는 비록 그것이 분쟁의 종결을 목적으로 하지만 절차적 요소에 불과한 것만은 아니다; 화해는 현존하는 채권관계를 수정하기 위하여 채권자가 대가(Badal)를 받고 원래의 청구권을 포기하기로 하는 당사자의 합의로서 언제든지 가능하다. 만일 채무자가 원래의 채무를 승인하면, 화해는 구체적인 채무를 무인채무(無因債務)로 대체하는 것이 된다; 이러한 경우 리바에 관련된 규칙들이 반드시 고려되어야 한다. 만일 채무자가 원래의 채무를 승인하지 않는다면 화해는 별개의 거래이다. 화해는 채권법 분야에서만 이루어지는 것은 아니다; 노예에 관한 법, 가족법, 그리고 형법에서의 분쟁 역시 화해에 의해 해결될 수 있다.

274 채권을 소멸시키는 또 다른 방법은 '이전'을 뜻하는 하왈라(Ḥawāla)에 의해 새로운 채권관계를 형성하는 것이다. 이것은 원래 지급의 위임이다. 예컨대, 내가 A에게 채무를 부담하고 있는데, B로 하여금 나의 채무를 부담하게 하는 것이다. 또한 B가 나의 채무를 인수하는 것도 가능하다. 두 경우 모두 내가 B에 대해 가지는 권리가 A가 나에 대해 가지는 권리보다 크거나 같아야 한다는 것을 필요조건으로 한다. 이 경우 그 권리가 반드시 금전채권일 필요는 없고, 탈취(奪取)된 예금과 같이 물건에 대한 반환청구권인 경우도 가능하다. 그러므로 보통 하왈라는 채권양도가 된다; 나는 나의 A에 대한 채무이행을 위해 B에 대한 나의 채권을 A에게 양도한다. 그러나 이 경우 A의 나에 대한 채권의 존재는 필요조건이 아니며, 그러한 경우에 하왈라는 결과적으로 추심을 위한 채권양도가 된다. 가령 나는 A로 하여금 B에 대한 나의 채권을 추심하게 하는 것이다. 이런 경우들에 있어서 공통점은 A에 대한 B의 채무가 형성된다는 것이다. A에 의한 하왈라의 수락은 나의 A에 대한 채무를 소멸시킨다; 나의 A에 대한 채무는 B가 파산한 채로 사망하거나, 혹은 (법적 증거의 부재로) 하왈라의 존재를

453) 이에 대해서는 이 책 [279] 이하 참조.

부인하는 경우에만 다시 발생한다. B의 A에 대한 채무이행은, 하왈라가 나와 B 사이의 채무와 관련하여 체결된 경우에만 나의 B에 대한 채권을 소멸시키는 것이고, 그러한 조건이 없다면 나의 B에 대한 채권은 소멸되지 않는다.

275 이 제도의 실제적인 이점 중 하나는 내가 B를 통해 다른 장소에서 채무를 이행할 수 있다는 것이다. 그것의 효과는 수프타자(Suftaja) 혹은 환어음과 같다. 이는 '운송의 위험을 피하기 위한 대부(貸付)'로 정의된다; 나는 B가 다른 장소에서 A에게 변제할 수 있도록 하기 위해 B에게 대부(貸付)한다. 하왈라와 수프타자의 차이점은 나에 대한 B의 채무이다. 하왈라의 경우에는, 나에 대한 B의 채무는 이미 존재하고 있던 것인데 반하여, 수프타자의 경우는 오직 대부(貸付)로밖에 해석될 수 없는 나의 B에 대한 지불로써 의도적으로 형성된 것이다; 이로써 나는 아무런 대가도 치르지 않고 운송의 위험을 피하는 효과를 얻는다는 점에서, 그러한 거래는 혐오받지만, 무효는 아니다. 실제에 있어서 나는 문제된 장소에서 B로부터 환어음을 매입하는 것이다. 역사적으로 환어음의 기원은 수프타자와 하왈라까지 거슬러 올라간다.

276 7. 계약당사자 일방이 수인인 경우

이슬람법은 채권자, 채무자, 구매자, 임차인, 보증인 등이 여러 명인 경우의 채권관계가 있다는 사실을 고려한다. 이러한 경우에 때때로 공유관계가 형성된다; 예컨대, 두 명의 구매자들은 각각 점유하고 대금을 치를 권리가 있다; 그러면 일방은 타방에게 대금에서 자신의 지분에 상응하는 청구권을 가지며, 물건을 점유함으로써 이를 보장받을 권리를 가진다. 대리인이 여러 명인 경우처럼 때로는 합동적 행위가 필요한 경우도 있다; 만일 수탁자가 두 명이라면 일방은 타방에게 권한을 위임해야 한다. 그러나 일반적으로 각각은 자기를 위하여 법률행위를 한다; 예컨대, 두 명의 채권자 각각은 화해계약을 체결할 권리가 있으나, 화해계약의 구속력은 그 화해계약을 체결한 채권자에게만 미치고 타방은 그 화해계약에 구속될 것인가에 대하여 선택권을 가진다. 이러한 모든 것들은 결의론적으로[454] 논의될 뿐 일반적인 원리는 거의 드러나지 않는다.

454) 역자주: '결의론적'이란 말은 보편적 규범을 정확하게 적용하기 어려운 경우에 행위의 동기·목적을 살펴 해당 행위의 옳고 그름을 판단하는 것을 의미함.

제21장 채권관계 및 개별계약

277 1. 승인(Iḳrār)

승인은 절차적인 측면과 실질적인 측면을 가지고 있다. 승인은 법적 증거의 하나로서, 비록 이론적으로는 그것이 증인의 증언보다 증거력이 약하기는 하지만, 이로써 핫드(Ḥadd)처벌과 관련된 형사절차를 취하시킬 수도 있고, 가족관계를 창설하는 데 있어서도 관련 당사자들의 승인(가령 그 사람이 자신의 아들이나 형제임을 승인하는 것)이 요구된다. 승인은 승인을 하는 사람에게 채무를 발생시키는 수단으로서 실제적으로 가장 결정적이고 명백한 것이다. 예컨대, 매매계약이 증인의 증언에 의해 증명된다면, 매도인의 대금지급청구에 대하여 매수인에게는 많은 항변의 기회가 열린다; 그러나 A의 B에 대한 해당 채무의 승인은 이후의 항변에 의해 철회되거나 수정될 수 없다. 승인(이끄라르, Iḳrār)의 중요성은 그것이 원인관계 없이도 무인적(無因的) 채무를 발생시킨다는 데 있다. 치명적인 병중에 승인된 채무는 다른 채무들과 같은 순위가 아닌 바로 그 다음 순위를 가지며, 치명적인 병중에 이루어진 일방적으로 불리한 다른 거래들과는 달리, 적극재산의 1/3로 그 범위가 제한되는 유증으로 간주되지는 않는다. 만약 누군가 "나는 이것을 A로부터 탈취하였다. 아니, B로부터 탈취하였다"라는 내용의 승인을 한다면, 그는 A에게는 물건을 반환하여야 하고, B에게는 물건의 가치를 반환하여야 한다. 왜냐하면 (거절의 의사표시를 함으로써) A를 위한 첫 번째 승인을 철회(Rujū')한 것은 무효이고, 두 번째 승인에 의해 B에게 반환하여야 하는 물건은 첫 번째 승인에 따라 멸실된 것으로 간주되기 때문에,

물건의 가치가 멸실된 물건을 대체하게 된다.

278 2. 매매(Bay', Shirā')

매매계약은 이슬람 채권법의 핵심을 구성하며, 이슬람 채권법은 매매계약에 관한 상세한 내용을 통해 발전되어 왔다. 따라서 다른 쌍무계약들은 비록 그 자체가 독립적인 법제도임에도 불구하고, 매매계약(Bay')을 원형으로 하여 해석된다든가 심지어는 종종 매매계약의 일종으로 정의되기도 한다. 매매는 물건 또는 상품의 거래이다. 좁은 의미의 매매의 관념으로 본다면 가격으로 매매되는 물건과 가치(Ḳīma)로 매매되는 물건은 구분된다; 급부와 반대급부('Iwaḍ)는 대가관계를 이룬다. 대금은 대체물(보통 금이나 은)로 지불되고 반면에 매매되는 물건은 일반적으로 비대체물이기 때문에, 양쪽에 적용되는 규칙들은 상당히 다르다; 예컨대, 매도인은 그가 소유권을 취득하기 전에도 대금으로 지불된 대체물을 처분할 수 있다. 매매계약은 상호간 점유(Taḳabūḍ)를 취득함으로써 완성된다(Tāmm); 상호간 점유의 취득을 뜻하는 이 타카부드라는 용어는 그것이 순전히 의무적인 것으로 간주되지는 않는다는 것을 보여준다. 가령 매수인은 그가 매수한 노예를 해방시켜주어야 한다는 것과 같이, 계약의 목적과 무관한 사항이 계약당사자 일방에게 유리하거나 불리하게 작용하는 계약은 무효이고, 그러한 계약은 파시드(Fāsid)가 된다. 만일 매수인이 가죽을 구입하면서 매도인은 이것을 가지고 신발을 만들어야 한다는 것을 조건으로 약정한다면, 그러한 계약 역시 이러한 규칙에 따라 파시드(Fāsid)가 될 것이다; 그러나 그와 같은 계약체결의 진행은 일반적으로 승인되기 때문에, 그러한 계약도 이스티흐산(Istiḥsān)에 의해 유효로서 인정된다.[455] 파시드(Fāsid) 매매는 양 당사자가

455) 이에 대해서는 이 책 [267] 참조.

상호간 소유권을 이전하였다고 하더라도 단지 ‘부정(不正)한 소유권’(Milk Khabīth)을 양도한 것에 불과하고, 따라서 매매목적물이 전매되기 전까지 취소되어야 한다. 매매계약 중, 금요예배에 참석해야 할 시간에 체결된 매매와 미성년자인 노예를 매매하여 그를 가까운 친척으로부터 떼어놓는 것은 혐오받지만, 무효는 아니다; 미성년인 아이들이 부모와 떨어지게 된다면, 그러한 매매는 일부 학설에 의하면 무효이다.

279 해제권(Khiyār)은 특히 매매계약에 있어서 계약을 일방적으로 취소(Faskh)하거나, 추인(Imḍa’)할 수 있는 권리이다; 상당한 기간 내에 해제권이 행사되지 않으면 매매계약은 완성되는데(Tāmm), 여기서의 완성(Tāmm)이란 그 용어의 본래적 의미와는 다소 다르다. 해제권은 법에 의해 인정되거나 계약당사자의 합의에 의해 부여될 수 있다. 매수인은 그가 매수한 목적물을 본 때에 해제권을 가지게 되는데, 여기에서 ‘본다’는 것은 지나치게 좁은 의미는 아니다(Khiyār al-Ru'ya); 또한 거래 당사자들 사이에서 대금감액의 원인이 되는 사정 혹은 품질에 미달하는 것과 같이 하자가 있는 경우에 해제권(Khiyār al-'Ayb)이 발생한다. 물건의 결함은 해제권만을 발생시킬 뿐 대금감액 사유는 아니다. 대금감액청구권은 물건이 손실되거나, 물건이 인도된 후 첫 번째 하자가 발견되기 전에 새로운 하자가 발생하거나(이러한 경우에는 매도인의 동의에 의해서만 반환이 가능하다), 혹은 가치가 증가함으로써(옷감을 염색한 경우와 같이) 매매목적물의 반환이 불가능해진 경우에 문제된다. 만일 매도인이 약정된 수량에 미달하여 인도한 경우, 매수인은 자신의 선택에 따라 매매계약을 해제하거나 부족한 수량에 비례하여 대금의 감액을 청구할 수 있다. 매수인은 예컨대 대가를 받고 노예를 죽이거나 매수한 음식을 소비하는 경우에는 해제권을 상실한다. 매매계약에 있어 매수인이 키야르 알 아이브(Khiyār al-'Ayb)를 포기하는 것은 가능하다; 이러한 결과로 채권이 소멸하는 것을 바라아(Barā'a)라고 한다. 매수인은 얼마간의 목적물 중에서 선택할 권리가 있음을 약정할 수 있고

(Khiyār al-Ta'yin), 계약당사자간의 합의에 의해 (지배적 견해에 의하면) 3일을 넘지 않는 기간 내에서 계약당사자 일방 또는 쌍방 혹은 제3자에게 일반적 해제권(Khiyār al-Sharṭ)을 부여할 수 있다.

280 매매계약과 별개의 종류로 간주되지만 특별한 형태의 매매로서, 대금은 즉시 지불하고 물건은 나중에 인도하기로 하는 살람(Salam)이 있다. 자본금을 뜻하는 라스 알-말(Ra's al-Māl)이라는 용어는 살람계약에서 가격을 표시하는데 사용되는데, 이는 거래의 경제적 의미(고객들이 소규모 상인이나 수공업자의 일을 위해 자금을 조달하는 것)를 보여준다. 살람의 목적물은 대부분 대체물이지만, 금이나 은은 될 수 없다. 리바의 금지가 적용되기 쉽기 때문에 살람은 조심스럽게 이루어지며 여러 특칙들의 적용을 받는다. 이와는 반대로 물건은 즉시 인도하고 대금은 나중에 지불하기로 하는 것(Nasī'a, 延期)도 가능하지만, 이러한 종류의 매매는 이슬람법에서 중요한 부분을 차지하지 않는다. '신용매매'(Bay' al-'Īna)란 명칭은, 이러한 거래을 바탕으로 하고 있고, 따라서 비난할 만한 리바의 금지를 회피하기 위한 목적으로 행해진다; 예컨대 A(채권자)가 B(채무자)에게 어떤 물건을 그 원금과 이윤을 합한 총액을 받고 팔면서 지급기일은 장래 어느 시점으로 하였는데, 나중에 즉시 일시불로 같은 물건을 다시 구입한다면, 이는 무담보대출이 된다; 대출을 위한 담보를 제공하는 이나('Īna)의 다른 형태에 대해서는 이 책의 [129]을 참조하라.

281 이슬람법은 정해진 원래 가격대로 전매하는 타울리야(Tawliya), 정해진 원래 가격에서 일부를 공제한 가격에 전매하는 와디아(Waḍī'a), 이윤을 부가하여 정해진 가격에 전매하는 무라바하(Murābaḥa)에 대해 기술적으로 상세히 논의하고 있다. 주된 관심사는 부정한 부당이득을 배제하는데 있으나, 원시 이슬람의 경제생활에 있어서 이러한 거래가 담당했던 역할이 언제나 명백한 것은 아니다.

282 이슬람법은 무자바나와 무하깔라[456]와 같은 오래된 계약들을 금지하나, 정확히 제한된 수량의 마른 대추야자와 어림잡아 같은 양의 나무에 난 싱싱한 대추야자를 매매하거나 교환하는 것이 가능하도록 예외를 둔다.

283 일용품을 교환하는 것은 이슬람법에서 거의 기능하고 있지 못하나, 금전교환(Ṣarf)과 대개의 귀금속 거래는 리바의 금지로 인하여 상세히 취급된다. 귀금속 교환은 '대금지급을 위한 가격의 매매'(Bay' Thaman bi-Thaman)로 간주되고, 각각은 다른 쪽의 약인(Consideration)이 된다. 리바에 관한 규칙을 적용하게 되면, 금을 금으로 은을 은으로 교환하는 것은 품질이나 수공업자의 솜씨와 관계없이 같은 양일 경우에만 가능하게 되고, 따라서 금으로 된 컵은 그것과 무게가 같은 금으로 된 동전들과 동등하다; 그러나 이러한 개개의 어려움은 다른 귀금속으로써 지불하면 쉽게 피할 수 있게 된다. 경제적으로 불가능한 많은 경우들을 포함하여, 이 주제에 대하여 풍부한 결의론적[457] 방법론이 발전되어 왔다.

284 3. 고용과 임대차

이자라(Ijāra) 계약은 용익권의 매매이고, 키야르 알 루야(Khiyār al-Ru'ya)와 키야르 알 아이브(Khiyār al-'Ayb), 키야르 알 샤르트(Khiyār al-Shart), 파스크흐(Faskh) 및 이깔라(Iḳāla)와 같은 매매계약[그러나 슈파(Shufa')는 제외]에 적용되는 규칙들은 이자라 계약에도 또한 적용된다. 이자라 계약 체결 후 가령 고용된 노예의 발병이나 임차한 집의 붕괴와 같이 사용·수익을 불가능하게 하거나 그 가능성을 감소시키는 하자가 발생하면, 고용인이나

456) 역자주: 이에 대해서는 이 책 [269] 참조.
457) 역자주: '결의론적'이란 말은 보편적 규범을 정확하게 적용하기 어려운 경우에 행위의 동기·목적을 살펴 해당 행위의 옳고 그름을 판단하는 것을 의미함.

임차인은 이자라를 취소할 수 있다. 나아가 고용인이나 임차인은 특히 계약의 목적이 소멸된 경우와 같이 유효한 면제사유('Udhr)가 있을 경우 이자라를 취소할 수 있다; 이러한 면제사유는 매우 넓게 정의되는데, 가령 임차인이 여행을 위해 승용마(乘用馬)를 임차하였는데 여행을 포기한 경우, 그는 승용마에 대한 이자라를 취소할 수 있다. 또한 이자라는 계약당사자 일방의 사망에 의해서도 취소된다. 하자 있는 이자라의 경우 '공정한 임금이나 임료'(Ajr or Ujrat al-Mithl)가 적용된다.

285 이슬람법은 기간이나 일을 수행함에 있어 두 가지의 이자라를 구분한다. 기간은 반드시 특정되어야 한다; 매달 정해진 양을 임차하는 것은 불가능하다. 기간에 관한 이자라의 특별한 경우는 농작물의 임차이다. 임차인이 수로의 준설과 같이 임대인 역시 이익을 보는 일을 해야 할 의무가 있다고 약정하는 것은 금지된다; 만일 임대기간이 만료되었을 때 농작물이 아직 수확되지 않은 경우, 농작물이 익을 때까지 임대기간은 공정한 임대료를 받고 지속된다; 한 농작물을 다른 농작물로 교환하는 식의 임대차는 리바가 될 수 있기 때문에 금지된다. 그 반대로 임대료가 생산물의 일정 비율로 되어 있는 무자라아(Muzāra'a)와 무사까트(Musāḳāt) 같은 특별한 계약들은 비록 그 허용 여부에 대해 이의가 전혀 없는 것은 아니지만, 금지되지 않는다; 무자라아(Muzāra'a)는 들판을 임차하는 것이고, 무사까트(Musāḳāt)는 과일나무나 넝쿨식물의 재배지를 임차하는 것이다.

286 고용은 일정한 기간 동안이나 노무계약을 통해 이루어진다(Ajīr: 고용된 하인; Ajīr Khāṣṣ: 피고용인; Ajīr Mushtarak: 자영수공업자). 관습으로서 이스티흐산(Istiḥsān)에 의해 허용되는 오래된 형태의 계약으로 유모를 고용하여 급료로 그녀에게 음식과 의류를 제공하는 것이 있다. 수공업자가 계약 내용과 배치되게 일을 하였을 때에는 특별한 형태의 키야르(Khiyār)가 있다; 고용인은 자신의 선택에 따라 수공업자가 한 일을 받아들이지 않고 수공업자에게 원재료에 대한 배상을 요구하거나, 혹은 일을 받아들이고

약정된 급료를 초과하지 않는 한도에서 '공정한' 급료를 지불할 수 있다. 이러한 경우의 책임에 관하여, 수공업자가 수탁자와 같은 특별한 법적 지위에 있는지에 대해서는 논란이 있다.[458] 이 밖에 수공업자가 일을 하다가 결과물을 소실시킨 경우에 대한 특별한 형태의 책임이 존재한다; 대부분의 경우 고용인은 자신의 선택에 따라 급료를 지불하고 일을 완성할 것을 배상으로서 요구하거나, 혹은 급료를 지불하지 않고 그 원재료를 배상할 것을 요구할 수 있다. 수공업자가 일의 대가로 응당 받아야 할 급료를 위해 결과물을 압류하는 것에 대해서는 이 책의 [250]·[251]을 참조하라.

287 다른 한편으로, 제조물공급계약(Istiṣnā')은 단순한 살람(Salam) 계약에 불과한 것이다; 그것은 관습적인 한에서만 유효하다.

288 4. 조합(Society)

이슬람법에서는 회사(Corporation)의 개념을 인정하지 않는다[법인(Juristic Person)의 개념도 인정하지 않는다[459]]. '아낄라'('Āḳila)만이 회사의 기초적 형태로 간주된다. 또한 결사의 자유도 존재하지 않으며, 오직 조합의 특수한 형태(Sharika 또는 Shirka; Sharīk: 동업자) 또는 보다 구체적으로 공유관계(Sharikat Māl)와 대비되는 상사조합(Sharikat 'Aḳd)의 형태만이 허용된다. 이러한 상사조합은 대리영역에 속한다. 조합은 일반적으로 2명의 조합원만으로 구성되는 것으로 상정된다.

289 이슬람법은 다음과 같은 형태의 조합을 구분한다.

(a) 각 조합원에게 완전한 권리의무를 부여하는 무한상사조합(Mufāwada: Unlimited Mercantile Partnership); 이는 조합원 상호간의 대리와 보증에 해

---

458) 역자주: 이에 대해서는 이 책 [271] 이하 참조.
459) 이에 대해서는 이 책 [212] 참조.

당하며, 지분이 동등한 경우에만 가능하다. 무한상사조합은 조합원 양자가 그 자신과 가족들을 위해 각기 별도로 구입하는 음식이나 의류만을 제외한 조합원 양자의 모든 재산을 바탕으로 한다; 그러므로 별도의 자본금은 존재하지 않는다. 이는 자유인과 노예 사이, 무슬림과 딤미들(Dhimmīs) 사이 등에서는 불가능하다.

290 (b) 상호대리에 해당하는 유한책임조합(Sharikat 'Inān: Limited Liability Company); 각 조합원은 자신의 거래에 대해 제3자에게 책임이 있으며, 조합원 일방은 타방에게 자신의 지분에 대한 상환청구권을 가진다. 유한책임조합은 투자된 자본금만을 바탕으로 하므로 이를 통해 할 수 있는 거래의 종류가 제한될 수 있다. 조합원간의 지분은 서로 다를 수 있고, 만일 조합원 양자간 하는 일의 양이 동등하지 않다면 금전적 이익에 대한 그들의 지분비율은 자본금에 대한 지분비율과 다를 수 있다.

291 (c) 거래나 관련 거래의 공동수행을 위한 수공업자조합(Sharikat al-Ṣanā'i' Wal-Taḳabbul).

292 (d) 자본금 없는 신용조합(Sharikat al-Wujūh: Credit Co-Operative); 이는 조합원들의 신용을 공동출자하여 신용대부로 상품을 구입하고, 이를 전매하여 그 이익을 분배하는 방식으로 이루어진다.

293 무자라아(Muzāra'a)와 무사까트(Musāḳāt)와 공통된 특징을 가지고 있는 수면조합(睡眠組合, Mudaraba: Sleeping Partnership)은 엄밀한 의미에서 조합이 아니다; 이는 신탁관계(Amāna)와 대리로 이루어지고, 이익에 관계되는 한에서만 조합이 된다. 활동하지 않는 조합원(Rabb al-Māl)은 손해를 감수한다. 하자 있는 무다라바(Muḍāraba)는 용역의 임대차와 같이 다루어진다; 무다라바는 이익의 비율이 아니라 고정된 총액이 조합원 일방의 지분이 되는 것으로 약정되거나, 활동하는 조합원이 손해를 부담하는 것으로 약정되거나, 혹은 가령 활동하는 조합원이 활동하지 않는 조합원 소유

의 집에서 살기로 함으로써 관념상의 임대료가 이익의 일부가 되는 경우와 같이, 이익이 정확히 특정될 수 없는 경우에는 하자가 있는 것으로 된다. 어느 정도의 비용을 활동하는 조합원이 부담할 것인가 하는 것과 어느 정도를 조합이 부담할 것인가 하는 사항은 상세히 정해진다. 이익에 손해가 뒤따르는 때에는 일정한 경우 이미 이익이 분배된 것과 같이 진행되기 때문에, 활동하는 조합원은 손해에 의해 영향을 받지 않는다. 무다라바(Muḍāraba)가 해체되는 경우, 활동하는 조합원은 해체된다는 통지를 받은 후에도 여전히 금을 은으로 바꿀 수 있고, 활동 자본이 은이라면 그 반대로도 가능하다. 이는 관습이기 때문에 이스티흐산(Istiḥsān)에 의해서 허용된다; 두 귀금속 모두 대금과 같이 간주되기 때문에, 엄격한 끼야스(Ḳiyās)에서 조합원에게는 오로지 잔여 재고품을 판매할 권리만이 부여된다.[460] 무다라바(Muḍāraba)는 리바의 금지를 회피하는 중요한 수단이 되었다.

460) 역자주: 이스티흐산(Istiḥsān)의 원래 의미는 '좋은 것으로 간주되는 것'인데, 기술적으로는 '유추(Ḳiyās)에 의해서 도달한 결론이 현실적 타당성을 결하고 있는 경우, 그러한 결론 대신 보다 타당한 해결을 모색하고자 하는 것'이라고 정의되기도 한다(柳橋博之, 『イスラーム財産法の成立と變容』<創文社, 1998.02>, 100頁 참조). 법학적 측면에서 비교적 자유로운 입장을 취한 하나피파(Ḥanafī)는 법적 판단 시, 꾸란과 순나에 의해 판단이 가능한 경우에는 꾸란과 순나를 통해 판단을 하였지만, 꾸란과 순나에서 찾기 힘든 문제가 발생한 경우 유추(Ḳiyās)를 적용했는데, 그러한 유추에 의한 결정이 일반적 정의에 어긋날 경우, 공공이익을 위한 판단인 이스티흐산(Istiḥsān)을 참고하여 판단을 하였다. 이러한 점에서 하나피파가 타 법학파보다 좀 더 유연하다고 할 수 있다. 이는 마치 영미법에서 코먼로(Common Law)의 경직성으로 인해 권리구제가 불충분해지자, 코먼로(Common Law)의 결점들을 보완하기 위한 법칙들로서 형평법(Equity)이 발전하게 된 것과 같은 맥락에서 이해할 수 있을 것이다. 실제로 이스티흐산(Istiḥsān)을 '형평법상의 우선권'이라고 번역하는 문헌도 있다(홍성민, 「이슬람법<Shari'ah>에 관한 연구」, 『아프로아랍연구』創刊號<명지대학교 아랍아프리카센터, 1999. 12>, 26면).

294 5. 보증금(Deposit: Wadī'a)

보증금은 소유자가 다른 사람으로 하여금 자신의 재산을 안전하게 보관하도록 하기 위해 지불하는 수수료이다; 그것은 신탁관계(Amāna)이다. 수탁자 본인이나 그의 가족에 의해 안전하게 보관하는 것이 보증되어야 한다. 수탁자가 보증금을 반환하는 것을 거절하거나, 보증금의 존재를 부인하거나, 보증금을 수탁자 자신의 재산에 혼화시키는 것은 권리침해이며 책임을 발생시킨다; 다른 종류의 '위반',[461] 특히 보증금의 유용도 책임을 발생시킨다. 보증금에 있어서 이러한 다른 종류의 위반의 효과는 고용 및 임대와 비대체물의 대차에 있어서와는 차이가 있다; 보증금의 경우 타아디가 정지될 때에 책임도 정지되나, 다른 계약들의 경우에 있어서 위반의 효과는 계약관계가 소멸될 때까지 존속한다.

295 6. 사용대차('Āriyya)

아리야('Āriyya)는 다른 사람으로 하여금 사용으로 인해 소모되지 않는 물건을 일시적이고 무상으로[462] 점유·사용하도록 하는 것으로 정의된다. 이는 금전이나 혹은 소비될 것을 의도한 다른 대체물의 대차[이것은 까르드(Ḳard) 또는 무툼(Mutuum)이다]와는 구별되는 계약이다. 일반적으로 차용자는 차용물을 제3자에게 대여할 수 있지만, 차용자가 차용물을 사용료를 받고 빌려주거나 차용물을 담보로 제공하는 것은 금지된다. 소유자는 언제라도 차용물의 반환(Rujū')을 요구할 수 있지만, 가령 소유자가 오랜 기간 밭을 대차(貸借)하였고 차용자가 밭 위에 이미 씨를 뿌려놓은 상태에서

---

461) 타아디(ta'addi;), 이에 대해서는 이 책 [271] 이하 참조.
462) 어떠한 약정된 대가도 부당이득이 된다.

소유자가 차용자에게 밭을 반환해 줄 것을 요구하는 경우와 같은 때에는 소유자가 손해에 대하여 책임을 부담하게 될 수도 있다.

296 7. 증여(Hiba)

증여는 수증자의 점유의 취득에 의해서만 완성된다(Tāmm); 이것은 일반적으로 증여자의 동의를 요한다. 특별한 경우는 대가를 주는 것을 조건으로 하는 증여이다; 이 경우는 우선 증여가 되고, 대가가 주어진 후에는 매매가 된다. 증여는 수증자가 점유를 취득하기 전까지는 철회할 수 있다; 수증자가 점유를 취득한 후에는, 가령 대가가 주어진 경우와 같은 많은 경우에 있어서 증여의 철회(Rujū')는 바람직스럽지 않거나 불가능하게 된다. 만일 증여나 대가의 목적물에 대해 권리의 주장이 제기된다면, 일정한 조건하에서 증여나 대가의 목적물에 대한 반환청구도 허용된다.

297 기부(Ṣadaḳa)는 철회가 불가능하다는 점만 제외하면 증여와 같다.

298 증여의 오래된 형태로는 다음과 같은 것이 있다; (a) 종신증여('Umrā); 이슬람법에서는 이를 무조건적인 증여로 다룬다; (b) 증여의 목적물이 생존당사자의 소유가 된다는 것을 조건으로 하는 증여(Ruḳbā)[463]; 이는 불확실하기 때문에 무효이나, 일부 문헌에 의하면 이는 종신증여('Umrā)와 같은 것으로 다루어진다.

299 8. 보증(Kafāla)[464]

이슬람법에서 보증은 채무가 아니라 책임만을 부담하도록 하는 것, 즉

---

463) 역자주: 수증자가 증여자보다 먼저 사망하면 실효되는 조건의 증여를 말하는 것이다.
464) 보증인은 'Kafil', 주채무자는 'Asil'이라고 한다.

별개의 채무를 설정하는 것이 아니라 부가적인 책임만을 지우는 것으로서, 소송절차에서 그 유래를 찾을 수 있다. 보증에는 두 가지 형태가 있는데, 하나는 사람을 위한 보증(Kafāla bil-Nafs)이고, 다른 하나는 재산적 채무를 위한 보증(Kafāla bil-Māl)이다.

300 사람을 위해 보증을 선다는 것은 소송절차에서 채무자나 그의 대리인이 출석하는 것에 대한 책임을 부담한다는 것을 의미한다; 이는 소송이 가능한 경우에만 유효하고, 채무자가 부재중이거나 채무자의 소재가 불명인 경우에는 무효이다; 이는 보증인이나 채무자의 사망에 의해서 소멸한다; 채무자가 자신의 의무를 이행하지 않는 경우에 보증인은 구금된다.[465]

301 재산적 채무를 위한 보증은 사람을 위한 보증과 독립적이거나 부가적일 수 있다; 만일 보증인이 주채무자의 채무가 면제되도록 약정한다면, 그것의 효과는 하왈라(Ḥawāla)와 같다.

302 두 가지 형태의 보증은 모두 채권자에 의한 동의를 요한다. 보증은 채무자의 책임재산에 관하여 이미 청구권이 발생한 경우에만 할 수 있다; 그러므로 핫드(Ḥadd) 형벌이나 복수, 그리고 무카타바(Mukātaba)의 계약 하에서 노예에 의해 당연히 지불되어야 할 것과 관련해서는 보증을 할 수가 없다; 다른 한편으로, 보증은 금전채무와 관련된 경우뿐만 아니라 비대체물을 목적으로 한 무담보의 권리와 관련해서도 할 수 있다. 일반적으로 보증인의 책임은 채무자의 책임을 넘지 못한다; 그러므로 채권자에 의한 채무자에 대한 채무면제는 보증인의 책임도 소멸시킨다. 그러나 보증인의 책임에 대한 면제는 채무자의 채무를 소멸시키지 않는다. 예외적으로 노예의 채무에 대한 보증은 노예가 해방된 경우에만 책임이 발생한다[466]; 그렇다 하더라도 보증인 역시 즉시 지불할 책임을 지는데, 왜냐하면 보증

465) 이에 대해서는 이 책 [394] 참조.
466) 이에 대해서는 이 책 [220] 참조.

에는 기한의 약정이 적용될 수 없기 때문이다. 따라서 보증은 보증인에게 즉시 효력이 있는 의무를 지운다. 보증인의 주채무자에 대한 구상권은 주채무자가 보증인에게 보증을 서 줄 것을 부탁한 경우에만 발생한다.

303 9. 선서에 의해 발생하는 의무

이슬람법은 '알라신의 가호로' 혹은 이와 비슷한 문구로 된 말에 의해 강조되는 모든 진술이나 약속을 선서(Yamīn)로 간주한다; 3일 연속 금식하는 것으로 족한 종교적 속죄의 책임(Kaffāra)을 불이행한 경우, 종교적 속죄는 반드시 행해져야만 하나, 과거에 관한 위증에 대해서는 벌하지 않는다. 이슬람법은 또한 자기부과형벌을 수행하는 것과,[467] 가령 "만일 내가 어떠어떠한 일을 한다면 혹은 어떠어떠한 일이 일어난다면, 나는 아내와 이혼한다거나 또는 나의 노예는 해방된다"라는 것과 같이 특정 사건의 발생을 조건으로 하는 일방적인 처분에 의한 선언도 선서로 간주된다. 이러한 경우들에 있어서 조건이 성취되면 처분은 자동적으로 효과를 발생하게 된다. 이러한 조건부 이혼이나 조건부 노예해방은 이슬람법의 실제에 있어서 상당히 중요하게 되었다.

304 10. 무권대리

이슬람법은 원칙적으로 무권대리를 채권발생의 원인으로 인정하지 않으나, 본인은 무권대리행위(Fuḍūlī)를 추인하여 이를 유효로 할 수 있다. 유실물이나 기아(棄兒: Laḳīṭ)에 대하여 소요된 비용은 관할기관의 허가를 받은 경우에 한해 채권을 발생시키지만, 허가는 사후에 받아도 상관없다. 이와

467) 이에 대해서는 이 책 [193] 참조.

같이 유실물을 관리하는 것은 단지 권장될 뿐이고, 그것이 손실될 우려가 있을 경우에만 의무적인 것이 된다. 다만 예외적으로 도망친 노예를 3일이 넘는 여정을 통해 붙잡아 데리고 온 경우 이슬람법은 이에 대한 보상금(Ju'l)을 지불할 의무를 부과하고 있다(근친 사이에서는 그러하지 아니하다); 이것은 원래 현상광고(懸賞廣告)로부터 유래한 것이나, 현상광고로서의 성격은 이제 없어졌고, 상금은 40디르함으로 고정되었다.

305 11. 불법행위나 범죄행위로부터 발생하는 채무

불법행위나 범죄행위로부터 발생하는 채무는 재산적 손해에 대한 책임뿐만 아니라, 사람에게 행해진 범죄행위에 대한 보복을 감수할 책임 및 보복을 대신하여 금전적 배상을 할 책임도 포함하며, 많은 경우에 있어서 그 금전배상의 책임은 불법행위자가 아니라 그의 아낄라(‘Āḳila)가 부담하고, 이들 책임 모두 사법적 청구권(私法的 請求權: Ḥaḳḳ Ādamī)을 발생시킨다. 그러나 논의상 편의를 위하여 마지막에 언급한 이들 책임에 대해서는 아래[468]에서 논의하기로 하고, 여기서는 가스브(Ghaṣb)의 특별한 경우에 대해 다루고자 한다.

306 다른 이의 재산을 탈취하는 것을 의미하는(자유인을 유괴하는 것을 포함) 가스브(ghaṣb)는 불법적인 점유를 창설함으로써 합법적인 점유를 소멸시키는 것이라고 정의된다. 가스브는 죄악이고, 이로 인해 침탈자는 무조건적인 처벌을 감수할 책임을 부담하게 되며, 가스브는 또한 이슬람법에서 알려진 가장 높은 등급의 책임뿐만 아니라 침탈자로 하여금 소유자에게 원래 있던 장소에 재산을 반환하여야 될 채무를 발생시킨다. 침탈자는 침탈물의 손실에 대해 책임이 있으며, 이는 가령 노예를 강탈하였는데 노예

468) 이에 대해서는 이 책 [343], [349] 이하 참조.

가 원래 주인이 입힌 상처 때문에 사망한 경우나, 혹은 자유인인 아이를 유괴하였는데 아이가 번개에 맞거나 뱀에 물려 사망한 경우에도 마찬가지이다(왜냐하면 전자의 경우 가스브에 의해 주인의 행위의 효과가 더 이상 지속되지 않기 때문이며, 후자의 경우 유괴자가 가스브에 의해 아이를 위험에 빠뜨렸기 때문이다). 침탈자는 가공·부합·혼화에 의해 침탈물의 소유권을 취득한 경우에도 같은 책임을 부담하며, 종종 소유자는 침탈자에게 책임을 지우도록 하는 한 가지 이상의 방법을 선택할 수 있는 권리를 가진다. 나아가 침탈자는 침탈물의 가치의 감소에 대해서도 책임이 있으며, 또한 강탈된 노예의 범죄에 대해서도 간접적인 책임을 부담하는데, 다시 말해 노예의 주인이 직접적인 책임을 부담하지만 주인은 침탈자에게 상환청구권을 가진다. 다만 침탈자는 과실(果實)과 가치의 증가에 대해서는 책임이 없으나, 와끄프의 용익권에 대해서는 책임이 있다. 폭력을 행한 사람은 침탈자로 본다.

307 횡포(橫暴)한 소행에 의해 사유재산에 대한 횡령행위가 빈번하던 이슬람법 형성기의 사회상황을 반영하는 이러한 규정들은, 소유권이 이전되는 모든 거래에 있어서 소유자를 보호할 뿐만 아니라, 형법에서 매우 한정적으로 정의하고 있는 재산에 대한 범죄(절도나 노상강도)의 범주를 벗어나는 불법적인 횡령의 경우들에도 적용된다.

제22장 가족

308 1. 가족

가족은 이슬람이 인정하는 혈족관계나 인척관계에 기초한 유일한 집단이다. 이슬람에서는 신자(信者)의 결속이 종족적 연대를 대신하기 때문에, 이슬람에서 같은 종족에 속한다는 자각은 찾아보기 힘들다. 그 중간에 자리하고 있는 집단들은 상속('Aṣaba)이나 사람에 대한 범죄('Āḳila), 협의의 가족의 범주를 넘어서는 부양의무 등과 관련하여서만 그 자취를 찾을 수 있다; 그러나 이러한 집단들은 단지 가족이 확대된 것에 불과하며, 그들 자체로 어떤 독립된 집단인 것은 아니다.

309 2. 혼인(Nikāḥ)[469)]

혼인은 민법상의 계약이며, 그것은 신부측에 결혼지참금을 지불하는 것으로부터 발달하였다; 신랑은 신부의 후견인(Walī)과 혼인계약을 체결하며, 결혼지참금(Mahr, Ṣadāḳ) 또는 (구약성서에서 사용된 용어와 같은 의미에서의) 과부산(寡婦産)을 치를 의무가 있는데, 이는 이슬람 이전 시대에 관습적으로 행한 바와 같이 후견인에게 주는 것이 아니라 신부에게 직접 주어야 한다. 혼인계약은 2명의 남성 혹은 한 명의 남성과 두 명의 여성으로 이루어진 증인들 앞에서 체결되어야 한다; 이는 혼인의 증거를 뒷받침하고

469) 남편은 'Zawj'이고 아내는 'Zawja'이다.

부정(不貞)을 반증하는데 그 목적이 있다. 후자를 위한 증인들의 요건은 전자를 위한 증인들의 요건보다 완화되어 있으며, 법적인 결격사유가 있는 증인들은 부정(不貞)의 반증은 할 수 있지만, 혼인의 증거는 뒷받침할 수는 없다. 혼인계약의 체결은 혼인을 성립시키는 데 필요한 유일한 법률행위이다; 부부간의 밀접한 접촉(Khalwa)과 신방치루기(Dukhūl)는 혼인이 해소될 때에만 법적 효과가 있고, 혼인의 성립에 필수적인 요건은 아니다. 후견인은 상속순위에 따른 최근친의 남성친족(Aṣaba)이며, 그 다음 순위는 노예해방자와 그의 상속인이고, 그들이 모두 없을 경우에는 까디가 후견인이 되었다. 후견인은 그의 피후견인이 미성년자이면 그 여자의 의사에 반하여 그녀를 혼인시킬 수 있으나, 그녀는 성년이 되면 그 혼인을 해제할 권리를 가진다; 그러나 그녀에게 혼인을 하도록 한 후견인이 그녀의 아버지나 할아버지인 경우에는 미성년자는 혼인을 거부할 권리를 가지지 못한다는 주장도 있다.[470] 신랑이 미성년자로서 그의 후견인이 혼인시키는 경우 역시 이와 비슷한 규칙들이 적용된다. 또한 주인에 의해 자신의 의사에 반하여 혼인한 여성 노예는 자유의 몸이 되면 그 혼인을 무효로 할 수 있다. 자유인 여성은 스스로 혼인할 수 있으나, 그 남편의 혈통이 그 여성과 동등하지 않은 경우에는 후견인이 그 혼인에 이의를 제기할 권리가 있다. 남성에게만 적용되는 자유인 무슬림들 사이의 출생계급(Kafā'a)은 다음과 같다: 예언자 무함마드의 혈연들; 다른 아랍인들; 그리고 비아랍인들(각 계급 안에서 다시 세분된다).

310 자유인 남성은 동시에 네 명의 여성과 혼인할 수 있으며, 노예인 남성은 두 명까지 가능하다; 그러나 이미 자유인 여성과 혼인한 남성은 노예인 여성과 혼인할 수 없다. 혼인에는 적지 않은 장애사유가 존재하는데, 이는 모두 친족관계에서 비롯되는 것으로 그 내용은 다음과 같다.[471]

---

470) 이에 대해서는 이 책 [194] 참조.

311 (a) '혼인이 가능하지 않은 사람들'(Maḥārim: Maḥarām의 복수형), 즉 한 사람의 여자 조상과 후손들, 그 사람의 조상과 후손들의 예전 부인들, 그 사람의 여자형제와 여자형제나 남자형제의 여자 후손들, 그 사람의 부계 백모(伯母)·숙모(叔母)·고모(姑母)·이모(姨母)나 모계 백모(伯母)·숙모(叔母)·고모(姑母)·이모(姨母), 조상들의 여자형제나 백모(伯母)·숙모(叔母)·고모(姑母)·이모(姨母), 그 사람의 장모와 그 사람의 아내의 다른 여성 조상들, 그 사람의 계자녀(繼子女)와 그 사람의 아내의 다른 여성 후손들(이 마지막 그룹은 아내와 신방에 들어 신방치루기를 한 경우에 한한다)과의 혼인은 허용되지 않는다. 그러므로 사촌이나 (서로 다른 혼인에 의한) 배다른(同姓異腹) 남자형제의 배다른 여자형제와의 혼인은 허용된다.

312 (b) 수유관계(Raḍā'), 즉 어머니를 대신하여 젖을 먹이면서 형성된 관계와 같이 수양자녀(收養子女)의 수유에 의하여 형성된 관계는 혼인의 장애사유로서의 정도가 덜하다. 수유관계에 의한 혼인의 장애사유는 혈족관계와 인척관계가 결합하여 나타나는 경우도 있다; 가령 수양모(收養母)의 자매와의 혼인은 금지된다. 수유에 의하여 관계를 형성하기 위해서는 적어도 아기가 태어난 지 처음 2년 반 동안은 젖을 물려야 한다.

313 (c) 결합(Jam'), 즉 혈족관계와 인척관계 혹은 수유관계에 의한 혼인의 장애사유를 겸유하고 있는 두 여성과 동시에 혼인하는 것 역시 허용되지 않는다. 이 경우 두 여성 중 오직 한 사람은 마흐람(Maḥram)으로서 혼인할 수 없다. 이러한 규칙은 이와 같은 관계에 있는 노예 여성에게도 적용된다; 그들은 동시에 첩(妾)이 될 수 없다.

314 혼인의 장애사유인 인척관계가 형성되기 위해서는 혼인이 유효할 것을 요하지 않으며, 성관계조차도 요구되지 않는다; 호색적인 입맞춤으로

---

471) 종교의 차이에서 비롯된 장애사유에 대해서는 앞의 [226] 참조.

족하다. 예컨대 만일 처(妻)가 계자(繼子)에게 호색적인 입맞춤을 한다면, 그녀의 혼인은 무효가 된다. 이와 유사하게 '결합'의 경우, 처가 동료 아내에게 젖을 물린다면, - 이는 미성년자와의 혼인이 가능하고, 나이가 들어서도 젖을 물린다는 것을 감안하면 반드시 불가능한 것만은 아니다 - 남편이 이 중 하나의 혼인을 선택하기 전까지 두 혼인 모두 당분간 무효이다; 이들 혼인은 이혼사유가 된다.

315 혼인계약에 있어 부과된 특약, 가령 남편이 다른 여성과 혼인하지 않는다든가, 아내가 숫처녀야 한다는 조건은 구속력이 없다. 만일 결혼지참금이 이와 같은 조건을 감안하여 지불되었고 그 조건이 이행되지 않은 경우, '공정한 결혼지참금'(Fair Mahr)이 다시 지불되어야 한다; 그러나 조건부 거절은 조건의 부과와 같은 효과를 낳는다.

316 열두 이맘파가 인정하는 일시적 혼인관계(Mut'a)는 순니파에 의해 인정되지 않으나, 이혼의 용이성과 순니파 사이에서 이루어진 대부분의 일시적 혼인관계의 안정성, 그리고 축첩(蓄妾)의 가능성으로 인하여 실제 상황은 양쪽이 거의 다르지 않다; 순니파 사이에서도 혼인계약을 벗어난 비공식적 합의에 의하여 일시적 혼인관계의 효과를 낳을 수 있다.

317 파시드(Fāsid)와 바띨(Bāṭil) 또한 혼인계약과 관련하여 구분할 수 있다. 만일 파시드인 혼인이 완성되면 반드시 결혼지참금이 아내에게 지불되어야 하고, 아내는 혼인관계가 해소될 경우 반드시 대혼기간(待婚期間)을 준수하여야 하며, 그 혼인에 의해 태어난 자녀는 친생자로 추정된다 - 이는 모두 바띨인 혼인과 대조적이다. 계약 안의 어떠한 결함이 혼인을 파시드로 만들거나 바띨로 만들 것인가 하는 것은 결의론적으로[472] 결정되며, 세부사항에 대해서는 논란이 있다. 이러한 원칙과 함께 두 가지 고려사

472) 역자주: '결의론적'이란 말은 보편적 규범을 정확하게 적용하기 어려운 경우에 행위의 동기·목적을 살펴 해당 행위의 옳고 그름을 판단하는 것을 의미함.

항이 있다: 간통의 금지는 파시드와 바띨 혼인 양쪽에 공히 적용되며, 부정(不貞)에 대한 핫드(Ḥadd) 형벌을 적용할 수 없게 하는 슈브하[473]가 널리 인정된다; 그 결과, 이슬람의 법원(法源)에 있어서 이에 대한 체계적인 논의는 다소 복잡해 보인다.

318 3. 이혼(Divorce)

일반적인 경우는 남편의 아내에 대한 이혼(Ṭalāḳ)이다; 그것은 철회할 수도 있고(Raj'ī), 확정적일 수도 있다(Bā'in). 그 차이는 이혼이 이루어지는 과정에 따라 좌우된다; 만일 통례적인 표현이 사용된다면 그것은 무효로 할 수 있고, 그렇지 않고(그리고 또한 만일 이혼이 신방에 들어 신방치루기를 하기 전에 표명되거나 혹은 대가를 받고 표명된다면) 그것은 확정적인 것이 된다. 그리고 이혼은 즉각적인 효과가 있는 처분이기 때문에, 보통의 이혼을 그 변형양식들과 구별하기 위해서 모든 가능한 표현방식은 결의론적으로[474] 해석된다. 철회할 수 있는 이혼은 부부의 생활공동체를 해체시키지 않으며, 아내의 대혼기간(待婚期間) 동안에는 철회될 수 있다; 확정적인 이혼은 부부의 생활공동체를 해체시키고, 따라서 예전의 부부가 다시 결합하고자 하는 경우 먼저 아내가 새로운 혼인관계를 형성하여야 한다. 즉 남편이 아내에게 세 번 이혼의사를 표명[475]한 후에(그녀가 노예라면 두 번

---

473) Shubha, 이에 대해서는 이 책 [342], [344] 참조.

474) 역자주: '결의론적'이란 말은 보편적 규범을 정확하게 적용하기 어려운 경우에 행위의 동기·목적을 살펴 해당 행위의 옳고 그름을 판단하는 것을 의미함.

475) 역자주: 이슬람법에 따르면, 남편이 아내에게 '딸라끄'(이혼한다)라는 말을 세 차례 하면 이혼이 성립하는 것으로 인정한다. 2003년 말레이시아의 이슬람법정은 휴대전화의 단문메시지서비스(SMS)를 이용하여 남편이 아내에게 세 번에 걸쳐 문자메시지로 '딸라끄'(이혼한다)를 표시한 경우에도 이혼으로 인정하였다(한겨레신문, 2003년 7월 28일자 기사 참조).

만) 그 전 남편과 아내는, 일단 그 아내가 또 다른 남성과 신방에 들어 신방치루기를 한 후에야 비로소 다시 결합할 수 있다.[476] 그러므로 세 번의 이혼을 표명하는 것이 이혼의 일반적인 전형이 되었다. 남편은 아내의 연속된 3주기 월경기간의 청결한 상태동안 별개로(각 월경기간마다 한 번씩) 세 번의 이혼을 표명하여야 했다. 그러나 한 번의 언명으로 세 번의 이혼을 표명하는 것이 관습이 되었다[477]; 이것은 혁신으로 간주되어 금지되나, 유

---

476) 이른바 타흘릴(Tahlil)에 기해 이 규칙을 회피하는 것에 대해서는 앞의 [131] 참조. 역자주: 생각건대, 세 번의 이혼이 표명되지 않았다면 그 이혼은 아직 확정적이라 할 수 없고, 따라서 부부생활공동체를 해체시키지도 않으며, 아내의 待婚期間 중에는 철회될 수도 있으나, 만일 세 번의 이혼이 표명되어 이제 확정적인 이혼이 되었다면, 그 이혼은 더 이상 철회될 수는 없고, 부부의 생활공동체를 해체시키며, 따라서 일단 아내와 다른 남성 간에 새로운 혼인관계가 형성되고, 또한 논리적으로 본다면 아내의 후혼 역시 후혼배우자(夫)의 세 번의 이혼 표명에 의해 확정적인 이혼이 된 후에야, 비로소 전남편과 아내는 재결합할 수 있다고 할 것이다. 그런데 이혼의 일반적인 형태인 세 번의 이혼 표명에 의해 확정적인 이혼이 되었다고 하더라도, 이처럼 남편과 아내의 재혼을 위해 아내가 새로운 혼인관계를 형성하고 또 그 혼인관계가 다시 확정적으로 해소되어야 한다는 것을 요한다면, 이는 재결합하고자 하는 당사자에게 매우 가혹할 것이다. 그리하여 히얄(Ḥiyal, 목적이 합법이든 불법이든지 간에, 샤리아가 제공하는 수단들에 의해서는 직접 성취할 수 없는 목적들을 이루기 위해 법률적인 수단을 쓰는 것으로서, 이러한 법률적인 장치들은 그렇지 않다면 환경적인 압력아래서 신성법의 조항들에 저촉되는 행위들을 할 수밖에 없었던 사람들로 하여금 그 법의 조문들을 따르면서도 바람직한 결과에 이를 수 있도록 해주었다)의 구체적인 형태인 타흘릴(Tahlil)로서, 후혼배우자(夫)와 아내는 신방에 들어 신방치루기를 한 후에 혼인을 즉시 (확정적으로) 해소하겠다는 이해관계를 가지고 혼인을 체결함으로써(이른바 假裝婚姻), 세 번의 이혼 표명으로 확정적인 이혼이 이루어진 후에 전 남편과 아내가 재혼하는 데 있어서 발생하는 장애사유를 제거하고자 한 것으로 판단된다.

477) 역자주: 한 번의 언명으로 세 번의 이혼을 표명한다는 것은 반드시 "나(夫)는 너(妻)와 이혼한다, 이혼한다, 이혼한다", 이렇게 한꺼번에 반복해서 세 번의 이혼을 표명해야 한다는 의미는 아니고, 남편이 아내에게 이혼을 표명하면서 손가락 세 개를 펴 세 번의 이혼을 표명한다는 취지를 표시하거나, 혹은 "나(夫)는 너(妻)와 모래알 수만큼 이혼한다"고 표명함으로써, 일거에 그 요건을 충족시킬 수도 있다고 한다(이에 대해서는 「3回分の一方的離婚の宣言<Talaq al-Thalath>」等の效力에 대해 서술하고

효하게 인식된다. 조건부 이혼(Ta'līķ al-Ṭalāķ)은 특정 사건이 발생할 경우 자동적으로 이혼이 이루어지는 경우로서[478] 실제적으로 매우 중요하게 되었다. 또한 아내에게 스스로 이혼할 권리가 부여될 가능성도 있다; 이는 타퀴드(Tafwīḍ)의 언명이 반대로 표명하지 않는다면 원칙적으로 남편과 아내의 같은 만남(Majlis)에서 이루어져야 한다; 그러나 심지어 "당신이 원할 때 언제든지 이혼한다"라는 형태의 타퀴위드(Tafwīḍ)도 유효하다.

319 이혼의 변형된 형태 중에는 어떤 금전적 의무를 상호 포기하는 약정에 의해 혼인을 해소하는 무바라(Mubāra'a)와, 보다 중요한 것으로 아내가 대가를 지불하고 혼인으로부터 그녀 스스로를 되사는 쿨(Khul')이 있다. 아내의 입장에서 쿨은 자산의 교환으로 간주되나, 남편의 입장에서는 선서를 한 것으로 간주되어 남편은 자신이 제안한 쿨을 철회할 수 없다.

320 보다 변형된 이혼의 형태로서, 남편이 네 달 동안(아내가 노예인 경우에는 두 달) 혼인 중 성관계를 삼가한다는 선서에 의해 부부의 생활공동체가 해소되는 일라(Īlā')가 있다[479]; 만일 남편이 서약을 지킨다면 그것은 확정적인 이혼의 효과를 갖지만, 다른 선서에 있어서와 같이 그것은 경우에 따라 카파라(Kaffāra)의 이행이나 스스로에게 부과한 벌칙의 수행에 의해 철회될 수 있다. 생각건대 "당신은 나에게 어머니의 등과 같(이 범접<犯接>할 수 없는 존재이)다"라는 문구의 사용과 같이, 이슬람에서 그 자체로 인정하지 않는 이혼의 오래된 형태로는 지하르(Ẓihār)[480]가 있다; 그

있는 柳橋博之, 『イスラーム家族法 [婚姻·親子·親族]』<創文社, 2001.02>, 344-346頁 참조).

478) 이에 대해서는 이 책 [193], [303] 참조.

479) 역자주: 일라의 경우에 언제까지 성관계를 하지 않을 것인지의 기간이 정해져 있지 않아 여성으로서는 실제적인 아내가 될 수도 없고 그렇다고 이혼녀로서 재혼을 할 수도 없는 상태로 평생을 지내야 한다.

480) 역자주: 자히르의 경우에 아내는 남편의 집을 떠날 수 없고, 실질적인 부부생활을 할 수 없는 버림받은 상태로 방치된다.

것은 혼인을 해소시키지는 않으나, 다른 경우의 카파라(Kaffāra)에 있어서와는 달리, 까디에 의해 집행될 수 있는 특히 무거운 카파라를 요하는 불경스러운 표시로 간주된다.

321 타프리끄(Tafrīḳ: 문자상으로는 갈라선다는 뜻이나, 이 경우 혼인의 진정한 해소를 의미)은 그의 자발적인 발의나 배우자 중 한 사람의 의뢰에 따라 보통 까디에 의해 표명되며, 예외적으로 후견인이 자신의 거절권을 행사하거나 노예해방에 의해 아내가 자신의 취소권을 행사하는 경우에도 표명된다. 아내가 성년이 되어 취득한 혼인취소권, 남편의 생식불능, 그리고 선례에 의해서만 인정되는 남편의 정신 장애나 심각한 만성병 등이 아내가 까디에게 혼인의 취소를 요구할 근거가 된다. 남편은 성년이 되어 취득한 혼인취소권에 기해 까디에게 혼인의 취소를 요구할 수 있다; 그는 언제나 이혼할 수 있는 권리를 행사할 수 있다.[481] 까디는 두 자매의 '결합'과 같은 혼인의 중대한 장애사유가 있는 경우 스스로 타프릭(Tafrīḳ)을 표명할 수 있다; 다른 경우에 있어서는 까디는 단지 혼인공동체를 금지한다.

322 혼인은 형법에 속하는 리안(Li'ān)[482]에 의해서도 해소된다; 남편은 아내가 부정행위를 했거나 아내가 낳은 아이가 자신의 친자가 아님을 선서하고, 그와 같은 경우 아내는 자신이 부정을 저지르지 않았다거나 아이가 남편의 친자임을 선서하게 된다; 이러한 선서는 문자로 된 엄격한 형태를 띤다.

323 마지막으로 배우자 일방이 이슬람에 대한 배교행위를 하거나 일

481) 딸라끄(Talak)과 타프리끄(Tafrik)의 구별은 순전히 형식적인 것은 아니다; 만일 아내에게 고유한 사유로 인해 신방에 들어 신방치루기를 하기 전 타프리끄(Tafrik)가 행해진 경우, 딸라끄(Talak)의 경우와는 달리 남편에 대한 어떤 금전적인 의무도 발생하지 않는다. 이것은 특히 남편(그리고 아내) 측에서 타프리끄(Tafrik)을 요구할 이유가 많은 다른 법학파에서 보다 큰 실제적 중요성을 가진다.

482) 역자주: 리안에 대해서는 이 책 [345] 참조.

방이 노예가 되어 타인에게 예속됨으로써 무효가 된다면 혼인이 종료된다.

324 일부다처제, 축첩제도, 이혼제도 하에서 아내의 법적 지위가 남편보다 열위에 있음은 명백하다. 그러나 적어도 아내는 이혼할 수 있는 가능성을 가지며, 실제로 부부재산제의 효과와 조건부 이혼제도에 의해서 아내의 지위는 상당히 호전되었으며, 혼인의 성립 이후 그것을 즉시 표명하는 관습이 있는 곳에서도 마찬가지이다.

325 신방에 들어 신방치루기까지 행해진 혼인의 해소에는, 심지어 부부의 생활공동체가 '실재하지 않음', 즉 생활공동체가 와해되었음이 명백할지라도 아내가 다른 남성과 혼인하기 전에 기다려야 하는 대혼기간('Idda)이 수반된다. 임신한 아내의 대혼기간은 그녀의 출산 때까지 지속된다; 아내가 임신하지 않았으며 남편이 죽고 아내가 자유인인 경우의 대혼기간은 4개월 10일이다(아내가 노예인 경우에는 그 절반이다); 그 외의 경우(혼외정사도 포함하여) 만일 아내가 자유인이거나 움 왈라드(Umm Walad)라면 대혼기간은 3주기의 월경기간 동안 지속되며(노예 여성은 2주기의 월경기간 동안), 만일 아내가 월경을 하지 않는다면 대혼기간은 3개월이다[움 왈라드(Umm Walad)가 아닌 여성 노예는 그 절반]. 소유주가 자신이 사들인 여성 노예와 성관계를 갖기 위해서도 경과하여야 하는 유사한 기간이 있다. 이를 이스티브라(Istibrā')라고 하며, 보통 한 주기의 월경기간이나 아니면 한 달 동안 지속된다. 이는 의무적인 것은 아니고, 여성 노예의 전주인 자신도 여성인 경우에 한하여 권고된다.

326 4. 가족관계(家族關係)

혼인에 의해 남편이 갖게 되는 권리는 광범위하며, 제한적인 징계권을 포함한다; 남편은 아내의 외출을 금지할 수 있고, 아내의 친척들이 아내를 대면하고자 하는 것까지도 제한할 수 있다. 순종하지 않는 아내는 남편으로부터 징계를 받을 수 있고, 부양청구권을 상실한다. 다른 한편으로 아내는 자신과 자녀들을 위해서 남편의 여행에 동반하는 것을 거절할 수 있다.

327 임신지속기간으로 인정되는 기간은 6개월에서 2년이다; 이는 혼인의 해소 후 2년 이내에 남편은 출생자녀를 친생자로 승인하여야 한다는 것을 의미하며, 남편이 친생자로의 승인을 거절할 경우 까드프(Ḳadhf)가 된다; 그는 나중에라도 출생자녀를 친생자로 승인할 수 있다. 친생자로의 추정 여부가 불분명한 출생자녀에 대한 친생자로의 승인은 입양에 가까운데, 그러한 입양은 존재하지 않는다; 그것은 꾸란에 의해 금지된다(꾸란 제33장 제4절). 기아(棄兒)는 누구든지 자신의 자녀라고 주장할 수 있다; 그가 비무슬림 거주지에서 발견되지 않는 한 반증이 될 때까지 그는 자유인이며 무슬림이다; 만약 아무도 그를 자신의 자녀라고 주장하지 않는다면, 아이를 발견한 사람이 제한적인 친권을 행사한다. 자녀에 대하여는 모권(母權)이 부권(父權)보다 강하다; 어머니는 사내아이의 경우 7세나 9세까지, 여자아이의 경우 성년이 될 때까지 자녀를 보살필 권리가 있다(Ḥaḍāna). 이는 의무가 아닌 권리로서, 어머니가 자녀의 마하람(Maḥram: 혼인이 가능하지 않은 사람들), 즉 자녀의 금혼범위 내의 친척과 혼인계약을 체결하는 경우 그 권리는 상실된다; 이러한 경우, 가령 어머니가 사망한다면 하다나(Ḥaḍāna)의 권리는 모계의 최근친 여성친척에게, 모계에서 그런 사람이 없는 경우 부계의 최근친 여성친척에게 이전된다.

328 5. 부부재산제

부부재산공동체나 (서양에서 쓰이는 의미에서의) 지참금은 존재하지 않는다; 아내는 마흐르(결혼지참금: Mahr)와 부양(Nafaḳa)에 대한 권리가 있다; 이로 인해 아내는 남편에 대해 우월한 지위를 갖는다. 아내는 마흐르를

정하는 것을 남편에게 일임할 수도 있는데, 이는 권리의 포기가 될 수도 있다. 마흐르의 최저액은 10디르함이다; 만일 마흐르의 액수가 정해지지 않았다면[또한 경우에 따라 조건이나 혼인 자체가 파시드(Fāsid)인 경우], 신랑이 아니라 신부의 사회적 지위에 따라 결정되는 '공정한 마흐르'(Mahr al-Mithl)가 지불되어야 한다. 마흐르의 일부를 즉시 지급하고 나머지에 대한 지급은 연기하는 것이 관습이지만, 마흐르 전부를 즉시 지급하거나 전부에 대한 지급을 연기하는 약정도 가능하다. 연기된 부분은 (1) 모든 경우에 있어서 부부 일방이 사망한 때, (2) 적어도 실제로 부부간의 생활공동체가 형성되어 혼인이 완성된 후 이혼한 때 각 지불되어야 한다. 만일 신방에 들어 신방치루기를 하기 전에 이혼한 경우, 약정한 마흐르의 절반에 대한 권리가 있다[혹은 만일 마흐르가 약정되지 않았다면, 꾸란 제2장 제236절에 근거하여 의복 한 벌을 보상금(Mut'a)[483]으로 받을 수 있다]. 이혼시 마흐르 전부를 지불하여야 하는 남편의 의무는 그의 이혼할 자유에 대한 강한 제약으로 작용한다.

329 아내의 생계유지를 위해 필요한 것으로는 음식, 의복, 주거, 즉 개별 주택이나 적어도 문을 잠글 수 있는 방이 있으며, 부유계급인 경우에는 하인도 포함된다; 아내는 부부가 혼인해서 살 집을 장만하는데 드는 비용을 조금도 부담할 의무가 없다. 만일 아내가 미성년자이거나, 순종적이지 않거나(특히 허락 없이 집을 나가거나 성관계를 거부할 때), 빚을 져 수감되거나, 남편 없이 순례하거나, 혹은 유괴되는[가스브(Ghasb)에 의해) 등 아내가 자신의 혼인상 의무를 다할 수 없는 모든 경우에 있어서는 아내의 부양청구가 일시 정지된다. 만일 남편이 아내를 부양하지 않고 부재중이라면, 까디는 아내에게 남편의 신용을 담보로 하여 생계를 유지할 수 있는 권한을 부여한다. 혼인이 아내에게 책임 있는 사유(가령 자신의 계자(繼子)에게

483) 이는 일시적 혼인관계를 의미하는 무타(Mut'a)와는 구별된다.

호색적인 입맞춤을 하거나, 이슬람을 배교하는 등)로 해소되지 않는 한 부양청구권은 대혼기간 동안에도 지속된다.

330 배우자간 상속에 관해서는 아래 [335]를 참조하라. 아내의 상속권은 이혼하더라도 인정되는데, 왜냐하면 남편이 병들어 죽기 직전 확실히 이혼한 아내는 남편이 대혼기간 동안 사망한다면 상속권을 취득하기 때문이다. 반대로 아내에게 책임 있는 사유로 아내가 병들어 죽기 직전 혼인이 해소되었고, 대혼기간 동안 아내가 사망한다면 남편은 상속권을 취득한다.

331 자녀들은 그들이 부양을 필요로 하는 상태에 있는 경우에만 부양청구권이 있으며, 원칙적으로 아버지에게만 부양청구를 할 수 있다. 비적출자녀나 리안(Li'ān)에 의해 부성추정이 다투어진 아이에 대한 부양책임은 어머니에게 있으며, 기아(棄兒)에 대한 부양은 국고를 통해 이루어진다. 부모는 그들 자녀의 자산에 대한 용익권이 없다. 아버지나 할아버지의 자녀나 손자녀에 대한 대리권은 무제한적이지 않다; 아버지나 할아버지는 자산을 아리야('Ariyya)로서 대여하거나, 상대방이 증거를 제시하지 못했는데도 화해하거나, 혹은 보복할 권리를 포기하는 것과 같이, 일방적으로 불리한 계약은 체결할 수 없다. 아버지나 할아버지가 아닌 후견인은 이보다도 더 권한이 제한되어 있다.

332 이러한 경우 외에는, 부양여력(扶養餘力)이 있는 자들만이 부양의무를 진다. 특히 아들과 딸들은 동등하게 부모에 대한 부양료를 부담하여야 한다. 부양의무자의 범위는 상속인의 범위와는 상이하다; 누군가 법정상속인이 아님에도 부양의무를 부담하여야 하는 경우가 생길 수 있다.

제23장 상속

333 1. 총설

이슬람법에는 상속인 지정제도(Heredis Institutio)가 없고, 유언은 유증을 하거나 유언집행인 그리고/또는 후견인을 지정하는 것으로 제한된다. 상속법은 근친자의 잔여재산에 대한 상속보다 우선하는 법정상속분에 대해 규정한다. 이슬람법은 상속에 있어서의 포괄승계원칙(Successio in Universum Ius)을 인정하지 않는다[484]; 상속재산(Tarika)으로부터 먼저 장례비용이 지급되며, 다음으로 상속채무의 변제에 충당된다; 이들은 상속개시 시 즉시 지불되어야 한다.[485] 만일 상속채무가 적극재산과 같거나 적극재산을 초과할 때에는 적극재산은 채권자들 사이에서 필요에 따라 그들의 채권액에 따라 안분(按分)하여 분배된다. 역으로, 상속채권은 상속재산에 포함된다. 상속인이 상속에 의해 피상속인의 권리의무를 모두 승계하는 것은 아니다; 고용계약과 임대계약, 그리고 경우에 따라서는 보증계약과 같은 많은 계약들은 상속개시와 함께 해소된다. 계약해제권과 관하여 보자면 키야르 알 타인(Khiyār al-Ta'yin)과 키야르 알 아이브(Khiyār al-'Ayb)는 계속되는 반면, 키야르 알 루야(Khiyār al-Ru'ya)와 키야르 알 샤르트(Khiyār al-Shart̤)는 그렇지 않다. 잔존 상속재산으로부터 유증이 공제되는데, 상속인이 승인하거나 상속인이 부존재하지 않는 한 유증은 적극재산의 1/3의 범위로 제한

484) 그러나 상속인 개인은 상속개시시에 그의 고유한 상속분을 취득하는 것으로 간주된다.
485) 치명적인 병중에 이루어진 이끄라르(Ikrar)로부터 비롯된 채무에 관해서는 이 책 [277] 참조.

된다. 채무와 유증의 차이는 종종 분명치 않으나, 상속인들로서는 피상속인의 증여가 가능한 한 유증으로 간주되는 것이 유리하기 때문에 이 차이는 중요하다. 중요한 차이는 움 왈라드(Umm Walad)의 해방은 적극재산 전액으로부터 공제되고, 무답바르(Mudabbar)의 해방은 1/3의 범위에서 공제된다는 것이다. 금전적 가치를 가지는 것뿐만 아니라, 보복을 강요할 권리와 같은 다른 청구권들도 상속될 수 있다.[486]

334 2. 상속분(Farā'iḍ)

상속에서 배제되는 경우는 노예상태가 된 경우, 피상속인의 사망을 유발한 경우, 종교가 다른 경우, 거주지가 다른 경우이다(이슬람국가와 비이슬람 국가 사이에서 뿐 아니라 비이슬람 국가들 사이에서도). 상속인의 자격(Wārith)은 혈연관계, 혼인관계, 보호관계(Clientship)에서 비롯되는데, 그 우선순위는 다음과 같다.

(1) 고정된 상속분을 할당받은 자(Farḍ, Sahm);

(2) 아사바(Aṣaba), 대략 부계혈족과 일치한다; (1)에 해당하는 상속인들의 상속분이 상속재산 전부에 이르지 않는 경우, (1)과 (2)에 해당하는 상속인들은 함께 상속받게 된다. 아사바(Aṣaba)는 (1)에 해당하는 상속인들의 상속분을 공제하고 남은 잔여 상속재산을 상속받는다. 그리고 (1)과 (2)에 해당하는 상속인들은 있을 때에는 다음 사람들은 상속에서 제외된다.

(3) 노예를 해방한 사람들(Mawlā, 노예에서 해방된 사람의 보호자), 그리고 그의 사후에는 그의 아사바('Aṣaba)

---

486) 카타아(Khata')의 경우, 치명적인 부상을 입은 사람이 피의 값에 대한 청구권을 포기하는 것은 유증으로 간주되고, 따라서 적극재산의 1/3로 제한된다. 그러나 의도적인 행위인, 암드('Amd)의 경우, 피의 값의 포기를 의미하는 복수(復讐)의 무상포기(無償拋棄)는 이러한 제한 없이 유효하다.

(4) (2)와 (3)에 속하는 상속인이 없는 경우, (1)에 해당하는 상속인들은 그들의 상속분이 전 상속재산으로 증가됨에 따라 한 번 더 상속분을 받게 된다.

(5) 다울 아르함(Dhawu'l-Arḥām), 대략 모계혈족과 일치한다.

(6) 보호관계(Clientship)[487]에 의하여 이슬람으로 개종한 사람들의 보호자(Mawlal -Muwalat).

(7) 증거는 없지만 피상속인에 의하여 상속인으로 인정 받아온 친척

(8) 다른 상속인이 없는 경우, 상속재산의 1/3이라는 제한 없이 상속을 받는 유증의 수익자, 이 항은 상속에 해당하는 것은 아니다.

(9) 국고귀속

335 이러한 법칙은 가부장적인 가족구성을 전제로 하는데, (2)에 해당하는 상속인들과 일부 모계혈족이 포함된 (1)에 해당하는 상속인들의 포함으로 인하여 수정되었다. 보호관계(Clientship)는 입양관계를 인정받는 것보다 우월하다. 피상속인 보다 먼저 사망한 상속인은 그의 후손에 의하여 대습상속 된다는 의미의 대습상속권은 순니법에는 존재하지 않는다. 이슬람 상속법의 가장 전형적인 모습은 꾸란에 있어 본질적 부분으로 규정된 위 (1)에 해당하는 상속인들에 의한 상속이다.

(a) 딸(딸이 없는 경우, 아들의 딸)과 친자매(친자매가 없는 경우, 부계의 이복자매)는 같은 서열의 남자 친척이 없는 경우 상속재산의 1/2을 상속한다(아래를 보라, 'Aṣaba bi-Ghayrih)[488]. ; 만약 이러한 여자 친척이 몇몇 있다면 딸과 아들의 딸은 자매를 상속에서 제외시킨다(아래 참조, 'Aṣaba ma'a Ghayrih). 둘 이상의 딸과 아들의 딸은 둘 이상의 친자매와 이복자매를 상속에서 제외시킨다. 그리고 그들은 함께 상속재산의 2/3를 상속한다

---

487) 역자주: 이에 대해서는 이 책 [222] 참조.
488) 이에 대해서는 이 책 [338] 참조.

(아래 (e) 참조).

(b) 자녀나 친손자, 친손녀가 없는 경우, 남편은 상속재산의 1/2을 상속받고, 반대의 경우 상속재산의 1/4을 상속받는다.

(c) 자녀나 친손자, 친손녀가 없는 경우, 부인은 상속재산의 1/4을 상속받고, 반대의 경우 상속재산의 1/8을 상속받는다. 만약 여러 명의 부인들이 있을 경우 이와 같은 상속재산을 같은 비율로 분할하게 된다.

(d) 자녀나 친손자, 친손녀가 없고, 한 명 이상의 형제자매가 없는 경우, 어머니는 상속재산의 1/3을 상속받고, 반대의 경우 상속재산의 1/6을 상속받는다. 만약 첫 번째의 경우에 남편이나 부인이 아버지와 함께 생존해 있을 경우, 어머니는 남편이나 부인의 몫을 지급하고 남은 잔여상속재산의 1/3을 상속받게 될 뿐이다[489].

(e) 모계의 이복 형제자매가 둘 이상일 경우, 그들은 상속재산의 1/3을 남자, 여자에 관계없이 같은 비율로 상속받게 된다. 모계의 이복 형제자매가 한 명 있을 경우, 상속재산의 1/6을 상속한다. 만약 자녀 또는 친손자, 친손녀[490]가 있다면, 상속재산의 1/6은 아버지가 상속한다(만일 아버지가 없는 경우, 부계로 제일 가까운 남자나 여자 존속). 만약 딸이 한 명 있다면[491], 상속재산의 1/6은 친손녀(또는 상속재산을 같은 비율로 분할한 친손녀)가 상속한다. 여자 자매가 한 명 있다면(그리고 딸이나, 친손녀가 없다면, 앞의 (a) 참조), 상속재산의 1/6은 부계의 이복 여자형제 또는 이복 여자형제들이 상속한다.

489) 바꾸어 말하면, 어머니의 상속분은 아버지의 상속분의 절반으로 줄어드는 것이다.
490) 만약 자녀나 친손자, 친손녀가 없다면, 아버지는 Asaba로 취급된다. 아래 참조.
491) 이러한 1/6의 상속분은 딸의 상속분을 1/2이 되게끔 하고, 상속분의 합이 2/3가 되도록 한다. 앞의 (a) 참조. 이는 모계의 이복자매의 상속분에도 동일하게 적용된다. 이하 참조.

336 이러한 조항들은 가장 가까운 항렬의 여자 친척들[492]과, 배우자, 그리고 아버지의 배우자(또는 다른 직계 존속들)를 위하여, 오직 남자들만 상속한다는 부계상속제도를 수정하는데 그 목적이 있다. 부계제도 하에서도 자격이 있는 아버지는 생존해 있는 남자 자손들에 의해 완전히 배제되지 않도록 보호를 받을 필요가 있다. 그러나 아버지는 여자 자손들보다는 특권을 가지게 된다. 만일 아버지가 이런 자손들과 함께 생존해 있다면, 그는 자신의 고정된 상속분 또는 아사바('Aṣaba)의 상속분을 받거나 두 가지 모두를 받을 수 있다. 몇몇의 상속분이 동시에 발생하여 가까운 남자 친척을 상속에서 배제하는 결과를 초래하는 일은 드물다. 이러한 일은 후손들이나 존속에게는 절대 일어나지 않는다. 그렇지만, 만일 여자가 남편(1/2)과 어머니(1/6)와 모계의 이복형제들(1/3)에게 재산을 남겼다면, 이것으로 상속재산은 다 소진되어 남자 형제에게는 돌아갈 재산이 없게 된다.[493] 상속분의 합계가 1을 넘게 되는 경우도 발생할 수 있다. 이 경우에는 상속분을 같은 비율로 감면한다('Awl). 예를 들면, 한 여자가 남편(1/2)과 두 명의 자매들(2/3)에게 재산을 남겼다면, 상속분의 총합이 7/6이 되므로, 1/7의 단위로 재조정되어 그 상속분이 감면된다.

337 상속인들의 두 번째 그룹인 아사바('Aṣaba)는 엄밀한 의미의 부계의 그것보다는 넓은 의미이다. 이것은 우선 엄밀한 의미의 부계인 아사바 비 나프시흐('Aṣaba bi-Nafsih) ('Aṣaba 그 자체로 당연히)를 포함한다. 예를 들면, 부계의 피상속인과 관련된 남자들로는 자손들, 존속들, 아버지의 자손들, 할아버지의 자손들, 증조부의 자손들 이런 순으로 이어진다. 두 번째로 이 그룹은 첫 번째 그룹과 함께 아사바 비 가이리흐('Aṣaba bi-Ghayrih,

492) 그러나 딸의 딸은 배제된 채로 남아 있다.
493) 말리키학파와 샤피이학파는, 남자형제들은 1/3을 모계의 이복형제들과 각각 동인한 지분으로 나눈다고 본다. 그리고 이에 대해서는 다른 유사 사례들도 있다.

누군가를 통한 'Aṣaba)를 포함한다. 예를 들면, 각각의 상속분이 1/2인 여자 친척들을 포함한다(앞의 (a)를 보라). 이들은 이들의 생존해 있는 남자 형제들을 통해 'Aṣaba가 되는 것으로 여겨지며, 이들의 상속분은 이들의 남자 형제들 각각의 상속분의 절반에 이른다. 세 번째로 이 그룹은 아사바 마 가이리흐('Aṣaba ma'a Ghayrih, 누군가와 연계된 'Asaba)를 포함한다. 예를 들면, 부계의 여자 형제(들)와 이복 여자 형제(들)의 경우, 그들이 아사바 비 가이리흐('Aṣaba bi-Ghayrih)이 아니고, 딸이나 친손녀에 의해 그들의 고정된 상속분을 받지 못하게 되었다면 이 세 번째 경우에 해당한다(앞의 (a)). 이러한 남계 그룹의 확장도 가까운 여자 친척들이 비록 이에 상응하는 남자들보다는 권리가 없지만, 이들이 아무런 상속분을 받지 못하는 경우에 대비해 이들을 보호하는데 그 목적이 있다.

338 상속순위를 나열함에 있어, 가까운 친척들은 일반적으로 조금 더 먼 부계의 친척들을 배제한다. 모계는 단지 부계의 친척들만을 배제한다. 상속을 받기로 된 사람은 그 자신을 통해 사망한 사람과 연관이 된 모든 사람들을 배제시킨다.494) 모든 여자 존속들은 어머니에 의해 배제되고, 부계의 여자 존속들도 아버지와 가까운 남자 존속들에 의해 배제되지만, 같은 위치에 있는 남자 존속에 의해서는 배제되지 않는다. 피상속인의 죽음을 야기한 것으로 인해 상속에서 배제된 사람은 다른 사람을 상속에서 배제할 수 없다. 예를 들면, 그의 아들들은 자격을 박탈당하지 않는다. 노예상태에서 해방된 사람으로부터 상속받을 권리를 그의 아사바(‘Aṣaba)(앞의 세 번째 그룹)로 이전하는 것은 상속법에 의거하지 않고, 좀 더 원시적인 체계에 의거해 일어난다. 네 번째 그룹에서는 남편과 부인이 상속분이 증가하는 것에 참여할 수 없다. 다섯 번째 그룹은 여자를 통해 피상속인과 연

494) 예를 들면 친형제자매들과 부계의 형제자매들은 남자 후손들, 남자쪽의 존속들에 의하여 제외된다. 제외되는 경우에 대하여는 앞에서 언급되어 왔다.

관된 사람들과 아사바('Aṣaba)가 아니거나 고정된 상속분이 없는 여자 친척들이 포함된다. 이들 사이에는 복잡한 우선순위가 존재한다.

339 3. 유증

유증은 유언집행인 그리고/또는 후견인(Waṣī)을 지정하고 유증을 하는 것으로 제한된다(Waṣīyya; 복수형 Waṣāyā). 후견인(Waṣī)은 사망 전후에 부담이 있다면 반드시 부담을 승인하여야 한다. 그에게 주어진 가장 주된 임무는 상속재산의 분할이다. 유언에 의해 지정된 후견인(Waṣī)은 유언을 집행하는 사람일 뿐 아니라, 미성년자 또는 부재자인 상속인들의 대리인이며, 그는 그들에게 유리하게 상속을 집행한다. 또는 이 마지막 목적을 위해 다른 사람이 지정될 수도 있다. 와시(Waṣī)의 대리인으로서의 권한은 아버지나 할아버지가 아닌 후견인의 권한과 비슷하다. 성인은 미성년자에 비해 더 제한이 많다. 예를 들면, 그는 성인을 위해서 부동산을 팔 수 없게 되어 있다. 만일 두 명의 후견인(Waṣī)이 지정되었다면, 각자는 따로 상당한 범위의 일을 해야 한다. 후견인(Waṣī)의 책임은 광범위하지 않고 제한되어 있다. 부동산으로부터 나온 손해, 어떤 경우에는 상속재산의 분배 후에 후견인(Waṣī)의 고의가 아닌 행위로 인하여 상속인들 중 한 명에게 손해가 발생할 수 있다. 후견인(Waṣī)은 까디(Ḳāḍī)에 의해 감독된다. 까디(Ḳāḍī)는 필요에 의해 후견인(Waṣī)을 임명하거나 무능력 또는 부정직함을 이유로 후견인(Waṣī)에서 물러나게 할 수 있다.

340 와시야(Waṣīyya)는 물권(in Rem)을 만들며, 상속인들에 반대되는 주장만을 하지는 않는다. 그것은 미성년자(또는 노예, 무카타브(Mukātab)조차도 아닌)에 의해 만들어 질 수 없다. 기부, 적정한 가치보다 싸게 매도하는 것, 노예를 풀어주는 것, 그리고 그밖에 일방적으로 불리한 거래들은 치

명적인 병에 걸린 동안에 이루어진 것이라면, 역시 와시야(Waṣīyya)로 취급된다. 병에 걸린 사람이 결국 죽지 않을 경우에는 그가 전혀 아프지 않았을 경우에만 이러한 거래들은 유효하다. 유증에서 배제되는 원인은 상속으로부터 제외되는 원인보다 덜 엄격하다. 그렇지만 피상속인의 사망을 야기한 사람은 유증에서 여전히 제외되고 (상속인들이 찬성하지 않는 이상) 상속인에서도 제외된다. 유증의 합은 상속재산의 1/3을 넘어서는 아니 된다. 만약 유증의 합이 상속재산의 1/3을 넘는다면 (상속인들이 찬성하지 않는 이상) 유증받은 재산의 비율에 따라서가 우선권에 근거한 복잡한 계산방법에 따라 상속재산의 1/3로 줄어든다. 유증은 가능한 한 타당한 것으로 여겨지는 경향과 함께 결의론적으로[495] 해석된다. 유증은 명시적 의사표시 또는 묵시적 의사표시(특히 물건에 대한 권리 이전 또는 제3자에게 소유권을 귀속시키는 가공계약)에 의하여 철회될 수 있다. 만일 수증자가 유증자보다 먼저 사망하면 유증은 실효된다. 유증은 유증자가 사망한 후에 인정되어야 한다. 만약 수증자가 유증자보다 후에 그러나 유증을 받아들이기 전에 사망한다면, 그의 권리는 상속인에게 이전되는데, 이 경우에는 상속인의 승낙을 요하지 않는다.

495) 역자주: '결의론적'(casuistic)이란 말은 보편적 규범을 정확하게 적용하기 어려운 경우에 행위의 동기·목적을 살펴 해당 행위의 옳고 그름을 판단하는 것을 의미함.

제24장 형법

341 1. 일반론

이슬람법상 형벌의 목적과 본질은 크게 두 가지로 구성되어 있는데, 이는 모든 형법이 공통적으로 근거를 두고 있는 개인적 응보와 종교 및 군대 규율에 반하는 범죄에 대한 처벌이다. 이 중 첫 번째 개인적 응보는 이슬람법에서도 별도 수정 없이 유지되고 있다. 그러나, 두 번째 종교와 군대 규율에 반하는 범죄에 대한 처벌 부분은 일부 종교에 반하는 범죄에 대해서만 기술/유지되고 있다. 즉, 꾸란에 의해 제재규정이 정해져 있거나 금지된 특정한 행동들이 종교에 반하는 범죄가 된다. 예를 들어, 불법적인 성교(Zinā), 그 반대인 불법적 성교에 대한 무고(Ḳadhf), 술을 마시는 것(Shurb al-Khamr), 절도(Sariḳa), 그리고 노상강도(Ḳaṭal-Ṭariḳ)와 같은 행동들이다. 이러한 범죄들에 부과되는 형벌을 핫드(Ḥadd, 복수형 Ḥudūd)라고 부르는데, 이는 알라(Allāh)의 탁월한 '제한 법'[496]에 해당한다. 예를 들어, (불법적 성교에 대한 다소 가혹한 형벌로서) 돌로 치거나 또는 십자가에 못 박아 집행하는 사형, (살인을 동반한 노상강도 행위에 대한 형벌로서) 칼로 찔러 집행하는 사형, (살인을 동반하지 않은 노상강도 행위나 도둑질에 대한 형벌로서) 손과/또는 발을 자르는 것, 그리고 그 외의 다양한 범죄의 처

496) 역자주: 아랍어 핫드의 국문 번역은 '제한'이다. 핫드는 꾸란과 순나에서 정해진 고정형 형벌을 의미하는데, 핫드의 국문 번역 의미와 고정형 형벌에 착안하여 '제한 법령'으로 번역하였음. 핫드에 해당하지 않는 범죄는 재판관의 재량에 따라 형이 가해지는데 이를 '타으지르'(Ta'zīr)라고 한다.

벌을 위해 사용되는 채찍질 등이 있다.

채찍질은 까디(Ḳāḍī)에 의하여 타으지르(Ta'zīr) 징벌로서 부과되기도 한다. 타으지르(Ta'zīr)는 핫드(Ḥadd)에서 규정되지 않은 범죄를 다루는 것으로, 까디(Ḳāḍī)의 재량에 따라 부과될 수도 있고, 처음에는 어떤 불법적 행위에 대해 비난에 찬 시선을 주거나 질책하는 것부터 시작한다. 불법적인 성교에 대한 다소 덜 심한 핫드(Ḥadd)는 채찍의 수가 100대이고, 불법적인 성교에 대한 무고와 술을 마시는 것에 대한 핫드(Ḥadd)의 처벌은 80대, 타으지르(Ta'zīr)에서는 39대를 넘지 않는다(즉, 노예들에게 부과되는 가장 최소한의 핫드(Ḥadd) 형벌보다 더 적고, 통상75대를 넘지 않는 것으로 자유인에게 주는 가장 최소의 핫드(Ḥadd) 형벌보다도 더 적다). 각각의 경우에 따라 다른 채찍의 강도나 형벌 집행의 다른 세부사항들도 역시 모두 정해져 있다.

타으지르(Ta'zīr)로서의 구금을 제외하고, 수감(Ḥabs)은 형벌이 아니고 참회(tawba)를 유도하고 필요한 어떠한 행동을 위한 강압적인 수단이다. 이슬람법에는 벌금형은 없다.

342 핫드(Ḥadd)는 알라의 권리(Ḥakḳ Allāh) 혹은 요구이므로 관용이나 우호적인 해결은 가능하지 않다. 다른 한편으로, 불법적인 성교에 대한 무고와 절도, 인권(Ḥakḳ Ādamī)을 침해한 범죄에 대한 기소는 관련자의 고소에 의해서만 이루어지며, 이 관련자(Applicant)는 재판과 형벌의 집행 시 모두 출석하여야만 한다. 불법적인 성교의 경우에는 증인들이 이 역할을 맡을 수 있다. 만일 그들이 출석하지 않으면(그리고, 만약 형벌이 돌로 쳐서 투석형을 집행하는 것인데, 그들이 첫 번째 돌을 던지지 않으면), 형벌은 집행되지 않는다.

핫드(Ḥadd) 형벌의 종교적인 성격은 적극적인 참회(Tawba)를 하는 부분에서 잘 드러난다. 만약 도둑이 기소되기 전에 주인에게 훔친 물건을 돌려

주면, 핫드(Ḥadd)는 소멸된다. 노상강도가 체포되기 전에 자수를 해도 핫드(Ḥadd)는 소멸되고, 어떤 범죄 행위도 흔히 있는 위법행위(Jināyāt)로 여겨지게 된다. 그래서 만일 처벌을 요구할 권리를 갖는 사람이 용서를 해준다면, 피의 값이 대신 지급되거나 형벌을 함께 감면받게 된다. 핫드(Ḥadd)형벌에 의해 제재되지 않는 종교에 반하는 범법행위의 경우에는(이에 대해서는 이 책[363] 참조), 참회의 효과가 더욱 더 많이 미치게 된다.

핫드(Ḥadd)형벌의 적용을 가능한 한 제한하려는 강한 경향이 있다. 불법적 성교에 대한 무고의 경우에는 핫드를 부과하지만, 그로 인해 불법적인 성교 그 자체에 대한 핫드(Ḥadd)를 부과하는 것도 제한되게 된다. 핫드(Ḥadd) 형벌을 제한하는 가장 중요한 수단은 한정된 정의를 내리는 것이다. 또한, 중요한 것은 다른 사람들에게 저지른 행동이 다른 합법적인 행동과 '유사하다는 것'으로서의 슈브하(Shubha)이며, 이는 주관적으로 말하자면, 피고인이 선의로 추정된다는 것이다. 불법적인 성교를 하거나 술을 마신 경우, 이와 같은 행동들은 반드시 자발적인 것임이 입증되어야 하는데, 이 때의 강박(Dueress)은 조금 더 넓은 의미로 해석된다. 아직 처벌되지 않은 같은 종류의 여러 범죄에 대해서는 오직 하나의 핫드(Ḥadd)만을 적용할 수 있다. 시효기간497)은 짧은데, 일반적으로는 한 달이다. 술을 마셨을 경우, 일반적인 통념에 의하면, 술의 냄새나 취기가 지속되는 기간이다. 이것은 위법행위가 더 이상 처벌되지 않는다는 것을 의미하는 것이 아니라, 예를 들면, 거리가 멀다는 등 위법행위의 신고가 지연된 것에 대한 정당한 사유가 있다면 시효 기간이 도과되지 않았다고 판단할 수 있을 것인데, 까디(Ḳāḍī)가 관련 증거를 인정하지 않는다는 것을 의미한다. 마지막으로, 증거가 만들어지기가 어렵다. 여타의 다른 사실이나 문제에 대한 자백/자인과는 달리, 핫드(Ḥadd)와 관련된 범죄의 자백은 철회(Rujū')할 수 있다. 불법적인

497) 역자주: 공소시효를 의미함.

성교에 대한 무고행위의 경우를 제외하고, 까디(Ḳāḍī)로 하여금 자백한 사람에게 해당 자백의 철회 가능성을 제안하도록 권고한다. 증인들의 수, 자격, 진술의 내용에 대해서도 특별히 엄격한 요건들이 있다. 예언자 무하마드(Muhammad)의 부인인 아이샤(Aisha)를 고발한 사례에 인용되는 꾸란 제24장 제4절에 근거해 불법적인 성교에 관한 증거에 대한 요건이 가장 엄격하다. 이 사례에서는 일반적인 두 명의 증인을 대신해 네 명의 남성 증인을 요구했고, 그들은 단순한 성행위가 아니라 그와 같은 '불법적인 성교'(Zinā)의 현장 목격자로서 진술해야만 한다. 따라서 핫드(Ḥadd)형벌을 부과하기 위해서는, 불법적인 성교에 대한 자백은 반드시 4개의 각각의 증언에 기초해야 한다.[498] 불법적인 성교에 대한 고발이 기각되는 경우 그 고발 자체가 핫드(Ḥadd)에 의해 처벌받을 수 있는 까드프(Ḳadhf)가 된다는 사실은 또다른 안전장치가 된다. 예를 들면, 필요한 네 명의 증인 중 한 명이 노예인 것으로 판명되거나, 믿을 만한 증거를 제시하기에 부적격한 사람으로 판명된 경우, 또는 그들 각각의 증언에 불일치가 있거나, 그들 중 한 명이 그의 증언을 철회한 경우에는, 원칙적으로 모두가 까드프(Ḳadhf)에 의한 핫드(Ḥadd)로 처벌받게 된다.

343 핫드(Ḥadd)형벌에 대한 (여자가 아닌) 노예의 책임은 적다. 노예는 자유인에게 적용되는 반만큼의 채찍질을 받고, 죽을 때까지 돌팔매질 당하는 형벌도 받지 않게 되어있다.

살인이나, 신체적 가해, 재산상 손해를 입히는 것과 같은 지나야트(Jināyāt)에 대한 이슬람법의 접근은 완전히 다르다. 그것들에 의해 일어난 책임이 무엇이든, 보복이나, 피의 값, 배상금은 개인적인 요구의 문제이다. 살인에 대해서조차도 기소나 형벌의 집행이 없고, 다만 그것이 법적인 수

---

498) 그러나 Ḥadd에 의하여 금지된 다른 범죄의 경우에는 단순한 자백만으로 충분하다.

위를 넘을 때만 그 안전책으로 개인적 보복에 대한 권리를 보장해 줄뿐이다. 관용('Afw)과 호의적인 합의는 가능하지만, 참회는 효과가 없다. 책임을 제한하는 경향은 없고, 이슬람법의 전체적인 태도는 재산법의 것과 동일하다(이에 대해서는 이 책 [271], [305] 참조). 선의라는 것은 개념은 중요하게 작용하지 않고, 논리적이지는 않지만, 고의, 미필적 고의, 과실, 간접적인 인과관계와 구분되는 고도로 발전된 유책성(culpability)에 관한 이론이 있다. 노예들의 삶은 자유인의 삶과 마찬가지로 보호되고, 그가 자행한 계획적 의도가 있는 살인에 대한 보복에 대해서 책임을 지게 된다. 모든 관점에서, 그가 저지르거나 그에게 가해진 지나야트(Jināyāt)에 대해서는 그는 그에게 권리가 있는 주인의 재산으로 간주되어, 그의 주인이 책임을 져야 하고, 그의 주인에게 갚아야 할 손해로 다루어진다.

마지막으로 이 두 가지 표제어[499]에 해당되지 않는 것들에 대해서는 별도로 다음 해당되는 곳[500]에서 설명한다.

344 2. 핫드 형벌

(a) 불법적인 성교(Zinā). 이것은 밀크(Milk)나 슈브하트 밀크(Shubhat Milk)가 없이 행하는 성교로 정의된다. 밀크(Milk)란 혼인이나 여자 노예를 소유함으로써 발생하는 성교를 할 수 있는 권리이다. 슈브하(Shubha)는 아내에 관해서 존재한다. 예를 들면, 파시드(Fāsid)이지만 남편이 유효하다고 생각할 수 있는 결혼에서나, 혹은 남편이 취소할 수 있는 이혼 후의 대기 기간과 유사하다고 생각되는 완전한 혼인의 해소 후의 대기 기간 중인 경우이다. 여자 노예에 관해서는, 주인이 그의 움 왈라드(Umm Walad)를 노예 상태에서 해방했지만, 아직 그녀를 내보내지 않은 경우이거나, 또는 그

499) 역자주: 두 가지 표제어는 핫드(Ḥadd)와 지나야트(Jināyāt)를 가리킨다.
500) 역자주: 이 책 [363]에서 서술하는 "4. 예방 혹은 처벌 차원의 특별조치"

가 그의 노예를 팔았지만, 아직 그녀를 보내지 않은 경우이거나, 또는 그 여자 노예가 주인의 존속이나 비속(또는 그의 아내, 그렇지만 그의 형제들은 해당되지 않음) 중 하나의 소유에 해당하거나, 또는 그가 그 여자 노예의 공유자일 때이다. 이와 같이 핫드(Ḥadd)가 발생하지 않는 많은 경우에, 성교는 재정적 의무를 발생하게 하고, 자유인인 여자에게는 공평한 마흐르(Fair Mahr)를, 여자 노예의 주인이나 공유자에게는 보상금('Ukr라 불리는)을 지불한다. 핫드(Ḥadd)의 적용가능 여부는 다음과 같은 중요한 경우에도 가끔 논쟁거리가 되기도 한다. 예를 들면, 성교나 동성애를 목적으로 고용한 여자와의 성교가 발생하였을 때가 그렇다. 만약 이 경우 핫드(Ḥadd)가 적용되지 않는다면, 이것은 적어도 타으지르(Ta'zīr)이다. 핫드(Ḥadd)는 무흐산(Muḥṣan)에게는 죽을 때까지의 투석형이고, 다른 사람들에게는 100대의 채찍질(모든 경우에 노예에게는 50대)에 해당한다.

345 (b) 불법적 성교에 대한 무고(Ḳadhf). 이러한 핫드(Ḥadd)에 의해 보호받는 사람은 무흐산(Muḥṣan)에 한정된다. 따라서 고소당한 사람이 무흐산(이에 대해서는 이 책 [211] 참조)이 아니라면 그 무고는 지나(Zina) 또는 그 유사의 행동에 관한 것일 뿐 핫드에 해당하는 까드프(Ḳadhf)는 아니다. 오직 불법적인 성교에 대한 명백한 고소나, 여자의 경우 그녀의 아이의 적출성에 의문을 제기하는 것은 까드프(Ḳadhf)가 된다. 형벌은 채찍질 80대(노예는 40대)이다. 여기에서도 만일 핫드(Ḥadd)가 완전히 성립하지 않으면 타으지르(Ta'zīr)가 적용된다. 예를 들어, 불법적인 성교에 대한 무고가 무흐산(Muḥṣan)이 아닌 노예라든가 혹은 비무슬림을 대상으로 하거나, 자유로운 무슬림(Muslim)을 매춘부의 아들[501]이라거나 범죄자(Sinner)와 같이 심각하게 모욕할 때는 까드프(Ḳadhf)가 되지 않는다. '개새끼'라는 표현은 이를 샤리아학자나 무함마드의 후손을 상대로 모욕한 것이 아니라면 타으

501) '매춘부'라는 용어는 불법적인 성교에 대한 명백한 고소에 해당되지 않기 때문이다.

지르도 적용되지 않는다. 이 규범은 이스티흐산(Istiḥsān)에 기초한 것이다.

까드프(Ḳadhf)에 관한 규범을 보충하는 것은 남편과 부인 사이의 리안(Lian)[502]의 절차이다. 리안은 남편에게는 까드프(Ḳadhf)에 대한 핫드(Ḥadd)를 적용할 수 없게 하고, 부인에게는 (만일 그녀도 선서를 한 후 확실한 증언을 했다면) 지나(Zina)에 대한 핫드(Ḥadd)를 적용할 수 없게 한다. 그러나 간통의 개념은 이슬람법에 알려져 있지 않다. 부인은 남편에 대해 독점적인 권리가 없으며, 여자의 혼외정사는 그것이 혼인의무의 위반에 해당하지만 종교에 반한 범죄(즉 하드)로서만 처벌받는다.

346 (c) 술을 마시는 것(Shurb al-Khamr). 음주를 처벌하는 데에는 두 가지 이유가 있다. 하나는 소량이라도 술을 마셨다는 것이고, 다른 하나는 원인이 무엇이든 간에 술에 취해 인사불성이 되었다는 것이다. 문제는 이와 같은 행동이 자발적인 것이었음을 입증할 수 있어야 하므로 그 행동에 대해 핫드(Ḥadd)를 적용하기는 어렵다는 점이다. 핫드(Ḥadd)는 취해서 인사불성이 된 사람에게 구체적인 증거 없이 적용할 수 없다. 음주에 대한 핫드 형벌은 채찍질 80대(노예는 40대)이다.

347 (d) 절도(Sariḳa). 사리카(Sariḳa)는 노예를 포함하는 무카라프(Mukallaf)가 적어도 10 디르함 정도의 값나가는 어떤 것을, 소유권(Milk)이

502) 역자주: '리안'은 저주를 의미하는 아랍어이다. 리안에 의한 이혼은 꾸란 제24장 제6절에서 제9절에 기재되어 있다. 리안선서란 남편이 자기 자신 이외의 증인 없이 아내가 부정행위를 했거나 아내가 낳은 아이가 자신의 친자가 아님을 선서하는 것으로, 알라에게 자기가 말한 것이 거짓이 아니라고 네 번을 맹세하고 다섯 번째로 자신이 거짓말을 했다면 알라의 저주가 자기에게 있을 것을 맹세하는 것이다. 그와 같은 경우 아내는 자신이 부정을 저지르지 않았다거나 아이가 남편의 친자임을 선서하고, 알라에게 남편의 거짓증언을 네 번 증언하고 다섯 번째로 남편의 말이 사실이라면 알라의 노여움은 자신에게로 향한다고 선서하면 그녀에게는 간통한 여성에게 가해지는 벌(후두드)이 면제된다.

없거나 슈브하트 밀크(Shubhat Milk)조차 없는 상태에서 타인의 관리(hirz)[503]를 배제하고 남몰래 가졌을 때 일어난다. 히르즈는 물건을 제대로 보안이 유지된 장소에 두거나 관리인에게 맡겨두는 것으로 이루어진다. 밀크(Milk)나 슈브하트 밀크(Shubhat Milk)에 관한 규정은 무주물에는 적용되지 않는다. 따라서 문의 제작재료인 나무처럼 그 소유권 취득이 명백하지 않다면, 가령 주인 없이 이슬람 영토 안에서 발견되는 것, 나무, 풀, 물고기, 새와 같은 모든 것이 제외된다. 이와 비슷한 것으로 아직 수확되지 않은 과일이나 고기처럼 쉽게 썩기 쉬운 것들이 있다. 또한 이 규정은 자유인이나, 술, 악기처럼 재산의 목적물이 될 수 없는 것을 제외한다. 이와 비슷하게 꾸란의 사본이나, 종교와 관련된 책처럼 상업적이지 않은 것들도 마찬가지다. 마지막으로 그것은 범죄자가 공공의 재산과 같은 물건의 공유자이거나 해당 물건에 그가 청구의 대가를 포함한 권리가 있는 경우를 제외시킨다. 절취의 개념은 공개적으로 이루어지는 강도(Nahb)와 모르고 있는 사이 물건을 낚아 채가는 것(Ikhtilās, 소매치기 같은 것)을 제외한다. 소지의 개념은 가까운 친척에 의한 절도(Maḥram), 피의자가 들어가도록 허가된 집에서 일어난 절도, 횡령(Khiyāna)을 제외한다. 점유의 '취득'(Taking)의 개념은 물건은 반드시 히르즈(Ḥirz)에서 옮겨져 있어야 한다는 것을 의미한다. 따라서 히르즈(Ḥirz) 내부, 예를 들면 집 안에서 현행범으로 잡힌 도둑은 일부 견해에 의하면 핫드(Ḥadd)가 부과되지 않는다고 한다. 만약 히르즈(Ḥirz) 내부에서 온 도둑이 물건을 밖에 있는 공범자에게 넘겨도 핫드(Ḥadd)는 부과되지 않는다. 만일 몇 명의 도둑이 있다면, 핫드(Ḥadd)는 물건의 가치를 도둑의 수로 나누었을 때, 적어도 10 디르함이 되어야만 부과된다. 형벌은 오른손을 자르고, 두 번째일 경우 왼발을 자르는 것이다. 그 이상으로 도둑질을 하는 경우나 다른 손이나 발이 제대로 기능을 하지 못

503) 역자주: 타인의 점유를 의미하는 것으로 해석됨. 'hirz'는 타인의 보호(또는 보관) 아래 있는 물품 또는 안전한 장소를 의미한다.

할 경우에는 그는 참회할 때까지 수감된다. 핫드(Ḥadd) 형벌은 훔친 물건이 아직 존재하고, 그것이 다시 주인에게로 돌려보내질 수 있을 때에는 금전상의 배상책임이 없다.

핫드(Ḥadd)가 적용되지 않는 대부분의 절도의 경우는 타으지르(Ta'zīr)에 의해서도 처벌되지 않는다. 그러나 이것은 가스브(Ghaṣb)라고 여겨지는 규칙에 포함된다.

348 (e) 노상강도(Ḳaṭ' al-Ṭarīḳ). 이 범죄는 한편으로 절도와 관련되고, 다른 한편으로 살인과 관련된다. 그러나 이 범죄는 체포되기 이전에 적극적으로 참회한 경우를 제외하고는 절도 혹은 살인의 범주에 포함되지 않는다. 가해지는 형벌의 내용은 사안의 다양한 요소에 따라 달라진다. 만약 재물의 강취만 발생하고 범인들의 수로 나눈 피해품의 가치가 절도에 대하여 핫드(Ḥadd)가 부과되기 위하여 필요한 최소한의 정도에 이르는 경우 오른손과 왼발을 자른다. 만약 살인이 발생한 경우, 보복으로서가 아니라 핫드(Ḥadd)로서 칼로 찔러 죽이는 형벌이 부과된다. 만약 재물의 강취와 살인이 모두 발생한다면, 살아 있는 상태에서 십자가에 못 박아 집행하는 사형이 부과된다. 이러한 형벌은 공범 개인의 역할이 무엇이든지 간에 공범 모두에게 부과된다. 다른 한편 공범들 중의 한 명이 핫드(Ḥadd)를 부과받지 않는 경우 예를 들면, 공범 중의 한 명이 미성년자인 경우 공범들은 각자의 개별적인 행위에 대한 형사적인 책임이 남아 있지만, 노상강도에 대한 핫드(Ḥadd)는 공범 모두에 대하여 소멸한다.

349 3. 지나야트(Jināyāt)[504]

처벌 단계는 살인(Ḳatl)의 경우 가장 세부적으로 구분되어 있다. 유책성의 정도가 구분되어 있는 동시에 법적 처벌 단계도 구분되어 있다. 보복(Ḳīṣāṣ, Ḳawad), 속죄(Kaffāra), 범인 자신 혹은 범인의 아낄라(‘Āḳila)가 지급할 수 있는 피의 값(diya) 등이 구분되어 있다(이에 관해서는 이 책 [361] 참조). 이슬람법에 의한 구분은 다음과 같다:

(a) 고의 (‘Amd; Ḳasd, 의도, 목적)는 치명적인 도구가 사용된 경우이다. 이 경우 보복이 수반되지만 카파라(Kaffāra)는 수반되지 않는다. 보복의 권리를 지닌 친척인 왈리 알 담(Walī al-Dam)은 아무런 대가 없이 권리를 포기하거나('Afw 용서의 의미) 범인과 합의(Sulh) 하에 피의 값을 청구하거나, 이 보다 더 혹은 덜 요구할 수 있다. 이 후에 카파라(Kaffāra)가 행해져야 한다.

(b) 미필적 고의(Shibh al-‘Amd)는 의도적이지만 치명적 도구가 사용되지 않은 경우이다. 범인은 카파라(Kaffāra)를 해야 하며 범인의 아낄라(‘Āḳila)는 더 과중한 피의 값을 지급해야 한다.

(c) 실수 (Khaṭa') 혹은 실수와 유사한 사건의 경우(Māujriya Mujra l-Khaṭa’) 위와 동일하나 피의 값은 보통 수준으로 지급해야 한다.

(d) 간접 살인 (Ḳatl bi-Sabab)은 직접적, 신체적 원인에 의한 살인과 대비되는 것으로 아낄라(‘Āḳila)는 보통 수준 피의 값을 지급해야 하나 카파라(Kaffāra)는 수반되지 않는다. 한편 (a), (b), (c)의 경우 범인이 피해자의 상속으로부터 배제되는 더욱 과중한 처벌이 내려진다.

350 이러한 구분은 살인에 그대로 적용된다. 신체적 상해의 경우에는

---

504) 사전적 의미는 ‘위반’. 단수는 ‘Jinaya’. 살인, 신체적 상해, 재산침해 등이 이에 해당한다.

(b)사안의 경우도 (a)와 같은 처벌이 적용된다. 그러나 보복은 아래의 상해 종류 중 몇 가지에만 적용된다. 이 외의 경우는 모두 보통 피의 값 혹은 피의 값의 일부를 (a), (b)의 경우 범인이, (c), (d)의 경우 범인의 아낄라('Āḳila)가 지급한다. 재산적 피해의 경우 모두 범인이 책임을 지게 된다.

351 암드('Amd)[505]에 의한 살인에 대해서도 보복은 인정되지 않으나, 대신 범인이 과중한 피의 값을 지급해야 하는 몇 가지의 경우가 있다. 이는 직계존속이 직계비속을 살해한 경우나 주인이 자신의 노예[506]나 직계비속의 노예를 살해한 경우다. 공범 가운데 한 명이 상기 이유나 다른 이유로 보복에서 면제된다면 다른 범인들도 마찬가지로 보복에서 면제된다. 그러나 그들은 과중한 피의 값을 지급해야 한다. 과중한 피의 값이 지급되는 경우로서 정당방위에 의하여 심신상실자나 미성년자를 암드('Amd)로 살해한 경우를 들 수 있다. 특히 이 경우는 정당방위로 인정되지 않는다. 왜냐하면 정신이상자와 미성년자는 무카라프(Mukallaf)가 아니고 자신의 행동에 책임질 수 없기 때문이다. 또한 정신이상자와 미성년자는 암드('Amd)로 살인할 능력이 없으며 이들이 저지른 살인행위는 카타아(Khaṭa') 에 불과하다. 따라서 특별히 이들의 아낄라('Āḳila)는 카파라(Kaffāra)를 수행해야 하며 이들은 상속에서 제외되지 않는다.

352 암드('Amd)와 쉬브흐 알 암드(Shibh al-'Amd)[507]를 구분할 때 사용된 도구가 치명적인지 여부를 결의론적으로[508] 논하며 그밖에 다른 살해 방법들은 다른 카테고리로 분류한다. 불을 사용한 살인은 암드('Amd), 채

505) 역자주: 암드(''Amd)는 고의(故意)를 의미한다.

506) 이 경우 피의 값도 당연히 지급되지 않는다.

507) 역자주: 아랍어 '쉬브흐'는 유사하다는 뜻이다. 즉, 쉬브흐 알 암드는 미필적 고의를 뜻한다.

508) 역자주: '결의론적'(casuistic)이란 말은 보편적 규범을 정확하게 적용하기 어려운 경우에 행위의 동기·목적을 살펴 해당 행위의 옳고 그름을 판단하는 것을 의미함.

찍을 사용한 살인은 쉬브흐 알 암드(Shibh al-'Amd)로 분류하며 익사시키거나 교살한 경우는 분류에 대해 논쟁되고 있다.

353 카타아(Khaṭa')의 경우, 의도(fil-Ḳaṣd)에 카타아(Khaṭa')가 있었는지의 여부, 예를 들어 동물이라고 생각하고 발사했는데 사람이 맞아서 사망한 경우 또는 행동(fil-fi'l)에 카타아(Khaṭa')가 있었는지의 여부, 예를 들어 과녁을 향해 발사했는데 사람에 명중한 경우, 실수(mā Ujriay Mujra l-Khaṭa')와 유사한 살인행위였는지의 여부, 예를 들어 잠자리에서 뒤척이다 다른 이를 질식시켜 살해한 경우를 모두 구분한다. 이슬람법에는 과실(Negligence)의 개념을 인정하지 않는다.

354 간접 원인에 의한 살인(Tasbīb)은 살인행위가 허가 받지 않았을 경우만 책임을 묻는다. 우물을 파두었는데 누군가가 빠진 경우, 우물을 판 사람이 우물이 있는 토지의 소유자이거나, 우물이 있던 토지의 소유자로부터 허가를 받았거나 공유지에 이맘(Imām)으로부터 허가를 받고 우물을 팠다면 책임이 인정되지 않는다. 허가가 인정되는 행위의 범위는 매우 넓다. 예를 들어 인접지 소유자 또는 공유자로서 막다른 골목에서 목욕 의식을 하고 나서 버린 물에 누군가가 미끄러져 사고 난 경우, 비록 이맘(Imām)의 허가가 없었지만 공유지에 다리를 만들었는데 누군가가 다리가 부서져 사고를 당한 경우에도 그 책임이 인정되지 않는다. 벽이 무너지려고 할 때 이웃이 벽을 허물어달라고 사전에 부탁했는데 이를 이행하지 않아서 누군가가 사고를 당한 경우만 책임이 있다. 동물의 행위에 대한 책임은 동물의 행위, 사실상 거의 모든 행위로 인해 야기된 손해에 대해 동물의 주인이 책임을 진다. 동물을 자극했거나 직접 해를 가한 이도 그 행위가 합법적이건 불법이건 주인과 동일한 책임을 진다. 이와는 반대로 당나귀를 모는 당나귀 주인이 당나귀를 임대하고 임차인이 당나귀에서 떨어져 죽은 경우 주인에게는 고의성이 부정되므로 계약책임과 불법행위책임이 부정된다. 그러나 (동반자 없이) 당나귀를 탄 사람은 동물의 행위에 대한 직접적 원인으로 간

주되고 카파라(Kaffāra)의 책임을 지거나 혹은 상속대상에서 제외된다.

355 피해의 원인이 간접적인 경우 누가 책임을 져야 하는지 불분명할 때가 간혹 있다. 건설현장에서 공공 도로로 돌이 떨어진 경우 건물 완공 전까지는 인부에게 책임이, 수령 후에는 건물주가 책임을 진다. 인부는 자신에게 주어진 업무에 대한 허가 여부를 명확히 알 수 없었다면 자신의 행위가 허가 받지 못한 행동일지라도 책임지지 않는다. 예를 들어 고용주가 인부를 고용해 우물을 파게 했을 때 우물을 파는 토지가 고용주의 소유지가 아니었다 해도 인부는 책임지지 않는다. 상가주인이 인부를 고용해 가게 앞의 공공도로에 물을 뿌리게 한 경우 인부는 길이 사유지가 아님을 확실히 알 수 있으므로 엄격한 의미에서는 인부에게 책임을 물을 수 있지만 이 스티흐산(Istiḥsān)의 결정에 따라 고용주에게 책임을 묻는다. 공공 부지에 대한 무허가 건축으로 인해 야기된 피해의 책임은 그 매도 후에도 여전히 존재한다. 그러나 사유지의 벽이 붕괴되어 손해가 발생한 경우라면 매도인이 사전에 벽에 대한 철거요구를 받았다고 할지라도 매도 후에는 그 책임이 부정된다.[509] 때에 따라서는 우선적으로 책임을 지는 이에게 구상권이 인정된다. 동물 관리자를 모르는 채로 동물을 묶어둔 줄에 본인의 동물을 매어두어 피해가 발생한 경우에는 관리자가 우선적으로 책임을 지게 된다. 그러나 관리자는 동물을 매어 둔 자에게 구상할 권리를 갖는다. 미성년자를 시켜 살인을 행한 경우 미성년자의 아낄라('Āḳila)가 책임을 져야 하지만 살인을 지시한 자에게 구상할 권리를 갖는다.

356 보호를 받지 못하는 자들, 예를 들면 그 혈통이 하드르(Hadr 혹은 hadar; Ma'sum의 반대, 불가침)인 자들에 대한 행위에는 책임이 부정된다. 우선 이는 하르비(Ḥarbī)라고 하며, 나아가 정당방위로 살해되거나 부상당한 피해자([351]에서 언급된 사례 제외)의 경우도 동일하다. 정당방위의 한

509) 이에 대해서는 이 책 [399] 참조.

계는 결의론적으로[510] 결정된다. 정당방위는 일반적으로 위험한 공격(낮 시간에 도시에서 방망이를 휘두르는 것에 대한 방어행위는 정당방위가 아니지만, 밤시간이나 도시가 아니었다면 정당방위로 간주된다)에 한하여 인정되며 야간절도의 경우로서 절도범을 공격해야만 절도를 막을 수 있는 경우, 극단적인 상황에서 물에 대한 접근을 막는 경우 물을 마시기 위한 폭력행위도 정당방위로 인정된다. 사형을 집행하거나 핫드(Ḥadd)나 타으지르(Ta'zīr) 형벌의 집행으로 인한 사망에 대해서도 책임은 당연히 부정된다. 남편이 자신의 부인이나 여성 마흐람(Maḥram)이 부정한 성관계를 갖고 있는 현장을 덮쳐서 이들과 그 상대방을 살해한 경우에도 남편은 책임이 부정된다. 마지막으로 자살과 다른 몇 가지 경우에도 책임이 면제된다.

357 살인범을 알 수 없을 때에는 면책선서의 일종인 까사마(Ḳasāma)라는 고대의 절차가 행해진다. 살해되었음이 분명한 시신이 발견되었을 때, 지역이라면 그 지역주민과 집주인(과 그의 아낄라)을 포함한 50명이, 배에서 발견 됐다면 승객과 승무원 50명이 살인하지 않았다는 그리고 범인을 모른다는 선서를 해야만 한다. 50명이 되지 않을 경우 한 사람이 한 번 이상 선서한다. 선서를 거부할 경우 선서 할 때까지 구금한다. 선서한 50명은 선서 후 끼사스(Ḳiṣāṣ)책임은 면제되지만, 아낄라('Āḳila)와 마찬가지로 피의 값을 지급해야 한다. 시신이 성원(聖院)에서 발견된 경우, 피의 값은 국고에서 지급된다. 아무 것도 없는 지역에서 시신이 발견된 경우, 피해자의 죽음에 대한 보복은 취해지지 않는다(Hadr 혹은 Hadar는 위의 경우와 의미론적 차이가 있다).

358 살인범을 기소할 권리가 있는 자(그리고 Ḳasāma의 경우 선서를 요구할 권리가 있고, 선서할 수 있는 사람이 50명 이상일 경우 선서를 해야

510) 역자주: '결의론적'(casuistic)이란 말은 보편적 규범을 정확하게 적용하기 어려운 경우에 행위의 동기·목적을 살펴 해당 행위의 옳고 그름을 판단하는 것을 의미함.

하는 50명을 지목할 권리가 있다.)는 왈리 알 담(Walī al-Dam, 사전적 의미-피의 보복자)이고, 이는 상속법에 의거해 가장 가까운 일가사람이며(아사바 'Aṣaba에서 가장 가까운 일가사람), 경우에 따라 여러 명이 될 수 있다. 그는 보복을 행하거나 조건 없이 혹은 합의 하에 보복을 포기할 수 있으며 피의 값을 지급 받거나 포기 할 수 있다. 상해를 입은 피해자는 보복을 요구할 권리가 있으며 피의 값을 직접 지급 받을 수 있다.

359 피의 보복에 대한 상당한 제한은 예언자 무함마드의 업적이다. 베두인은 살인사건이 일어난 경우 살인범이 속한 부족의 일원을 한 명 이상 살해할 수 있다고 생각했다. 반면, 이슬람법에서는 살인범(혹은 하나의 살인 사건에 대한 여러 공범들)에게 완전한 책임이 있고 명백한 고의가 있을 경우에만 살인으로 보복할 수 있다. 이슬람법은 또한 보복을 포기할 것을 권유하고 있다.

보복살인은 칼로 행해진다. 신체적 상해의 경우 보복이 정확히 동일하게 이루어 질 수 있을 때, 예를 들어 한쪽 손 또는 발, 이빨 하나 등의 경우에만 행해진다. 암드('‘Amd)를 지닌 범인이 두 명의 손을 잘랐을 경우, 범인의 손은 하나만 자르고 다른 손에 대해서는 피의 값을 지급한다. 눈을 잃은 경우에 대한 보복은 시력을 잃었을 경우에만 행해진다. (이 경우 붉게 달구어진 바늘로 범인의 눈에 보복을 가한다). 머리에 상해를 입혀 두개골이 드러난 경우 보복이 이루어진다.

360 고의적인 살인에 대해서는 보복을 함으로써 죄값을 완전히 치를 수 있다. 그러나 만약 보복을 하지 않거나 할 수 없는 경우 카파라(Kaffāra)가 행해지거나 피의 값이 지급되야 한다(위 참조). 그러나 죄가 없을 경우 카파라(Kaffāra)를 실행하지 않는다.[511] 카파라(Kaffāra)는 무슬림 노예를

511) 말리크학파(Mālikis, 이들은 암드와 시브흐 알 암드를 구분하지 않는다)는 보복이 이루어지지 않거나 이루어질 수 없는 모든 고의적 살인에 대해서 소위 우꾸바(Ukuba,

해방시키는 것을 포함한다. 범인이 이를 행할 수 없을 겨우 두 달간 단식을 시킨다. 과중한 피의 값(Diya Mughallaza)는 최상급의 낙타 100마리 정도를 의미한다. 보통의 피의 값(Diya Muhakkaka)는 중급의 낙타 100마리 혹은 1,000 디나르 혹은 10,000 디르함을 의미한다. 여성에게 지급되는 피의 값은 남성의 절반이다. 살인뿐만 아니라 극악무도한 신체적 상해, 특히 하나만 있는 신체 기관을 상하게 한 경우(혀, 수염, 숱이 많은 머리카락 전체)에 피의 값 전액을 지급한다. 하나 이상 있는 신체기관을 상하게 한 경우 피의 값의 절반이, 손가락이나 발가락 하나의 경우 피의 값의 1/10, 이 하나의 경우 1/12을 지급하고, 다른 상해에 대해서는 세부적인 요율을 따른다. 상해에 대한 처벌은 아르쉬(Arsh)라 한다. 피의 값의 몇 퍼센트인지 명기되어 있지 않은 경우 후쿠마(Hukuma)에 따라 상해가 노예의 가치를 어느 정도 저하시키는지 파악하고 그에 따른 피의 값을 지급한다. 특히 임산부에게 상해를 입혀 유산이 된 경우 500디르함을 지급해야 하며 이를 소위 구라(Ghurra)라 한다. 이는 유산된 태아에 지급된 것이 상속되는 것이다. 아버지의 동의가 없는 낙태의 경우에도 동일하게 적용된다. 부인의 아낄라('Āḳila)가 구라(Ghurra)를 지급한다.

361 대부분의 경우 범인이 아닌 범인의 아낄라('Āḳila)가 피의 값을 지급해야 한다. 피의 값 지급은 3년 동안 3번에 걸쳐 이루어지며 아낄라('Āḳila)의 각 구성원은 3디르함 혹은 4디르람 이상 지급하지 않는다. 피의 값의 1/12 미만을 지급해야 하는 경우에는 아낄라('Āḳila) 가 아닌 범인이 지급해야 한다. 아낄라('Āḳila)란 범인이 군대의 일원인 경우라면, 명단(Dīwān)에 이름이 있고 급료를 받는 사람으로서 범인이 속한 이슬람 군대의 일원들이 될 수도 있고, 또는 범인이 속한 종족(종족의 구성원이 많지

처벌)에 의해서 처벌된다고 한다. 우꾸바는 100대의 채찍질이나 1년 동안의 징역이 행해지며, 이러한 처벌은 제도적으로 독특하며 핫드(Ḥadd)나 타으지르(Ta'zīr)와는 전혀 다르다.

않다면 가장 가까운 종족)의 일원들이 될 수 있다. 또한 범인이 속한 조합이나 동맹의 일원도 될 수 있다. 해방된 노예나 이슬람교 개종인의 아낄라(‘Āḳila)는 그의 보호자나 보호자의 아낄라(‘Āḳila)이다. 이러한 제도는 범인이 속한 부족이 면죄금을 지급했던 베두인의 이슬람 관습에 그 뿌리를 두고 있다. 동맹, 보호관계에 관한 부분의 기원은 고대 아랍으로 추정된다. 아낄라('‘Āḳila)의 개념은 부족관계를 대체하는 디완(Dīwān)제도를 도입하면서 이슬람화되었다. 그러나 동료 근로자를 조합의 일원으로 포함하는 제도만으로는 도시생활에 적용하기 불충분했기 때문에 이 제도는 일찍이 쇠퇴하였다.

362 노예의 지나야트(Jināyāt)에 대한 책임은 별개의 문제이다. 주인이 노예의 가치 이상 손해배상을 하지 않는 다는 점에서 동물의 행위에 대한 책임과 비슷하다. 이는 민법의 한 원칙이다. 노예는 암드(‘Amd)로 살인했을 경우에만 보복의 대상이 되며 상해를 입힌 경우는 보복의 대상이 되지 아니한다. 암드(‘Amd)의 다른 경우에는 노예가 움왈라드(Umm Walad), 무답바르(Mudabbar), 무카타브(Mukātab)로서 쓰일 수 없는 경우가 아니거나, 혹은 주인이 노예가 지나야(Jināyā)를 행한 사실을 알지 못하고 노예를 양도한 경우가 아니라면 피해자에게 노예를 양도할 수 있다. 피해자에게 양도가 불가능한 경우에는 아르쉬(Arsh)와 노예의 가치 중 낮은 액수를 지급한다. 카타(Khaṭa')의 경우에 주인은 노예를 양도하거나 아르쉬(Arsh)와 노예의 가치 중 낮은 액수를 지급한다. 반대로 노예에게 지급하는 피의 값은 노예의 가치와 동일하며 자유인에게 지급하는 피의 값에서 10디르함을 제한 액수를 넘을 수 없다.

363 4. 예방 혹은 처벌 차원의 특별조치

예방 혹은 처벌 차원의 특별조치는 공공정책(Siyāsa)의 일환으로 행할 수 있다. 예를 들어 아름다운 젊은 여성에 대한 추방(Nafy) 또는 구금(Habs), 도시에서 피해자를 교살한 범인에 대한 처벌 등이 이에 해당한다. 반역자(Bughāt), 즉 이맘(Imām)을 따르지 않는 무슬림은 복종시키기 위한 조치만을 행하며 특별한 형벌 조치는 취하지 않는다. 이때의 조치도 최대한 너그럽게 하며 재산을 침해해서는 아니 된다. 그러나 배교자의 경우는 다르다. 남자의 경우 3일 안에 이슬람으로 돌아오도록 권유 받고 이후에는 사형에 처한다. 여자의 경우 구금하고 이슬람으로 돌아올 때까지 3일에 한 번씩 태형에 처한다(노예의 경우에는 주인에 의해). 종교에 대한 다른 위반행위에 대한 법적 처벌은 없으며 내세에서 처벌 받는다고 여겨진다. 특별히 중요하다고 생각되는 의례적인 기도를 하지 않은 경우 배교적 행위로 평가되는 경우가 아니라면, 타으지르(Ta'zīr)로만 처벌된다. 위증이나 거짓 증거를 제시한 데 대한 처벌은 이를 대중에 공개(Ta'rīf)하는 것 이외에는 없다. 경우에 따라 위증으로 인한 손해를 배상할 책임이 있다. 소수의 학자들은 위증자는 심한 태형에 처해지거나 구금되기도 하였다고 주장한다.

364 5.

이슬람에는 형법의 일반적인 개념이 없다. 유책성과 형사책임에 관한 개념이 거의 개발되어 있지 않다. 형의 감경사유에 대한 개념은 없다. 미수, 공범에 대한 이론도 부족하다. 이와는 반대로 개인적인 보복과 구별되는 핫드(Ḥadd), 타으지르(Ta'zīr) 등의 처벌이론과 강제 및 예방적 수단에 대한 이론들이 다양한 사고방식을 반영하고 있다.

제25장 소송절차

365 1. 판사(Ḳāḍī, Ḥākim)

까디(Ḳāḍī)는 단독 판사로 정치 기관에서 임명하지만 기관이 합법적이라고 해도 임명의 유효성이 보장되는 것은 아니다. 이는 이슬람법의 실제적인 특징이다. 까디(Ḳāḍī)의 자격은 이 책 [210] 참조; 여성도 이론적으로는 판사의 자격이 있다(그러나 아래 7절을 보라). 뇌물(Rashwa)로 임명된 경우 무효가 된다. 까디(Ḳāḍī)로써 생계를 세우는 것은 명기되지 않은 경우에만 허용된다. 명기된 경우 무효가 된다. 법정 비용은 이론상 정립되어 있지 않다. 까디(Ḳāḍī)는 관할지역(Wilaya) 내에서 법적 권한이 있지만 부동산에 국한 되며 이 또한 논쟁의 대상이 된다. 사실상 까디(Ḳāḍī)의 법적 권한은 법률에 의하여 제한되며 소송당사자가 불출석하고 소송대리인이 없다면 판결을 내릴 수 없다. 까디(Ḳāḍī)는 친인척에게 유리한 판결을 내릴 수 없다. 반대로 까디(Ḳāḍī)의 권한은 재판권을 넘어서 행방불명자, 고아, 기아, 처분권이 제한된 심신미약자의 재산에 대한 권한을 갖는다. 또한 습득물, 종교적 기금, 상속재산에 대한 권한을 갖는다. 까디(Ḳāḍī)의 처분권은 후견인의 권한, 심지어는 부친의 권한보다도 강해서, 실례로 까디(Ḳāḍī)는 고아의 금전을 대여할 수 있기도 한다. 이러한 분야에서 까디(Ḳāḍī)의 승인에 의해 무권대리의 행위가 적법하게 될 수도 있다. 또한 생계비를 조달하기 위하여 처에 의하여 발생된 채무에 대해 그 적법성을 추인할 수 있다. 만약에 까디(Ḳāḍī)가 이를 추인하지 않았다면, 처에 의해 발생한 과거의 채무에 대한 이행청구소송은 성립되기 어려울 것이다. 또한 까디(Ḳāḍī)는 공공복리에 관한 업무를 맡고 있다. 예를 들면 음식료의 가격이 상승하는 경우 까디(Ḳāḍī)는 투기꾼에게 공급을 증가시키라고 명할 수 있다. 일반적으로 말해서 까디(Ḳāḍī)는 다른 후견인이 없는 사람들의 후견인이라고 할 수 있다.

366 까디(Ḳāḍī)의 보조자들 가운데 가장 중요한 것은 서기(Kātib)이다; 판결은 문서의 형태(Sijil, Sigillum에서 유래; Maḥḍar, the Minutes)로 이루어지고 두 개의 판결문이 작성되어 하나는 법원에 기록(Dīwān)으로 보관된다. 더 나아가 통역자, 특히 재산의 관리에 관한 까디의 대리인(Amin, 글자 뜻대로 '수탁자'), 상속재산의 분할자(Ḳāsim), 증인, 그리고 감정평가사가 있다; 그들은 모두 아들('Adl)[512]이어야 한다.

367 이슬람소송법의 본질적 특징 가운데 하나는 까디(Ḳāḍī)의 의무를 들 수 있다. 까디(Ḳāḍī)에게 일정한 행위를 강제하는 일종의 의무사항인데 예를 들면 양당사자를 공평하게 대우해야 한다, 당사자들의 진술을 왜곡하지 말아야 한다, 증인에게 답변의 방향을 유도하지 말아야 한다 등이다. 그 밖에 또 다른 특징으로는 적법성(Validity)이 인정되어야 한다는 것이다. 의무와 정당성, 이 두 가지의 특징은 서로로부터 벗어날 수 있다; 까디(Ḳāḍī)는 파시크(Fāsik)의 증거를 인정하지 말아야 하나, 혹 인정한다면 그에 근거를 둔 판결은 그럼에도 불구하고 유효하다. 까디(Ḳāḍī)에게는 판결을 내려야 할 의무가 꾸란에 규정되어 있다. 그러나 부당한 판결을 번복할 수 있는 방법은 없다. 왜냐하면 엄격한 이슬람법에서는 상소심 제도를 인정하고 있지 않기 때문이다. 단지 마잘림(Mazalim) 법원이 일종의 상소법원의 역할을 한다고 볼 수 있다. 상소심 제도의 부재로 인한 문제점은 까디(Ḳāḍī)의 후임자의 통제로 인해 어느 정도 보완될 수 있다. 후임자가 재판기록과 투옥기록을 넘겨받은 후 수탁자들에게 모든 것을 점검할 것을 지시한다. 특히 재소자의 투옥여부가 정당했는지의 여부를 인정, 자백, 법적 증거 등

512) 역자주: 공평정대, 정직한 성격, 정의, 신에게 복종하는 행위.

에 의해서 판단한다. 투옥여부가 정당치 않았다면, 까디(Ḳāḍī)는 재소자의 성명을 공표하여 그에 대한 이견을 제시하도록 한 뒤, 필요시 보증인을 확보하여 석방한다.

368 까디(Ḳāḍī)를 사용하지 않고 중재인(Hakam)을 활용하는 것도 가능하다. 까디(Ḳāḍī)가 될 수 있는 자격을 갖춘 사람만이 하캄(Hakam)이 될 수 있다; 하캄(Hakam) 또한 이슬람법을 적용하도록 되어 있으며, 하캄(Hakam)의 결정은 이슬람법(School Law)의 원칙을 준수하지 않는다면 통상의 까디(Ḳāḍī)에 의해 번복될 수 있다. 하캄(Hakam)의 결정은 양당사자들이 그에 대한 임명에 동의한 경우에만 구속력을 발휘한다. 따라서 카타아(Khata')에 의한 살인사건의 경우에 피의 값을 인정하는 아낄라('Āḳila)에 대한 판결은 내릴 수가 없다.

369 2. 소송 일반

원고(기소기관)가 없으면 소송은 불가능하다. 그럼에도 불구하고, 공적인 기소기관은 존재하지 않는다. 그러나 이러한 원칙은 공공의 이익을 위해서 소송을 제기할 수 있는 까디의 권한에 의해서 제한된다; 또한 이론상 집단을 대표하여 선을 북돋우고, 악을 응징하는 의무를 수행하는 무흐타시브(Muḥtasib)가 실제에 있어서 공공 기소기관이 될 것이다. 까디에게 신청(제소)하는 것은 강제적인 것은 아니고, 하캄을 임명하는 것 이외에도 법정 외에서 분쟁을 해결할 수 있는 가능성이 있다. 이것은 사실상, 비무슬림에게 적용되는 실체법 규율 외에, 그들에게 법적 자치권을 주는 것이다; 당사자가 까디에게 신청(제소)하지 않는 한, 까디는 해당 사건을 다루지 않는다.

370 첫 번째로 판단해야 할 문제는 소의 적법성 여부이고('유효'(Valid), 사히흐 Ṣaḥīḥ), 특히 피고에게 당사자능력이 있는지 여부(그가 카슴 Khaṣm

-일반적으로 소송에서 당사자로 쓰여지는 용어-인지 여부)이다; 이러한 경우 소송은 공개된 장소에서 이루어진다. 까디는 소송과 관련해서 피고를 신문한다. 피고가 자백하는 경우, 소송은 종결된다; 피고가 부인하는 경우 까디는 원고에게 증거제출을 명한다; 원고가 증거를 제출하지 못하거나, 증인이 출석하지 못할 경우 까디는 (원고가 요구하면) 피고에게 옳고 그름이 아니라 오직 사실에 대해서만 선서할 것을 명한다; 피고가 선서를 할 경우, 사건은 각하된다; 피고가 이를 거절할 경우(누쿨 Nukūl), 원고에게 유리하게 판결이 내려지게 된다(피고에게는 선서할 것이 세 번 권유된다)[513)] 피고만이 선서를 하고, 증인은 선서하지 않는다. 일반적인 절차에서는 본인 스스로 변호하지만, 법률가(와킬 Wakīl)에 의한 변호도 가능하다.

371 피고에게 당사자적격이 있는지 여부를 결정하는 것이 때로는 쉽지 않다. 부동산 매수를 위임받은 대리인은 그가 위임인에게 부동산을 인도하지 않은 이상 선매권 소송의 당사자적격이 있다; 물건의 점유자가 물건을, 출석하지 않은 제3당사자에게 보관시키고 있는 상태로 점유하고 있다고 주장한다면, 그는 물건인도소송의 당사자적격이 없다. 그러나 그가 출석하지 않은 제3당사자로부터 그 물건을 매수했다고 주장하는 경우에는 당사자적격이 있다. 또한 피고가 권리침해로서 그 물건을 점유하고 있다고 원고가 주장하는 경우에도 같다.

372 이슬람법 소송의 전형은 원고가 입증책임을 부담하는 부분과 피고의 선서에 의하여 진실한 것으로 확인되는 부분에 대해 뚜렷한 구별이 있다는 것인데, 이는 증명이 없는 경우에 누구를 위하여 추정이 이루어질 것인지와 관련된다. 그러므로 이러한 부분이 정확하게 분배되는 것은 매우 중요하다. 왜냐하면 증거에 관한 이슬람법의 엄격한 규정은 많은 소송사건에서 증명이 없게 되는 상황을 초래하고, 누가 원고인지 누가 피고인지 결

513) 다른 이슬람법 학파에 따르면 판결은 원고가 선서를 할 경우에만 주어진다고 한다.

정하는 문제는 종종 결과적으로 누구의 진술이 진실인지, 누구에게 유리하도록 추정되는지를 결정하는 것이기 때문이다. 이러한 문제에 대하여 무조건적인 답을 하는 것은 불가능하다; (왜냐하면) 매우 자주 각 당사자는 상대방에 대하여 서로 소송을 제기하고, 그러면 양자는 모두 선서를 하기 때문이다(이러한 절차를 타하루프 Taḥāluf 라고 한다).

373 3. 추정

추정의 일반적인 원칙은 주장하는 당사자와 대조를 이루어 부인하는 당사자를 위하여 작용한다는 것이다. 이자라(Ijāra) 계약상 용익권에 관한 소송에서는 임대인을 위해서 추정이 이루어지나, 임대차계약에 관한 소송에서는 임차인을 위해서 추정이 이루어진다. 이와 같은 단순한 사례도 많지만, 학파 사이에 엄청난 견해차이가 있는 매우 난해한 주제들로 구성된 복잡한 사례가 더 많다. 아래의 사례는 이와 관련된 문제를 설명한다. 첫째로 객관적인 개연성이 고려된다. 가사용품의 소유권에 관한 소송에서 여자가 사용하는 것으로 주정되는 물건에 대해서는 아내에게 유리하게 추정이 작용하고, 그 반대의 경우도 이와 마찬가지이다. A가 B에게 1,000 디나르에 노예를 사올 것을 지시하였고, 돈을 건네주었다; B가 사온 노예가 1,000 디나르의 가치를 가졌으나, A는 B가 500 디나르만 지급했다고 주장한다; 이 경우는 B에게 유리하게 추정된다. 그러나 만약 A가 아직 돈을 건네주기 전이고, 노예의 가치가 사실상 500 디나르에 불과하다면 A에게 유리하게 추정된다. 마흐르(Mahr)에 관한 소송에서 남편이 언급한 액수가 '공평한 마흐르'(Fair Mahr)와 같거나 그 이상인 경우 추정은 남편에게 유리하게 작용하고, 아내에 의해 언급된 액수가 '공평한 마흐르'(Fair Mahr)와 같거나 그 이하인 경우에는 추정은 아내에게 유리하게 작용한다. 양자에 다 해당하지 않은 경우, 양 당사자는 선서를 요구받고, 선서를 하는 경우 '공평한 마흐르'(Fair Mahr)에 유리하게 판결을 받게 된다. 또한, 편의성도 고려된다. 미성년자가 무슬림과 딤미(Dhimmī)의 점유(이에 대해서는 이 책 [240] 참조)하에 있을 경우, 무슬림은 그 미성년자가 자신의 무슬림 노예라고 주장하지만, 딤미(Dhimmī)는 그가 자신의 아들이라고 주장한다면, 추정은 딤미(Dhimmī)에게 유리하게 작용한다; 자유로워지는 것은 미성년자에게 유리하고, 그는 언제나 무슬림이 될 수 있기 때문이다. 또한, 보다 기술적인 법적 추론에 의하여, 진술 자체가 의사표시로 간주된다. 예를 들어 우선매수권(슈파 Shufa')과 관련된 소송에서 매도인이 매수인보다 낮은 가격을 부를 경우; 만약 아직 대금이 지불되기 전이라면, 매도인의 진술은 면제로 해석될 수 있기 때문에 진실하다; 그러나 이미 지불된 상태라면, 매도인은 더 이상 이해관계 있는 당사자가 아니기 때문에 매수인의 진술이 진실이다. 이와 유사하게 남편이 무엇인가를 아내에게 보낸 경우 아내는 그것이 선물이라고 주장하고, 남편은 마흐르의 지불이라고 주장한다면, 추정은 남편에게 유리하게 작용한다. 왜냐하면 소유권을 양도할 수 있는 사람은 그(남편)이기 때문이다. 지나치게 형식적인 것은 현재의 상태를 결정적인 것으로 간주하는 것이다. 임차된 물레방아의 물줄기가 떨어지는 것이 멈춘 경우 임차인은 임차 초기부터 이러한 현상이 일어났다고 주장하고, 임대인은 단지 지금 일어난 일이라고 주장한다. 임대인 또는 임차인의 진술이 옳은지는 물줄기가 소송이 계속되는 순간 떨어지는지 아닌지에 따라 결정된다. 동시에 상반되는 원칙-조금이라도 먼저 일어날 수 있는 사건의 원칙도 존재한다. 이러한 두 원칙은 서로 충돌할 수 있다. 그리스도 교인이 사망했는데, 그의 미망인이 무슬림일 경우, 그녀가 남편이 사망한 이후에 이슬람교로 개종했다고 주장한다면, 그녀에게는 상속권이 있다. 그러나 다른 상속인들이 이를 다툰다면; 첫 번째 원칙에 따르면 추정은 그 상속인들에게 유리하게 작용하고, 이것은 유력한 견해이다; 두 번째 원칙에 따르면, 미망인에게 유리하게 추정이 작용된다. 그러나 이것이 객관적인 개연성과 일치한다고 하더라도 이는 단지 소수견해일 뿐이다. 어떤 사례에서는 진술이 부분적으로만 진실일 수 있다. 미성년자가 누군가의 점유 하에 있고, 자신이 다른 사람의 노예라고 주장한다면, 그는 그를 점유하고 있는 자의 노예로 판단된다.

374 4. 증거(Bayyina)

증인의 증언(Shahāda)은 가장 중요한 증거이기 때문에 바이이나(Bayyina)라는 용어는 때로는 '증인'과 동의어로 쓰이기도 한다. 자백은, 엄격히 말해서, 소송과정에서 이루어진 경우 '증거'가 아니다; 이론상 그것은 증인의 증언보다 효력이 약하다. 그래서 채권관계를 발생시키는 가장 결정적이고 명백한 수단으로서의 자백의 완전한 효과를 얻기 위해서는 그것이 증인의 증언의 형태로 입증되어야 한다. 정황증거는 허용되지 않지만(유일하게 이를 인정한 까사마(Ḳasāma) 사례는 법체계적으로 볼 때, 정황증거에 속하지 않는다), 까디의 지식은 판결의 유효한 근거가 된다. 문서화된 서류(사크 Ṣakk, 와띠까 Wathīḳa)는 비록 까디가 기록을 보관하고 있더라도 이론상 무시된다; 반드시 문서로 구체화되어야 하는 법적 행위는 없다. 일정한 사례에서 문서화된 서류를 규정하는 꾸란의 명백한 규율(꾸란 제2장 제282절, 제24장 제33절 참조)은 권고로 취급된다. 문서화된 서류는 단지 기억을 도울 뿐이고, 그 내용은 증인의 증언에 의하여 확인되는 한도에서만 증거가 된다. 문서화된 진술은 기껏해야 선언(Declaration)으로 받아들여질 수 있을 뿐이다. 이것은 이론이다; 이슬람법의 실제에서 문서화된 서류의 역할에 관하여는 이 책의 [132], [133] 이하를 참조하라.

375 소송에서는 아들('Adl)의 특성을 가진 두 명의 남자 또는 한명의 남자 그리고 두 명의 여자가 증인(샤히드 Shāhid, 복수형은 슈후드 Shuhūd)으로 요구된다;[514] 증인의 숫자가 많다고 해서 그들의 증언에 부가적인 가

치가 부여되지는 않는다. (형사절차에서의 특별한 규정은 아래 [388] 이하 참조) 소송 외에서는 조금 덜 엄격한 요구가 이루어지는데, 자격이 충분하지 않은 한 명의 사람으로도 충분하다. 예를 들어 노예가 물건을 인도하는 경우, 그가 그 물건이 주인의 증여라고 주장한다면 그것을 수령하는 것은 합법적이다; 또는 미성년자가 물건 구매허가를 받았다고 주장하는 경우 그에게 판매를 하는 것은 합법적이다. 소송절차에서도 출생, 처녀성 등 여자들이 특별한 지식을 가지고 있는 분야에 관해서는 단지 두 명의 여자의 증언만도 유효한 것으로 받아들여진다. 증인들이 아들('Adl)인지 여부는 조사에 의하여 증명되어야 한다. 어울리지 않는, 비열한 행동, 예를 들어 주사위놀이를 하거나[515], 허리 가리개를 하지 않고 공중목욕탕에 들어가는 행위와 같은 것은 아들('Adl)의 특성을 무효로 하지는 못하지만, 그럼에도 불구하고 까디는 문제된 사람의 증언을 거부할 수 있다(시각장애자에게도 같은 규율이 적용된다). (증인이 아들('Adl)인지 여부를 판단할) 적절한 시점은 그가 증언하는 사건을 목격한 때가 아니라, 증언을 할 당시이다. 어떤 사람이 증거를 제출할 자격이 없다는 것을 증명하기 위해서는 '그는 (도적적)죄인이다'라고 말하는 것만으로는 충분하지 않고 세세한 사항이 제출되어야 한다. 또는 자신의 이익을 위해 그의 증언을 필요로 하는 당사자가 직접 증인이 아들('Adl)이 아니거나 혹은 고용되어 있다는 것을 인정하는 경우도 증명이 있다고 할 것이다. 또한 당사자의 가까운 친인척이 그를 위해서 증언하는 것이나, 당사자와 사적인 원수가 그 당사자에 반대하는 증언을 하는 것도 부적격이다. 증인은 가족 관계나 죽음에 대한 것을 제외하고는 자신이 직접 목격한 사실에 관하여만 증언할 수 있다. 증인 양자의 진술은 동일하여야 한다; 명확한 사례에서 단지 사소한 차이들은 무시된다. 예

514) 다른 학파에서는 소유권과 채권에 권련한 소송에서는 원고의 선서와 함께 한 명의 남자의 증언도 또한 받아들인다.

515) 역자주: 도박.

를 들어 한 사람은 1,000 디나르라고 증언하였는데, 다른 사람은 1,100 디나르라고 증언한 경우이다. 그러나 두 증인이 A가 B를 어느 날 메카에서 살해했다고 증언하고, 다른 두 증인은 같은 날 쿠파에서 살해했다고 증언하는 경우, 양 증언은 모두 무효이다. 다른 딤미들(Dhimmīs)에 대한 사안에 관한 딤미들(Dhimmīs)의 증언은 받아들여진다.

376 피고가 불출석할 경우, 까디는 증거의 사본을 그 피고가 살고 있는 지역을 관할하는 까디에게 송부할 수 있는데, 여기에는 증거서류의 진정성립 뿐만 아니라 그 내용에 관하여 증언을 할 수 있는 증인이 반드시 동반되어야 한다. 주된 증인들이 출석하지 않거나 출석하지 못할 경우, 간접 증거, 예를 들어 그들의 증언에 관한 증언(샤하다 알라 샤하다 Shahāda 'alā Shahāda)을 제출할 수 있다; 두 명의 증인이 각 주된 증인들의 선서증언에 대하여 증언하여야 하지만, 주된 증인 각자에 대하여 간접증인은 같은 사람일 수 있으며, 두 증언은 전체로서 충분하다.

377 증거에 관한 기술적인 규율은 때로는 놀라운 결과는 낳는다. 노예구입에 관련한 예에서, 매도인의 가격에 관한 진술은 전혀 고려되지 않고, 우선매수권(Shuf'a) 관련 소송에서는 대가가 지불되었다면 그것(매도인의 가격에 관한 진술)은 고려되지 않는다. 왜냐하면 그는 현재는 '제3자'(Khārij, Ajnabī)이고 이해관계 있는 당사자가 아니며, 증인으로서의 충분한 자격이 없기 때문이다. 사실, 통상적으로 증거는 인증된 증인의 입회하에 계약이 체결됐을 경우에만 그 유효성이 보증된다. 이것이 전문적인 증인(우들 'Udul, 'adl의 복수형) 또는 '공증인' 제도의 시작이다.

378 증거가 제출될 경우, 그것을 제출한 당사자의 주장과 모순되지 않는 한도 내에서 받아들여진다; 각 당사자는 그의 주장에 구속된다. 누군가가 물건을 증여받았다고 주장하면서 그가 증여 후에 그것을 구입했다는 것에 관한 증거를 제출한다면 그 증거는 받아들여진다. 왜냐하면 증여자는

증여의 이행을 거부할 수 있고 수증자는 그 물건을 매수해야만 할 수 있기 때문이다; 그가 그것을 증여 전에 구입했다는 증거를 제출한다면, 증거는 받아들여지지 않는다. 왜냐하면 증여의 주장은 그 물건이 전에는 증여자의 소유였다는 내용의 자백을 포함하고 있기 때문이다. 또한 누군가가 집이 그의 소유라고 주장하면서 특정한 소유권원에 관한 증거 즉, 매매, 상속 등을 제출한다면 그 증거는 받아들여진다. 그러나 그가 특정한 소유권원을 주장하면서도 단순한 소유권에 관한 증거만을 제출하는 경우에는 그렇지 않다.

379 5. 증거에 대한 고려방법과 판결

이슬람법 절차의 중점은 얼마나 진실에 가까이 가느냐가 아니라 확정된 정형적인 규율을 적용하는데 있다. 사실 까디는 그 자신의 지식이나, 다른 규정에 반하는 판결을 할 수 없고, 사실을 증명하는데 관심을 보여서도 안 된다. 그러나 일반적으로 말해서 절차의 정형적인 규율은 그 절차자체를 위하여 준수되어 진다. 마흐르에 관한 소송에서 양 당사자가 모두 선서를 하면 판결은 '공평한 마흐르'(Fair Mahr)에 유리하게 내려진다. 매매에 관하여 가격 분쟁이 있을 경우 양당사자가 선서를 하면, 그 매매는 한 쪽 당사자의 요구에 의해서 취소된다. 리안(Li'ān)의 소송절차에서 남편과 아내가 모두 선서를 하는 경우에도 위와 같다.

380 양 당사자가 모두 증거를 제출한 경우, 최소한 요구되는 수 이상으로 제출된 증인의 수는 (법적으로) 의미가 없다. 증인이나 그 증언이 진실일 가능성에 대한 조사(심리)는 없다. 단지 두 가지 가능성이 존재하는데 : 추정의 원리에서 유추하여 두 증언 중 하나가 채택 되거나, 타하투르(Tahātur), 즉, 동등한 증언간의 충돌이 일어난다.

381 첫 번째 경우에 따르는 규정은 추정의 이익을 갖지 않는 당사자가 제출하는 증거가 선택된다는 것이다; 이는 증명책임에 관한 일반적인 원칙과 일치한다. 점유자와 '제3자' 모두가 단순한 소유권에 관한 증거를 제출한 경우, 후자의 증거가 선택되는데, 왜냐하면 증명책임이 그에게 있기 때문이다. 그러나 점유자가 제출한 증거가 보다 특정한, 예를 들어 매매에 의한 소유권취득, 증거이기 때문에 더 가치 있는 경우라면, 이것이 최종적으로 채택된다. 두 증언 중 어떤 것을 채택할지 결정하는데 있어서 고려되는 다른 하나는 각각의 시점인데, 이는 종종 놀라운 결과를 낳기도 한다.

382 타하투르(Tahātur)는, 예를 들어 두 당사자 각자가 같은 물건을 다른 사람으로부터 매수했다고 주장하는 경우에 일어난다; 이 경우의 해법은 논쟁의 대상이 되고 있다. 두 당사자 각자가 그들의 인접한 집들을 분할하는 벽에 의하여 지지되는 3개 이상의 들보를 소유하고 있다면, 그 벽은 양자의 공유라는 판결이 내려진다. 양 당사자가 같은 부분의 부동산에 대한 점유를 증명하는 경우, 같은 판결이 내려진다; 그러나 한 당사자가 실제적인 권한행사, 예를 들어 그가 땅을 팠다는 것을 증명할 수 있다면 그 증거는 채택된다. 여러 명의 주장자가 각자 동등한 증거를 제출한다면 그 물건은 모두의 공유라고 판결이 내려진다. 예를 들어 하나의 물건에 대하여 A는 매수했다고 주장하고, B는 증여받았다고 주장하고, C는 아버지로부터 상속받았다고 주장하고, D는 기부받았다고 주장하는 경우; 각자 1/4씩 공유하고 있다고 판단된다. 이와 같은 사례에서, 그들 모두가 진실하지는 않을지라도 1인 또는 몇 명의 다수인에게 배타적인 권리를 인정하는 대신에 그들 모두에게 부분적인 권리를 인정한다; 이는 절차와 증거에 관한 이슬람법의 형식주의적인 성격을 극명하게 보여준다.

383 판결(까다 Kada')은 까디가 속한 학파의 교의에 따라 내려져야 한다; 그 교의에 어긋나는 경우 판결의 유효성에 대한 논쟁이 있다. 까디가

속한 학파의 교의를 따르지 않은 상태에서 판결을 내리면 그 판결은 유효성이 문제될 수 있다. 만약, 살인에 관하여 증언한 두 쌍의 증인에 관한 사례에서(상기 [375]의 사례), 메카에서 살인이 일어났다고 증언하는 증인들이 먼저 나타나고 그에 대한 판결이 내려지고 나서, 그 후에 쿠파에서 살인이 일어났다고 증언하는 증인들이 나타났다고 해도 그 두 번째 증언이 무효로 될 뿐이다. 위증에 기초한 한 판결은 적어도 외적법정(Forum Externum) 전에는 유효하고, 때로는 내적법정(Forum Internum) 전에도 유효하다.[516) 만약 한 여자가 잘못된 증거에 의해서 그녀가 어떤 남자와 혼인했다는 판결을 받았다면, 그녀가 그와 성교하는 것은 합법적이다. 증언의 철회는 그에 기초한 판결을 무효로 하지 못하고, 다만 증인이 그 판결에 의해 초래된 손해에 대해 책임을 질뿐이다.[517) 어떤 것을 그 손해로 볼 수 있을 것인지는 개별 사례에 따라 엄밀히(좁게) 정의되어 진다; 혼인하고 신방에 들어 그 혼인이 완성된 이후의 이혼은 손해에 포함되지 않는다. 판결에 법률상 중대한 하자, 즉 판결이 꾸란, 인증된 관습 또는 합의에 반하는 경우에만 다른 까디가 그 판결을 뒤집을 수 있다.

384 까디는 그의 직무상 행위에 대하여 책임을 지지 않는다. 그가 채권자를 만족시키기 위해서 노예를 매도하는 경우, 대가가 매수인에게 상환되었다는 것을 그 노예가 입증하였으나, 그 돈이 까디가 보관하고 있는 동안 분실되었다면, 채권자가 손실을 부담하게 된다.

---

516) 역자주: 외적법정(Forum Externum)의 통치이란 주로 교회의 공익 및 교회라는 사회의 외적질서에 관한 교회의 공권력으로서 신자들의 사회적 관계를 규율하는 것이다. 내적법정(Forum Internum)의 통치권이란 주로 신자들이 사적 선익에 관한 교회의 공권력으로서 신자 각 개인의 하나님께 대한 윤리적 관계를 규율하는 것이다. 내적법정은 양심의 법정(Forum Conscientiae)이라고도 부르며, 이는 다시 성사적 고백 중의 법정(Intra Actum Sacramentalis Confessionis)과 성사적 고백 밖의 법정(Extra Actum Sacramentalis Confessionis)에서 은밀히 집행하는 공권력으로 구분된다.

517) 잘못된 증언에 대한 처벌은 이 책 [363] 참조.

385 6. 집행과 자력구제(Execution and Self-Helf)

집행과 자력구제에 관한 뚜렷한 구별은 없다. 이슬람법은 여전히 소송시작의 원시적인 방법, 즉 원고가 피고를 잡아서 판사 앞으로 끌고 가는 것을 상정하고 있다. 원고가 증인이 있다고 주장하면, 까디는 3일 동안 피고를 위한 보증인을 요구한다. 또는, 이와 택일적으로 원고는 피고를 위와 같은 기간 동안 그가 가는 곳마다-그의 집에 들어가는 것을 제외하고- 따라다니면서 감시할 수도 있다.(이러한 사적 감시를 무라자마 Mulāzama라고 한다). 만약 피고가 재판에 출석하지 않으면, 보증인은 구금된다; 그의 입장에서는 출석을 보장하기 위해 피고를 구금할 수도 있다. 그러나 피고는 진술을 강요당하지는 않는다; 그는 구금에 의하여 항변이나 선서가 강요되는 리안(Li'ān)과 까사마(Ḳasāma) 사건을 제외하면 질문에 답변하거나, 선서하는 것을 거절할(누쿨 Nukūl) 권리가 있다. 더구나 고문에 의해 자백을 끌어내지도 않는다.

386 지나야트(Jināyāt)에 관하여는 집행력이 없다; 국가는 그러한 행정적인 작용을(Its Administrative Agencies) 단지 이해관계 있는 당사자의 임의처분에 맡긴다.; 그러나 핫드(Ḥadd) 형벌은 이맘(Imām)의 직무이다; 까디는 타으지르(Ta'zir)를 집행하고, 감옥을 관리한다.

387 재산법에 관한 판결은 빚을 갚을 때까지 채무자를 구금(하브스 ḥabs)함으로써 강제된다; 그가 무자력이라고 주장하는 경우, 그는 대가의 지불을 포함하는 거래에서 발생한 채무 즉, 매매, 대출, 보증으로부터 생긴 채무와 또한 즉시 지불되어야 하는 마흐르에 관한 채무에 관하여만 구금되고, (그 외의) 다른 채무에 대하여는 채권자가 채무가가 자력이 있음을 증명하는 경우에만 구금된다. 채무자는 까디에게 그가 능력이 있었다면 채무를 이행했을 것이라는 확신이 생길 때까지 구금된다. 또한, 횡령자가 그가

횡령한 물건이 소멸하였다고 주장하는 경우, 까디가 그 물건이 여전히 존재한다면 그가 그것을 인도하였을 것이라고 확신하게 될 때까지 횡령자는 구금된다. 이러한 구금은 약 2-3달의 기간으로 한정되지만, 채권자가 채무자가 자력이 있다는 것을 증명하는 경우에는 계속될 수 있다; 만약 채무자가 병에 걸린다면, 그는 석방된다. 이슬람법에서는 사법상 압류는 알려져 있지 않다. 채무자가 채무를 갚을 수 없는 상태로 석방되는 경우, 그는 파산(무프리스 Muflis)을 선고받는다. 이에 대하여 그 채무가 면제되는 것인지 여부, 또는 채권자 혹은 채권자들이 여전히 채무자를 감시하면서 채무자의 수입 중 잉여분을 취하는 자력구제를 할 수 있는지 여부에 관하여 논쟁이 있다.

388 7. 형사 절차의 특별한 특징

핫드(Ḥadd) 형벌과 보복에 관한 사례에서는 여자는 까디가 될 수 없고, 중재인으로도 지명되지 못한다. 증명은 다른 사안보다도 더 어렵다; 여자의 증언은 허용되지 않고, 지나(Zinā)의 경우에는 4명의 남자 증인이 요구된다. 다른 까디에게 증거를 이송하는 것과 간접증거는 허용되지 않는다. 핫드(Ḥadd)와 끼사스(Ḳiṣāṣ)를 집행하는 대리인의 지명은 불가능하다. 이러한 특징은 지나야트(jināyāt)와 핫드(Ḥadd)에 공통적인 것임에도 불구하고, 이슬람에서는 일반적인 형사법 개념은 존재하지 않는다. 반면에 어느 정도까지는 다른 면도 존재하는데, 증거제출에 관한 종교적인 의무에 관하여, 핫드(Ḥadd)에 의해서 처벌해야 할 위반행위에 관한 소송에서는 그에 대한 증거를 제출하는 것 보다는 그것을 덮어 주는 것이 더 가치있다고 여겨지고, 선서는 증명의 요소로서 고려되지 않는다. 모든 사안에서 피고를 위한 보증인은 증거의 일부분이라도 심리가 이루어졌을 때 비로소 요구될 수 있다. 사실 이러한 모든 경향은 실제로 법적 보호를 제공하는데 있어서는 거의 영향을 미치지 못한다.

제26장 이슬람법의 성질

389 1.

이슬람법의 특성은 대부분 이슬람의 역사에 의해서 결정되고, 그 역사는 이론과 실제 사이의 대조에 의해 지배된 것이라 할 수 있다. 이하의 내용들은 체계적인 관점에서 위 주제에 대한 역사적인 설명을 완성하고자 하는 의도에서 설명된 것이다.

390 이슬람법은 보편적인 유효성을 요구하지 않는다; 이슬람법은 이슬람 영토 내에 있는 무슬림에 대해서는 전 범위에서, 적(敵)의 영토에 있는 무슬림에 대해서는 약간 더 좁은 범위에서,[518] 이슬람 영토 내에 있는 비무슬림에 대해서는 단지 제한된 범위 내에서 이들을 구속한다. 이와 같이 스스로 부과한 제한보다 더 중요한 점은 이슬람법은 그 본질을 종교적인 이상으로서 인식하고 있다는 것이다; 이슬람법 하에서는 '올바른 과정을 거친 칼리파'인 메디나의 칼리파 시대 이래로 계속된 쇠퇴 및 당대의 부패 현상이 당연하게 여겨졌다. 의무, 무관심, 금지라는 개념이 관계되는 한, 이슬람법은 어느 정도까지는 단순히 이론적으로 인정받는데 만족한다; 이러한 점은 권장되는 것과 비난받는 것 사이의 중간적인 영역의 존재로부터 명백해진다. 핫드(Ḥadd) 형벌에 의한 형사 제재가 아닌 종교적 의무의 위반에 대한 제재에서도 마찬가지의 경향이 나타난다; 의무적인 성질의 것

518) 예를 들어, 하나피(Ḥanafī) 학파의 교의에 따르면, 무슬림은 비무슬림 영토내에서 비무슬림과 이자(riba)를 포함한 거래를 결정하게 된다.

들을 부정하지 않는다면 어떠한 법적인 형사 제재는 없다. 그럼에도 불구하고, 음주나 돼지고기를 먹는 것과 같은 행위에 대한 금지들은 형사 제재 대상이든 아니든 간에 금지하는 명령으로서 의미를 지닌다. 그러나 심지어 핫드(Ḥadd)형사제재도 일정한 경우 적극적으로 회개를 할 때에는 형사벌을 부과하지 않는다. 다른 체계에서는 강박의 이론이 지지된다; 만약 강박이 인정된다면, 그것의 효과는 형사 제재를 피할 수 있을 뿐만 아니라 그 자체의 행위를 허용하게 하기도 한다. 무슬림들을 법의 엄격한 규정을 준수하는 것으로부터 면제시킬 필요성이 있다는 교의의 영역은 훨씬 더 넓다. 법적 유효, 무효의 범위 내에서 이슬람법이 절대적인 유효를 요구하는 것은 사실이지만, 가설적인 요소는 이상적인 이슬람 국가 내에서 사물의 당위적인 상태와 함께 고려된다. 탈법행위(Legal Devices, Ḥiyal)의 유효성에 대한 승인은 실제에 있어서 이론적인 권리주장에 대항할 수 있게 해 준다.

391 이슬람법은 이슬람법이 적용되는 영역 내에서 오용되는 것을 방지하지 못했다. 그 예로는 까디들과 증인들을 매수하는 것, 까디의 힘으로는 다룰 수 없는 통치기관과 개인들의 고압적인 횡포 등을 들 수 있다. 이러한 오용의 정도는 정부의 성격과 국력에 따라 달랐으며, 가장 남용이 덜했던 시대는 오스만제국의 전성기 때였다. 반면 초기 아바시드 시대에는 사유물의 강탈(Ghasb), 횡령 등이 자주 일어났다. 이것이 이슬람법이 법적 소유자를 보호하려는 방편으로 강탈(Ghasb)을 자세하게 다루는 이유이다. 그러나 이슬람법은 다른 권리남용, 오용에 대해서는 사실 그대로 판단한다. 즉, 성품이 바르지 못한('Adl'이 아닌) 까디의 임명, 또는 그 까디가 마찬가지로 성품이 바르지 못한 증인의 증언을 받아들여 결론 내린 판단, 또는 심지어 합법성이 없는 정치 권력자에 의한 까디의 임명 등의 유효성을 판단하는 경우에 그러하다.

392 2.

이슬람법을 종교적인 법으로 만드는 가장 큰 특징, 즉 다양성 안에서 일체성을 보장하는 특징은, 모든 개인의 행동과 관계를 의무(Obligatory), 권장(Recommended), 무관심(Indifferent), 혐오받음(Reprehensible), 금지(Forbidden)의 관점에서 규율하여 평가한다는 것이다. 엄밀한 의미에서의 법은 종교적인 의무라는 체제 하에서 철저하게 통합되었다; 뿐만 아니라 그러한 근본적인 관념들은 사법적 판단의 근간이 되었다. 종교적인 영역에서는 의무적이고 필수적으로 해야 하는 행동이 단지 권장되기만 하는 행동을 수반하는 경우도 있는데, 예를 들어 상속인이 피상속인의 채무를 이행하는 것은 권장 사항일 뿐 의무 사항은 아니었고, 또한 고의적 살인에 대하여 보복을 할 권리가 있는 친족조차도 피의 값을 받음으로써 그 권리를 포기할 것이 권장되었다. 그러므로 이슬람에는 법사상이 존재하지 않았다고 말하는 것은 이슬람법에 대해 올바르게 파악하지 못한 것이라고 할 수 있다. 이슬람에서 법이라는 개념은 이슬람법이 비(非)법률적인 요소가 혼합된 종교적 의무의 체계 중 일부라는 전제 하에 파악되어야 한다. 그러나 이슬람법은 종교적 의무의 체계와 혼합되었음에도 불구하고 완전히 동화되지는 않았다. 즉, 이슬람법은 종교와 윤리적 의무로 완전히 축소되어 나타나지는 않았는데, 법의 영역 내에서 전문성을 가지고 있었으며, 이에 따라 나름대로의 법논리도 발달할 수 있었다. 허용/금지 및 유효/무효의 개념들은 대부분 공존하는데, 이러한 점은 유효/무효의 개념을 그 체계에 부합되는 법적 효과와 유사한 개념이 되게 한다. 따라서 순수한 종교적 영역과 엄밀한 의미의 법 고유의 영역 사이에는 명백한 차이가 존재하며, 이슬람법이라는 용어는 이슬람의 종교적 의무 체계에 통합됨으로써 실질적인 면에 있어서나 형식적인 면에 있어서 상당한 경우에 수정된 법적인 문제(Legal Subject-Matter)하에서 사용된다. 이러한 법적인 문제는 이슬람법 내에 종교적이거나 도덕적인 내용들을 도입시키는 과정뿐만 아니라, 무슬림에 대한 종교적인 의무의 일부로서 조직화되고 체계화된 훨씬 더 세분화된 과정을 통하여 이슬람법으로 형성된다. 법적인 문제와 법의 형식적인 체재 원리 사이에는 확실한 차이점이 존재한다.

393 즉, 이슬람법은 체계적이며, 교의의 결합체라고 할 수 있다. 이슬람법의 몇몇 제도들은 상호 관련되어 있다; 예를 들어 계약법과 채권, 채무법의 대부분은 매매계약을 유추하는 방법에 의해 해석된다. 게다가 이슬람법의 전 영역에 걸쳐 종교적이고 윤리적인 사상들이 내재되어 있다; 각각의 제도, 거래, 또는 채권, 채무 관계는 종교적이고 도덕적인 기준에 의해 평가된다. 예를 들어, 이자의 금지, 사행행위의 금지, 양 당사자들에 대한 공평한 대우, 형평에 대한 관심(The Concern for the Just Mean or Average) 등이 그것이다. 이론적으로 우리는 이러한 두 가지 체계화된 과정을 구별할 수 있으나, 실제적으로는 서로 융합한다. 그 구조 내에서 여러 형태의 계약들이 상호 유사한 이유는 동일한 종교적이고 도덕적인 원칙들이 그 구조 내에 널리 퍼져 있기 때문이다. 이슬람화하는 것과 체계화하는 두 가지 과정은 서로 일치한다; 종교적, 도덕적 규범들과 구조적인 명령은 이슬람법을 형성하기 위한 초석이 된다. 이슬람법의 체계를 형성한 사람들은 최초의 법 전문가들이었다; 그 전문가들은 많은 실질적인 요소를 제공한 이슬람 이전 시대의 법원(法源)들에는 기반을 두지 않았다.

394 3.

이슬람법은 '신성법'(The Sacred Law)의 하나이기 때문에 제한된 범위 내에서 타율적이고 비이성적인 특징들을 지닌다. 이슬람법의 공식적인 법원이라고 할 수 있는 꾸란과 예언자 무함마드의 순나(Sunna)는 알라의 말씀(Commands)의 표현이라는 측면에서 타율적인 성격을 지닌다. 그러나 이것들이 공동체의 일치된 의견이라는 위치에 있고, 또한 이 원칙이 신의 권위[519]에 의해서 보호받고 있음에도 불구하고 이슬람법은 자율적인 법으로의 변화를 지향하고 있다; 다음은 이와 같은 변화를 나타내는 결정적인 예이다. 이것은 꾸란과 말씀들의 해석을 결정하며, 어떤 말씀이 진정한 것인지를 결정한다;[520] 그러나 이슬람력 4세기부터 지금의 현대적인 법적 발전에 이르기까지, 독립적이고 새로운 영역의 발전은 없었고, 원칙적으로 지금까지의 발전은 오로지 해석과 적용의 영역에 국한되었을 뿐이다. 이크티야르(Ikhtiyar) 즉, 무엇보다도 파사드 알 자만(Fasad al-Zamān)에 대한 고려에 있어 주어진 의견에 대한 '선택' 혹은 '선호도'만이 극히 제한된 범위 내에서 인정될 뿐이다. 예를 들어, 만약 사람을 위한 보증계약의 체결에 있어, 까디(Ḳāḍī)가 요구되기 전에는 채무자의 생산능력(Production)이 요구되었는데, 그 전의 하나피(Ḥanafī) 교의에서는 시장에서의 생산능력(Production)만 있으면 충분하다고 보았다. 그러나 '현재 채택된' 의견에 따르면 그렇지 않다; 그것은 주파르(Zufar, 이슬람력 158년 사망) 학파의 교의에 근거를 두었다. 주파르(Zufar)는 아부 하니파(Abū Hanifa)의 뛰어난 제자이자 동료였는데, 당시 최고 권위의 3대 학파(Abū Hanifa, Abū Yusuf, Shaybani)에는 속하지 않았다. 이와 같은 극단적인 예는 드물다; 대부분의 시간 동안 이크티야르(Ikhtiyar)는 초기 권위자들 사이에서, 다른 의견을 제시하는 것은 제한되었다. 이 점은 '이즈티하드의 문이 닫힌 시대'가 마감된 이후에도 마찬가지였다.

---

519) 이 책 [77] 이하 참조, 예언자 무함마드의 말씀에 '우리 공동체는 잘못된 것에는 동의하지 않을 것이다'라는 표현이 있다.

520) 그 예로 꾸란의 제5장 제6절은 다음과 같이 밝히고 있다: "믿음을 가진 자들이여! 예배드리려 일어났을 때 너희 얼굴과 두 손을 팔꿈치까지 씻을 것이며, 너희의 젖은 손으로 머리를 쓰다듬고 발목까지 두 다리를 씻을 것이라…" 규범은 그럼에도 불구하고 두 발을 씻을 것을 강조하며 이는 다양한 수단들에 의해 꾸란 원문과 함께 조화를 이룬다. 이에 대해서는 이 책 [28] 참조.

395 이슬람법의 비합리적인 요소들은 종교적인 이슬람이라는 면과, 선 이슬람 시대의 신비적인 기원 등에 의해 비롯되었다. 이러한 예로는 지하르(Zihar) 신비스런 형식, 리안(Li'an)의 이슬람 소송절차, 고대 아라비아의 까사마(Ḳasāma), 또한 일반적인 법적 증거의 특성과 기능 등이 있다. 심지어는 샤피이(Shāfi'ī)와 같은 위대한 학자조차도 이러한 제도들을 만족할 만하게 합리화시키지 못했다. 그러나 법적인 문제는 그 기원이 무엇이든 간에 이성적이고 합리적인 요소들을 포함하고 있으며, 무엇보다도 법적인 문제는 계속되는 종교적 계시의 비합리적 과정에 의해서가 아니라 그 법의 특성이 합리적이 되도록 하는 해석과 적용의 방법에 의해 조직화, 체계화되고 완성되었다. 이런 방법으로 이슬람법에 대한 전문학자가 생기고, 이슬람법은 학문적으로 그 틀을 갖추게 되었다.

396 대개 법률적 문제에 비법률적인 종교적, 도덕적 규범들을 적용하는 것은 비합리적인 결정으로 여겨질 수도 있다. 그러나 이런 경우는 상당히 드물다. 왜냐하면 이와 같은 상황이 발생하면, 무슬림 법률가들은 이를 보편적인 규칙이나 유추의 예외로 생각한다. 반면에 종교적, 도덕적 고찰은 이슬람법의 체계적인 구조 형성에 없어서는 안 될 필수적인 요소이다. 이슬람법이 이성적인 시스템으로서 물질적인 요소에 그 근간을 둔다면 그것의 공식적인 사법 체계는 거의 발전이 없을 것이다. 심지어 유효/무효의 공식적인 두 가지의 법적 개념은 이슬람적 개념인 허용/금지에 의해 끊임없이 배후로 밀려나가고 있다. 이슬람법의 목적은 다툼있는 이해관계에 대해 형식적인 규범들을 적용하는 것이 아니라 세속적인 법의 목표이기도 한 구체적이고 실질적인 기준을 제시하는 것이다. 이 점은 다소 놀랄 만한 결과를 야기하는데, 그것은 진실한 믿음, 공정함, 정의, 진실 등이 이러한 제도하에서 매우 부차적인 역할만을 하고 있다는 것이다.

397 4.

이슬람법은 합리적이기 때문이 아니라 단순히 존재하고 있다는 이유만으로 유효하기 때문에 이슬람법은 타율적이고 비합리적인 면을 지니게 된다는 결론에 이른다. 이러한 점은 특히 증거법 원칙에서 명백히 나타나고, 그러한 증거법 원칙은 실제로 구체적인 어려움을 지니고 있다. 그러나 이러한 점은 다른 경우에도 발생한다. 만약 한 소년이 할례 의식을 행하다가 비의도적으로 불구가 된다면, 그에 따른 전액을 피의 값으로 보상받게 되지만, 만약 그가 그로 인해 사망하게 된다면 반액만 보상받게 된다; 왜냐하면 사망의 원인 중 반은 그 행위가 죽음을 야기할 수 있기 때문에 할례 의식 그 자체에 있고, 또 반은 수술 행위에 있는데, 할례 의식 자체는 종종 추천되기 때문에 (샤피이(Shafi'i)와 한발리(Ḥanbalī) 학파에서는 심지어 의무적이기까지 하다) 그 자체로는 법적 책임을 야기하지 않고, 단지 수술 행위에만 그 법적 책임이 부과되기 때문이다. 또한, 붕괴의 위험이 있는 벽의 소유자가 그것을 철거하라는 명령을 받은 후 그것을 팔았는데, 만약 그 후 그 벽이 무너져 누군가가 그로 인해 사망한다면 매도인도 매수인도 사망에 대한 책임이 없다; 매도인의 경우는 붕괴 당시 소유자가 아니었기 때문이고 매수인의 경우는 철거 명령을 받지 않았기 때문이다. 이슬람법은 부동산에 대한 임대를 허락하지만 그것은 반드시 무상이어야 한다; 반면에 임대해줬음에도 불구하고 토지세에 대한 책임은 임대인에게 있으므로, 임대 자체가 세금 납부에는 전혀 영향을 끼치지 못한다. 실제로는 불가능하지만 부동산 소유자가 임대 뿐 아니라 토지세에 대한 책임까지 지겠다는 계약은 '꾸란'을 위반하지 않으며 그들이 만족하는 한 법률가에게는 아무 문제가 되지 않는다. 특히 상속법의 경우는 실제로 불가능한 경우가 많다. 이 점에 관하여는 상세하게 앞에서 다루었다.

398 이슬람법의 타율적이고 비합리적인 측면은 법의 정신보다는 조문

자체를 문자 그대로 준수할 것을 요구했고, 법률적인 의제를 포함해서 탈법행위(Legal Devices)를 크게 발전시키고, 폭넓게 승인하는 것을 용이하게 하였다.

399 5.

위와는 정반대의 경향, 즉 실질적인 면인 공평성 또는 적합성을 고려하여, 단지 형식적으로만 적합한 결정은 내리지 않는다는 경향이 이슬람법에 알려져 있지 않은 것은 아니다; 이러한 점은 이스티흐산(Istiḥsān)과 이스티슬라(Istislah)에서 나타난다. 그러나 이러한 원칙은 이론상이든 실제적인 적용에 있어서든, 긍정적인 영향을 미치기에는 매우 부족하다. 초기 법률가들은 공평성과 적합성을 참작하여 결정하였으나, 이후의 발전된 법체계에서 이스티흐산(Istiḥsān)과 이스티슬라(Istislah)의 원칙은 매우 좁은 범위로 제한된다. 그리고 그것은 주된 법원(꾸란과 순나)의 법칙과 초기 권위자들에 의한 해석과 그로부터 도출된 결론들을 대신하지 못한다. 그것은 종종 고대 권위자들에 의해 생겨난 다양한 견해 중 하나를 선택하게 만드는데, 이를 이크티야르(Ikhtiyar)라 한다. 종종 이스티흐산(Istiḥsān)이 경우에 따라서는 관습을 대신한다.[521)]

400 6.

이슬람법에는 특별하기도 하고 일반적이기도 한 몇 가지 인상적인 법적 개념이 있다. 그러나 일반적으로 말해서 그 법적 개념들은 광범위하고 명확성이 부족하다; 그 법적 개념들은 일반 생활의 법적인 구체적 적용으로

---

521) Istiḥsān의 예로 이 책 [267], [278], [286], [293], [345], [355] 참조.

부터가 아니라 추상적인 생각으로부터 도출된 것이다. 여기서 두 개념 사이의 차이점에 관하여는 한 개념 안의 여러 부류 사이의 차이점보다 더 크지도 않고 더 본질적이지도 않다는 결론이 도출된다. 즉, 정반대의 두 개념이 있는 것이 아니라, 법적 효과의 단계적 발전에 따라 한 개념의 핵심에서 다른 개념의 핵심으로 변천해 가는 것이다. 이러한 사고의 방법이 이슬람법의 전형적인 것이다. 예를 들어, 유실물 습득자는 만약 그가 가난하다면 그 습득물을 사용할 수 있다. 그러나 부자라면 그렇지 않다; 즉 만약 그가 부자라면 그는 단지 그 습득물을 기부(Sadaka)할 수 있는 권리만을 갖는다. 그러나 그 기부는 진정한 의미의 기부는 아니다. 왜냐하면, 기부재산을 만들어 진정한 의미의 기부를 할 경우에는 그 대상이 되지 않는 자들인, 가난한 부모나 자식에게도 기부할 수 있기 때문이다. 사다카(Sadaka)라는 용어는 와끄프(Waḳf)의 목적보다 더 넓은 의미로 사용되는데, 양 제도는 이슬람의 교의에 있어 결코 양립할 수 없는 것이 아니다. 또 다른 전형적인 예로 물건('Ayn), 융통물(Res in Commercio, Mal), 물질(Substance, Rakaba), 용익권(Manfa'a)의 개념들, 그리고 그것들을 목적으로 하는 계약들을 들 수 있다.[522)]

401 이러한 방식의 생각과 가장 근접하게 관련을 맺고 있는 것은 결의론적[523)] 방식인데, 이것이 전통적으로 내려오는 이슬람법 중에서 가장 두드러진 특징 중 하나이다. 이슬람법은 각 사안에 관련된 법적 요소들을 해체해서 그것을 일반 원칙 하에 포섭시키는데 중점을 두기보다 일련의 사안들을 단계별로 체계화시키는데 중점을 두고 있다. 다른 개념들로부터 발생한 두 개의 사안 사이의 극단적인 관련성은 상호 매우 근접할 수도 있고

522) Ṣaḥīḥ, Muḥṣan, Tamm의 용어의 여러 가지 의미에 대해서도 마찬가지이다. 이 책 [204], [211], [278], [279] 참조).

523) 역자주: '결의론적'(casuistic)이란 말은 보편적 규범을 정확하게 적용하기 어려운 경우에 행위의 동기·목적을 살펴 해당 행위의 옳고 그름을 판단하는 것을 의미함.

심지어 거의 일치할 수도 있는데, 여기서 법적 효과의 측면에서 뜻밖의 변화가 나타난다; 이것이 바로 푸루크(Furuk) 교의의 주제이다. 특히 결의론적 방식은 다음과 같이 분류될 수 있다: (1) 이슬람 이전 시대의 법이나 초기 이슬람법의 무자바나(Muzabana) 같은 거래들과 관련 있는 결정들; (2) 근본 규범이 유사한 사안과 특히 반대되는 사안에 의해 내포된 문헌으로서의 결의론적인 법적 처리; (3) 일반적인 규범에의 포섭이 불가능한 것으로 입증된 때까지도 이를 가능하게 하기 위해, 순전히 가상적인 것들도 포함하여 가능한 한 많은 사안에 대한 결의론적[524] 결정; (4) 공인된 규범들에 기초하여 결정하기에는 어려운 복잡한 사안에 대한 결정. 사실 이 중 몇몇은 실제로 발생되었던 문제들이지만, 대부분은 독창적이고 체계적인 고찰에 따른 연습문제들로 고안된 문제들이다; 히얄(Ḥiyal)중 일부도 이 범주에 포함된다.

402 7.

이슬람법이 다양한 국가와 오랜 시간에 걸쳐 이슬람 사회를 반영하고, 이슬람 사회에 반응하고, 이슬람 사회에 영향을 끼치는 방법은 수많은 학문의 연구 대상이 되어 왔다. 반면에, 그 구조에 대한 사회학적 분석은 지금까지 거의 다뤄진 적이 없으며, 단지 그 시발점을 제공하고, 적합성을 보여주는데 목표를 둔 기초적인 논제들만이 주제에 접근하고 있다.

403 법사회학의 중요한 특징 중 하나는 그 법률적 문제들이 서로 구별되고 분화된 정도에 있다. 하지만 이슬람법에는 그러한 구별이 없다. 이것이 절차법이 실체법과 늘 서로 엮이게 된 이유이고, 헌법과 행정법이 본

524) 역자주: '결의론적'(casuistic)이란 말은 보편적 규범을 정확하게 적용하기 어려운 경우에 행위의 동기·목적을 살펴 해당 행위의 옳고 그름을 판단하는 것을 의미함.

래의 연구논문에서 여러 장에 걸쳐 가장 다양하게 다루어지는 이유이다. 공권력은 일반적으로 개개인의 권리와 의무에 의해서 약화되었다. 개개인의 권리와 의무의 예를 들면, 유효한 아만(Amān) 혹은 안전통행권을 줄 권리, 자카트(Zakāt), 즉 빈민구호세를 지불할 의무, 또는 지도자(Imām)나 칼리파로서 개인적으로 지명되는 사람들의 각 권리와 의무 등이다. 이것은 '권위, 주권, 통치권'을 의미하고, 이슬람력 4세기에만 칭호로 사용되었던 술탄(Sultan)이라는 추상적인 용어만큼 중요했다; 그러나 이슬람법은 그것에 대응하는 법률적인 개념을 발전시키지 않았다. 마찬가지 이유로, 이슬람 국가의 본질적인 제도들은 그와 같이 신자(무슬림)들의 공동체의 기능으로서가 아니라, 상당수의 개인들이 의무를 이행함으로써 다른 개인들은 그 의무 이행이 면제되는 것으로써 파악된다. 사실상, 제도의 대부분의 개념이 상실되고 있다.

404 현대의 전문용어로 형법이라 불리는 영역에서 이슬람법은 알라의 권리와 인간의 권리를 구별하고, 그 중 알라의 권리만이 엄밀한 의미에서 형사제재를 수반한다. 심지어 형법의 중심 영역에서, 고소인이 인간의 권리 부분에 대한 주장을 할지라도 알라의 권리에 대한 주장이 우월적으로 적용된다. 공적으로 기소할 기관이 부족하여, 부분적으로 무흐타시브(Muhtasib)의 기관인 히스바(Hisba)에 의해 보충되는데, 무흐타시브(Muhtasib)는 꾸란에 대한 열정에 의해서 종교적인 덕을 쌓기 위해 노력하는 사람을 의미한다. 우리가 형법이라고 부르는 두 번째 파트는 '위법한 행위의 시정'이라는 범주 안에 속해 있다. 그 범주란 민법과 형법의 중간쯤에 위치하는 것으로서 이슬람법은 그것을 이슬람 이전의 아라비아 법에서부터 유지해 왔는데, 아라비아에서 그것은 만연화된 것이었지 결코 예외적인 것은 아니었다(이 책 [10], [271] 및 [272], [305] 및 [307], [342] 및 [343] 이하 참조). 이미 이슬람 이전 아라비아법은 민법에 그 강조점을 두었는데, 그 점은 이슬람법에서도 마찬가지이다.[525] 이슬람법에 있어서는 형사범죄의 개념이 거의 존

재하지 않으며, 카파라(Kaffāra)의 종교적 속죄와는 거리가 먼, 특히 말리크 학파의 우꾸바(Ukuba)에는 개인의 권리에 대한 침해에 관하여 어떠한 형사 제재나 개인의 인격이나 재산에 대한 불가침 권리는 없고, 단지 정확한 손해배상만이 있을 뿐이었으며, 벌금형도 존재하지 않았다. 또한 이러한 영역에서 판결의 집행은 원칙적으로 승소한 당사자를 위한 문제였다. 이상의 현대의 전문용어로 형법이라 불리는 두 가지 큰 영역은 법사회학이 모든 형법을 도출해 낸 두 개의 근원과 거의 일치한다.

405 두 영역을 포괄하는 것이 타으지르(Ta'zīr)이다. 까디는 그가 판단하기에 알라의 권리든 인간의 권리든 위반하여 형벌을 가해야 할 것으로 생각할 때에는 처벌을 한다. 그러므로 타으지르(Ta'zīr)는 엄밀한 의미의 형법에 속한다. 그러나 타으지르(Ta'zīr)에서도 벌금형은 규정되어 있지 않다. 사회학적으로 말하면, 타으지르(Ta'zīr)는 독자적인 제도였고, 또한 독립된 역사를 지니고 있다. 그것은 이슬람에 의해 비준된 고대 아라비아의 관습에 따른 것도 아니고, 꾸란과 예언자 무함마드의 말씀에서 나타난 이슬람 입법을 따른 것도 아니었다. 우마이야 시대의 첫 무슬림 까디들은 자신들의 판단 하에 장차 다가올 새로운 이슬람 사회의 평화적 상태를 위협할 만한 모든 종류의 행위에 대하여 형벌을 가할 것을 일임 받았다. 이슬람 1세기의 전반부 동안 메디나의 칼리파에 의해 부과된 형사 제재의 목적도 이와 같았다; 이러한 형사 제재가 승인된 규율로 존재하는 한, 그 형사 제재는 이슬람법에 통합되었다; 한편 그렇지 않은 경우에도, 형사 제재는 역시 이슬람법 이론에 의해 타으지르(Ta'zīr)로서 해석되어야 했다. 엄밀한 의미의 형법의 본래 영역에서 확장된 타으지르(Ta'zīr)는 실제의 필요성 때문에 발생한 것인데, 그 필요성은 공식적인 교의에 그것을 통합시키기 위하여 이슬람 종교법의 선두 학자들에 의해 충분히 인식되었던 것이었다. 그러나

525) 이슬람법은 불법행위 책임과 채무불이행 책임을 서로 구별한다.

이슬람 사회의 필요성은 여기에서 그치지 않고, 형법의 더 넓은 확장을 가져왔는데, 이를 적용하는 히스바(Hisba)와 나자르 필 마자림(Nazar fil-Mazalim) 같은 기관의 설립은 불가피해졌다. 이슬람법의 전문가들이 이상의 것들을 인식하였을 때에는 이미 그 시스템의 틀이 확고히 자리잡혔을 때였는데, 이러한 엄격한 법이론이 그것들을 묵인하면서 인정할 수 있었던 이유이다. 오스만제국의 까눈 나메(Ḳānūn-nāmes)와 같이 그 후에 발전된 법이론도 역시 그 법이론에 의하여 완전히 무시되었다. 비록 이슬람법의 공식적인 이론의 위상이 확고하지 않았다 하더라도, 이슬람 사회에서 형법의 이와 같은 사회학적 성격은 지속적으로 유지되어 왔다.

406 8.

법사회학은 법률적 문제가 시스템 내에서 야기되는 방법으로 분석적인 방법과 유추적인 방법의 두 가지 방법을 제시한다. 이슬람법은 특히 후자, 즉, 유추적인 방법에 의해 구조화된다. 잘 발달된 법적 개념들의 존재는 첫 번째 방법인 분석적인 방법의 전형도 아닐 뿐 아니라, 두 번째 방법인 유추적인, 결의론적인[526] 방법의 전형도 아니다. 그러나 이슬람법 개념들의 특성 및 그 결의론적 방법의 특성은 모두 이슬람의 법적 사상이 병렬과 연상에 의해 진행된 것임을 보여준다. 무엇보다도 이슬람법의 네 가지 법원 가운데 하나인 끼야스(Ḳiyās)의 방법은 순수하게 유추적인 방법이다. 이 모든 특징이 이슬람법 전체에 깔려 있는 전형적인 사고방식을 명백하게 보여주는 것이다.

407 실정법의 형식적인 특징에 관하여, 법사회학에서는 두 가지 극단

526) 역자주: '결의론적'(casuistic)이란 말은 보편적 규범을 정확하게 적용하기 어려운 경우에 행위의 동기·목적을 살펴 해당 행위의 옳고 그름을 판단하는 것을 의미함.

적인 사례를 대비시켜 설명하고 있다. 첫 번째 사례는 개인의 주관적인 권리, 즉, 모든 개인들의 사적인 특권의 총체를 보장하는 객관적인 법을 지니는 경우이고, 그와 대비되는 두 번째 사례는 특정한 명령의 총체인 행정체계에 법을 제한시키는 경우이다. 이슬람법은 첫 번째 유형에 속하는데, 이슬람 공법의 구조에 관한 연구가 이를 입증하고 있다. 이러한 모든 것에서 비롯되는 전형적인 특징은 이슬람법의 사적이고 개별적인 특징이다. 사회개혁과 사회적 약자의 지위 향상에 관한 제도는 그 기술적 구조에 있어 이슬람법인 꾸란에 기초를 두고 있고, 전체적으로 개인적이라는 특징을 띠고 있다. 다음의 예는 이와 같은 특징을 보여준다. 상속법의 구조에 있어, (그 사회적인 역할과는 달리) 각각의 상속인이 즉각적으로 개인의 상속지분만큼의 소유자가 되고, 또한 심지어 사회적으로 상당한 영향력이 있는 와끄프(Waḳf)제도에 있어서도, 설립자에 의해 규정된 사항이 법의 효력을 갖는 한, 기술적인 구조에 있어 매우 개인적인 특징을 띠게 된다. 다른 법과 마찬가지로 이슬람법에 있어서도, 입법자의 사회적 의도와 법의 사회학적 특성을 상호 구별해야 한다.

408 9.

이슬람법은 '법학자의 법'의 극단적인 사례이다; 이슬람법은 개인 전문가들과 법사회학적인 측면에서 잘 알려져 있는 현상에 의해 만들어지고 발전되어 왔다. 이슬람법과 로마법의 전문가들 사이의 역할에는 어떤 유사점도 있지만, 그 차이점이 더 많다. 로마법에서는 법적 형식에 부합하는 상업적 생활이 중요했다; 반면 이슬람법에서 중요한 점은 모든 행동에 종교적인 규범의 적용을 요구하는 많은 무슬림들의 종교적인 열망이었다. 이슬람법의 형성은 실제의 필요나 법적 기술의 필요 하에 이루어진 것이 아니라, 종교적이고 윤리적인 사상 하에 이루어진 것이다. 로마 법학자들은 그들의 고객에게 도움이 되고자 한다면, 각각의 거래에 대한 법무관들(Magistrates and Judges)의 가능한 반응을 예상하기 위해 노력해야만 했다; 반면, 만약 초기 이슬람 법률가들(만약 일반적으로 이슬람법이라고 부를 수 있다면, 이슬람법에 있어서의 전문가들을 법률가라고 부를 수 있을 것이다)이 그들이 본대로, 그들의 종교적 의무를 수행해야 한다면, 그들은 선량한 무슬림에게 허용된 것과 금지된 것, 통치 행위 중 받아들여야 할 행동들 또는 거부해야 할 행동들, 관습에 의한 제도 중 그들이 따라야할 것과 금해야 할 것에 대하여 알기 위해 그들의 양심을 추구해야 했다. 이슬람법이 존재하기 시작한 바로 그 시점부터 이미 이슬람법의 영원한 과제라고 할 수 있는, 이론과 실제 사이의 대립이라는 문제가 제기되었다. 이러한 대립이 우연이 아니라는 점은 역사적, 사회학적 분석에 의해서도 알 수 있다.

409 이슬람법이 실제에서 적용되는 방법은 히얄(Ḥiyal)에 의해 잘 설명된다. 히얄(Ḥiyal)은 그 적절한 예로, 법사회학에 따라, 두 주요 법원 중 하나인, '이해 당사자들의 합의된 행동'을 제시한다. 이러한 행동이 '전형적인 의견일치', 즉 히얄(Ḥiyal)이라는 개념을 도출해 낸다. 그들의 합의의 결과로, 이해관계 있는 당사자들은 그들이 까디에 의해 '법적 승인'을 받을 가능성을 정확히 예측할 수 있다. 그리고 그들은 그들의 형식상의 합의를 '예측된 위험'에 적응시킨다. 형식상의 합의는 그 자체를 위해 존재하는 것이 아니라, 배후에 깔린 목적을 위해 존재하는 것이다. 이해관계 있는 당사자들의 합의된 행동에 의해 야기된 법의 확대는 우선 첫째로 '법의 영역 밖에' 존재한다; 사법부의 공식적인 행정이 제공할 수 있는 법적 승인의 보증은 그들 합의의 유효성을 보증하기에 충분하지 않다; 위 합의는 추가적인 보증을 요구하고, 이것은 '협약'(Convention)에 의해 제공된다.

410 히얄(Ḥiyal)은 중동의 이슬람 국가에서 엄격한 이론의 이상적인 법이 아니라 발전된 관습적인 상법의 일부만을 형성한다. 이슬람법은 법학자의 법이기 때문에 법학은 많은 부분이 기록으로 남아 있으나, 그에 반해

법적 생활의 현실은 거의 알려져 있지 않아 드물게 존재하는 증거들로부터 어렵게 재구성해야 한다. 상인과 그들의 고객들을 위해 더 복잡한 히얄(Ḥiyal)을 만들 뿐 아니라 까디에 의한 사법의 공식적인 행정으로 관습법을 만드는 것은 '창조적인 상상'으로 이를 재구성할 법 전문가들인 '노련한 법학자'의 몫이다. 그들의 활동의 결과물이라고 할 수 있는 것이 말리크(Māliki)학파의 아말(Amal)이다; 슈르트(Shurūṭ)와 그와 유사한 주제에 대한 문헌도 있다. 그들이 이슬람법 초기 전문가들의 활동에 영향을 주었듯이 '예방'(Precaution)의 개념은 히얄(Ḥiyal)과 슈르트(Shurūṭ)의 문헌에 영향을 주었다. 이러한 이슬람에서의 법적 생활의 세 가지 표명은 무슬림의 이론적인 관점과는 거의 공통점이 없다; 그러나 사회학적 분석은 위 세 가지 표명이 태생적으로는 유사하다는 점을 보여준다.

411 10.

이슬람법에는 법학의 독특한 현상이 존재하는데, 이는 입법자나 법의 강제성을 지니는 학술 지침서의 역할에 의해 발생된 것은 아니었다(이슬람법이 실제로 적용되는 범위에서). 위와 같은 독특한 현상은 두 가지 조건에 의존한다; 첫 번째 조건은 법학이 그 자체의 안정성과 연속성을 보장한다는 것이고, 두 번째 조건은 정부의 지위는 통치자와 국민 모두에게 부과되는 더 높은 다른 권위에 의해 형성된다는 것이다. 첫 번째 조건은 다른 의견들을 차차 배제하는 합치된 교의에 의해 충족되었다; 좁혀지지 않는 의견 대립은 전통적인 여러 법학파 사이에 서로의 학파를 인정함으로써 무마될 수 있었다. 두 번째 조건은 이슬람법이 신성한 권위에 기초를 두도록 요구되어 온 사실에 의해 충족되었다. 이러한 요구는 유추라는 이성적인 방법이 행해지기 전까지는 개인들이 자신의 주장을 줄임에 따라 강화되었다. 그리고 이 유추 방법의 사용은 '독립적인 추론을 금한다'(Closing of the

Gate of Independent Reasoning(Ijtihād))라는 교의에 의해 후세들은 그 사용을 할 수 없게 되었다. 아마도 이슬람법의 가장 본질적인 특징인 이슬람법 전통주의는 '신성한 법'을 상징하는 것이라고 볼 수 있을 것이다.

연표

(두 가지 연도가 병기된 경우, 전자는 이슬람력을, 후자는 서기를 의미함)

A.D. 622.	무함마드(Muhammad), 메카(Mecca)로부터 메디나(Medina)로의 성천(*hijra*); 이슬람력의 기원.
A.D. 632.	무함마드 사망.
9/632-40/661.	메디나의 칼리파: 아부 바크르(Abū Bakr), 오마르(Umar), 우트만(Uthmān), 알리(Alī).
41/661-132/750.	우마이야(Umayyad) 왕조.
65/685-86/705.	우마이야(Umayyad) 칼리파(caliph) 압둘 알 말리크('Abd al-Mālik).
95/713 또는 96/715.	쿠파(Kufa)의 이브라힘 알 나카이(Ibrāhim al-Nakha'ī) 사망; 그로부터 20년 이내, '메디나의 일곱 명의 법률가들' 사망.
114/732 또는 115/733.	메카(Mecca)의 아타('Aṭā) 사망.
120/738.	쿠파(Kufa)의 함마드 이븐 아비 술라이만(Hammad ibn Abi Sulayman) 사망.
122/740.	법적 말씀(legal traditions)의 편찬서의 저자로 추정되는 자이드 이븐 알리(Zayd ibn 'Alī) 사망.
124/742.	히자즈(Hijaz)의 주흐리(Zuhrī) 사망.
132/750.	우마이야(Umayyad) 왕조 전복, 압바시야('Abbāsid)왕조 성립.
138/756.	스페인에 있어서의 우마이야(Umayyad)정권(후대의 칼리파 정권(caliphate))의 확립.
139/756.	국무장관 이븐 알 무카파(Ibn al-Mukaffa') 살해.
148/765.	쿠파(Kufa)의 까디(*Ḳāḍī*), 이븐 아비 라일라(Ibn Abī Laylā) 사망.
150/767.	쿠파(Kufa)의 아부 하니파(Abū Hanīfa) 사망.
157/774.	시리아의 아우자이(Awza'i) 사망.
161/778.	쿠파(Kufa)의 수프얀 타우리(Sufyān Thawrī) 사망.
170/786-193/809.	압바시야(Abbāsid)의 칼리파, 하룬 알 라시드(Hārūn al-Rasīd) 사망.
179/795.	메디나(Medina)의 말리크(Mālik) 사망.
182/798.	이라크의 수석 까디(*Ḳāḍī*), 아부 유수프(Abū Yūsuf) 사망.
189/805.	이라크(Iraqian)의 샤이바니(Shaybāni) 사망; 하나피(Ḥanafī) 학파 창립.
204/820.	샤피이(Shāfi'ī) 사망.
240/854.	말리크(Mālik)의 후계자, 사흐눈(Sahnun) 사망; 말리키(Māliki) 학파 창립.
240/854.	법학파(school of law)의 창시자, 아부 타우르(Abū Thawr) 사망.
241/855.	전승주의자 이븐 한발(Ibn Ḥanbal) 사망; 한발리(Ḥanbalī) 학파 창립.
264/878.	샤피이(Shāfi'ī)의 제자, 무자니(Muzanī) 사망; 샤피이(Shāfi'ī) 학파 창립.
270/884.	자히르(Ẓāhirī) 학파의 창시자, 다우드 이븐 칼라프(Dāwūd ibn Khalaf) 사망.
297/910.	파티마(Fatimid) 정권(caliphate) 성립.

310/923.	법학파(school of law)의 창시자, 타바리(Ṭabarī) 사망. 점차적인 '이즈티하드(*Ijtihād*)의 위축'.
321/933.	하나피(Ḥanafī) 학파의 학자, 타하위(Ṭaḥāwī) 사망.
c. 447/1055-541/1146.	북서 아프리카 및 스페인에서 알모라비드(Almoravids) 종교운동.
456/1065.	자히르(Ẓāhirī)의 학자, 이븐 하즘(Ibn Ḥazm) 사망.
524/1130.	알모핫드(Almohads) 종교운동의 창시자, 이븐 투마르트(Ibn Tūmart) 사망.
558/1163-580/1186.	아부 야쿱 유수프(Abū Ya'ḳūb Yūsuf) 알모핫드(Almohad) 통치.
620/1223.	한발리(Ḥanbalī) 학파 권위서의 저자, 무와파크 알 딘 이븐 쿠다마(Muwaffak al-Din Ibn Kudama) 사망.
c. 700/1300.	잔존한 4개 '고전적' 법학파의 존속.
728/1328.	한발리(Ḥanbalī) 학파의 학자, 이븐 타이미야(Ibn Taymiyya) 사망.
767/1365.	말리크(Māliki)학파 권위서의 저자, 크하릴 이븐 이샥(Khalil Ibn Ishak) 사망.
1451-81.	오스만 제국 황제 메헴메드 2세(Mehemmed II).
1481-1512.	오스만 제국 황제 바예지드 2세(Bayezid II).
1512-20.	오스만 제국 황제 셀림 1세(Selim I).
1520-60.	오스만 제국 황제 술레이만 1세(Suleyman I).
952/1545-982/1574.	대무프티(Grand Muftī, *Shaykh al-Islam*) 아불 수우드(Abūl-Suud).
956/1549.	하나피(Ḥanafī) 학파 권위서의 저자, 이브라힘 알 할라비(Ibrāhim al-Halabi) 사망.
975/1567.	샤피이(Shāfi'ī) 학파 권위서의 저자, 이븐 하자르(Ibn Hajar) 사망.
1006/1596.	샤피이(Shāfi'ī) 학파 권위서의 저자, 람리(Ramli) 사망.
1685-1707.	모굴(Mogul) 황제 아우랑지브 알람지르(Awrangzib 'Alamgir); 파타와 알 알람지리야(*Fatawa al-'Alamgiriyya*(하나피(Ḥanafī) 학파)) 편찬.
1772.	동인도회사(East Indian Company)에 독립된 권력 부여; 앵글로-무함마드(Anglo-Muhammadan)법의 시발점.
1200/1786.	풀라니(Fulani) 운동의 창시자, 우트만 이븐 퓨디(Uthman ibn Fudi, Fodio)에 의한 선동 시작.
1201/1787.	와하브(Wahhabi) 운동의 종교적 창시자, 무함마드 이븐 압둘 알 와하브(Muhammad ibn 'Abd al-Wahhab) 사망.
1808-39.	오스만 제국 황제 마흐무드 2세(Mahmud II); 오스만 제국 개혁 운동의 시작.
1830.	프랑스에 의한 알제리 침략; 알제리-이슬람법의 시발점.
1839-61.	오스만 제국 황제 압둘메지드('Abdulmejid); 귈하네(Gulhane)의 카티 쉐리프(*Khatt-i Sherif*)(1839); 탄지마트(*Tanzimat*) 입법.
1875.	이집트의 까드리 파샤(Kadri Pasha)에 의하여 친족상속에 관한 하나피(Ḥanafī)법의 성문화작업 이루어짐.
1877.	메젤레(*Mejelle*, 오스만제국 민법전) 공포.

1899.	튀니지 민법전 및 상법전(*Santillana* 법전) 초안(*avant-projet*) 성립.
1916.	알제리-이슬람법(*Morand* 법전) 초안(*avant-projet de code de droit musulman algerien*) 성립.
1917.	오스만제국의 가족법.
1920.	이집트에 있어서 근대 입법운동의 시작; 1955년까지 다수 입법.
1926.	터키에 있어서 이슬람법의 폐지.
1926-38.	이란에 있어서 근대 입법 성립.
1937.	영국령 인도에 있어서 샤리아법(Sharī'at Act) 성립.
1939.	영국령 인도에 있어서 이슬람 혼인법 폐지.
1951.	요르단 가족법 성립.
1953.	신분적 지위에 관한 시리아법 성립.
1956.	튀니지에서 근대적 입법 성립; 튀니지 신분적 지위와 상속에 관한 법전.
1957-8.	모로코에서 무다와나[*Mudawwana*: 신분적 지위와 상속에 관한 법] 성립.
1959.	신분적 지위에 관한 이라크법 성립.
1961.	파키스탄에서 무슬림 가족법령 발포.

참고문헌

제1장

핸드북:[1]

† [2]Th. W. JUYNBOLL, *Handbuch des islāmischen Gesetzes*, Leiden and Leipzig 1910 (transl. G. BAVIERA, *Manuale di diritto musulmano*, Milan 1916); 1930년 재판 (인도네시아의 무슬림들에게 실제적 중요성으로서 남아있는 제도들, 이슬람교의 견해 및 종교적 의무에 집중하고 있다; 샤피이(Shāfi'ī) 학파).

† D. SANTILLANA, *Istituzioni di diritto musulmano malilchita con riguardo anche al sistema sciafiita* (i, Rome 1926), 2 vols., Rome 1938 (풍부한 아랍어 자료들과 함께 법적 주제에 대한 상세한 설명서이다).

M. DEL NIDO Y TORES, *Derecho musulmán*, 2nd ed., Tetuan 1927 (특히 과거 모로코의 스페인 식민지에서의 관행을 참고한 사법에 대한 논문이다; 말리키(Mālikī) 학파).

*J. LÓPEZ ORTIZ, *Derecho musulmán*, Barcelona and Buenos Aires 1932 (Colección Labor, no. 322) (종교적 의무를 포함한 주제 전체에 대한 다방면의 조사이다; Mālikī(말리키) 학파).

L. MILLIOT, *Introduction à l'étude du droit musulman*, Paris 1953 (질적으로 불충분한 포괄적 저서이다. 주의하여 참조하라; J. SCHACHT, in *A.J.C.L.* v (1956), 133-41와 비교하라).

Law in the Middle East, ed. M. KHADDURI and H. J. LIEBESNY, i, Washington 1955 (이슬람법의 역사와 교리에 대한 여러 저자들의 기고문의 모음집이다).

---

1) 이 단행본들과 권위있는 아랍어 번역문들은, 일반적으로 각 장의 참고문헌에서 다시 언급하지 않았다. 정기간행물들의 약어표는 이 책 395~396면 이하 참조.

2) 역자주: 저자는 머리말에서 '†'은 꼭 필요한 출판물, '*'은 연구를 위하여 유익하다고 생각되는 출판물을 표시하는 것이라고 설명함.

*A. D'EMILIA, 'Diritto islamico', in *Le civiltà dekk' oriente*, iii, Rome 1958, 493-530 (축약된 요약본이다).

아랍어 원문들에 대한 번역문들은 다음 참조:

*G.-H. BOUSQUET, *Précis de droit musulman*, ii: *Le droit musulman par les textes*, 3rd ed., Algiers 1960.

이슬람법의 역사에 대한 저서들:

† I. GOLDZIHER, *Vorlesungen über den Islam*, Heidelberg 1910; 2nd ed., 1925; transl. F. Arin, *Le Dogme et la loi de l'Islam*, Paris 1920 (이슬람교의 발전이라는 테두리 내에서의 이슬람법의 발전에 대한 훌륭한 설명서).

*D. S. MARGOLIOUTH, *The Early Development of Mohammedanism*, London 1914 (65-98면).

J. SCHACHT, *The Origins of Muhammadan Jurisprudence*, 3rd impression, Oxford 1959.

N. J. COULSON, *A History of Islamic Law*, Edinburgh 1964; cf. J. SCHACHT, *in Middle Eastern Studies*, i/4 (1965).

무슬림 저자들의 역사적 설명서들:

MUḤAMMAD AL-KHUḌRĪ, *Tārīkh al-Tashrī' al-Islāmī (History of Islamic Legislation)*, 7th ed., Cairo 1961.

MUḤAMMAD IBN AL-ḤASAN AL-ḤAJWĪ, *al-Fikr al-Sāmī fi Tārīkh al-Fiḳh al-Islāmī*, 4 vols., Rabat-Fes-Tunis 1345-9/1926-31.

'ALĪ ḤASAN 'ABD AL-ḲĀDIR, *Naẓra 'Amma fī Tārīkh al-Fiḳh al-Islāmī*, i, Cairo 1361/1942.

MUḤAMMAD YŪSUF MŪSĀ, *Muḥāḍarāt fi Tārikh al-Fiḳh al-Islāmī (Lectures on the History of Islamic Jurisprudence)*, 3 vols., Cairo 1954-6; 그의 저서인 *al-Fiḳh al-Islāmī의 서론 부분 참조.*

ṢUBḤĪ MAḤMASĀNĪ, *Muḳaddima fī Iḥyā 'Ulūm al-Sharī'a (Introduction aux études juridiques musulmanes)*, Beyrouth 1962.

MAḤMŪD SHIHĀBĪ, *Adwār-i-Fiḳh* i, Teheran 1329/1951 (Publications de l'Université de Téhéran, 84) (쉬아파(Shiite)).

HĀSHIM MA'RŪF AL-ḤASANĪ, *al-Mabādi' al-'Āmma lil-Fiḳh Al-Ja'farī*, (Baghdad) 1964 (쉬아파(Shiite)).

그 외:

† C. SNOUCK HURGRONJE, *Verspreide Geschriften*, ii, Bonn and Leipzig 1923; also *Selected Works of C. Snouck Hurgronje*, edited in English and in French by G.-H. BOUSQUET and J. SCHACHT, Leiden 1957 (Snouck Hurgronje의 저술은 이슬람법의 본질을 정확히 이해하는 데에 필수적이다).

C. A. NALLINO, *Raccolta di scritti editi e inediti, iv, Rome 1942.*

*G. BERGSTRÄSSER, 'Zur Methode der Fiqh-Forschung', *Islamica*, iv/3 (1930), 283-94.

F. KÖPRÜLÜ, art. 'Fıkıh', in *Islâm Ansiklopedisi*, iii, Istanbul 1947.

J. SCHACHT, 'Le Droit musulman: solution de quelques problèmes relatifs à ses origines', R.A. 1952, 1-13.

The Encyclopedia of Islam, 4 vols. and Supplement, Leiden and London 1913-38 (프랑스어판과 독일어판 포함); *Shorter Encyclopedia of Islam*, Leiden and London 1953 (general articles: *Fiḳh*, by I, GOLDZIHER; *Sharī'a*, by J. SCHACHT); *The Encyclopedia of Islam*, new edition, Leiden and London 1960 ff. (프랑스어판 포함).

기타 참고문헌에 관해서는:

Revue des études islamiques, Paris 1927 ff., section 'Abstracta Islamica'. *IBLA*, Tunis 1937 ff., section 'Références'.

J. D. PEARSON and JULIA ASHTON, *Index Islamicus 1906-1955*, Cambridge 1958, 101-41; Supplement 1956-1960, 1962, 33-47.

아래의 ARMINJON, NOLDE, 그리고 WOLFF 역시 참조.

비교법에서의 이슬람법:

É. LAMBERT, *Introduction à la fonction du droit civil comparé*, i, Paris 1903, 297-389.

Ch. CARDAHI, 'Les Conditions générales de la vente en droit comparé occidental et oriental', *Annales de l'École de Droit de Beyrouth*, 1945, no. I, 7-208.

_____ 'Droit et morale, le droit moderne et la législation de l'Islam au regard de la morale', 3 vols., ibid., 1950, 1954, 1958.

_____ 'Le Prêt à intérêt et l'usure . . .', *R.I.D.C.* vii (1955), 499-541.

P. ARMINJON, BARON B. NOLDE, and M. WOLFF, *Traité de droit comparé*, 3 vols., Paris 1950-2 (특히 i. 83-86; iii. 399-533 및 서양 언어들로 출간된 이

슬람법에 대한 모든 서적의 참고문헌을 참조).
A. D'EMILIA, 'Roman Law and Muslim Law, a Comparative Outline', in *East and West*, iv/2, Rome (Istituto Italiano per il Medio ed Estremo Oriente) 1953.
'ABD AL-RAZZĀḲ AḤMAD AL-SANHŪRĪ, *Maṣādir al-Ḥaḳḳ fil-Fiḳh al-Islāmī, dirāsa muḳārina bil-fiḳh al-gharbī (The Bases of Rights in Islamic Law, a comparative study with Western law)*, 6 vols., Cairo 1954-9.
M. GHAUTH, 'Torts due to Negligence (이슬람법과 영국법의 비교연구)', *I.C.* xxxii (1958), 153-65, 232-8.
'ABD AL-RAḤMĀN AL-ṢĀBŪNĪ, *Madā Ḥurriyyat al-Zawjayn fil-Talāk fil-Sharī'a al-Islāmiyya, baḥth muḳārin (Étendue de la liberté des époux en matière de divorce en droit islamique, étude comparée)*, Damascus 1962; (*IBLA*, xxvi (1963), 81와 비교하라).

제2장

1[3] G. JACOB, *Altarabisches Beduinenleben*, 2nd ed., Berlin 1897 (209-21면).
J. WELLHAUSEN, *Reste arabischen Heidentums*, Berlin 1897 (186-95면).
_____ *Gemeinwesen ohne Obrigkeit*, Göttingen 1900 (9면, 15면) (transl. in *The Historians' History of the World*, ed. H. S. Williams, viii, New York 1904, 284-293).

2 H. LAMMENS, *La Mecque à la veille de l'hégire*, Beyrouth 1924 (116-89면).
_____ *La Cité arabe de Ṭāif à la veille de l'hégire*, Beyrouth 1922 (94-103면).
G.-H. BOUSQUET, in F. PELTIER and G.-H. BOUSQUET, *Les Successions agnatiques mitigées*, Paris 1935, 95 f., and in *Hespéris*, 1954, 238-41 (메카의 상거래의 규모와 특성 부분 관련).
C. C. TORREY, *The Commercial-theological Terms in the Koran*, Leiden 1892.

메디나에 대한 세부 정보들:
MĀLIK IBN ANAS, *al-Muwaṭṭa', Kitāb al-buyū', sections on bay' al-'arāyā and on muzābana and muḥāḳala* (이러한 계약들은 남아라비아에서 증명됨에 따라

3) 이러한 형식의 숫자는 절 번호를 표시함.

이슬람 이전의 시대로 거슬러 올라갈 가능성이 높다, 아래 제6절 참조); transl. F. PELTIER, Le Livre des ventes, Algiers 1911, 19-21, 27-30; cf. J. SCHACHT, *Origins*, 312.

방법론 관련:

J. SCHACT, in *J.C.L.* 1950, 3-4, 11, and in *M.A.I.D.C.* iii/4 (Rome 1955), 130 f., against C. A. NALLINO (1933), *Raccolta di scritti*, iv, Rome 1942, 88 f.

3 *가족법과 혼인법에 관해서는:*

† J. WELLHAUSEN, 'Die Ehe bei den Arabern', *Nachr. Ges. Wiss. Göttingen*, 1893, no. 11, 431-81.

W. ROBERTSON SMITH, *Kinship and Marriage in Early Arabia*, new ed. by Stanley A. Cook, London 1903 (Th. NÖLDEKE, *Z.D.M.G.* xl (1886), 148-87와 비교하라).

H. LAMMENS, *Le Berceau de l'Islam*, Rome 1914 (276-306면).

GERTRUDE H. STERN, *Marriage in Early Islam*, London 1939 (57-74면).

*W. MONTGOMERY WATT, *Muhammad at Medina*, Oxford 1956 (272-4, 373-88면) (중요하지만 책의 참고자료들의 활용에 있어서 의심스러운 부분이 있다).

상속에 관해서는:

*G.-H. BOUSQUET, in F. PELTIER and G.-H. BOUSQUET, *Les Successions agnatiques mtigées*, Paris 1935 (83-102면).

† R. BRUNSCHVIG, 'Un Système peu connu de succession agnatique dans le droit musulman', *R.H.* 1950, 23-34.

부족간의 유혈갈등에 관해서는:

O. PROCKSCH, *Über die Blulrache bei den vorislamischen Arabern, Halle 1899.*

H. LAMMENS, 'Le Caractère religieux du 'ṯār' ou vendetta chez les Arabes préislamites' (1925), *L'Arabie occidentale avant l'hégire*, Beyrouth 1928, 181-236.

4 *정치 권력에 관해서는:*

J. WELLHAUSEN, *Gemeinwesen ohne Obrigkeit* (위의 제1절 참조).

H. LAMMENS, *Le Berceau de l'Islam*, Rome 1914 (197-267면).

하캄(ḥakam), 순나, 정의를 베푸는 것에 관해서는:
I. GOLDZIHER, *Muhammedanische Studien*, i, Halle 1889, 10 f., 14, 41.
A. FISCHER, art. 'Kāhin', in *Shorter E.I.*
H. LAMMENS, *Le Berceau de l'Islam*, 257 f.
É. TYAN, *Histoire de l'organisation judiciaire en pays d'Islam*, 2nd ed., Leiden 1960, 27-61 ; art. 'Ḥakam', in *E.I.*[2]

5 C. C. TORREY, *The Commercial-Theological Terms in the Koran*, Leiden 1892.
J. HOROVITZ, *Koranische Untersuchungen*, Berlin and Leipzig 1926 (*mīthāḳ* '계약(서약)'에 관해서는 51면, *sharīk* '동업자'에 관해서는 60면 이하를 참조).
R. BRUNSCHVIG, in *S.I.* v (1956), 29 f. (꾸란의 용어에서 특정 고대 법률 용어의 부재에 관련).
*ajr*에 관해서는: J. SCHACHT, art. '*Adjr*', in *E.I.*[2]
*rahn*에 관해서는: J. SCHACHT, *Origins*, 186; *J.C.L.* 1950, 3-4, 15 및 *M.A.I.D.C.* iii/4, 137 f. 포함.
'*uhda*에 관해서는: MĀLIK IBN ANAS, *al-Muwaṭṭa', Kitāb al-buyū', al-'uhda 관련 절*; transl. F. PELTIER, Le Livre des ventes, 8 f.
*maks*와 *malasā*에 대해서는 아랍어 사전을 참조.

6 *liṣṣ, dallas*, 및 *arabūn*에 관해서는: J. SCHACHT, in *XII Convegno 'Volta'*, Rome 1957, 199 f., 210, 228 f.: *arabūn* 등에 관해서는 MĀLIK IBN ANAS, *al-Muwaṭṭa', Kitāb al-buyū', bay' al-'urbān관련 절들*, transl. F. PELTIER, *Le Livre des ventes*, 1-6.
서면화된 문서 관련: F. KRENKOW, in *A Volume of Oriental Studies presented to Edward G. Browne*, Cambridge 1922, 265, 266, 268; S. FRAENKEL, *Die Armäischen Fremdwörter im Arabischen*, Leiden 1886, 249.
고대 남아라비아에 대해서는 포괄적으로 다루는 자료나 참고문헌이 존재하지 않는다. 그러나 다음 목록의 저술들을 참조하라: N. RHODOKANAKIS in MARIA HÖFNER, *Altsüdarabishche Grammatik*, Leipzig 1943, xxiii f.; K. MLAKER, *Die Hierodulenlisten von Ma'īn, nebst Untersuchungen zur altsüdarabischen Rechtsgeschichte und Chronologie*, Leipzig 1943; M. HÖFNER,

'Über einige Termini in qatabanischen Kaufurkunden', *Z.D.M.G.* cv (1955), 74-80; A. F. L. BEESTON, 'The Position of Women in Pre-Islamic South Arabia' in *Proceedings XXIInd Congress of Orientalists*, ii, Leiden 1957, 101-6; the same, 'Qahtan. Studies in Old South Arabian Epigraphy, i': *The Mercantile Code of Qataban*, London 1959.

두 명의 증인 법칙에 관해서는: J. A. MONTGOMERY, 'The Words "law" and "witness" in the South Arabic', *J.A.O.S.* xxxvii (1917), 164 f.

*Muḥāḳala*에 관해서는: N. RHODOKANKIS, 'Der Grundsatz der Öffentlichkeit in densüdarabischen Urkunden', *Sitzungsberichte Wien*, clxxvii (1915), no. 2, 17면, 22면.

제3장

1 É. TYAN, *Histoire de l'organisation judiciaire en pays d'Islam*, 2nd ed., Leiden 1960, 61-72.

S. D. GOITEIN, 'The Birth-hour of Muslim Law?', *M.W.* 1 (1960), 23-29 (*Proceedings XXIInd Intern. Congress Orientalists*, ii, Leiden 1957, 247-53 역시 참조) (꾸란 제5장 제42-51절에서 다른 견해를 제시함).

2 R. ROBERTS, T*he Social Laws of the Qorân*, London 1925 (미흡하지만 관련 부분 모음 중 하나로 활용가치가 있음. J. SCHACHT, *O.L.Z.* 1927, 48-50과 비교하라).

무함마드 시대의 성도덕 관련:

L. CAETANI, *Annali dell' Islam*, iii, Rome 1910, year 17, §§ 64-86.

SARA KOHN, *Die Eheschliessung im Koran*, 논문, Leiden 1934.

GERTRUDE S. STERN, *Marriage in Early Islam*, London 1939.

*W. MONTGOMERY WATT, *Muhammad at Medina*, Oxford 1956 (261-302면, 389-92면).

M. GAUDEFROY-DEMOMBYNES, *Mahomed*, Paris 1957 (596-658면).

추가적인 artt.의 관련 절들을 참조하라. 'Fay'는 *E.I.*^{2} (F. Løkkegaard), 'Ḳatl', 'Ḳiṣās', 'Mīrāth', 'Nikāḥ, 'Ribā', 'Ṭalāḳ'는 *Shorter E.I.* (J. Schacht), 그리고 *Sāriḳ*는

E.I.[1] (W. Heffening)를 참조.

다수의 꾸란의 번역문들 중 M. PICKTHALL의 *The Meaning of the Glorious Koran*, London 1930이 가장 충실하게 정통 무슬림의 현대 해석을 반영하였으며, R. BLACHÈRE의 *Le Coran*, 2 vols., Paris 1949-51와 *Introduction au Coran*, Paris 1947은 현대연구의 결론들을 가장 충실하게 반영하였다.

제4장

1 *행정 일반에 관해서는:*

L. CAETANI, *Annali dell' Islam*, v, Rome 1912, year 23, §§ 517-811 (현시점에서는 오래되었으나 대체할만한 자료가 없음).

W. HOENERBACH, in *Der Islam*, xxix (1950), 260-4.

R. RUBINACCI, in *A.I.U.O.N.*, N.S. V (1954), 106-21 (Abd Allāh ibn Ibāḍ가 76/695년 경에 우마이야의 칼리프인 'Abd al-Malik에게 Abū Bakr, 'Umar, 그리고 'Uthmān의 행정에 대해 보낸 서신의 번역문이다; BARRĀDĪ, *K. al-Jawāhir*, Cairo 1302, 156-67에서).

형법에 관해서는:

A. F. L. BEESTON, 'The so-called Harlots of Ḥaḍramaut', *Oriens*, v (1952), 16-22 (반항을 부추긴 여성의 손을 Abū Bakr의 명령에 의해 절단하는 것; MUḤAMMAD IBN ḤABĪB, *K. al Muḥabbar*, Hyderabad 1942, 184-9에서).

I. GOLDZIHER, in *Z.D.M.G. xlvi* (1892), 17-20, 28 (Umar와 'Uthmān에 의한 풍자 시인들의 처벌).

TH. NÖLDEKE and F. SCHWALLY, *Geschichte des Qorāns*, 2nd ed., I, Leipzig 1909, 248-51 (불법적인 성교에 대한 투석형); cf. L. CAETANI, *Annali*, iii, 1910, year 17, §§ 84, 86.

음주에 대한 처벌과 관해서는: A. J. WENSINCK, art. 'Khamr', in *E.I.*[1]; J. SCHACHT, *Origins*, 191, n. 5.

당시 배경에 대해: O. A. FARRUKH, *Das Bild des Frühislams in der arabischen Dichtung*, Leipzig (thesis, Erlangen) 1937, 112-27.

중재와 사법행정에 관해서는:
É. TYAN, *Histoire de l'organisation judiciaire en pays d'Islam*, 2nd ed., Leiden 1960, 72-82.
D. S. MARGOLIOUTH, 'Omar's Instructions to the Kadi', *J.R.A.S.* 1910, 307-26.

ḳasāma*와 노상강도에 관해서는:*
E. GRÄF, 'Eine wichtige Rechtsdirektive 'U̱tmān's aus dem Jahre 30', *Oriens*, xvi (1963), 122-33.

2 J. SCHACHT, *Origins*, 260-8.
R. RUBINACCI, 'La purità rituale secondo gli Ibāḍiti', *A.I.U.O.N.* N.S. vi (1957), 1-41 (중점을 다르게 둔다).

3 *I. GOLDZIHER, *Muhammedanische Studien*, I, Halle 1889, 10 f., 41; ii, 1890, 11-16 (transl. L. BERCHER, *Études sur la tradition islamique*, Paris 1952, 12-17).
_____ 'The Principles of Law in Islam', *The Historians' History of the World*, ed. H. S. WILLIAMS, viii, New York 1904, 294-304 (294면 이하.).
R. RUBINACCI (위의 1번 참조).
J. SCHACHT, 'Sur l'expression "sunna du Prophète",' in *Mélanges d'orientalisme offerts à Henri Massé*, Teheran 1963, 361-5.

4 Ḥasan al-Baṣrī의 논문에 관해서는: H. RITTER, *Der Islam*, xx (1932), 67-83 (text); J. OBERMANN, 'Political Theology in Early Islam', *J.A.O.S.* lv (1935), 138-62; J. Schacht, *Origins*, 74 (comment).
J. SCHACHT, *Origins*, 188, 191, 224-7.

5 *일반:*
J. SCHACHT, 'Foreign Elements in Ancient Islamic Law', *J.C.L.* 1950, nos. 3-4, 9-16,; also in *M.A.I.D.C.* iii/4 (Rome 1955), 127-41.
_____ 'Remarques sur la transmission de la pensée grecque aux Arabes', *Histoire de la médecine*, ii/5, Paris 1952, 11-19.
_____ 'Droit byzantin et droit musulman', in *XII Convegno 'Volta'*, Rome 1957, 197-218 (참고문헌 포함), and discussion, 219-30.

조세에 관해서는:

CL. CAHEN, artt. 'Ḍarība' and 'Djizya', in *E.I.*[2]

영소작권에 관해서는:

D. SANTILLANA, *Istituzioni*, i. 436-40 (for the background; dated in details).

CL. CAHEN, in *Annales: Économies, Sociétés, Civilisations*, 1953, 26.

waḳf*에 관해서는:*

XII Convegno 'Volta', 213-15; add to bibliography: CL. CAHEN, 'Réflexions sur le waqf ancien', *S.I.* xiv (1961), 37-56.

'종교적 다섯 가지 평가'에 관해서는:

S. VAN DEN BERGH, *Averroes' Tahāfut*, ii, London 1954, 117 f.; cf. also J. SCHACHT, *Origins*, 133.

헬레니즘 수사학 및 법학에 관해서는:

F. SCHULZ, *History of Roman Legal Science*, Oxford 1946, 268-70, 301 f.

탈무드와 랍비법에서의 헬레니즘적 요소들에 관해서는:

XII Convegno 'Volta', 202; add to bibliography : R. YARON, *Gifts in Contemplation of Death in Jewish and Roman Law*, Oxford 1960, index s.v. Hellenistic; S. LIEBERMANN, *Greek in Jewish Palestine*, New York 1942, and *Hellenism in Jewish Palestine*, New York 1950 (당시 배경에 대해).

추가적으로 로마법에서 파생된 개별적 특징들에 관해서는:

A. VON KREMER, *Culturgeschichte des Orients*, i, Vienna 1875, 532 f. (*legitimaaetas* of 25 years).

F. F. SCHMIDT, 'Die occupatio im islamischen Recht', *Der Islam*, I (1910), 300-53.

혼인의 장애사유로서의 간통에 관해서는:

J. SCHACHT, in *R.I.D.A.*, 2nd ser., i (1952), 103-23.

ḳiyās*의 사항들에 관해서는:*

I. GOLDZIHER, 'Das Princip des istiṣḥâb in der muhammedanischen Gesetzwissenschaft', *Vienna Oriental Journal*, i (1887), 228-36.

J. SCHACHT, *Origins*, 99 f.

사산조 법과 그로부터 파생된 특징들 관련:

A. CHRISTENSEN, 'Introduction bibliographique à l'histoire du droit de l'Iran ancien', *A.H.D.O.* ii (1937), 243-57; supplement by A. PAGLIARO, in *R.S.O.* xxiv (1949), 120-2.

A. PAGLIARO, in *XII Convegno 'Volta'*, 220 f., 400-3.

N. PIGULEVSKAYA, 'Die Sammlung der syrischen Rechtsurkunden des Ischobocht [*end 8th cent.*] und des Matikan', *Akten des XXIV. Intern. Orientalistenkongresses*, Wiesbaden 1959, 219-21.

J. SCHACHT, in *Orientalia*, xvii (1948), 519 (*kātib* 관련); *Origins*, 95, and in *M.A.I.D.C.* iii/4, 140 (성문화 관련), against S. D. GOITEIN, in *I.C.* xxiii (1949), 128.

6 J. SCHACHT, 'Vom babylonischen zum islamischen Recht', *O.L.Z.*, 1927, 664-9 (문제에 대한 주장); cf. M. San Nicolò, *Beiträge zur Rechtsgeshichte*, &c., Oslo 1931, 159 f.

I. GOLDZIHER, in *R.S.O.* I (1907), 209 (*ījāb*의 의미 관련).

제5장

1 G. LEVI DELLA VIDA, art. 'Umayyads', in *E.I.*[1]

2 J. SCHACHT, *Origins*, 190-213.

*ḳasāma*에 관해서는: I. GOLDZIHER, in *Zeitschr. vergl. Rechtswiss.* viii (1889), 412; J. WELLHAUSEN, *Reste arabischen Heidentums*, Berlin 1897, 187; the same, *Gemeinwesen ohne Obrigkeit*, Göttingen 1900, 9; R. BRUNSCHVIG, in *S.I.* iii (1955), 69 f.

3 ḥakam*에서* ḳāḍī*로의 전환에 관해서는:*
*É. TYAN, *Histoire de l'organisation judiciare en pays d'Islam*, 2nd ed., Leiden 1960, 74-76.
J. SCHACHT, *Origins*, 228 f.

판사의 직책과 지팡이에 관해서는:
*C. H BECKER, in *Orientalische Studien Theodor Nöldeke . . . gewidmet*, i, Giessen 1906, 338-40, = *Islamstudien*, i, Leipzig 1924, 458-60.

우마이야 시대의 이슬람 판사들에 관해서는:
*M. GAUDEFROY=DEMOMBYNES, 'Sur les origines de la justice musulmane', *Mélanges syriens offerts à M. René Dussaud*, ii, Paris 1939, 819-28.
*É. TYAN, *Histoire de l'organisation judiciare*, 83-99.
J. SCHACHT, *Origins*, 100-2, 167 f., 191; art. 'Al-Ash'arī Abū Burda', in *E.I.*[2]
E. GRÄF, 'Gerichtsverfassung und Gerichtsbarkeit im islamischen Recht', *Zeitschr. vergl. Rechtswiss*. lviii (1955), 48-78 (방법과 역사적 결론들에 대해서는 의문이 든다).

이슬람에서의 초기 판사들에 대한 아랍어 자료들:
'ABD AL-ḤAMĪD IBN YAḤYĀ (132/750 이후 머지않아 사망), *Risāla* addressed to 'Abd Allāh ibn Marwān, in Ḳalḳashandī, *Ṣubḥ al-A'shā*, x, Cairo 1916, 217 f., and in AḤMAD ZAKĪ ṢAFWAT, *Jamharat Rasā'il al-'Arab*, ii, Cairo 1937, 508 f., (우마이야 왕조 말기에 *kāḍī*에게 요구되는 자질들 관련).
WAKĪ' (사망 330/941), *Akhbār al-ḳuḍāt*, ed. 'Abd al'Azīz Muṣṭafā al-Marāghī, i-iii, Cairo 1947-50.
KINDĪ (사망 350/961), *The Governors and Judges of Egypt*, ed. R. Guest, Leiden and London 1912 (important review by G. BERGSTRÄSSER, *Z.D.M.G.* lxviii (1914), 395-413).
시장의 검사관'에 관해서는: J. SCHACHT, in *Orientalia*, xvii (1943), 518.

비무슬림들의 사법적 자치권 관련에 관해서는:
N. EDELBY, 'L'Autonomie législative des Chrétiens en terre d'Islam', *A.H.D.O.* v (1950-1), 307-51.
A. FATTAL, *Le statut légal des non-Musulmans en pays d'Islam*, Beyrouth 1958.

6 J. SCHACHT, in *Revue africaine*, xcvi (1952), 322 f.

Rajā와 Abū Ḳilāba에 관해서는: J. WELLHAUSEN, *Das arabische Reich und sein Sturz*, Berlin 1902, 165 (transl. MARGARET G. WEIR, *The Arab Kingdom and its Fall*, Calcutta 1927, 264 f.); IBN SA'D (사망 230/845), *Kitāb al-Ṭabaḳāt al-Kabīr*, vii/i, Leiden 1915, 133-5.

Ibrāhim al-Nakhaʿī와 이라크에서 그와 동시대에 있었던 전문가들에 관해서는: J. SCHACHT, *Origins*, 229-31, 233-7.

제6장

1 J. SCHACHT, *Origins*, 6-10, 213-23.

† R. BRUNSCHVIG, 'Considérations sociologiques sur le droit musulman ancien', *S.I.* iii (1955), 61-73.

2 J. SCHACHT, *Origins*, 224-7.

3 † R. BRUNSCHVIG, 'Polémiques médiévales autour du rite de Mālik', *Al-Andalus*, xv (1950), 377-435.

J. SCHACHT, *Origins*, 58-97.

4 J. SCHACHT, *Origins*, 231-40, 243-8, 249-52.

_____ art. "Aṭā'," in *E.I.*^{2}.

대부분 2세기의 인물들인 권위자들의 목록, in IBN ḤAZM (사망 456/1065), *al-Iḥkām fī Uṣūl al-Aḥkām*, chap. xxviii (ed. Cairo, 1345-8, v, 95-104).

5 J. SCHACHT, *Origins*, 73 f., 76.

6 J. SCHACHT, *Origins*, 240-2, 248 f.

7 † I. GOLDZIHER, *Muhammedanische Studien*, ii, Halle 1890, 1-274 (transl. L. NERCHER, *Études sur la tradition islamique*, Paris 1952) (필수적임).

A. GAUILLAUME, *The Traditions of Islam*, Oxford 1924 (주로 Goldziher에 근거하고 있음).
† R. BRUNSCHVIG (위의 3번 참조).
J. SCHACHT, *Origins*, 253-7.
_____ artt. 'Ahl al-Ḥadīth' and 'Aṣḥāb al-Ra'y, in *E.I.*[2]
J. FÜCK, 'Die Rolle des Traditionalismus im Islam', *Z.D.M.G.* xciii (1939), 1-32.
J. ROBSON, *Muslim Traditions: the Question of Authenticity*, Manchester 1952 (reprinted from *Memoirs and Proceedings of the Manchester Literary and Philosophical Society*).
_____ art. 'Ḥadīth', in *E.I.*[2]

전승과 관련된 고대의 논쟁들에 관해서는:

I. GOLDZIHER, 'Kämpfe um die Stellung des Ḥadīṯ im Islam', *Z.D.M.G.* lxi (1907), 860-72; summary in french by G. H. BOUSQUET, in *Arabica*, vii (1960), 4-8.
J. SCHACHT, *Origins*, 21-57, 59 f., 63 f., 128-32.

방법론에 관해서는:

R. BRUNSCHVIG, 'Ibn 'Abdalh'akam et la conquête de l'Afrique du Nord par les Arabes', *A.I.E.O.* vi (1942-7), 108-55.
J. SCHACHT, 'A Revaluation of Islamic Traditions', *J.R.A.S.* 1949, 143-54.
_____ 'Le Droit Musulman: solution de quelques problèmes relatifs à ses origines', *R.A.* 1952, 1-13.
_____ *Origins*, 138-79.

*전승에 대한 자료*들은 극히 많으며, 히즈라력 3세기 후반부터 존재하던 '여섯 책(six books)'이라고 불리는 Bukhārī, Muslim, Ibn Māja, Abū Dāwūd, Tirmidhī, 그리고 Nasāʾī의 작업들이 이슬람법에 대한 자료 서적들이 아님에도 불구하고 정통 이슬람에서는 특별히 권위 있는 것으로 여겨진다.

Bukhārī (사망 256/870)의 *Ṣaḥīḥ*의 번역문들: O. HOUDAS and W. MARÇAIS, *Les Traditions islamiques*, I-iv, Paris 1903-14; F. PELTIER, *Le Livre des testaments*, Algiers 1909; the same, *Le Livre des ventes . . . suivi du livre de la vente à terme et du livre du retrait*, Algiers 1910; the same Œuvres diverses, Algiers 1949, 5-71 (*Livres de l'ensemencement et de la mousaqat*); G.-H. BOUSQUET and KH. TAKARLI, 'Le Livre des successions', *R.A.* 1933, 208-38; G.-H. BOUSQUET, *L' Authentique tradition musulmane*, Paris 1964 (a selection).

A. J. WENSINCK, *A Handbook of Early Muhammadan Tradition*, Leiden 1927 ('여섯 책(six books)'과 Ibn Hanbal의 the *Musnad*, Mālik의 Muwaṭṭa', 그리고 자이디파(Zaydī)의 *Majmū al-Fiḳh*를 포함한 다른 고대의 작업들의 주제 색인).

_____ and others, *Concordance et indices de la tradition musulmane*, i- , Leiden 1933- (아랍어로 작업 중에 있음).

다른 중요 연구물들:

BAYHAḲĪ (사망 458/1066), *al-Sunan al-Kubrā*.

MUTTAḲĪ AL-HINDĪ (사망 975/1567), *Kanz al-'Ummāl*.

SHAWKĀNĪ (사망 1250/1832; 순니파의 자료를 활용하는 자이드 쉬아파(Zaydī Shiite)의 저자), *Nayl al-Awṭār*.

제7장

1 † G. BERGSTRÄSSER, *Anfänge und Charakter des juristischen Denkens im Islam*, in *Der Islam*, xiv (1925), 76-81 (부분적으로 오래되었으나 중요).

*I. GOLDZIHER, *Die Ẓâhiriten*, Leipzig 1884, 3-20, 89-94 (여전히 중요).

J. SCHACHT, *Origins*, 98-119.

2 법적 '수수께끼'에 관해서는: J. SCHACHT, *Origins*, 241.

법언에 관해서는: J. SCHACHT, *Origins*, 180-9; R. BRUNSCHVIG, in *R.H.* 1950, 29-31; the same, in *Unity and Variety in Muslim Civilization*, ed. G. E. Von Grunebaum, Chicago 1955, 85.

3 J. SCHACHT, *Origins*, 269-87.

2세기의 중요 아랍어 자료들:

MĀLIK (사망 179/795), *al-Muwaṭṭa'*, also in the version of Shaybānī; part transl. by F. PELTIER, *Le Livre des ventes du Mouwaṭṭā de Mālik Ben Anas*, Algiers

1911.

SAḤNŪN (사망 240/854), al-Mudawwana (메디나 사람들의 의견 관련); key to the contents by G.-H. BOUSQUET, in *A.I.E.O.* xvi-xx (1958-62), and in *R.A.* 1958-61; transl. of the *Kitāb al-ḥabs*, by ALMENOUAR KELLAL, *R.A.* 1936, 186-207; cf. ibid. 1937, 149-55.

ABŪ YŪSUF (사망 182/798), *al-Radd 'alā Siyar al-Awzā'i.*

_____ *Ikhtilāf Abī Ḥanīfa wa-bn Abī Laylā.*

_____ *Kitāb al-Āthār.*

SHAYBĀNĪ (사망 189/804), *Kitāb al-Ḥujaj.*

_____ *Kitāb al-Āthār.*

_____ *Kitāb al-Aṣl;* transl. of the chapter on 'defects' in G. WIEDENSOHLER, *Mängel beim Kauf.*

_____ *al-Jāmi' al-Kabīr.*

_____ *al-Jāmi' al-Saghīr*; part transl. and commentary by I. DIMITROFF, *M.S.O.S.* xi/2 (1908), 60-206 (서론 부분은 오래됨).

_____ version of Mālik's *al-Muwaṭṭa'.*

SHĀFI'Ī (사망 204/820), *Kitāb al-Umm*, 아홉 개의 논쟁 논문들 역시 포함.

_____ *Ikhtilāf al-Ḥadīth.*

_____ *al-Risāla*; detailed digest by L. I. GRAF, *Al-Shāfi'ī's Verhandeling over de 'Wortelen' van den Fiḳh*, thesis, Leiden 1934; transl. M. KHADDURI, *Treatise on Moslem Jurisprudence*, Baltimore 1961.

MUZANĪ (Shāfi'ī의 제자; 사망 264/878), *Kitāb al-Amr wal-Nahy*; ed. and transl. by R. BRUNSCHVIG, *B.E.O.* xi (1945-6), 145-96.

_____ *al-Mukhtaṣar.*

ṬABARĪ (사망 310/923), *Kitāb Ikhtilāf al-Fuḳahā'* (아래 265면과 비교해보라).

Majmū' al-Fiḳh, attributed to Zayd b. 'Alī (d. 122/740; a Zaydī Shiite work, based on Iraqian doctrines; cf. G. BERGSTRÄSSER, *O.L.Z.* 1922, 114-24; R. STROTHMANN, *Der Islam*, xiii (1923), 27-40, 49; part transl. G.-H. BOUSQUET and J. BERQUE, *Recueil de la loi musulmane*, Algiers 1941.

4 J. SCHACHT, *Origins*, 288-314; artt. 'Abū Ḥanīfa al-Nu'mān', 'Abū Thawr', 'Abū Yūsuf', 'al-Awzā'i', in *E.I.*^{2}; 'Mālik b. Anas', in *Shorter E.I.*

W. HEFFENING, art. 'al-Shaibānī, in *Shorter E.I.*

5 J. SCHACHT, *Origins*, 11-20, 77-80, 88-94, 120-8, 134-7, 315-28 and in *Classicisme et déclin culturel dans l'histoire de l'Islam*, Paris 1957, 145-7.
W. HEFFENING, art. 'al-Shāfiʿī', in *Shorter E.I.*; J. SCHACHT, 'On Shāfiʿī's Life and Personality', in *Studia Orientalia Ioanni Pedersen . . . Dicata*, Copenhagen 1953, 318-26.
R. BRUNSCHVIG, in *Arabica*, i (1954), 359 f.

제8장

1 B. LEWIS, art. "Abbāsids', in *E.I.*[2]
ABŪ YŪSUF (사망 182/798), *Kitāb al-Kharāj*, transl. E. FAGNAN, *Le Livre de l'impôt foncier*, Paris 1921.

2 G. GABRIELI, *Il 'cadi' o giudice musulmano*, Rome 1913 (*Rivista Coloniale*, viii/2, fasc.3 및 4로부터 분리되어 출간됨).
† É. TYAN, *Histoire de l'organisation judiciare en pays d'Islam*, 2nd ed., Leiden 1960 (M. GAUDEFROY-DEMOMBYNES, *R.E.I.* 1939, 109-47, and *J.A.* ccxxxv (1946-7), 123-32와 비교해보라).
G. WIET, *Matériaux pour un Corpus Inscriptionum Arabicarum*, 1/2 (*Mémoires publiés par les membres de l'Institut français d'archéologie orientale*), Cairo 1930, 50-62 (*shurṭa* 관련).
A. CHRISTENSEN, *L'Iran sous les Sassanides*, 2nd ed., Copenhagen 1944, 300-3 (이란에서의 the *naẓar fil-maẓālim* 관련).
W. BJÖKMAN, *Die Bittschriften im* dīwān al-inšā', *Der Islam*, xviii (1929), 207-12 (중세 이집트에서의 *naẓar fil-maẓālim*의 헬레니즘 모델을 제시한다).
S. M. STERN, 'Three Petitions of the Fāṭimid Period', *Oriens*, xv (1962), 172-209 (*naẓar fil-maẓālim* 관련).

중세 시대에서의 사법 행정에 관해서는:
*G. BERGSTRÄSSER, in *Z.D.M.G.* lxviii (1914), 395-417 (이슬람의 첫 4세기 동안의 이집트 관련).
*A. MEZ, *Die Renaissance des Islâms*, Heidelberg 1922, chap. 15; transl. S. KHUDA

BUKHSH and D. S. MARGOLIOUTH, *The Renaissance of Islam*, London 1937(reprinted from *I.C.* ii-vii, 1928-33); transl. S. VILA, El *renacimiento del Islâm*, Madrid 1936.

E. LÉVI-PROVENÇAL, *L'Espagne musulmane au X*[ème] *Siècle*, Paris 1932, chap. 3.

*____ *Histoire de l'Espagne musulmane*, iii, Paris 1953, chap. 10; transl. E. GARCÍA GÓMEZ, *Historia de España*, ed. R. M. PIDAL, vol. v, Madrid 1957, chap. 3.

J. F. HOFKINS, *Medieval Muslim Government in Barbary*, London 1958, 112-47.

H. R. IDRIS, *La Berbérie orientale sous les Ḥafṣides*, ii, Paris 1947, 113-53; 'Justice religieuse et justice laïque en Tunisie, sous les Deys et les Beys, jusqu'au milieu du XIXe Siècle', *S.I.* xxiii.

A. SCHIMMEL, *Kalif und Kadi im spät-mittelalterlichen Agypten*, Leipzig 1943 (separately printed from *W.I.* xxiv (1942), 1-128).

*A. K. S. LAMBTON, 'Quis custodiet custodes? Some Reflections on the Persian Theory of Government', *S.I.* v (1956), 125-48; vi (1956), 125-46.

S. R. SHARMA, *Mughal Government and Administration*, Bombay 1951, chaps. xii and xiii.

I. H. QURESHI, *The Administration of the Sultanate of Delhi*, 4th ed., Lahore 1958, 157-74.

사법 행정 관련 아랍어 자료들:

AL-MĀWARDĪ (사망 350/1058), *al-Aḥkām al-Sulṭāniyya*; E. FAGNAN, *Les Statuts gouvernementaux*, Algiers 1915; cf. also H. F. AMEDROZ, 'The Office of Kadi', 'The Mazalim Jurisdicion', and 'The Hisba Jurisdiction in the Ahkam Sultaniyya of Mawardi', *J.R.A.S.* 1910, 761-96; 1911, 635-74; 1916, 77-101, 287-314.

ABŪ YA'LĀ (사망 458/1065), *al-Aḥkām al-Sulṭāniyya.*

NUWAYRĪ (사망 732/1332), *Nihāyat al-Arab fī Funūn al-Adab*, vi, Cairo 1926, 248-315.

IBN JAMĀ'A (사망 733/1333), *Taḥrīr al-Aḥkām fī Tadbīr Millat al-Islām*; ed. and tansl. H. KOFLER, *Hanbuch des islamischen Staats- und Verwaltungsrechtes, Islamica*, vi/4 (1934), 349-414; vii/1 (1935), 1-64; *Abh. f. d. Kunde des Morgenl.* xxiii/6 (1938), 18-129.

TĀJ AL-DĪN SUBKĪ (사망 771/1370), *Mu'īd al-Ni'am wa-Mubīd al-Nikam*; German abbreviated tansl. O. Rescher, Istanbul 1925.

IBN KHALDŪN, (사망 808/1406) *al-Muḳaddima, faṣl* 3, § 31; transl. MAC GUCKIN DE SLANE, *Les Prolégomènes*, i, reprint Paris 1934, 447-60; transl. F. ROSENTHAL, *The Muqaddimah*, i, New York 1958, 448-65.

ḲALḲASHANDĪ (사망 821/1418), *Ṣubḥ al-A'shā*: W. BJÖRKMAN, *Beiträge zur Geschichte der Staatskanzlei im islamischen Ägypten*, index, s.vv. *qāḍī, maẓālim, ḥāǧib, šurṭa, muḥtasib.*

WANSHARĪSĪ (사망 914/ 1508), *Kitāb al-Wilāyāt*; ed. and transl. H. BRUNO and M. GAUDEFROY-DEMOMBYNES, *Le Livre des magistratures*, Rabat 1937.

특히 ḥisba *에 관해서는:*

C. CAHEN and M. TALBI, art. 'Ḥisba' in *E.I.*[2]

YAḤYĀ IBN 'UMAR KINĀNĪ (사망 289/901), *Aḥkām al-Sūḳ*, extracts ed. Maḥmūd 'Alī Makkī, in *R.I.E.E.I.* iv (1956), 59-151 (아랍어 부분); transl. E. GARCÍA GÓMEZ, in *Al-Andalus*, xxii (1957), 253-316.

W. BEHRNAUER, *Mémoire sur les institutions de police chez les Arabes, les Persans et les Tures*, Paris 1861 (separately printed from *J.A.*, 5th ser., xv-xvii (1860-1); contains a translation of SHAYZARĪ (사망 589/1193), *Nihāyat al-Rutba fī Ṭalab al-Ḥisba*, on which cf. J. SAUVAGET, *J.A.* ccxxxvi (1948), 309-11); text ed. AL-'ARĪNĪ and M. M. ZIYĀDA, Cairo 1946.

SAḲAṬĪ (500/1100년경), ed. G.-S. COLIN and E. LÉVI-PROVENÇAL, *Un Manuel hispanique de ḥisba*, Paris 1931.

IBN 'ABDŪN (500/1100년경), ed. E. LÉVI-PROVENÇAL, in *J.A.* ccxxiv (1934), 177-299; trans. F. GABRIELI, 'Il trattato censorio di Ibn 'Abdūn', *Rendiconti Accademia Lincei*, 6th ser., xi (1935), 878-935; transl. LÉVI-PROVENÇAL, *Séville musulmane au début du XII*[2] *Siècle*, Paris 1947; LÉVI-PROVENÇAL and E. GARCÍA GÓMEZ, *Sevilla musulmana a comienzos del siglo XII*, Madrid 1948.

E. LÉVI-PROVENÇAL, *Trois traités hispaniques de ḥisba*, Cairo 1955, containing the treatises of Ibn 'Abdūn (above), of Ibn 'Abd al-Ra'ūf, and of Jarsīfī; this last transl. G. M. WICKENS, *I.Q.* iii. (1956), 176-87; the second and the third transl. RACHEL ARIÉ, *Hespéris-Tamuda*, i (1960), 5-38, 199-214, 349-86.

IBN SA'DŪN (사망 567/1172), *Aḥkām al-Sūḳ*, ed. Maḥmūd 'Alī Makkī, *R.I.E.E.I.* iv (1956), 59-112 (아랍어 부분); a collection of *fatwās*.

IBN TAYMIYYA (사망 728/1328), *Risālat al-Ḥisba fil-Islām*; cf. H. LAOUST, *Essai*, index, s.v. *ḥisba.*

IBN UKHUWWA (사망 729/1330), *Ma'ālim al-Ḳurba fī Aḥkām al-Ḥisba*, ed. R. LEVY, London 1938 (E. J. W. Gibb Memorial, N.S., xii) (cf. M. GAUDEFROY-DEMOMBYNES, *J.A.* ccxxx (1938), 449-57.

R. B. SERJEANT, 'A Zaidī Manual of Ḥisba of the 3rd Century (H)', *R.S.O.* xxviii (1953), 1-34.

N. ZIYĀDA, *al-Ḥisba wal-Muḥtasib fil-Islām*, Beyrouth 1963 (아랍어 자료들로부터의 발췌문들을 포함함).

3 É. TYAN, H*istoire de l'organisation judiciare*, 446-51.

_____ in *S.I.* x (1959), 101-8.

IBN FARḤŪN (사망 799/1397), *Tabṣirat al-Ḥukkām* (section 3); cf. N. J. COULSON, 'The State and the Individual in Islamic Law', *I.C.L.Q.* vi (1957), 49-60 (본 학술지의 결론들은 증명이 필요하다).

IBN TAYMIYYA (사망 728/1328), *al-Siyāsa al-Shar'iyya*; transl. H. LAOUST, *Le Traité de droit public d'Ibn Taimīya*, Beyrouth 1948.

IBN ḲAYYIM AL-JAWZIYYA (사망 751/1350), *al-Ṭuruḳ al-Ḥukmiyya fil-Siyāsa al-Shar'iyya.*

A. N. POLIAK, in *R.E.I.* 1935, 235 f., and in *B.S.O.A.S.* x (1942), 862, 875 (Mamlūk *siyāsa* 관련).

4 J. SCHACHT, *Origins*, index, s.v. Ibn Muqaffa'.

S. GOITEIN, 'A Turning Point in the History of the Muslim State', *I.C.* xxiii (1949), 120-35.

On the control of religious law possible for Shiite *imām*, cf, J. SCHACHT, in *Classicisme et déclin culturel dans l'histoire de l'Islam*, paris 1957, 144 f.

제9장

1 J. SCHACHT, *Origins*, 6 f., 9, 321.

F. KRENKOW, art. 'Saḥnūn', in *E.I.*[1]

W. HEFFENING, art. 'al-Muzanī', in *E.I.*[1].
M. PLESSNER, art. 'Sufyān al-Thawrī', in *E.I.*[1]; J. SCHACHT, *Origins*, 242.

2 *uṣūl*의 네 개의 집단들의 점진적 출현과 관련해서는, J. SCHACHT, *Origins*, 134-6; F. KERN, 'Ṭabarīs Ih̲tilāf alfuqahā'', *Z.D.M.G.* lv (1901), 61-95와 비교해 보라.

3 R. PARET, art. 'Istiḥsān and Istiṣlāh', in *Shorter E.I.*; J. SCHACHT, *Origins*, 111 f., 118 f.; É. TYAN, in *S.I.* x (1959), 84-101.
I. GOLDZIHER, 'Über iǵmā'', *Nachr. Ges. Wiss. Göttingen*, Phil.-hist. Kl., 1916, 81-85; summary in French by G.-H. BOUSQUET, in *Arabica*, vii (196), 15f.
G. F. HOURANI, 'The Basis of Authority of Consensus in Sunnite Islam', *S.I.* xxi (1964), 13-60.
MUṢṬAFĀ ZAYD, *al-Maṣlaḥa fil-Tashrī' al Islāmī*, 2nd ed., Cairo 1384/1964.

Mālikī 'amal*에 관해서는:*
† J. BERQUE, art. 'Amal' (3), in *E.I.*[2] (참고문헌 포함).
† L. MILLIOT, *Démembrements du habous*, Paris 1918, 23-30, 109-17.
† ____ *Recueil de jurisprudence chérifienne*, i-iii, Paris, 1920-3 (특히 서론에서부터 제1권의 제4절까지); vol. iv, by J. LAPANNE-JOINVILLE, Paris 1952 (특히 Milliot의 서론 부분, v-xix).
*_____ *Introduction* 167-78.
*O. PESLE, *Le Contrat de Safqa au Maroc*, Rabat 1932 (cf. R. CHARLES, in *R.A.* 1933, 57-114).
*R. BRUNSCHVIG, 'Contribution à l'histoire du contrat de khamessat en Afrique du Nord', *R.A.* 1938, 17-21.
† J. BERQUE, *Essai sur la méthode juridique maghrébine*, Rabat 1944, 33-49, 63-77, 126-9.

아랍어 자료들의 번역문들:
ZAḲḲĀḲ (사망 912/1506), *al-Lāmiyya*, ed. and transl. Merad ben Ali, Casablanca 1927.
WANSHARĪSĪ (사망 914/1508), *al-Mi'yār*, transl. of extracts by É. AMAR, *La pierre de touche des fetwas*, 2 vols., Paris 1908-9 (cf. F. CODERA, in *Boletín de*

la Real Academia de la Historia, liv (1909), 345-55; lvi (1910), 378-86).
'ABD AL-RAḤMĀN AL-FĀSĪ (사망 1095/1695), *al-'Amal al-Fāsī*; V. LOUBIGNAC, 'La Vente çafqa dans la jurisprudence des cadis de Fez', 1933, 62-114; the same, 'Le Chapitre de la préemption', *Hespéris*, xxvi (1939), 191-239; F. GUAY and M. BEN DAOUD, 'Le Mariage dans la jurisprudence des cadis de Fès', *R.A.* 1933, 178-207.
AḤMAD 'ABBĀSĪ (사망 1152/1739): J. BERQUE, 'Les *Ajwiba* d'al-'Abbâsî, *R.A.* 1950, 94-104.
TĀWUDĪ IBN SŪDA (사망 1209/1795): E. PRÖBSTER, 'Die *Ağwiba* des Tāudī Ibn Sōda', *Islamica*, ii/3 (1926), 430-8.
WAZZĀNĪ (사망 1342/1923), *al-Mi'yar al-Jadid*; J. BERQUE, *Les Nawâzil el muzâra'a du Mi'yâr Al Wazzânî*, Rabat 1940; P. MISPOULET, in *R.M.M.* xxiv (1913), 298-310 (목차).

이슬람법에서의 *'urf*와 *'āda* 관련:
I. GOLDZIHER, *Die Ẓâhiriten*, Leipzig 1884, 204-6.
C. SNOUCK HURGRONJE (1884), *Verspreide Geschriften*, ii. 72-74.
_____ *Selected Works*, 57.
D. SANTILLANA, *Istituzioni*, i. 48 f. (증명 필요).
J. BERQUE, *Essai sur la méthode juridique maghrébine*, 72 f. (위와 동일).
J. SCHACHT, *in Classicisme et déclin culturel dans l'histoire de l'Islam*, Paris 1957, 141-51.
F. J. ZIADEH, "*Urf* and Law in Islam', in *The World of Islam*, ed. J. KRITZECK and R. B. WINDER, London 1959, 60-67.
N.J. COULSON, 'Muslim Custom and Case-Law', *W.I.*, N.S. vi (1959), 13-24.
AḤMAD FAHMĪ ABŪ SINNA, *al-'Urf wal-'Āda fī Ra'y al-Fuḳahā'*, Cairo 1959 (근대주의적 사상의 영향을 받음).

4 Bukhārī의 각 장의 제목: I. GOLDZIHER, *Muhammedanishe Studien*, ii, Halle 1890, 234-6 (transl. L. BERCHER, *Études sur la tradition islamique*, Paris 1952, 294-6); the same, *Die Ẓâhiriten*, 103-7.
*H. LAOUST, art. 'Aḥmad b. Ḥanbal', *E.I.*[2]
AḤMAD IBN ḤANBAL, *Kitāb al-Masā;il* (여러 판(版)들 중 오직 한 개만이 현재

출간되어있다); the same, *Kitāb al-Wara'* (*The Book of Religious Scrupulousness*): transl. of extracts by G.-H. BOUSQUET and PAULE CHARLES-DOMINIQUE, *Hespéris*, xxxix (1952), 97-119.

후기의 한발리(Ḥanbalī) 학파의 *uṣūl*은 'ABD ALLĀH IBN AḤMAD IBN ḲUDĀMA (사망 620/1223), *Rawḍat al-Nāẓir*; cf. R. DANIEL, *R.E.I.* xxxi (1963), 33-47.

† Ibn Taymiyya의 교리에 대해서는 아래 237면의 H. LAOUST의 연구물들을 참조하라; 또한 SIRAJUL HAQ, 'Ibn Taimiyya's Conception of Analogy and Consensus', *I.C.* xvii (1943), 77-87 (주의하여 활용하라).

5 † I. GOLDZIHER, *Die Ẓâhiriten*, Leipzig 1884 (필수적임; cf. C. SNOUCK HURGRONJE, *Verspreide Geschriften*, vi, 19-29).

*R. STROTHMANN, art. '*Ẓāhiriya*', in *Shorter E.I.*

J. SCHACHT, art. 'Dāwūd b. Khalaf', in *E.I.*²

*C. VAN ARENDONK, art. 'Ibn Ḥazm', in *Shorter E.I.*

*M. ASÍN PALACIOS, *Abenházam de Córdoba*, vol. i, Madrid 1927.

† R. ARNALDEZ, *Grammaire et théologie chez Ibn Ḥazm de Cordoue*, Paris 1959, 163-93, 217-48.

_____ 'Les Biens en droit musulman à travers les idées d'Ibn Hazm de Cordoue', *Les Mardis de Dar el-Salam 1956-57*, 1959, 147-86.

_____ 'La Guerre sainte selon Ibn Ḥazm et le zahirisme juridique', *R.A.* 1960, 1-43.

무으타질라 (Mu'tazila) 학파의 법적 사상에 대해서는 J. SCHACHT, *Origins*, 128, 258f.를 참조하라.

Ibn Tūmart와 알모핫드(the Almohads) 관련:

I. GOLDZIHER, *Die Ẓâhiriten*, 173-5.

† __ 'Materialien zur Kenntnis der Almohadenbewegung', *Z.D.M.G.* li (1887), 30-140 (특히 85-100면).

† _____ '*Le Livre de Mohammed Ibn Toumert*, Introduction, Algiers 1903.

R. BRUNSCHVIG, 'Sur la doctrine du Mahdī Ibn Tūmart', *Arabica*, ii (1955), 137-49 (also in *Ignace Goldziher Memorial Volume*, ii, Jerusalem 1958, 1-13); the same, in *Études d'orientalisme . . . Lévi-Provençal*, i, 38, 67.

6 J. SCHACHT, art. 'Abū Thawr', in *E.I.*[2].

R. PARET, art. 'al-Ṭabarī, in *Shorter E.I.*

법학파들의 전파와 분포:

이슬람 자체의 전파와 현재의 무슬림들의 분포와 관련해서는 다음을 참조하라:

SIR THOMAS W. ARNOLD, *The Preaching of Islam*[2], London 1913. La Documentation française, no. 1642 (Série Internationale, cclxxiii), Paris, 9 August 1952; *Les Musulmans dans le monde* (지도 포함).

H. W. HAZARD and others, *Atlas of Islamic History*, 3rd ed., Princeton 1954 (이슬람의 종교적 확장보다는 정치적 확장에 관심을 두고 있다).

H. A. R. GIBB, *Mohammedanism*[2], London 1953 (Home University Library), 1-22.

R. ROOLVINK and others, *Historical Atlas of the Muslim Peoples*, Amsterdam 1957.

A. MEZ, *Die Renaissance des Islâms*, Heidlberg 1922, chap. 14; 번역은 위 230면을 보라.

AḤMAD TAYMŪR (PASHA), *Naẓra Tārikhiyya fī ḥudūth al-madhāhib al-arba'a wa-ntishārihā*, Cairo 1344 (1926) (*Historical Survey of the Origin and Spread of the four Schools of Law*). 2nd ed., Cairo 1384/1965.

MUḤAMMAD ABŪ ZAHRA, *Tārīkh al-Madhāhib al-Islāmiyya*, Cairo 1963.

L. MASSIGNON, *Annuaire du monde musulman*, 4th ed., Paris 1955.

J. SCHACHT, art. 'Ḥanafiyya', in *E.I.*[2]

W. HEFFENING, art. 'Mālikīs, in *Shorter E.I.*

M. B. VINCENT, *Études sur la loi musulmane* (*Rit* [sic] *de Malek*). *Législation criminelle*, Paris 1842 (첫 번째 부분인 Préliminaire는 초기의 말리키 학파의 전파와 문헌에 대한 유용한 설명 글이다).

AHMED BAKIR, *Histoire de l'école malikite en orient jusqu'à la fin du moyen âge*, Tunis 1962.

J. LÓPEZ ORTIZ, *La recepción de la escuela malequi en España*, Madrid 1931 (*Anuario de Historia del Derecho Español*).

H. MONÉS, '*Le Rôle des hommes de religion dans l'histoire de l'Espagne musulmane*', *S.I.* xx (1964), 47-88.

E. LÉVI-PROVENÇAL, 'Le Malikisme andalou et les apports doctrinaux de l'Orient', *R.I.E.E.I.* i (1953), 156-71.

MAḤMŪD 'ALĪ MAKKĪ, Ensayo sobre las aportaciones orientales en la España musulmana (i), *R.I.E.E.I.* ix-x (1961-62), 65-231.

J. BERQUE, 'Ville et université. Aperçu sur l'histoire de l'école de Fès', *R.H.* 1949, 64-117.

A. DEMEERSEMAN, 'Recherches tunisiennes sur le mâlikisme ifrîqiyen', *IBLA*, xxvi (1963), 1-12 (근간들에 대한 비평서).

W. HEFFENING, art. 'al-Shāfiʿī', in *Shorter E.I.* (at the end), and art. 'al-Nawawī', ibid.

I. GOLDZIHER, art. 'Aḥmad b. Muḥammad b. Ḥanbal', in *Shorter E.I.* (at the end).

______ 'Zur Geschichte der ḥanbalitischen Bewegungen', *Z.D.M.G.* lxii (1908), 1-28; summary in French by G.-H. BOUSQUET, in *Arabica*, vii (1960), 135-9.

H. LAOUST, *Le Précis de droit d'Ibn Qudāma*, Beyrouth 1950, introduction; 'Le Hanbalisme sous le califat de Baghdad', *R.E.I.* 1959, 67-128; 'Le Hanbalisme sous les Mamlouks Bahrides', *R.E.J.* 1960, 1-72; art. 'Ḥanabila', in *E.I.*[2]

7 ikhtilāf*에 관해서는:*

J. SCHACHT, *Origins*, 95-97.

I. GOLDZIHER, art. 'Ikhtilāf', in *Shorter E.I.*

제10장

2 D. B. MACDONALD, art. 'Idjtihād', in *Shorter E.I.*

J. SCHAHCT, art. 'Taḳlīd', in *Shorter E.I.*

______ in *Classicisme et déclin culturel dans l'histoire d'Islam*, Paris 1957, 146 f.

TH. W. JUYNBOLL, *Handleiding*, 23-26, 370-2.

MIRZA KAZEM BEG, 'Notice sur la marche et les progrès de la jurisprudence', &c., J.A. 4th ser. xv (1850), 158-214 (181-214면의 *ijtihād*와 *taḳlīd*의 정도 관련 부분; 학술지의 나머지 부분들은 상당히 시대에 뒤졌다).

후기의 교리의 발전에 관해서는:

C. A. NALLINO, 'Delle assicurazioni in diritto musulmano hanafita' (1927), *Raccolta di scritti*, iv, 1942, 62-84.

______ 'Intorno al divieto romano imperiale dell' affratellamento e ad alcuni paralleli arabi' (1936), ibid. 585-631 (626-9면; 이븐 타이미야 (Ibn Taymiyya)의 용병

관습에 대한 결정).
*R. BRUNSCHVIG, 'Théorie générale de la capacité chez les Hanafites médiévaux', *R.I.D.A.* ii (1949), 157-72,
*_____ 'De l'acquisition du legs dans le droit musulman orthodoxe', *M.A.I.D.C.* iii/4 (Rome 1955), 95-110.
*_____ 'Variations sur le thème du doute dans le fiqh', *Studi orientalistici in onore di Giorgio Levi Della Vida*, i, Rome 1956, 61-82.
J. SCHACHT, 'Sur la transmission de la doctrine dans les écoles juridiques de l'Islam', *A.I.E.O.* x (1952), 399-419.

3 TH. W. JUYNBOLL, *Handleiding*, 372 f.
M. BEN CHENEB, art. 'Ibn Taimīya', in *Shorter E.I.*
† H. LAOUST, *Essai sur les doctrines sociales et politiques de . . . B. Taimīya*, Cairo 1939.
† _____ *Contribution à une étude de la méthodologie canonique de . . . B. Taimīya*, Cairo 1939.
_____ 'La biographie d'Ibn Taimīya d'après Ibn Kaṯīr', *B.E.O.* ix (1942), 115-62.

개혁가들 및 근대주의자들 관련:
*H. LAOUST, 'Le réformisme orthodoxe des "Salafiya"', *R.E.I.* 1932, 175-224.
_____ *Le Califat dans la doctrine de Rašīd Riḍā*, Beyrouth 1938, index s.vv. *iğtihād and taqlīd.*
_____ 'Le réformisme musulman dans la littérature arabe contemporaine', *Orient*, iii (1959), no. 10, 81-108.
*C. C. ADAMS. *Islam and Modernism in Egypt*, London 1953 (부제: A study of the modern reform movement . . .).
J. BERQUE, *Essai sur la méthode juridique maghrébine*, Rabat 1944, 89-137.
*W. C. SMITH, *Modern Islām in India*, revised ed., London 1946.
*H. A. R. GIBB, *Modern Trends in Islam*, Chicago 1947.
M. D. RAHBAR, 'Shāh Walī Ullāh [d. 1176/1762] and Ijtihād', *M.W.* xlv (1955), 346-58.
F. RAHMAN, 'Muslim Modernism in the Indo-Pakistan Subcontinent', *B.S.O.A.S.* xxi (1958), 82-99.
MUINUDDIN AHMAD KHAN, 'Shah Walī-Allah's Conception of Ijtihād', *J.P.H.S* vii

(1959), 165-94.

M. KERR, 'Rashīd Riḍā and Islamic Legal Reform', *M.W.* 1 (1960), 99-108, 170-81.

E. J. J. ROSENTHAL, 'Some Reflections on the Separation of Religion and Politics in Modern Islam'm *Islamic Studies*, iii (1964), 249-84.

4 E. NUNÈ, 'Il parere giuridico ("fatwā") del "muftī" nel diritto musulmano', *O.M.* xxiv (1944), 27-35.

É. TYAN, *Histoire de l'organisation judiciare en pays d'Islam*, 2nd ed., Leiden 1960, 219-30.

_____ art. 'Fatwā', in *E.I.*^{2}

R. BRUNSCHVIG, *La Berbérie orientale sous les Ḥafṣides*, ii, Paris 1947, 138-43.

_____ 'La Preuve en droit musulman', in *Recueils de la Société Jean Bodin*, xviii, Brussels 1964, 169-86.

J. LÓPEZ ORTIZ, 'Fatwas granadinas de los siglos XIV y XV', *Al-Andalus*, vi (1941), 73-127 (이슬람교 스페인에서의 파트와 (*fatwās*) 및 무프티 (*muftīs*)에 대한 역사적 서론 포함).

L. SECO DE LUCENA PAREDES, *Dos fatwas de Ibn Manẓūr* (wrote 862/1460), *Miscelánea de estudios arabes y hebraicos*, v (1956), 5-17.

E. MICHAUX-BELLAIRE and others, ed. and transl. of Bāya' ḳūbī al-Malwī (19th cent.), *Tuḥfat al-Ḳuḍāt bi-ba'ḍ masā'il al-ru'āt', Archives marocaines*, xv (1909), 289-430, i-xxxi (양치기들에 대한 문제들 관련).

번역된 파트와 (*fatwās*)에 대한 다른 예들은 É. AMAR, *La Pierre de touche des fetwas*; P. HORSTER, *Zur Anwendung des islamischen Rechts im 16. Jahrhundert*, and I*ndex Islamicus*, 106을 참조하라.

5 J. SCHACHT, 'Classicisme, traditionalisme et ankylose dans la loi religieuse de l'Islam', *Classicisme et déclin culturel dans l'histoire de l'Islam*, Paris 1957, 141-61 and 162-6 (논고).

제11장

1 † C. SNOUCK HURGRONJE, *Verspreide Geschriften*, vols. ii and iv/2 2; index (vol. vi), s.v. *'adat, 'adatrecht* (필수적임).

*_____ *Selected Works*, 290-5.

*G.-H. BOUSQUEt, *Du droit musulman et de son application effective dans le monde*, Algiers 1949.

N. J. COULSON, 'Doctrine and Practice Islamic Law', *B.S.O.A.S.* xviii (1956), 211-26 (주의하여 활용하라).

_____ 'Muslim Custom and Case-Law', *W.I.* N.S. vi (1959), 13-24 (균형잡힌 개관이다).

† G.-H. BOUSQUET, S. T. LOKHANDWALLA, and J. PRINS, art. "Āda', in *E.I.*², with important bibliography.

기고문인 "Āda', in *E.I.*² *의 참고문헌에 대한 보충자료:*

R. LEVY, *The Social Structure of Islam*, Cambridge 1957, 242-70 (유명한 일반적 설명서이다).

G.-H. BOUSQUET, 'Islamic Law and Customary Law in French North Africa', *J.C.L.* 1950, parts 3-4, 57-65.

L. MILLIOT, *Introduction*, 158-67; 'Étude spéciale de la coutume en Afrique du Nord'.

† G. MARCY, 'Le Problème du droit coutumier berbère', *R.A.* 1954, 127-70.

E. PRÖBSTER, 'Streifzüge durch das maghribinische Recht', *Islamica*, iii/3 (1927), 342-62.

† J. BERQUE, *Structures Sociales du Haut-Atlas*, Paris 1955, 237-397.

_____ art. 'Djamā'a', in *E.I.*²

*G.-H. BOUSQUET, 'Le droit coutumier des Aït Haddidou des Assif Melloul et Isselaten', *A.I.E.O.* xiv (1956), 113-230.

P. GROS, 'Deux ḳanouns marocains du XVIe siècle', *Hespéris*, xviii (1934), 64-75 (모로코의 부족들의 관습적 형법의 성문화에 대한 가장 초창기의 예들이다; 참고문헌 포함).

A. PLANTEY, *La réforme de la justice marocaine. La justice makhzen et la justice berbère*, Paris 1962.

J. RICHARTE and A. LERICHE, 'L'organisation judiciaire musulmane et le procès en Mauritanie', *R.A.* 1953, 13-34.

A, LERICHE, 'Des châtiments prévus par la loi musulmane et de leur application en Mauritanie', *Bulletin de l'Institut Français d'Afrique Noire*, series B, fasc. xix (1957), 446-63.

R. BRUNSCHVIG, *La Berbérie orientale sous les Ḥafṣides*, ii, Paris 1947, 295-8.

† A. GOGUYER, *Choix splendide de préceptes cueillis dans la loi.* Petit manuel de droit immobilier suivant les deux rites musulmans orthodoxes de la Régence de Tunis, Paris and Tunis 1885 (두 아랍어 논문의 번역을 주석으로 달았음). J. ABRIBAT, *Essai sur les contrats de quasi-aliénation et de location perpétuelle auxquels l'institution du hobous a donné naissance*, Algiers 1902 (특히 튀지니에 관련됨).

MUḤAMMAD AL-SANŪSĪ, *Maṭla' al-Darārī* (프랑스어 제목: *'Le Lever des planètes' ou Recherches sur la conformité de la jurisprudence musulmane avec la loi immobilière*), Tunis 1888.

The Future of Customary Law in Africa (International Colloquium of Amsterdam), Leiden 1956.

J. N. D. ANDERSON, *Islamic Law in Africa* (아프리카의 영국령 식민지들과 아덴(Aden) 식민지 및 보호령에서의 이슬람법 적용에 대한 개관으로서), London 1954.

_____ 'Law and Custom in Muslim Areas in Africa. Recent Developments in Nigeria', *Civilizations*, vii (1957), 17-31.

_____ 'Conflict of Laws in Northern Nigeria: a New Start', *I.C.L.Q.* vii (1959), 442-56.

_____ 'Judicial and Legal Developments in the Northern Region', ibid. xii (1963), 282-94.

J. SCHACHT, 'La Justice en Nigéria du Nord et le droit musulman', *R.A.* 1951, 37-43.

_____ 'L'Administration de la justice musulmane en Afrique Occidentale française et britannique', *Symposium Intercolonial*, Bordeaux 1954, 82-89.

_____ 'Islam in Northern Nigeria', *S.I.* viii (1957), 123-46.

A. ABEL, *Les Musulmans noirs du Maniéma*, Brussels, 1960, 44-55, 91-94.

E. CERULLI, *Somalia*, i, Rome 1957, 149 f., 152 (= art. 'Somaliland', in *E.I.*[1]); 206-10; Diritto musulmano e diritto consuetudinario somalo (reprinted from *R.S.O.* x (1923-5), 32-36); vol. ii, 1959, *Passim.*

Bibliography of further publications on Somali customary law by I. M. LEWIS, in *B.S.O.A.S.* xviii (1956), 159 f.

C. VELTEN, *Sitten und Gebräuche der Suaheli, nebst einem Anhang über Rechtsgewohnheiten der Suaheli*, Göttingen 1903.

P. GUY, 'Les Musulmans châféites de l'archipel des Comores et leur droit', R.A. 1951,

59-64; 'Le Mariage en droit comorien', *R.J.P,U.F.* ix (1955), 799-830; x (1956), 307-46; xii (1958), 653-90; *Traité de droit musulman comorien*, i/1, Algiers 1952, i/2 (cyclostyled), Diégo-Suarez 1956; *Cours de droit musulman à l'usage des candidats à l'emploi de cadi dans le Territoire des Comores* (cyclostyled), Antananarivo (Centre d'Études de Droit Privé et d'Histoire des Coutumes, École Supérieure de Droit) 1961.

† ALBENGO, *Lois et coutumes suivies dans le Pachalik de Jérusalem*, traduites de l'arabe et annotées, Paris 1860.

R. KNOX-MAWAR, 'Islamic Domestic Law in the Colony of Aden', *I.C.L.Q.* v (1956), 511-18.

Punjab Customary Law, revised ed., 14 vols., Calcutta 1923-8.

M. B. AHMAD, 'Theory and Practice of Law in Islam', in *J.P.H.S.* viii (1960), 184-205, 271-86, ix (1961), 8-22.

R. O. WINSTEDT, 'Old Malay Legal Digests and Malay Customary Law', *J.R.A.S.* 1945, 17-29.

______ *The Malays, A Cultural History*, Singapore 1947, 79-102.

J. N. MATSON, 'The Conflict of Legal Systems in the Federation of Malaya and Singapore', *I.C.L.Q.* vi (1957), 243-62.

P. E. DE JOSSELIN DE JONG, 'Islam versus Adat in Negri Sembilan (Malaya)', *Bijdragen tot de Taal-, Land- en Volkenkunde*, cxvi (196), 158-203 (with bibliography).

See, further, *Index Islamicus* (above, p. 216), 116-19; *Supplement 1956-60*, 38.

베두인의 관습법에 관해서는:

*E. GRÄF, *Das Rechtswesen der heutigen Beduinen*, Walldorf-Hessen [1952] (digest of the previous publications, with bibliography).

J. HENNINGER, 'Das Eigentumsrecht bei den heutigen Beduinen Arabiens', *Zeitschr. vergl. Rechtswiss*. lxi (1959), 6-56.

M. J. L. HARDY, *Blood Feuds and the Payment of Blood Money in the Middle East*, Leiden 1963.

ḥawz*와* man' (ṭāghūt)*에 관해서는:*

B. THOMAS, *Arabia Felix*, London 1932, 57, 82 f., 86 f.; and in *J.R.A.S.* 1931, 978-81.

*E. ROSSI, 'Il diritto consuetudinario delle tribù arabe del Yemen', *R.S.O.* xxiii (1948), 1-36.

C. RATHJENS, *Tâghût gegen scherî'a*, Heidelberg 1951 (separately printed from *Jahrbuch des Linden-Museums, Stuttgart*, I (1951), 172-187).

R. B. SERJEANT, 'Materials for South Arabian History. Notes on New MSS. from Ḥaḍramawt', *B.S.O.A.S.* xiii (1949-50) (589-93면: 법과 관습).

_____ 'Two Tribal Law Cases (Documents)', *J.R.A.S.* 1951, 33-47, 156-69.

이슬람법에서의 조세 관련:

N. P. AGHNIDES, *Mohammedan Theories of Finance*, New York 1916 (reprinted Lahore 1961); Th. W. JUYNBOLL, art. 'Kharādj', A. GROHMANN, art. ''Ushr', J. SCHACHT, art. 'Zakāt', in *Shorter E.I.*; CL. CAHEN, artt. 'Darība (i)' and 'Djizya', in $E.I.^2$.

2 E. BUSSI, 'Del concetto di commercio e di commerciante nel pensiero giuridico musulmano in relazione alla storia generale del diritto', in *Studi in Memoria di Aldo Albertoni*, iii, Padua 1938, 7-53.

bay' al-wafā' 혹은 *bay' al-'uhda*에 관해서는: A. GOGUYER (위 참조), pp. 54 ff.; R. B. SERJEANT, in *B.S.O.A.S.* xiii (1949-50), 591-3.

suftaja 및 *ḥawāla*에 관해서는: R. GRASSHOFF, *Das Wechselrecht der Araber*, Berlin 1899 (also thesis, Königsberg: *Die suftaǵa and ḥawâla der Araber*); G. JACOB, 'Die ältesten Spuren des Wechsels', *M.S.O.S.* xxviii/2 (1925), 280 f.; MĀLIK B. ANAS, al-Muwaṭṭa', Kitāb *al-buyū'*, section on *al-'īna*; tansl. F. PELTIER, *Le Livre des ventes*, Algiers 1911, 52 f. (Jacob에 의해 번역된 구절보다 오래됨).

이슬람에서의 은행활동에 관해서는: W. J. FISCHEL, art. 'Djahbadh', in $E.I.^2$ (참고문헌 포함); S. LABIB, 'Geld umd Kredit. Studien zur Wirtschaftsgeschichte Ägyptens im Mittelalter', *Journal of the Economic and Social History of the Orient*, ii (1959), 225-46 (은행활동에 관해서는 238-42면); A. K. S. LAMBTON, 'The Merchant in Medieval Islam', in *A Locust's Leg, Studies in honour of S. H. Taqizadeh*, London 1962, 121-30.

'상인법'에 관해서는: L. GOLDSCHMIDT, 'Ursprünge des HAndelsrechts. Insbesondere: Sensal', *Zeitschr. ges. Handelsrecht*, xxviii (1882), 115-30; S. FRÄNKEL, *Die aramäischen Fremdwörter im Arabischen*, Leiden 1886, 186 (*simsār* 관련);

W. G. BEWES, *The Romance of the Law Merchant*, London 1923; E. Bussi, 'Contractus mohatrae', Rivista di storia del diritto italiano, v (1932), 492-519; *Max Weber on Law in Economy and Society*, ed. M. RHEINSTEIN, Cambridge Mass. 1954, 241 (60번에서 M. RHEINSTEIN에 의해 표명된 의혹들은 근거가 없다); J. SCHACHT in *XII Convegno 'Volta'*, Rome 1957, 215 (이슬람법의 다른 법들에 대한 간헐적 영향들에 관해서는 215-18면 참조).

3 J. SCHACHT, editions of Khaṣṣāf, *Kitāb al-Ḥiyal wal-Makhārij*, Hanover 1923; of Ḳazwīnī, *Kitāb al-Ḥiyal*, Leipzig 1930.

______ 'Die arabische ḥijal-Literatur', *Der Islam*, xv (1926), 211-32; further in *Der Islam*, xxii (1935), 220, and in *Revue Africaine*, xcvi (1952), 322-7.

H. LAMMENS, 'Les Ḥial dans le droit musulman' (in Arabic), *Al-Machriq*, xxix (1931), 641-6.

J. BAZ, *Essai sur la fraude à la loi en droit musulman*, Paris 1938.

G. W. J. DREWES, *De ḥila in het geding*, separately printed from *Gedenkboek . . . van het Rechtswetenschappelijk Hoger Onderwijs in Indonesië*, Groningen and Djakarta 1949.

특히 이자금지의 회피에 관해서는:

MĀLIK B. ANAS, *al-Muwaṭṭa', Kitāb al-buyū'*, section on *bay' al-'urbān*; transl. F. Peltier, 5 f.; cf. *Lisān al-'Arab*, s.v. *'īna*.

C. SNOUCK HURGRONJE, *Mekka in the latter part of the 19th century*, transl. J. H. Monahan, Leyden and London 1931, 4 f.

Th. W. JYUNBOLL, *Handbuch*, 274-6; *Handleiding*, 288-90.

M. S. A. KHAN, 'Mohammedan Laws against Usury and how they are evaded', *J.C.L.* 1929, 233-44.

D. SANTILLANA, *Istituzioni*, ii, 392-7.

O. TURAN, 'A Legal Document concerning Money-lending for Interst in Seljukian Turkey', *Professor Muhammad Shafi Presentation Volume*, Lahore 1955, 255-65 (대출의 담보로서 부동산을 맡기는 것에 대한 문서, 채권자에게 그 부동산의 일부를 사용할 권리를 부여한다, 697/1928에 Amasya의 *ḳāḍī*에 의해 만들어졌다).

선서에 따른 의무 회피에 관련해서는, cf. I. GOLDZIHER, *Streitschrift des Ġazālī gegen die Bāṭinijja- Sekte*, Leiden 1916, 73-80 (아랍어 부분, 54-58).

On fictitious actions:

A. LATTES, 'Beni vacuf e procedimenti fittizi', *Scritti giuridici dedicati ed offerti a Giampietro Chironi*, iii, Turin 1915, 75-82.

4,5 † É. TYAN, 'Le notariat et le régime de la preuve par écrit dans la pratique du droit musulman', *Annales de l'École Française de Droit de Beyrouth*, 1945, no. 2; reprinted, Beyrouth 1959 (cf. J. SCHACHT, *Orientalia*, N.S. xvii (1948), 519-22).

J. LÓPEZ ORTIZ, 'Formularios notariales de la España musulmana', *La Ciudad de Dios*, cxlv (1926), 260-75.

______ *La jurisprudencia y el estilo de los tribunales musulmanes de España*, Madrid 1933 (spearately printed from *Anuario de historia del derecho español*).

R. BRUNSCHVIG, *La Berbérie orientale sous les Ḥafṣides*, ii, Paris 1947, 135-8 (*'udūl* 관련).

F. ROSENTHAL, 'Significant Uses of Arabic Writing', *Ars Orientalis*, iv (1961), 15-23 (22면 이하).

shurūṭ에 대한 문헌에 관해서는: 판(版)들과 번역문들의 선집(選集):

I. GOLDZIHER, *Muhammedanische Studien* ii, Halle 1890, 233, 253 (transl. L. BERCHER, *Études sur la tradition islamique*, Paris 1952, 292, 316).

하나피파(Ḥanafī)의 저자들:

SHAYBĀNĪ (사망 189/804): 그의 *Kitāb al-Shurūṭ*는 발췌분들로 존재하며, Sarakhsī (사망 483/1090)의 논평(*Mabsūṭ*)에 포함되어 있다, in the *Mabsūṭ* of this last (vol. xxx, Cairo 1331, 167-209).

KHAṢṢĀF (d. 261/874), *ḥiyal, adab al-ḳaḍī, wakf*, 및 *nafaḳāt*에 대해서도 집필한 사람으로, *shurūṭ*에 대해 세 연구물들을 작성한 바 있다. (*Kitāb al-Fihrist*, 206).

AḤMAD IBN ZAYD (3세기/10세기의 또 다른 저자), 그 주제에 대한 특별한 관심 때문에 Shurūṭī라고 불렸으며, 마찬가지로 *shurūṭ*에 대해 세 개의 연구물들을 작성한 바 있다 (*Kitāb al-Fihrist*, 208).

ṬAḤĀWĪ (d. 321/933), 역시 그의 학파(하나피파)에서의 위대한 권위자들 중 한 명이며, 가장 간결하고 가장 자세한 부분들이 존속한 *shurūṭ*에 관한 세 개의 연구물들의 저자이다 (two parts ed. J. SCHACHT in *Sitzungsber Heidelberger Akad. Wiss.*, Phil.-hist. Klasse, 1926/27, no. 4, and 1929/30, no. 5).

al-Fatāwā al-'Ālamgīriyya (11세기/17세기; 위의 94면 참조): 본 연구물은 두 개의 광범위한 장(章)들에서 학파(하나피파)의 권위적인 연구물들로부터의 다양한 발췌문들을 포함하고 있다 (vol. vi, Būlāḳ 1310, 160-248: *Kitāb al-maḥāḍir wal-sijillaāt*; 248-389: *Kitāb al-shurūṭ*).

S. ROUSSEAU, *A Dictionary of Mohammedan Law* [technical terms 'used in the East Indies'] . . . to which is added an appendix containing forms of . . . instruments and contracts of law, London 1802.

말리키파(Mālikī)의 저자들:

IBN MUGHNĪTH (사망 459/1067), *al-Muḳni'*, transl. S. VILA, *Abenmoguit, 'Formulario Notarial', Capítulo del matrimonio*, Madrid 1931 (separately printed from *Anuario de historia del derecho español*).

A. GONZÁLEZ PALENCIA, *Los Mozárabes de Toledo en los siglos XII y XIII*, i-iii and volumen preliminar, Madrid 1926-30 (Mozarabic documents drawn up in the technical forms of *wathā'iḳ*; cf. J. SCHACHT, *Der Islam*, xix (1931), 172-7; W. HOENERBACH, 'Some Notes on the Legal Language of Christian and Islamic Deeds', *J.A.O.S.* lxxxi (1961), 34-38).

_____ 'Documentos árabes del Cenete (siglos XII-XV)', *Al-Andalus*, v (1940), 301-82 (cf. ibid. vi (1941), 477-80).

L. SECO De LUCENA PAREDES, 'Documentos árabes granadinos', ibid. viii (1943), 415-29; ix (1944), 121-40.

_____ 'Actas notariales arábigogranadinas', *Miscelánea de estudios árabes y hebraicos*, ii (1953), 99-107.

_____ *Documentos arábigo-granadinos*, Madrid 1961 (9세기/15세기의 문서들).

J. BOSCH VILÁ, 'Los documentos árabes del archivo catedral de huesca', *R.I.E.E.I.* v (1957), 1-48 (6세기/12세기와 7세기/13세기의 문서들).

IBN SALMŪN (사망 767/1365), *al-'Iḳd al-Munaẓẓam lil-Ḥukkām*: J. LÓPEZ ORTIZ, *Algunos capítulos del formulario notarial de Abensalmún de Granada*, Madrid 1928 (separately printed from *Anuario de historia del derecho español*).

IBN FARḤŪN (사망 799/1397), *Tabṣirat al-Ḥukkām*; cf. WANSHARĪSĪ, *Kitāb al-Wilāyāt*, ed. and transl. Bruno and Gaudefroy-Demombynes, Appendixes I and II.

IBN 'ARḌŪN (사망 992/1584), *Kitāb al-Lā'iḳ li-Mu'allim al-Wathā'iḳ*; cf. G. S. COLIN, *J.A.* ccxxii (1933), 207.

MUḤAMMAD BANNĀNĪ FIR'AWN (사망 1281-82/1865; cf. *E.I.*^{2}, s.v. *Bannānī*), *Kitāb al-Wathā'iḳ*, transl. under the direction of F. GUAY, 'Formulaire des actes juridiques', *R.A.* 1932, 205-22; 1933, 272-338.

MUḤAMMAD TUWĀTĪ, *Majmū' al-Ifāda fī 'Ilm al-Shahāda*, transl. J. ABRIBAT, *Recueil de notions de droit musulman et d'actes notariés*, 1896.

말리키파(Mālikī)의 wathā'iḳ*에 대한 유럽의 연구물들:*

L.-J. BRESNIER, *Extrait de la chréstomathie arabe vulgaire*, troisième partie: Actes judiciaires, Algiers 1846.

E. LAUNE, *Formulaire arabe d'actes de procédure*, Oran 1890.

P. VASSEL, 'Über marokkanische Processpraxis', *M.S.O.S.* v/2 (1902), 1-63.

E. VIALA and MOHAMMED GENNADY, *Guide du traducteurm* Casablanca 1924.

E. ZEYS and MOHAMMED OULD SIDI SAÏD, *Recueil d'actes et de jugements arabes*, avec la traduction française, 2nd ed. by H. Pérès, Algiers 1946.

A. GUIRAUD, *Jurisprudence et procédure musulmanes*, Casablanca 1925, Tunis 1948.

J. LAPANNE JOINVILLE, 'L'action en pétition d'hérédité', *R.M.D.* ii (1950), 65-69 (on 'pratique judiciaire et notariale').

샤피이파(Shāfi'ī) 및 그 외 저자들:

SHĀFI'Ī (사망 204/820) wrote a *Kitāb al-shurūṭ* (*Kitāb al-Fihrist*, 210), 그리고 그의 두 개의 원본 문서들의 그의 *Kitāb al-Umm*에 포함되었다; cf. F. KERN, 'Zwei Urkunden vom Imām aš Šāfi'ī', *M.S.O.S.* vii/2 (1904), 53-68.

ABŪ THAWR (사망 240/854), MUZANĪ (사망 264/878), DĀWŪD IBN KHALAF (사망 270/887), and ṬABARĪ (사망 310/923) 마찬가지로 *shurūṭ*에 대한 연구물들을 작성하였다 (*Kitāb al-Fihrist*, 212, 217, 234; HĀJJĪ KHALĪFA *Lexicon*, iv, 46 f.).

NUWAYRĪ (사망 732/1332), *Nihayāt al-Arab fī Funūn al-Adab*: 본 연구물은 샤피이파(Shāfi'ī)의 저자인 Muḥammad ibn 'Abd Allāh al-Ṣayrafī (사망 330/942)의 *Mukhtaṣar al-Mukātabāt al-Badī'a*에 기초한 *shurūṭ*에 대한 절을 포함한다

(vol. ix, Cairo 1333, 1-160).
원본 문서들의 여러 판(版)들과 번역문들 중, 파피루스로 된 모음집은 특히 언급할 필요가 있다; cf., for instance, A. GROHMANN, *Arabic Papyri in the Egyptian Library*, i ff., Cairo 1934 ff.; A. DIETRICH, 'Die arabischen Urkunden', *Zum gegenwärtigen Stand der juristischen Papyrusforschung, Zeitschr. vergl. Rechtswiss.* lx (1957), 211-37.

6 J. SCHACHT, in *Der Islam*, xx (1932), 209-14, and in *S.I.* xii (196), 101-4.
J. H. KRAMERS, 'Droit de l'Islam et droit islamique', *A.H.D.O.* I (1937), 401-14.

제12장

1 G. MARÇAIS, *La Berérie musulmane et l'Orient au Moyen Âge*, Paris 1946, 238-45.
J. BOSCH VILÁ, *Los Almorávides*, Tetuan 1956.

2 위의 240면에서 북나이지리아에 대한 참고문헌을 참조하라.
독립 이후의 북나이지리아의 법적 발전에 대해서는, J. N. D. ANDERSON, 'Northern Nigerian Law: Judicial and Legal Developments in the Northern Region', *I.C.L.Q.* XII (1963), 282-94를 참조하라.

3 C. A. NALLINO, *L'Arabia Sa'ūdiana*, vol. i of *Raccolta di scritti*, Rome 1939, 75-80, 96-108, 123.
J. P. M. MENSING, *De bepaalde straffen in het ḥanbalietische recht*, Leiden 1936.
J. SCHACHT, in *A.J.C.L.* viii (1959), 136 f.
Ibn Saud의 법전 편찬 계획에 관해서는: *O.M.* viii (1928), 36-38; J. SCHACHT, loc. cit., 146 f.
상업포고령에 관해서는: A. D'EMILIA, 'Intorno al codice di commercio dell' Arabia Saudiana', *O.M.* xxxii (1952), 316-25.
P. T. HART, 'Application of Hanbalite and Decree Law to Foreigners in Saudi Arabia', *George Washington Law Review*, xxii (1953), 165-75.
예멘에 관해서는: G. W. BURY, *Arabia infelix*, London 1915, index, s.v. *Islamic code.*

4 C. VAN H. ENGERT, *A Report on Afghanistan*, Washington 1924 (Department of State, Division of Publications, Series C, no. 53), 75f., 97-99.

S. BECK, *Das Afghanische Strafgesetzbuch vom Jahre 1924 mit dem Zusatz vom Jahre 1925*, Berlin 1928 (separately printed from *W.I.* 1928, 67-157).

S. BECK and F. GROBBA, in *Rechtsvergleichendes Handwörterbuch*, ed. F. SCHLEGELBERGER, i, Berlin 1929, 289-310.

G.-H. BOUSQUET, *Du droit musulman et de son application effective dans le monde*, Algiers 1949, 17.

J. N. D. ANDERSON, 'The Future of Islamic Law in British Commonwealth Territories in Africa', in *African Law*, Duke University School of Law, Durham, N.C. 1962, 617-31.

S. D. GOITEIN, 'Commercial and Family Partnerships in the Countries of Medieval Islam', *Islamic Studies*, iii (1964), 315-37.

제13장

1 *H. A. R. GIBB and H. BOWEN, *Islamic Society and the West*, i/1, 2, London 1950-7 (특히 part 1, 19-25면, part 2, 70-138면, 그리고 색인 s.vv. *ḳaḍâ, ḳâḍî, ḳânûn, ḳânûn-nâme, muftî, muḥtesib, şerî'a, şeyḫü'l-Islâm, şubaşi, 'ulemâ.*

P. WITTEK, 'Devshirme and Sharī'a', *B.S.O.A.S.* xvii (1955), 271-8; cf. V. L. MÉNAGE, ibid. xviii (1956), 181-3.

V. L. MÉNAGE, art. 'Devshirme', in *E.I.*^{2}

B. LEWIS, art. "ARŪS RESMI', in *E.I.*^{2}

2 J. H. KRAMERS, art. 'Shaikh al-Islām', in *Shorter E.I.*; J. R. WALSH, art. 'Fatwā (ii), in *E.I.*^{2}

J. SCHACHT, art. 'Abu 'l-Su'ūd', in *E.I.*^{2}

*M. HARTMANN, in *Der Islam*, viii (1918), 313-17 (*Milli Tetebbüler Mecmuasi*에서의 익명의 중요한 출판물에 대한 보고서, i (1331/1915), 49-112, 305-48).

Abu'l-Su'ūd*와 부동산법에 관해서는:*

P. LEMERLE and P. WITTEK, 'Recherches sur l'histoire et le statut des monastères athonites sous la domination turque', *A.H.D.O.* iii (1948), 411-72 (pp. 427-30, 466-8); cf. J. SCHACHT, in *Classicisme et déclin culturel dans l'histoire de l'Islam*, Paris 1947, 151.

*ḳaḍī*의 권한에 대한 제한과 오스만 시효법에 관해서는, cf. É. TYAN, *Histoire de l'organisation judiciare en pays d'Islam*, 2nd ed., Leiden 1960, 353-6; J. SCHACHT, in *S.I.* xii (1960), 102 f.

P. HORSTER, *Zur Anwendung des islamischen Rechts im 16. Jahrhundert*, Stuttgart 1935, (edition and translation of a collection of *fatwās* of Abu'l-Su'ūd; unsatisfactory).

G. D. GALABOV and H. W. DUDA, *Die Protokollbücher des Kadiamtes Sofia*, Munich 1960.

F. SELLE, *Prozessrecht des 16. Jahrhunderts im osmanischen Reich*, Wiesbaden 1962 (edition and part translation of a collection of *fatwās* of Abu'l-Su'ūd and others).

3 J. SCHACHT, in *Der Islam*, xx (1932), 211 f.

J. DENY, art. 'Tīmār', in *E.I.*[1]

J. SAUVAGET, *Introduction à l'histoire de l'Orient musulman*, 2nd ed. by Cl. CAHEN, Paris 1961, 198 (*ḳānūn-nāmes*에 대한 추가적인 참고문헌).

*ÖMER LÛTFI BARKAN, *Kanunlar*, Istanbul 1945 (중요한 서론을 포함하고 있음).

H. INALCİK, 'Osmanli hukukuna giriç: örfi-sultani hukuk ve Fatih'in kanunlari', in *Siyasal Birgiler Fakültesi Dergisi*, xiii/2 (Ankara) 1958, 102-26.

*U. HEYD, *Ottoman Documents on Palestine 1552-1615*, Oxford 1960, 59-61; artt. 'Djazā (ii)' and 'Djurm', in *E.I.*[2] (형법 관련).

오스만인들의 전임자의 *ḳānūns* (*ḳānūn-nāmes*)에 관해서는, cf. B. LEWIS, in *B.S.O.A.S.* xvi (1954), 599; V. MINORSKY, ibid. xvii (1955), 449 f.

muḥtasib*와 공중도덕의 감시에 관해서는:*

G. JACOB, in *Der Islam*, ix (1919), 252 f.; the same, 'Türkische Sittenpolizei im 16. Jahrhundert', ibid. xi (1921), 254-9.

4 *후기의 오스만 제국의 발전에 관해서는:*

*I. MOURADGEA D'OHSSON, *Tableau général de l'Empire ottoman*, in 3 vols., Paris 1787-1820, in 7 vols., 1788-1824 (5권과 6권은 *Multaḳa 'l-Abḥur*에 기

초한 실제 법체제에 대한 설명을 포함하고 있다 [아래 261면]).

G. JÄSCHKE, 'Türkische Gesetzsammlungen', *W.I.* N.S. iii (1954), 225-34 (모든 시대에 대한 참고문헌).

J. H. KRAMERS, art. 'Tanẓīmāt', in *E.I.*[1]

J. SCHACHT, art. 'Meḥkeme', in *E.I.*[1], *Suppl.*

D. GATTESCHI, *Manuale di diritto pubblico e privato ottomano*, Alexandria 1865 ('민법'에 대한 파트3의 2절은 *Mejelle*가 등장하기 이전의 상황들을 반영한다).

E. SCHMIDT, 'Entwickelung und jetzige Verfassung der ordentlichen Gerichte . . . in der Türkei', *M.S.O.S.* i/2 (1898), 91-123.

J. KRGSMÁRIK, 'Beiträge zur Beleuchtung des islamitischen Strafrechts, mit Rücksicht auf Theorie und Praxis in der Türkei', *Z.D.M.G.* lviii (1904), 69-113, 316-62, 539-81.

G. BAER, 'Tanzimat in Egypt-the penal code', *B.S.O.A.S.* xxvi (1963), 29-49.

A. HEIDBORN, *Manuel de droit public et administratif de l'Empire ottoman*, I, Vienna and Leipzig 1908.

HİFZİ VELDET, *Kanunlaştirma hareketleri ve tanzimat*, Istanbul 1940 (separately printed from *Tanzimat*, i, 139-209; other papers in this collective volume are also relevant).

E. PRITSCH, 'Tanfīḏ al-aḥkām', *Z.D.M.G.* xcviii (1944), 238-81.

M. J. L. HARDY, *Blood Feuds*, &c. (위의 241면).

Mejelle*에 대한 번역문들:*

G. ARISTRACHI BEY, *Législation ottomane*, v and vi, Constantinople 1881-8.

SALĪM IBN RUSTAM BĀZ, Arabic translation with commentary, *Sharḥ al-Majalla*, 2 vols., Beyrouth 1888-89; 다른 아랍어 번역문들과 논평들이 존재한다.

W. E. GRIGSBY, *The Medjellé*, translated into English, London 1895; Sir Charles Tyser and others, *The Mejelle translated*, Nicosia 1901.

G. YOUNG, *Corps de droit ottoman*, vi, Oxford 1906.

C. A. HOOPER, *The Civil Law of Palestine and Trans-Jordan*, i, Jerusalem 1933, reprinted London 1934; ii, Jerusalme 1936 (commentary).

연구들:

C. SNOUCK HURGRONJE (1911), *Verspreide Geschriften*, iv/2, 260-6 (성문화 일반

관련).
J. H. KRAMERS, art. 'Medjelle', in *E.I.*[1]
E. BUSSI, 'Alcune moderne "codoficazioni" o "compilazioni" del diritto musulmano', *O.M.* xx (1940), 251-61.
_____ 'Introduzione ad una indagine comparativa fra il così detto "codice civile ottomano" e la compilazione privata di Muhammed Qadri Pascia', *A.H.D.O.* iii (1948), 473-84.
S. S. ONAR, 'La codification d'une partie du droit musulman dans l'Empire ottoman (Le Medjelle)' *A.F.D.I.* iii (1954), 90-128.
_____ *The Majalla*, in M. KHADDURI and H. J. LIEBESNY (edd.), *Law in the Middle East*, i, Washington 1955, 292-308.
S. D. GOITEIN, in S. D. GOITEIN and A. BEN SHEMESH, *Muslim Law in Israel*, Jerusalem 1957, 108-22 (히브리어).
ŞERUF ARIF MARDIN, 'Some Explanatory Notes on the Origins of the "Mecelle"', *W.I.* li (1961), 189-96, 274-9.
세속법으로서의 *Mejelle*의 조항들에 대한 다수의 기술적 연구들이 존재한다, 예로:
CH. CARDAHI, 'La possession en droit ottoman', *Revue critique de législation et de jurisprudence*, xlvi (1926), 201-38.
_____ 'Théorie générale des actions en droit musulman', *Bulletin de la Société de Législation Comparée*, lviii (1929), 379-99.
F. M. GOADBY, 'The Moslem Law of Civil Delict as illustrated by the Mejelle', *J.C.L.* 1939, 62-74.

5 L. OSTROROG, *The Angora Reform*, London 1927.
*G. JÄSCHKE, *Der Islam in der Neuen Türkei. Eine rechtsgeschichtliche Untersuchung*, Leiden 1951 = *W.I.* N.S. i/1-2; 'Berichtingungen und Nachträge', ibid. ii (1952), 278-87.
_____ 'Zur Form der Eheschileßung in der Türkei. Eine rechtsvergleichende Untersuchung', *W.I.* N.S. ii, (1952), 142-214.
_____ 'Die "Imām-Ehe" in der Türkei'm *W.I.* N.S. iv (1955), 164-201; cf. ibid. vi (1959), 139.
**Annales de la Faculté de Droit d'Istanbul*, v/6 (1956): *Le Colloque d'Istanbul* (*Septembre 1955*) (중요한 논문들의 모음집).
G.-H. BOUSQUET, 'Note sur les réformes de l'Islam albanais', *R.E.I.* 1935, 399-410.

______ 'Un exemple de laïcisation du droit musulman: le code civil albanais', *Introduction à l'étude du droit comparé . . . en l'honneur d'Édouard Lambert*, ii, Paris 1938, 643-6.

M. BEGOVITCH, *De l'évolution du droit musulman en Yougoslavie*, thesis, Algiers, 1930; cf. G.-H. BOUSQUET, in *R.A.* 1930, 203-6, and 1932, 202-4.

M. BEGOVIĆ, *Vakufi u Yugolaviyi* (*Les Waqfs en Jougoslavie*) (프랑스어 요약문 포함), Belgrade 1963.

F. BAJRAKTAREVIĆ, in *Archiv Orientální*, iii (1931), 503 (유고슬라비아에서의 이슬람법에 대한 출판물들의 참고문헌).

후기의 유고슬라비아의 발전에 관해서는: G.-H. BOUSQUET, in *R.A.* 1952, 14, and M. BEGOVIĆ, ibid. 1958, 12-17.

'Statuto della Communità religiosa islamica nella Repubblica Federativa Popolare Jugoslava', *O.M.* xliii (1963), 662-74.

Ch. N. FRAGISTAS, 'Le droit musulman en Grèce', *A.F.D.I.* iii/4 (1954), 129-41.

On the gradual abolition of Islamic law in Central Asia, see A. G. PARK, *Bolschevism in Turkestan 1917-1927*, New York 1957, 221-37.

제14장

1 A. S. BAZMEE ANSARI, art. 'al-Fatāwā al-'Ālamgīriyya', in *E.I.*[2]

Partial translations of the *Fatāwā al'-Ālamgīriyya*: N. B. E. BAILLIE, *The Moohummudan Law of Sale*, London 1850; *The Land Tax of India*, London 1853; *A Digest of Moohummedan Law*, i, London 1875, 2nd ed., 1887 ('인적 지위' 및 관련 주제들 관련); 3rd impression: Lahore 1957 (매매 등에 대한 보충자료 포함); MAHOMED ULLAH IBN S. JUNG, 'The Muslim Law of Pre-emption', in *Allahabad University Studies*, vii/1 (1931), 1-334.

2 SIR THOMAS W. ARNOLD, art. 'India', section 4, in *E.I.*[1]

SIR CHARLES FAWCETT, *The First Centure of British Justice in India*, London 1934 (1661-1773의 기간 관련).

*ABUL HUSAIN, *The History of Development of Muslim Law in British India*, Calcutta 1934.

*SIR BENJAMIN LINDSAY, in *Modern India and the West*, ed. L. S. S. O' MALLEY, London 1941, 107-37 (참고문헌 없음).

SIR GEORGE CLAUS RANKIN, *Background to Indian Law*, Cambridge 1946.

G.-H. BOUSQUET, *Du droit musulman et de son application effective dans le monde*, Algiers 1949, 50-65.

† W. H. MACNAGHTEN, *Reports of Cases determined in the Court of Nizamut Adawlut*, 2 vols., Calcutta 1827.

† _____ *Principles and Precedents of Moohummudan Law*, Calcutta 1825; 3rd ed., with additional notes, &c., by W. Sloan, Madras 1864; *Principles of Muhammadan Law* (선행연구 미포함, 추가 자료 포함), compiled by Prosunno Coomar Sen, Calcutta 1881.

† N. B. E. BAILLIE, *The Moohummudan Law of Sale*, and *The Land Tax of India* (위의 1번), introductions.

† SIR ROLAND KNYVET WILSON, *An Introduction to the Study of Anglo-Muhammadan Law*, London 1894.

I. MAHMUD, *Muslim Law of Succession and Administration*, Karachi 1958 (앵글로-이슬람법과 엄격한 이슬람법과의 다양성 관련).

A. A. A. FYZEE, 'Muhammadan Law in India', *Comparative Studies in Society and History*, v (1963), 401-15.

앵글로-이슬람법에 대한 다수의 핸드북들이 있다; 그 중 가장 중요한 것들은:

MAHOMED YUSOOF, *Mahomedan Law relating to Marriage*, Dower, *Divorce, Legitimacy and Guardianship of Minors*, 3 vols., Calcutta and London 1895-8 (아랍어 원문들에 대한 번역문들 포함).

A. F. M. ABDUR RAHMAN, *Institutes of Mussalman law: a Treatise on Personal Law*, Calcutta 1907 (아랍어 원문들의 발췌문 포함); Ḳadrī Pasha의 연구물에 영감을 받음.

SIR R. K. WILSON, *Anglo-Muhammadan Law*, 6th ed., London 1930.

F. B. TYABJI, *Muhammadan Law*, 3rd ed., Bombay 1940.

D. F. MULLA, *Principles of Mahomedan Law*, 14th ed., Calcutta 1955.

*A. A. A. FYZEE, *Outlines of Muhammadan Law*, 3rd e., London 1964 (가장 기본적이지만 이 핸드북들 중 가장 학술적이다; 참고문헌 포함).

AZIZ AHMAD, *Islamic Law in Theory and Practice*, Lahore 1956.

K. P. SAKSENA, *Muslim Law as administered in India and Pakistan*, 4th ed., Lucknow 1963.

BABU RAM VERNA, *Mohammedan Law in India and Pakistan*, 3rd ed,m Allahabad 1959.

아울러 further HAMID ALI, 'The Customary and Statutory Laws of the Muslims in India', *I.C.* xi (1937), 354-69, 444-54를 보라.

ZEKIYE EGLAR, *A Punjabi Village in Pakistan*, New York 1960, 6 f., 45, 186-90.

4 앵글로 이슬람법에서의 '가족 *wakfs*'에 관해서는 핸드북들을 참조.

A. A. A. FYZEE, 'The Impact of English Law on the Shariat in India', *Review of International Law*, xviii (Cairo 1962), 1-27.

KAMILA TYABJI, *Limited Interests in Muhammadan Law*, London 1949.

S. VESEY-FITZGERALD, *Muhammadan Law*, London 1931 ((이전의) 영국의 열대 아프리카 보호령들에서 통치된 이슬람법).

G. W. BARTHOLOMEW, 'Authority of Privy Council Decisions', *I.C.L.Q.* I (1952), 392-9.

J. N. D. ANDERSON, 'The Religious Element in Waqf Endowments', *J.R.C.A.S.* 1951, 292-9.

_____ *Islamic Law in Africa*, London 1954.

_____ 'Waqfs in East Africa', *J.A.L.* iii (1959), 152-64.

5 *알제리에서의 사법의 구조에 관해서는:*

M. MORAND, *Les Institutions judiciaires*, pp. 157-200, in L. MILLIOT and others, *L'Œuvre législative de la France en Algérie*, Paris 1930 (Collection du Centenaire de l'Algérie).

E. NORÈS, *L'Œuvre de la France en Algérie', La Justice*, Paris 1931 (Collection du Centenaire de l'Algérie),

J. ROUSSIER-THÉAUX, 'Le droit musulman en Algérie', *M.A.I.D.C.* iii/3, Rome 1953, 189-99.

H. J. LIEBESNY, *The Government of French North Africa*, Philadelphia 1943, especially pp. 105-21: Legal systems in the African Dependencies, and pp. 122-4: Guide to legal sources.

A. KNOERTZER, 'Des réformes accomplies en Algérie . . . dans le domaine de la justice musulmane', *R.A.* 1943-5, 1-38.

J. LAMBERT, *Manuel de législation algérienne*, Algiers 1952.

A. CANAC, 'L'évolution de l'organisation judiciaire en Algérie', *R.A.* 1956, 191-210.

J. ROUSSIER, 'L'application du chra' au Maghriib en 1959', *W.I.* N.S. vi (1961), 25-55.

J.-P. CHARNAY, 'Le Rôle de juge français dans l'élaboration du droit musulman algérien', *R.I.D.C.* xv (1963), 705-21.

La Vie musulmane en Algérie d'après la jurisprudence de la première moitié du XXe siècle, Paris 1965.

*Droit musulman algérien*에 대한 핸드북들과 연구들은 극히 많다; 그 중 가장 중요한 것들은:

SAUTAYRA and E. CHERBONNEAU, *Droit musulman. Du statut personnel et des successions*, 2 vols., Paris 1873-4.

E. ZEYS, *Traité élémentaire de droit musulman algérien*, 2 vols., Algiers 1885-6.

M. MORAND, *Études de droit musulman algérien*, Algiers 1910.

______ *Introduction à l'étude du droit musulman algérien*, Algiers 1921.

______ *Études de droit musulman et de droit coutumier berère*, Algiers 1931.

F. DULOUT, *Traité de droit musulman et algérien*, 4 vols., Algiers 1948-49 (프랑스 *jurisprudence* 관련).

*G.-H. BOUSQUET, *Précis de droit musulman principalement mâlékite et algérien*, i, 3rd ed., Algiers 1959, with supplement, 1960 (가장 기본적이지만 이 핸드북들 중 가장 학술적이다); for vol. ii, see above, p. 215.

The *Revue algérienne (tunisienne et marocaine) de législation et de jurisprudence*, Algiers 1885 ff., 주제에 대해 연구하는 데에 필수적이다.

최근의 입법에 관해서는:

J. ROUSSIER-THÉAUX, 'La neutralisation du droit de djebr', *Revue africaine*, lxxxi (1937), 1-8.

______ 'Déclaration à l'état civil et preuve du mariage conclu "more islamico" en Algérie', *R.A.* 1958, 1-11.

______ 'Le mariage du mineur de statut musulman', *R.A.* 1959, 51-67.

A. COLOMER, 'La réforme du régime des tutelles et de l'absence en droit musulman algérien', *R.A.*, 1959, 97-196.

______ 'La tutelle des mineurs en droit musulman algérien', *R.I.D.C.* xii (1960), 117-33.

Ordinance of 4 February 1959, and regulations: text in *R.A.* 1959/iii/1, 9 f., 25-30; *O.M.* xxxix (1959), 141 f. (text of the ordinance), 474 f., 567 f. (reactions).

*J. ROUSSIER, *Le Mariage et sa dissolution dans le statut civil local algérien*, Algiers 1960.

_____ 'Mariage et divorce en Algérie', *W.I.* N.S. vi (1961), 248-54.

On the 'Code Morand':

M. MORAND, *Avant-Projet de code du droit musulman algérien*, Algiers 1916 (자세한 주석 포함).

A. BEL, 'La codification du droit musulman en Algérie', *Revue de l'histoire des religions*, xcvi (1927), 175-92.

제15장

1 이슬람의 근대주의 일반, 위의 참고문헌의 237면 이하 참조.

2 E. BUSSI, 'Alcune moderne "codificazioni" o "compilazioni" del diritto musulmano', *O.M.* xx (1940), 252-61.

_____ 'Introduzione ad una indagine comparativa fra il così detto "codice civile ottomano" e la compilazione privata di Muhammed Qadri Pascia', *A.H.D.O.* iii (1948), 473-84.

HİFZİ VELDET VELIDEDEOĞLU, 'Le mouvement de codification dans les pays musulmans. Ses rapports avec les mouvements juridiques occidentaux', *A.F.D.I.* viii (1959), 1-55.

(MUḤAMMAD ḲADRĪ PASHĀ), *al-Aḥkām al-Shar'iyya fil-Aḥwāl al-Shakhṣiyya*, official French translation: *Droit musulman, Du statut personnel et des successions d'après le rite hanafite*, Alexandria 1875; official Italian translation Alexandria 1875; French translation also in E. CLAVEL, *Droit musulman Du statut personnel et des successions*, Paris 1895, ii, 261-424; *Code of Mohammedan Personal Law* by MOHAMMED KADRI PASHA, transl. by (Sir) Wasey Sterry and N. Abcarius, printed for the Sudan Government, London 1914; Arabic text and English translation also in A. F. M. ABDUR RAHMAN, *Institutes of Mussalman Law*, Calcutta 1907; commentary by MUḤAMMAD ZAYD AL-IBYĀNĪ BEY, *Sharḥ al-Aḥkām al-Shar'iyya*, &c., 3 vols., Cairo 1342/1924.

_____ *Murshid al-Ḥayrān ilā Ma'rifat Aḥwāl al-Insān fil-Mu'āmalāt al-Shar'iyya*, MUHAMMAD KADRI PASHA, *Droit musulman. Statut réel*, traduit de l'arabe par Abdulaziz Kahil Bey, Cairo 1893.

_____ *Ḳānūn al-'Adl wal-Inṣāf lil-Ḳaḍā' 'alā Mushkilāt al-Awḳāf*; MIHAMMAD KADRI PASHA, *Du wakf*, traduit de l'arabe par Abdulaziz Kahil Bey, Cairo 1896; U. PACE and V. SISTRO, *Code annoté du wakf*, Alexandria 1946.

'ABD AL-KARĪM AL-ḤILLĪ, *al-Aḥkām al-Ja'fariyya fil-Aḥwāl al-Shakhṣiyya*, Baghdad 1342/1923-4 (Ḳadrī Pasha에 의해 영감을 받은 열두 이맘파의 법의 사적 성문화).

ḳaḍī 법정의 구조에 관해서는: J. SCHACHT, art. 'Meḥkemeh', in *E.I.*^{2}, *Suppl.*; A. VON KREMER, *Aegypten*, Leipzig 1863, ii. 72-75; M. MACILWRAITH, 'The Mohammedan Law-Courts in Egypt', *The Nineteenth Century and after*, lxxx (1916), 740-54; L. MERCIER, 'Réorganisation égyptienne de la "justice du chraa"', *R.E.J.* 1931, 125-37; G.-H. BOUSQUET, *Du droit musulman et de son application effective dans le monde*, Algiers 1949.

3-12 *일반 연구 및 분석 연구*

J. SCHACHT, 'Šarī'a und Qānūn im modern Ägypten', *Der Islam*, xx (1932), 209-36; shortened French version: 'L'évolution moderne du droit musulman en Égypte', in *Mélanges Maspéro*, iii, Cairo 1935-40, 323-34.

CH. CARDAHI, 'Les infiltrations occidentales dans un domaine réservé: le statut personnel musulman', in *Introduction à l'étude du droit comparé . . . en l'honneur d'Édouard Lambert*, Paris 1938, ii, 604-20.

H. J. LIEBESNY, 'Religious Law and Westernization in the Modern Near East', *A.J.C.L.* ii (1953), 492-504.

_____ 'Impact of Western Law in the Countries of the Near East', *George Washington Law Review*, xxii (1953) 127-41.

J. SCHACHT, in *Classicisme et déclin culturel dans l'histoire de l'Islam*, Paris 1957, 151-8.

J. N. D. ANDERSON, *Islamic Law in the Modern World*, London 1959; 'The significance of Islamic Law in the World Today', *A.J.C.L.* ix (1960), 187-98 (대중적인 설명서들).

J. SCHACHT, 'Islamic Law in Contemporary States', *A.J.C.L.* vii (1959), 133-47.

_____ 'Problems of Modern Islamic Legislation', *S.I.* xii (1960), 99-129.

Y. LINANT DE BELLEFONDS, 'A propos d'un livre récent du recteur d'al- Azhar', *Orient*, v (1961), no. 19, 27-42 (on MAḤMŪD SHALTŪT, *al-Islām, 'Aḳīda wa-Sharī'a*, Cairo 1959).

단식에 대한 근대주의적 의견들: *O.M.* xxxv (1955), 249, 346; J. JOMIER and J. CORBON, in *Mélanges de l'Institut Dominicain d'études orientales du Caire*, iii (1956), 46-48; F. HOURS, 'A propos du jeûne du mois de Ramadan en Tunisie', *Orient*, iv (1960), no. 13, 43-52; G. OMAN, 'La questione del diguino di Ramaḍān', *W.I.* N.S. vii (1961), 39-66.

지역적 참고문헌들:

여러 국가들:

*G.-H. BOUSQUET, *Du droit musulman et de son application effective dans le monde*, Algiers 1949.

G. BUSSON DE JANSSENS, 'Les Wakfs dans l'Islam contemporain', *R.E.I.* 1951, 1-72.

J. N. D. ANDERSON, 'The Shari'a Today', *J.C.L.* xxxi (1949), nos. 3-4, 18-25.

*_____ 'Recent Developments in Sharī'a Law', i-ix, *M.W.* xl-xlii (1950-2).

_____ 'Recent Reforms in Family Law in the Arab World', *Zeitschr. vergl. Rechtswiss*. lxv (1963), 1-17.

CH. CARDAHI, 'La réception du droit occidental dans les systèmes juridiques orientaux', *M.A.I.D.C.* iii/3, Rome 1953, 147-67.

'ABD AL-RAZZĀḲ AḤMAD AL-SANHŪRĪ, 'al-Ḳānūn al-Madanī al-'Arabī (The Arab Civil Code)', in *al-'Ālam al-'Arabī*, ii, Cairo 1953, 5-29.

A. D'EMILIA, 'Intorno alla moderna attività legislativa di alcuni paesi musulmani nel campo del diritto privato', *O.M.* xxxiii (1953), 301-21.

_____ 'Intorno agli elementi constitutivi della compravendita secondo ivigenti condici di alcuni paesi musulmani', *A.D.C.S.L.* xxxii (1957), 82-117.

ṢUBḤĪ MAḤMASĀNĪ, *Al-Awḍā' al-Tashrī'iyya fil-Ḍuwal al-'Arabiyya Māḍīhā wa-Ḥāḍiruhā* (*Legal Systems in the Arab States. Past and Present*), Beyrouth 1957.

É. TYAN, 'Les rapports entre droit musulman et droit européen occidental, en matière de droit civil', in *Al-Andalus*, xxvi (1961), 323-36.

Y. LINANT DE BELLEFONDS, 'La répudiation dans l'Islam d'aujourd'hui', *R.I.D.C* xiv (1962), 521-48.

M. J. L. HARDY, *Blood Feuds*, &c.

M. BORRMANS, 'Codes de statut personnel et évolution sociale en certains pays musulmans', *IBLA*, xxvi (1963), 205-60.

오스만 제국의 가족권에 관한 법:

(축약된) 프랑스어 번역문: L. BOUVAT, 'Le code familial ottoman de 1917', *R.M.M.* xliii (1921), 5-26; French translation also in Abdul Karim Hussami, *Le Mariage et le divorce en droit musulman et particulièrement dans son application en Syrie* (thesis, Geneva) Lyons 1931, 219-36; Arabic translation in S. D. GOITEIN and A. BEN SHEMESH, *Muslim Law in Israel*, Jerusalem 1957, 292-311; also printed separately for the Israel Minisrty of Religious Affairs, *Ḳānūn Ḳarār Ḥuḳūḳ al-'Ā'ila*, Jerusalem 1957.

ZIYAEDDIN FAHRI, *Essai sur la transformation du code familial en Turquie*, Paris 1936 (thesis, Strasbourg 1935).

이집트:

J. SCHACHT, 'Šarī'a und Qānūn im modern Ägypten'.

A. SÉKALY, 'Le problème des wakfs en Égypte', *R.E.I.* 1929, 75-126, 277-337, 395-454, 601-59.

ABDEL FATTAH EL SAYED BEY, 'La situation de la femme mariée égyptienne après douze ans de réformes législatives', *Revue Al Qanoun wal Iqtisad*, xi (1932), no.2, 65-82.

A. SANHOURI, 'Le droit musulman comme élément de refonte du droit civil égyptien', *Introduction à l'étude du droit comparé*, ii, 621-42.

É. DE SZÀSZY, *Droit international privé comparé. Traité de législation comparée avec référence spéciale au droit égyptien et musulman*, Alexandria and Paris 1940.

J. N. D. ANDERSON, 'The Problem of Divorce in the Sharī'a Law of Islam. Measures of Reform in Modern Egypt', *J.R.C.A.S.* xxxvii (1950), 169-85.

_____ 'The Sharī'a and Civil Law', *I.Q.* i (1954), 29-46 (이집트와 시리아 관련).

R. BRUNSCHVIG, in *M.A.I.D.C.* iii/4, Rome 1955, 107-9 (유증에 관한 1946년의 법령 제71호 관련).

Y. LINANT DE BELLEFONDS, 'Immutabilité du droit musulman et réformes législatives en Égypte', *R.I.D.C.* vii (1955), 1-34.

_____ 'La suppression des juridictions de statut personnel en Égypte', ibid. viii (1956), 412-25.

1955년의 법령 제462호에 대한 독일어 번역문: *W.I.* N.S. v (1958), 254-9; 본 법률에 대한 추가적인 참고문헌에 관해서는 *S.I.* xii (1960), 114, n. 1를 참조하라.
A. D'EMILIA, 'Il diritto musulmano e il nuovo codice civile egiziano', *A.D.C.S.L.* xxxi (1956), 114-36.
Y. LINANT DE BELLEFONDS, 'Le droit musulman et le noveau code civil égyptien', *R.A.* 1956, 211-22.
G. M. BADR, 'The New Egyptian Civil Code and the Unification of the Laws of the Arab Countries', *Tulane Law Review*, xxx (1956), 299-324.
On the project of 1956: N. Tomiche, in *Orient*, i (1957), no. 3, 111-18.
On the draft Code of Personal Status of 1962: *al-Ahrām* (Cairo) of 1 March 1962 (cf. *Muslim Bulletin*, Muslim and Druze Division of the Israel Ministry of Religious Affairs, viii (1963), nos. 3-4, 46 f.).
*J. BRUGMAN, *De betekenis van het Mohammedaanse recht in het hedendaagse Egypte* (*The Place of Islamic Law in Comtemporary Egypt*), (thesis, Leiden), The Hague 1960.

이집트에서 적용된 이슬람법의 제도들에 대한 선별된 기술적 연구들:
AZIZ BEY HANKI, *Du wakf. Recueil de jurisprudence des Tribunaux Mixtes, Indigènes et Mehkémehs Chariehs*, Cairo 1914.
ABD EL-HAMID BADAWI BEY, 'Du principe qu'en droit musulman la succession n'est ouverte qu'après acquittement des dettes', *L'Égypte contemporaine*, v (1914), 14-40.
MAHMOUD FAHMY, *De la préemption immobilière en droit égyptien*, thesis, Paris 1928.
A. K. SABBAGH, *Les Méglis hasbys et la protection des biens des mineurs en Égypte*, thesis, Paris 1931.
ABD EL-FATTAH EL-SAYED BEY, *La Filiation en droit égyptien*, Paris 1932.
S. CADÉMÉNOS, 'De l'acquisition du bien wakf par la prescription', *L'Égypte contemporaine*, xxv (1934), 543-80.
AZIZ BEY HANKI, 'Effet de la divergence de pays sur le droit à la succession', *R.E.I.* 1935, 179-86 (이집트 및 다른 근동 국가들 관련).
EL-SAID MOSTAFA EL-SAID, *De l'étendue et de l'exercise des droits conjugaux, Étude de droit musulman et de droit égyptien modrne*, Cairo 1936 (근대주의적 목적들에 대한 문서).

MUḤAMMAD AḤMAD FARAJ AL-SANHŪRĪ, *Majmū'at al-Ḳawānīn al-Miṣriyya al-Mukhtāra min al-Fiḳh al-Islāmī* (*Corpus of the Egyptian Laws derived from Islamic Jurisprudence*), iii (*The Law of Wakf*), 2 vols., Cairo 1949.

수단:

J. N. D. ANDERSON, 'Recent Developments in Shari'a Law in the Sudan', *Sudan Notes and Records*, xxxi (195), 82-104.

_____ 'The Modernization of Islamic Law in the Sudan', *Sudan Law Journal and Reports*, 1960, 292-312.

E. GUTTMANN, 'The Reception of the Common Law in the Sudan', *I.C.L.Q.* vi (1957), 401-17.

P. S. ATIYAH, 'Some Problems of Family Law in the Sudan Republic', *Sudan Notes and Records*, xxxix (1958), 88-100.

MUHAMMAD AKU RANNAT, 'The Relationship between Islamic and Customary Law in the Sudan', *J.A.L.* iv (1960), 9-16.

팔레스타인, 트랜스요르단, 이스라엘:

F. M. GOADBY, *International and Inter-Religious Private Law in Palestine*, Jerusalem 1926.

_____ 'Palestinian Law, Sources and Judicial Organization', *Travaux de l'Académie Internationale de Droit Comparé*, i/1, Berlin 1929, 39-52.

C. A. HOOPER, *The Civil Law of Palestine and Transjordan.*

J. SUSSMANN, 'Law and Judicial Practice in Israel', *J.C.L.* xxxii (1950), nos. 3-4, 29-31.

S. D. GOITEIN and A. BEN SHEMESH, *Muslim Law in Israel*, Jerusalem 1957 (in Hebrew).

'Zum Eherecht der Muslims in Israel', *W.I.* N.S. v (1958), 269 f.

요르단:

J. N. D. ANDERSON, 'Recent Developments in Sharī'a Law, VIII. The Jordanian Law of Family Rights 1951', *M.W.* xlii (1952), 190-206.

E. T. MOGANNAM, 'The Practical Application of the Law in certain Arab States', *George Washington Law Review*, xxii (1953), 142-55 (요르단 및 시리아 관련).

레바논:

CH. CARDAHI, *Le Code des obligations du Liban*, Paris 1932.

A, D'EMILIA, 'Le varie spezie di obbligazioni nel codice libanese delle obbligazioni e dei contratti del 1932', *O.M.* xxvii (1947), 225-32.

B. TABBAH, 'Le wakf', *Annales de l'École Française de Droit de Beyrouth*, iii (1947), no. 1, 67-129 (reprinted in his *Proriété privée et registre foncier*, i, Paris 1947).

_____ 'La préemption ou chefa'a', *Annales de l'École Française de Droit de Beyrouth*, v (1949), 5-84 (reprinted in his *Proriété privée et registre foncier*, ii).

P. GANNAGÉ, 'La compétence des juridictions confessionnelles au Liban et en Syrie', *Annales de l'École Française de Droit de Beyrouth*, iv (1948), nos. 1-2, 199-247.

Text of the law of 1951 on the competence of the confessional jurisdictions in *O.M.* xxxvi (1956), 14-17, and in *C.O.C.* viii (1951), 13-16.

N. EDELBY, 'A propos de la loi libanaise . . . sur la compétence des juridictions religieuses', *Proche-Orient chrétien*, ii (1952), 58-68.

J. N. D. ANDERSON, 'The Personal Law of the Druze Community', *W.I.* N.S. ii (1952), 1-9, 83-94.

É. TYAN, *Notes sommaires sur le nouveau régime successoral au Liban*, Paris 1960 (*Annales de la Faculté de Droit, Université St.-Joseph, Beyrouth*) (on the law of 1959); shorter version in *Mélanges en l'honneur de Paul Roubier*, Paris 1961, ii, 249-81.

시리아:

A. KOUATLY, *Étude comparative du droit de préemption . . . et son évolution en droit syrien*, Damascus 1948.

On the legislation of 1949: *C.O.C.* vi (1949), 160, 162; vii (1950), 15, n. 2.

MUṢṬAFĀ AḤMAD AL-ZARḲĀ', *al-Madkhal al-Fiḳhī al-'Āmm ilal-Ḥuḳūḳ al-Madaniyya* (*General Introduction to the Civil Law of Islamic Jurisprudence*), Damascus 1952.

E. T. MOGANNAM, *The Practical Application of the Law in certain Arab States* (see above, under *Jordan*).

J. N. D. ANDERSON, *The Sharī'a and Civil Law* (see above, under *Egypt*).

_____ 'The Syrian Law of Personal Status', *B.S.O.A.S.* xvii (1955), 34-49.

G, M. BADR, *The New Egyptian Civil Code* . . . (see above, under *Egypt*).

키프로스:

J. N. D. ANDERSON, 'The Family Law of the Turkish Cypriots', *W.I.* N.S. v (1958), 161-87.

이라크:

Z. E. JWAIDEH, 'The New Civil Code of Iraq', *George Washington Law Review*, 1953, 176-86 (역사적 서론 포함).

J. N. D. ANDERSON, 'A Draft Code of Personal Law for 'Irāq', *B.S.O.A.S.* xv (1953), 43-60.

_____ 'A Law of Personal Status for Iraq', *I.C.L.Q.* ix (1960), 542-63.

_____ 'Changes in the Law of Personal Status in Iraq', *I.C.L.Q.* xii (1963), 1026-31.

Y. LINANT DE BELLEFONDS, 'Le code du statut personnel irakien du 30 décembre 1959, *S.I.* xiii (1960), 79-135.

G. KROTKOFF, 'Beduinenrecht und gesatztes Recht', *Wiener Zeitschrift für die Kunde des Morgenlandes*, lvi (1960), 99-108 (베두인에 관한 특별 규제 관련, 1916-58).

N. F. KÜPPERS, 'Das irakische Zivilgesetzbuch', *Zeitschr. vergl. Rechtswiss.* lxii (1960), 181-98, lxiii (1961), 1-44.

이란:

R. AGHABABIAN, *Législation iranienne actuelle intéressant les étrangers et les Iraniens à l'étramger*, Tehran 1939 (헌법, 민법의 법원, 사법해정, 형법, 그리고 가족 및 상속법에 대한 조사).

_____ *Législation iranienne actuelle. Lois constitutionnelles, code civil iranien, status particuliers*, Paris 1951.

1931년의 혼인 및 이혼법에 관해서는: *O.M.* xii (1931), 494-7.

M. HABIB, 'The Administration of justice in Modern Persia', *I.C.* vii (1933), 234-48, 410-16, 573-82.

J. GREENFIELD, 'Die geistlichen Schariagerichte in Persien und die moderne Gesetzgebung', *Zeitschr. vergl. Rechtswiss.* xlviii (1934), 157-67; also in *Rechtsvergleichendes Handwörterbuch*, ed. F. Schlegelberger, i, Berlin 1929, 427-65.

A. AMIR-SOLEYMANI, *La Formation et les effets des contrats en droit iranien,*

Paris 1936 (also thesis, Paris: *Étude comparative sur la formation . . .*) (이란 민법의 역사 및 법원에 대한 서론 포함).

A. BASSIDJI, *La Situation juridique de la femme en Iran, thesis*, Paris 1936 (이란 민법의 관련 절들의 부록에서의 번역문 포함).

DJALAL ABDOH, *L'Élément psychologique dans les contrats suivant la conception iranienne*, thesis, Paris 1937 (이란 민법의 역사에 대한 서론 포함).

A.-M. AMIRIAN, *Le Mouvement législatif en Iran et le mariage en droit et en fait*, Paris 1937.

______ *Le Mariage en droits iranien et musulman*, i: *Formation*. Paris 1938 (also thesis, Paris: *La Formation du mariage . . .*) (부록에 이란의 법들로부터의 번역문들 포함).

M. AMID, *Le Divorce en droit iranien*, thesis, Paris 1939.

IBRAHIM DOCTEUR-ZADEH, *De la validité des contrats sur la chose d'autrui en droit positif iranien*, Paris 1939 (주의하여 활용하라).

L. LOCKHART, 'The Constitutional Laws of Persia', *M.E.J.* xiii (1959), 372-88 (*'ulamā'* 위원회에 대한 380면 이하).

A. D'EMILIA, in *O.M.* xliv (1964), 308.

파키스탄:

문서:

ABDUR RAHIM, *The Principles of Muhammadan Jurisprudence*, London and Madras 1911, 168-92 (reprinted Lahore 1958).

S. KHUDA BUKHSH, *Essays Indian and Islamic*, London 1912, 287-95.

S, 'ABDUR-RAHMĀN, *Eine kritische Prüfung der Quellen des Islamitischen Rechts*, Oxford University Press 1914 (cf. H. P. SMITH, in *American Journal of Semitic Languages and Literatures*, xxxvi (1920), 302-9).

K. A. FARUKI, *Ijma and the Gate of Ijtihad*, Karachi 1954 (cf. J. SCHACHT, in *Classicisme et déclin culturel*, 153-5).

______ *Islamic Jurisprudence*, Karachi 1962.

ABDUL A'LA MAUDOODI, *Islamic Law and Constitution*, Karachi 1955.

______ *The Islamic Law and its Introduction in Pakistan*, Karachi 1955.

______ *The Limits of Legislation in Islam and the Place of Ijtihād in it* (in Urdū), in *International Islamic Colloquium December 29, 1957 - January 8, 1958*, Lahore 1960, Appendix ii, 21-28.

1961년 무슬림 가족법령: text in *Dawn* (Karachi) of 3 March 1961; French transl. in *R.A.* 1961, 73-78.

연구들:

N. J. COULSON, 'Reform of Family Law in Pakistan', *S.I.* vii (1956), 133-55.

K. J. NEWMAN, *Essays on the Constitution of Pakistan*, Dacca 1956.

A. CHAPY, 'L'Islam dans la constitution du Pakistan', Orient, i (1957), no. 3, 120-7.

A. GLEDHILL, *Pakistan. The Development of its Law and Constitution*, London 1957.

J. ROUSSIER, 'L'ordonnance du 2 mars 1961 sur le droit de famille au Pakistan', *R.I.D.C.* xiii (1961), 799-808.

MANZOORUDDIN AHMED, 'Islamic Aspects of the New Constitution of Pakistan', *Islamic Studies*, ii (1963), 249-86.

A. D'EMILIA, 'L'Islām e la costituzione pakistana del 1962', *O.M.* xliii (1963), 415-26.

인도네시아:

J. PRINS, art. "Āda (iv)', in *E.I.*²

리비아:

E. BUSSI, 'Alcune moderne "codificazioni" o "compilazioni" del diritto musulmano', *O.M.* xx (1940), 251-61 (리비아의 저자인 Muḥammad 'Āmir에 의한 말리키파(Mālikī)의 법의 사적 성문화인 *Mulakhkhaṣ al-Aḥkām al-Shar'iyya* 관련, 1937-8).

C. A. NALLINO, *Cadi* (1937), *Raccolta di scritti*, ii, 1942, 27-39 (31-34 on Libya, 34-39 on Eritrea and Somalia).

V. CATTANEO, *La 'scefaa' nel diritto coloniale italiano*, Padua 1944.

A. D'EMILIA, 'La giurisprudenza del Tribunale superiore sciaraitico della Libia in materia di fidanzamento matrimonio e divorzio (1929-1941)', *R.S.O.* xxi (1946), 15-50.

_____ 'Per il nuovo diritto libico delle obbligazioni', *Atti del TerzonConvegno di Studi Africani*, Florence 1948, 156-72.

A. M. QASEM, 'A Judicial Experiment in Libya: Unification of Civil and Shariat Courts', *I.C.L.Q.* iii (1954), 134-7.

G. M. BADR, *The New Egyptian Civil Code* . . . (위의 이집트 항목을 참조).

튀니지:

B. GUIGA, *Essai sur l'évolution du chrâa et son application judiciare en Tunisie*, thesis, Paris 1930.

R. SCEMANA, *Essai théorique et pratique sur le droit de chefaa en Tunisie*, (thesis, Paris) Tunis 1934.

On the political events of 1950: *O.M.* xxxiii (1953), 216.

G. N. SFEIR (transl.), 'The Tunisian Code of Personal Status', *M.E.J.* xi (1957). 309-18.

A. COLOMER, 'Le code du statut personnel tunisien', *R.A.* 1957, 115-239 (자세한 논평을 포함한 번역문).

J. ROUSSIER, 'Le code tunisien du statut personnel', *R.J.P.U.F.* xi (1957), 213-30.

J. N. D. ANDERSON, 'The Tunisian Law of Personal Status', *I.C.L.Q.* vii (1958), 262-79.

J. MAGNIN, 'Réformes juridiques en Tunisie', *IBLA*, xxi (1958), 77-92.

E. PRITSCH, 'Das tunesische Personenstandsgesetz', *W.I.* N.S. v (1958), 188-205.

On an interpretative law of 1958: *W.I.* N.S. vi (1959), 130-3.

J. ROUSSIER, 'Le mariage du mineur de statut musulman'.

_____ 'Dispositions nouvelles dans le statut successoral en droit tunisien', *S.I.* xii (1960), 131-44.

_____ 'Le livre du testament dans le nouveau code tunisien du statut personnel', *S.I.* xv (1961), 89-124.

_____ 'L'application du chra' au Maghrib en 1959'.

R. JAMBU-MERLIN, *Le Droit privé en Tunisie*, Paris 1960.

M. BORRMANS, 'Le Code tunisien de statut personnel et ses dernières modifications', *IBLA*, xxvii (1964), 63-71.

모로코:

R. MARTY, 'La justice civile musulmane au Maroc', *R.E.I.* 1931, 341-538, 1933, 185-294.

On the *dahir* of 16 May 1930: *O.M.* x (1930), 462 f. (text); 463-7 (reactions).

O. PESLE, *L'Organisation de la justice du chrâa par le Makhzen*, Casablanca 1941.

J. BERQUE, *Essai sur la méthode juridique maghrébine*, Rabat 1944 (with Appendix, pp. 111-37: *Le 'tajdîd al-fiqh' selon un juriste marocain moderne* [Muḥammad ibn al-Ḥasan al-Ḥajwī, al-Fikr al-Sāmī).

J. CAILLÉ, *Organisation judiciaire et procédure marocaines*, Paris 1948.

J. LAPANNE-JOINVILLE. 'L'émancipation des mineurs de 25 ans en droit malékite', *R.M.D.* v (1953), 158-66 (1938년 3월 14일의 dahir 관련).

J. LAPANNE-JOINVILLE. 'Les mesures conservatoires devant les juridictions du Chraa', ibid. ix (1957), 197-229.

Official French translation of the Moroccan *Mudawwana* in *R.A.* 1958/iii/2, 25-36, 38-44, 1959/iii/2, 1-11, 160 (also in *R.M.D.* x (1958), 254-70, 399-406; xi (1959), 49-56, 126-30).

J. N. D. ANDERSON, *Reforms in Family Law in Morocco, J.A.L.* ii (1958), 146-59.

J. LAPANNE-JOINVILLE, 'Le code marocain du statut personnel', *R.M.D.* xi (1959), 97-125 (also in *Revue juridique et politique d'outre-mer*, N.S. xiii (1959), 75-99).

J. ROUSSIER, 'Le mariage du mineur de statut musulman'.

_____ 'L'application du chra' au Maghrib en 1959'.

A. COLOMER, 'Le code du statut personnel marocain', *R.A.* 1961, 79-217 (also printed separately, together with the Arabic text, as *Droit musulman*, i, Rabat 1964).

_____ 'La tutelle des mineurs dans la Moudawwana ou code du statut personnel marocain', *R.I.D.C.* xiii (1961), 327-37.

J. N. D. ANDERSON, 'Recent Reforms in the Islamic Law of Inheritance', *I.C.L.Q.* xiv (1965), 349-65.

A. D'EMILIA, 'Intorno alle constituzioni provvisorie repubblicane del Yeme', *O,M.* xliv (1964), 301-12.

Orientalisches Recht, Leiden and Cologne 1964 (Handbuch der Orientalistik, Erste Abteilung, Ergänzungsband III), 344-440 (contributions by É. TYAN and J. BAZ on Lebanon and Syria, CHAFIK CHEHATA on Egypt, Ch. SAMARAN on Tunisia, J. ROUSSIER on Algeria, J. LAPANNE-JOINVILLE on Morocco).

말레이시아에 관해서는:

AHMAD BIN MOHAMED IBRAHIM, 'The Status of Muslim Women in Family Law in Malaysia and Brunei', *Malaya Law Review*, v (1963), 313-37; vi (1964), 40-82, 353-86.

_____ 'The Legal Positioin of the Muslims in Singapore', *World Muslim League* [*Magazine*], i/1-6 (Singapore 1963-64).

_____ 'The Administration of Muslim Family Law in Malaysia', *ibid.*, ii/3- (1965-).
Mrs. M. SIRAJ, 'The Shariah Court, Singapore', *ibid.*, i/1 (1963).

제16장

1 *Selected Authoritative Handbooks of Islamic Law* (가장 초기의 문서들에 대해서는 위의 228면을, 일반 참고문헌에 대해서는 C. Brockelmann, *Geschichte der arabischen Litteratur*[2], 2 vols., Leiden 1943-9; *Supplementbände*, 3 vols., Leiden 1937-42를 참조하라).

하나피파(Ḥanafī)의 연구물들:

ḲUDŪRĪ (사망 428/1036), *al-Mukhtaṣar*; part transl. G.-H. BOUSQUET and L. BERCHER, *Le Statut personnel en droit musulman hanefite*, Paris (1952).

SARAKHSĪ (사망 483/1090), *al-Mabsūṭ*.

KĀSĀNĪ (사망 587/1191), *Badā'i' al-Ṣanā'i'*.

MARGHĪNĀNĪ (사망 593/1196), *al-Hidāya*, with numerous commentaries, particularly the *Wiḳāyat al-Riwāya* by BURHĀN AL-DĪN MAḤMŪD AL-MAḤBŪBĪ (7세기/13세기); tansl. CHARLES HAMILTON, *The Hedaya*, 4 vols., London 1791, 2nd ed. 1870, reprinted Lahore 1957, 1963 (주의하여 활용하라).

ABUL-BARAKĀT AL-NASAFĪ (사망 710/1310), *Kanz al-Daḳā'iḳ*, 다수의 논평들, 특히 IBN NUJAYM (사망 970/1563)의 *al-Baḥr al-Rā'iḳ* 포함.

MAWLĀ KHUSRAW (사망 885/1480), *Ghurar al-Aḥkām*, 그리고 그의 논평인 *Durar al-Ḥukkām*.

IBRĀHĪM AL-ḤALABĪ (사망 956/1549), *Multaḳa 'l-Abḥur*; SHAYKHZĀDE (사망 1087/1667)의 논평인 *Majma' al-Anhur*; H. SAUVAIRE, *Le Moultaqa el abheur, avec commentaire abrégé du Madjma el anheur*, Marseiiles 1882 (Académie des Sciences, Belles-Lettres et Arts de Marseille) (본 저서의 체계적 부분은 본 작업물에 기초한다)에서 부분(매매, 금전교환, 보증에 대한 장) 번역됨.

IBN 'ĀBIDĪN (사망 1252/1836), *Radd al-Muḥtār 'ala 'l-Durr al-Mukhtār*.

ÖMER NASUHÎ BILMEN (이스탄불의 *muftī*), *Hukukı İslâmiyye ve Istılahatı Fıkhiyye Kamusu*, 6 vols., Istanbul 1950-5 (상세한 현대의 핸드북).

Collections of *fatwās* by Ḳāḍīkhān (사망 592/1196), Kardarī (사망 827/1414; *al-Fatāwā al-Bazzāziyya*), Ḳōnawī (사망 985/1577; *al-Fatāwā al-Ḥāmidiyya*), and Anḳirawī (사망 1098/1687).

말리키파(Mālikī)의 연구물들:

IBN ABĪ ZAYD AL-ḲAYRAWĀNĪ (사망 386/996), *al-Risāla*; transl. E. Fagnan, Paris 1914; L. BERCHER, Algiers 1945.

KHALĪL IBN ISḤĀḲ (사망 767/1365), *al-Mukhtaṣar*, 예로 Ḥaṭṭāb (사망 954/1547), Khirshī (사망 1101/1689), 그리고 Dardīr (사망 1201/1786) 및 Dasūḳī (사망 1230/1815)의 주석 다수의 논평들 포함; transl. I. GUIDI and D. SANTILLANA, *Sommario del Diritto Malechita*, 2 vols., Milan 1919 (권위있는 연구물); G.-H. BOUSQUET, *Abrégé de la loi musulmane selon le rite de l'imâm Mâlek*, 4 vols., Algiers 1956-62 (이전의 프랑스어 번역문들을 대체한다); E. FAGNAN, *Concordances arabes*, Algiers 1889.

IBN 'ĀṢIM (사망 829/1427), *Tuḥfat al-Ḥukkām*; transl. L. BERCHER, Algiers 1958.

'ABD ALLĀH GANNŪN, *Muḥādhi 'l-Zaḳḳāḳiyya*, ed. and transl. B. DE PARFENTIEF, *En suivant la Zaqqāqiya*, Paris 1958 (현대의 입문자들의 교본).

Fatwās of MUḤAMMAD 'ILLĪSH (사망 1299/1881), *Fatḥ al-'Alī al-Mālik*.

샤피이파(Shāfi'ī) 연구물들:

SHĪRĀZĪ (사망 476/1083), *al-Tabīh*; transl. G.-H. BOUSQUET, 4 vols., Algiers 1949-52.

GHAZZĀLĪ (사망 505/1111), *al-Wajīz*.

ABŪ SHUJĀ' (사망 593/1196), *al-Taḳrīb*; transl. G.-H. BOUSQUEt, *Abrégé de la loi musulmane selon le rite de l'imâm El-Châfi'î*, separately printed from *R.A.* 1935.

NAWAWĪ (사망 676/1277), *Minhāj al-Ṭālibīn*; transl. L. W. C. VAN DEN BERG, *Le Guide des zélés croyants*, 3 vols., Batavia 1882-1884 (매우 불만족스러움; Bousquet의 Shīrāzī의 번역본에 교정 있음).

____ *al-Majmū'*, Shīrāzī의 또 다른 연구물인 *al-Muhadhdhab*에 대한 논평; 보다 더 상세하지만 *the Minhāj*와 비교하여 덜 권위적임; Taḳī al-Dīn al-Subkī (사망 756/1355), *Takmilat al-Majmū'*에 의해 완성됨.

IBN ḲāSIM AL-GHAZZĪ (사망 918/1512), *Fatḥ al-Ḳarīb*, Abū Shujā', *al-Taḳrīb*에 대한

논평; transl. L. W. C. VAN DEN BERG, *La Révélation de l'Omniprésent*, Leiden 1895 (불만족스러움; Bousquet의 Shīrāzī의 번역본에 교정 있음).

IBN ḤAJAR (사망 975/1567), *Tuḥfat al-Muḥtāj*, 및

RAMLĪ (사망 1006/1596), *Nihājat al-Muḥtāj*; 본 Nawawī의 *Minhāj*에 대한 두 논평들은 샤피이(Shāfi'ī) 학파의 교리에 대한 권위적인 문서들이다.

IBRĀHĪM AL-BĀJŪRĪ (사망 1276/1860), Ibn Ḳāsim al-Ghazzī의 *Fatḥ al-Ḳarīb*에 대한 *ḥāshiya* (주석에 대한 주석); E. SACHAU, *Muhammedanisches Recht nach schafiitischer Lehre*, Stuttgart and Berlin 1897에서 부분적으로 요약됨 (종교적 의무, 성전 등에 대한 장들을 생략함) (cf. C. SNOUCK HURGRONJE, in *Z.D.M.G.* liii (1899), 125-67; reprinted in *Verspreide Geschriften*, ii. 367-414).

ALI BIN HEMEDI EL BUHRIY, *Mirathi*, a *Handbook of the Mahomedan Law of Inheritance*, transl. (Sir) Philip E. Mitchell, Nairobi (Government Printer) 1923, reprinted 1949; *Nikahi, a Handbook of the Law of Marriage in Islam*, transl. J. W. T. ALLEN, Dar es Salaam (Government Printer) 1959 (스와힐리어로된 현대의 입문자들의 교본들로부터의 번역문들).

Taḳī al-Dīn al-Subkī, Ibn Ḥajar, 및 Ramlī의 *fatwā* 모음집들.

한발리파(Ḥanbalī)의 연구물들:

KHIRAḲĪ (사망 334/945), *al-Mukhtaṣar*.

MUWAFFAḲ AL-DĪN IBN ḲUDĀMA (사망 620/1223), *al-Mughnī*, formally a commentary on the *Mukhtaṣar of Khiraḳī*; 백과서전적 연구물.

_____ *al-'Umda*, 축약된 논문; transl. H. LAOUST, *Le Précis de droit d'Ibn Qudāma*, Beyrouth 1950 (귀중한 서론 포함).

SHAMS AL-DĪN IBN ḲUDĀMA (사망 682/1284), *al-Sharḥ al-Kabīr*, Muwaffaḳ al-Dīn의 보다 더 상세한 핸드북인 *al-Muḳni'*에 대한 논평.

HIJĀWĪ (사망 968/1560), *al-Iḳnā'* (or *Zād al-Mustaḳni'*).

MAR'Ī IBN YŪSUF (사망 1033/1624), *Dalīl al-Ṭālib*; commentary by IBRĀHĪM IBN MUḤAMMAD IBN DŪYŪN (사망 1353/1934), *Manār al- Sabīl*, part transl. G. M. BAROODY, *Crime and Punishment under Hanbali Law*, privately printed 1962.

BAHŪTĪ (사망 1051/1641), *Sharḥ al-Muntahā*.

_____ *al-Rawḍ al-Murbi'*, Ḥijāwī의 *Iḳnā'*에 대한 논평; 마지막 네 연구물들은 사우디아라비아에서 규정된 교과서들이다.

자히리파(Ẓāhirī)의 연구물:

IBN ḤAZM (사망 456/1065), *al-Muḥallā.*

이바디파(Ibāḍī)의 연구물들:

'ALĪ IBN MUḤAMMAD BASYĀNĪ (혹은 Basyūnī; 5세기/11세기 중반), *al-Mukhtaṣar*; E. SACHAU, *Muhammedanisches Erbrecht nach der Lehre der Ibaditischen Araber von Zanzibar und Ostafrika, Sitzungsber. Preuss. Akad. Wiss.*, Phil.-hist. Kl., 1894, viii.

'ĀMIR IBN 'ALĪ AL-SHAMMĀKHĪ (사망 792/1389-90), *al-Īḍaḥ*; 아래에서 Mercier에 의해 발췌문이 번역됨.

'ABD AL-'AZĪZ IBN IBRĀHĪM AL-MUṢ'ABĪ (사망 1223/1808), *al-Nīl*; part transl. E. ZEYS, *Droit mozabite. Le Nil. Du mariage et de sa dissolution*, Algiers 1891 (separately printed from *R.A.* 1887, 1888, 1890); HUREAUX, *Droit mozabite. De la tutelle*, Algiers 1882; 아래에서 Mercier에 의해 발췌문이 번역됨.

MUḤAMMAD IBN YŪSUF AṬFIYĀSH (사망 1332/1914), *Sharḥ al-Nīl*, 선행 작업물에 대한 논평; 아래에서 Mercier에 의해 발췌문이 번역됨.

M. MERCIER, *Étude sur le waqf abadhite et ses applications au Mzab*, Algiers 1927.

자이디 쉬아파(Zaydī Shitte)의 연구물:

ḤUSAYN IBN AḤMAD AL-SIYĀGHĪ (사망 1221/1806), *al-Rawḍ al-Naḍīr*, Zayd ibn 'Ali의 *Majmū' al-Fiḳh*에 대한 논평.

열두 이맘파('Twelver' Shiite)의 연구물:

MUḤAḲḲIḲ AL-ḤILLĪ (사망 676/ 1277), *Sharā'i' al-Islām*; part transl. N. B. E. BAILLIE, *A Digest of Moohummudan Law*, ii, London 1869, reprinted Lahore 1958 ('인적 지위' 및 관련 주제들 관련); transl. A. QUERRY, *Droit musulman. Recueil de lois concernant les Musulmans schyites*, 2 vols., Paris 1871-2.

이스마일파(Ismā'īlī Shiite)의 연구물:

AL-ḲĀḌĪ NU'MĀN (사망 363/974), *Da'ā'im al-Islām*; part transl. A. A. A. FYZEE, *The Islmaili Law of Wills*, London 1933.

권위있는 작업들의 다른 목록들:

*J. H. HARINGTON, *Remarks upon the Authorities of Mosulman Law*, in *Asiatick Researches: or Transactions of the Society Instituted in Bengal*, x (Calcutta 1808), 475-512 (인도에서 사용된 하나피파(Ḥanafī)의 연구물들 관련).

*N. P. AGHNIDES, *Mohammedan Theories of Finance, with . . . Bibliography*, New York 1916, 117-94 (reprinted Lahore 1961).

TH. W. JUYNBOLL, *Handleiding*, 29-32, 373-8.

E. PRÖBSTER, in *Islamica*, iii/3 (1927), 352-4 (모로코에서 사용된 말리키파(Mālikī)의 연구물들 관련).

LÓPEZ ORTIZ, *Derecho musulmán*, 36-41 (스페인에서 사용된 말리키파(Mālikī)의 연구물들 관련).

*H. LAOUST, *Le Précis de droit d'Ibn Qudāma*, introduction.

IBN KHALDŪN (사망 808/1406), *al-Muḳaddima, faṣl* 6, §§ 7 (*fiḳh* 관련), 8 (*farā'iḍ* 관련), 9 (*uṣūl* 관련) 역시 참조하라; transl. MAC GUCKIN DE SLANE, *Les Prolégomènes*, iii, reprinted Paris 1938, 1-38; transl. F. ROSENTHAL, *The Muqaddimah*, iii, New York 1958, 3-30.

2 † G. BERGSTRÄSSER, *Zur Methode der* Fiqh-*Forschung*, Islamica, iv/3 (1930), 283/94.

3 W. HEFFENING, *Zum Aufbau der islamischen Rechtswerke*, in *Studien . . . Paul Kahle . . . überreicht*, Leiden 1935, 101-18 (J. SCHACHT, in *XII Convegno 'Volta'*, Rome 1957, 208).

주제들의 전통적 순서에 대한 논거들에 대해서는, SNOUCK HURGRONJE, *Verspreide Geschriften*, ii. 395, n. 1; Santillana, *Istituzioni*, 1. vii-ix를 참조하라.

farā'iḍ*에 대한 연구물들:*

IBN AL-MUTAḲḲINA (사망 579/1183), *Bughyat al-Bāḥith* (or *al-Raḥbiyya*), ed. and transl. WILLIAM JONES, *The Mahomedan Law of Succession*, London 1782 (하나피파(Ḥanafī)).

SIRĀJ AL-DĪN AL-SAJĀWANDĪ (6세기/12세기 말), *al-Sirājiyya*, ed. and transl. W. Jones, Calcutta 1792; the transl. often reprinted, e.g. with additions by A. RUMSEY, London 1869, Lahore 1959; text and transl. in MAHOMED-ULLAH IBN S. JUNG, *The Muslim Law of Inheritance*, Allahabad 1934 (Allahabad

University Studies, x); N. B. E BAILLIE, *The Moohummudan Law of Inheritance*, Calcutta 1832에 의한 본문으로부터의 발췌문을 포함한 요약문 (하나피파(Ḥanafī)).

IBRĀHĪM AL-TILIMSĀNĪ (사망 690/1291), *al-Manẓūma al-Tilimsāniyya*; digest by G. I. FAURE-BIGUET, *Abrégé des successions*, Valence 1912 말리키파 ((Mālikī)).

SHAYKH 'ABD AL ḲĀDIR (1304/1886에 작성됨), *al-Nahr al-Fā'iḍ fī Ilm al-Farā'iḍ*, ed. and transl. L. HIRSCH, *Der überfliessende Strom in der Wissenschaft des Erbrechts*, Leipzig 1891; text and transl., *Treatise on the Muhammedan Law, entitled 'The Overflowing River of the Science of Inheritance and Patrimony'*, &c., 2nd ed., Aden 1899 (하나피파(Ḥanafī) 및 샤피이파(Shāfi'ī)).

waḳf에 대한 연구물들 하나피파(Ḥanafī):

HILĀL AL-RA'Y (사망 245/859), *Aḥkām al-Waḳf.*

KHAṢṢĀF (사망 261/874), *Aḥkām al-Waḳf.*

IBRĀHĪM IBN MŪSĀ AL-ṬARĀBULUSĪ (사망 922/1516), *al-Is'af fī Aḥkām al-Awḳāf* (두 선행 연구물들에 기초함); part transl. in B. ADDA and E. D. GHALIOUNGHI, *Droit Musulman. Le wakf*, Alexandria 1893.

ḳaḍī*를 위한 실용적인 핸드북들:*

하나피파(Hanafī):

ṬARSŪSĪ (사망 758/1356), *Anfa' al-Wasā'il ilā Taḥrīr al-Masā'il.*

'ALĪ IBN KHALĪL AL-ṬARĀBULUSĪ (사망 844/1440), *Mu'īn al-Ḥukkām fīmā yataraddad bayn al-Khaṣmayn min al-Aḥkām.*

IBN AL-SHIḤNA (사망 921/1515), *Lisān al-Ḥukkām fī Ma'rifat al-Aḥkām.*

말리키파(Mālikī):

IBN FARḤŪN (사망 799/1397), *Tabṣirat al-Ḥukkām fī Uṣūl al-Aḳḍiya wa-Manāhij al-Aḥkām.*

furūḳ *에 대한 연구물들:*

J. SCHACHT, *Aus zwei arabischen* Furūq-*Büchern, Islamica*, ii/4 (1927), 505-37 (*furūḳ* 문헌에 대한 서론을 포함한 하나의 하나피파(Ḥanafī) 연구물 및 하나의 한발리파(Ḥanbalī) 연구물로부터의 발췌문들).

말리키파(Mālikī):
ḲARĀFĪ (사망 684/1285), *Anwār al-Burūḳ fī Anwā' al-Furūḳ*.
WANSHARĪSĪ (사망 914/1508), *'Uddat al-Furūḳ*.

ashbāh wa-naẓā'ir, ḳawā'id*에 대한 연구물들:*
IBN NUJAYM (사망 970/1563), *Kitāb al-Ashbāh wal-Naẓā'ir* (하나피파(Ḥanafī)).
SUYŪṬĪ (사망 911/1505), *Kitāb al-Ashbāh wal-Naẓā'ir* (샤피이파(Shāfi'ī).
IBN RAJAB (사망 795/1393), *al-Ḳawā'id* (한발리파(Ḥanbalī)).

기술적 용어들에 대한 연구물들:
ABUL-ḤAFṢ AL-NASAFĪ (사망 537/1142), *Ṭalibat al-Ṭalaba* (하나피파(Ḥanafī)).
IBN 'ARAFA (사망 803/1401), *Kitāb al-Ḥudūd al-Fiḳhiyya* (말리키파(Mālikī)).
NAWAWĪ (d. 676/1277), *Tahdhīb al-Asmā' wal-Lughāt* (두 번째 부분; 첫 번째 부분은 이슬람법에서 나타나는 고유명사들에 대한 사전이다) (샤피이파(Shāfi'ī)).
TAHĀNAWĪ (1158에 작성됨), *Kashf* (혹은 *Kashshāf*) *Iṣṭilāḥāt al-Funūn* (기술적 용어들에 대한 일반 사전).

ikhtilāf*에 대한 연구물들:*
ABU YŪSUF (사망 182/798), *al-Radd 'alā Siyar al-Awzā'ī*, and *Ikhtilāf Abī Ḥanīfa wa-bn Abī Laylā* (polemical).
SHAYBĀNĪ (사망 189/804), *Kitāb al-Ḥujaj* (polemical).
ṬABARĪ (사망 310/923), *Kitāb al-Ikhtilāf al-Fuḳahā'* (대부분 그의 전임자들의 작업물들의 발췌문들로 구성된다; 매우 광범위한 본 연구물에서 오직 두 부분들만이 잔존하였다).
ṬAḤĀWĪ (사망 321/933), *Sharḥ Ma'āni 'l-Āthār* (저자는 하나피파(Ḥanafī)의 관점에서 주장한다).
'ABD AL-WAHHĀB AL-BAGHDĀDĪ (사망 422/1031), *al-Ishrāf 'alā Masā'il al-Khilāf* (말리키파(Mālikī)의 핸드북).
IBN RUSHD AL-ḤAFĪD (아베로에스(Averroes), 철학자; 사망 595/1198), *Bidāyat al-Mujtahid* (cf. R. BRUNSCHVIG, 'Averroès juriste', in *Études d'orientalisme*

. . . *Lévi-Provençal*, I, Paris 1962, 35-68); part translations: A. LAÏMÈCHE, *Du mariage et de sa dissolution*, Algiers 1926; the same, *Des donations, des testaments, des successions, des jugements*, Algiers 1928; the same, *Livre des échanges*, Algiers 1940; G.-H. BOUSQUET, 'Le livre de l'interdiction', *R.A.* 1949, 41-49.

SHA'RĀNĪ (사망 973/1565), *al-Mīzān al-Kubrā* (Muḥammad ibn 'Abd al-Raḥmān al-Dimashḳī [780/1378에 작성됨]로부터 파생됨, *Raḥmat al-Umma*, 샤피이파(Shāfi'ī)의 핸드북); transl. M. PERRON, *Balance de la loi musulmane*, Algiers 1898.

Kitāb al-Fiḳh 'ala 'l-Madhāhib al-Arba'a (현대적 핸드북; i^2, 이집트 와끄프(Wakf)부(部)에 의해 출간됨, Cairo 1931; ii^2-iv, by 'ABD AL-RAḤMĀN AL-JAZĪRĪ, Cairo 1933-8; 완성되지 않음).

연구들: I. GOLDZIHER, *Die Ẓâhiriten*, Leipzig, 1884, 37-39; the same, 'Zur Litteratur des Ichtilâf al-madzâhib', *Z.D.M.G.* xxxviii (1884), 669-82; F. KERN, Ṭabarî's Iḫtilāf al-fuqahā'', ibid. lv (1901), 61-95.

ṭabaḳāt *에 대한 연구물들:*

중요한 초기의 자료는 Ibn al-Nadīm의 *Kitāb al-Fihrist* (377/987에 작성됨)의 fuḳahā' 와 그들의 저술물들을 다루던 제6절이었다.

하나피파(Ḥanafī)의 ṭabaḳāt

'ABD AL-ḲĀDIR IBN MUḤAMMAD (사망 775/1373), *al-Jawāhir al-Muḍī'a.*

MUḤAMMAD 'ABD AL-ḤAYY AL-LAKNAWĪ (사망 1304/1886), *al-Fawā'id al-Bahiyya.*

G. FLÜGEL, 'Die Classen der hanefitischen Rechtsgelehrten', *Abh. Kgl. Sächs. Ges. Wiss.* viii (1860), 267-358.

말리키파(Mālikī)의 ṭabaḳāt:

IBN FARḤŪN (사망 799/1397), *al-Dībāj al-Mudhahhab*; cf. E. FAGNAN, 'Les tabakāt malekites', *Homenaje a D. Francisco Codera*, Saragossa 1904, 105-13.

AḤMAD BĀBĀ AL-TUMBUKTĪ (사망 1036/1627), *Nayl al-Ibtihāj* (선행 연구물에 대한 보충자료).

MUḤAMMAD MAKHLŪF, *Shajarat al-Nūr al-Zakiyya*, 2 vols., Cairo 1349/1930-1350/1931.

R. CASTEJÓN CALDERÓN, *Los juristas hispano-musulmanes*, Madrid 1948.

샤피이파(Shāfi'ī)의 ṭabaḳāt:
IBN ABĪ YA'LĀ (사망 526/1133), *Ṭabaḳāt al-Ḥanābila.*
IBN RAJAB (사망 795/1392), *Ṭabaḳāt al-Ḥanābila* (선행 연구물에 대한 보충자료).

*ḳaḍī*들의 전기(傳記)들의 모음집들은 많이 존재한다:
KHUSHANĪ (사망 371/981), *Kitāb al-Ḳuḍāt bi-Ḳurṭuba.*
NUBĀHĪ (8세기/14세기), *Tārīkh Ḳuḍāt al-Andalus*, ed. E. Lévi-Provençal, Cairo 1948.
IBN ḤAJAR AL-'ASḲALĀNĪ (사망 852/1449), *Raf' al-Iṣr 'an Ḳuḍāt Miṣr.*
IBN ṬŪLŪN (사망 953/1546), *Ḳuḍāt Dimashḳ*, ed. Ṣalāḥ al-Dīn al-Munajjid, Damascus 1956.

5 uṣūl*에 대한 선별된 자료들:*
하나피파(Ḥanafī)의 연구물들:
PAZDAWĪ (사망 482/1089), *Kanz al-Wuṣūl ilā Ma'rifat al-Uṣūl.*
ABDUL-BARAKĀT AL-NASAFĪ (사망 710/1310), *Manār al-Anwār.*
ṢADR AL-SHARĪ'A AL-THĀNĪ (사망 747/1346), *Tanḳīḥ al-Uṣūl*, 저자 자신의 논평 포함, *al-Tawḍīh.*
IBN AL-HUMĀM (사망 861/1457), *al-Taḥrīr.*
MULLĀ KHUSRAW (사망 885/1480), *Mirḳāt al-Wuṣūl ila 'Ilm al-Uṣūl*, 저자 자신의 논평 포함, *Mir'āt al-Uṣūl.*

말리키파(Mālikī)의 연구물들:
IBN RUSHD AL-ḤAFĪD (사망 595/1198), *Bidāyat al-Mujtahid*에 대한 서문, transl. L. BERCHER, *Revue Tunisienne de Droit*. 1954, no. 3/4, 30-37 (cf. R. BRUNSCHVIG, in *Études d'orientalisme . . . Lévi-Provençal*, i. 44-56).
IBN AL-ḤĀJIB (사망 646/1249), *Mukhtaṣar al-Muntahā.*
SHĀṬIBĪ (사망 790/1388), *al-Muwāfaḳāt.*

샤피이파(Shāfi'ī)의 연구물들:
SHĀFI'Ī (사망 204/820), *al-Risāla* (*uṣūl*에 대해 작성된 첫 논문); digest by L. I.

GRAF, *Al-Shāfiʿī's verhandeling over de 'wortelen' van den fiḳh*, thesis, Leiden 1934; transl. M. KHADDURI, *Treatise on Moslem Jurisprudence*, Baltimore 1961; cf. also K. I. SEAMAAN, *Ash-Shafi'i's Risalah: Basic Ideas*, Lahore 1961 (법률 폐지에 대한 절들 포함).

MUZANĪ (사망 264/878), *Kitāb al-Amr wal-Nahy*, ed. and transl. R. BRUNSCHVIG, '"Le Livre de l'ordre et de la défense" d'al-Muzanī', *B.E.O.* xi (1945-6), 145-96.

IMĀM AL-ḤARAMAYN (사망 478/1085), *Kitāb al-Waraḳāt*; transl. L. BERCH (논평들로부터의 주석들 포함), *Revue Tunisienne*, N.S. I (1930), 93-105, 185-214.

GHAZZĀLĪ (사망 505/1111), *al-Mustaṣfā*.

TĀJ AL-DĪN AL-SUBKĪ (사망 771/1369), *Jam' al-Jawāmi'* (샤피이파(Shāfiʿī)와 말리키파(Mālikī) 저자들에 대해 논평하였음).

한발리파(Ḥanbalī)의 연구물들:

MUWAFFAḲ AL-DĪN IBN ḲUDĀMA (사망 620/1223), *Rawḍat al-Nāẓir*.

IBN TAYMIYYA (사망 728/1328), *Ma'ārij al-Wuṣul*, and *al-Ḳiyās fil-Shar' al-Islāmī*; transl. H. LAOUST, *Contribution à une étude de la méthodologie canonique de . . . B. Taimīya*, Cairo 1939.

IBN ḲAYYIM AL-JAWZIYYA (사망 751/1350), *I'lām al-Muwaḳḳi'īn*.

IBN BADARĀN (사망 1346/1927-28), *al-Madkhal ilā Madhhab al-Imām Aḥmad ibn Ḥanbal*.

자히리파(Ẓāhirī)의 연구물:

IBN ḤAZM (사망 456/1065), *Kitāb al-Iḥkām fī Uṣūl al-Aḥkām*.

무으타질라파(Mu'tazilī)의 연구물:

Ḳaḍī 'ABD al-JABBĀR (사망 415/1024), *al-Mughnī*, section xvii: *al-Shar'iyyāt*.

알모핫드(Almohads):

IBN TŪMART (사망 524/1130), *Le Livre de Mohammed Ibn Toumert*, introduction by I. GOLDZIHER, Algiers 1903.

현대 무슬림 저자들의 연구물들:

ṢUBḤĪ MAḤMASĀNĪ, *Falsafat al-Tashrī' fil-Islām* (*The Philosophy of Jurisprudence in Islam*), Beirut 1946; English transl. F. J. ZIADEH, *Falsafat al-Tashrī fi al-Islām*, Leiden 1961.

MUḤAMMAD ṬĀHIR IBN 'ĀSHŪR, *Maḳāṣid al-Sharī'a al-Islāmiyya* (*The Aims of Islamic Law*), Tunis 1366/1947.

'ABD AL-WAHHĀB KHALLĀF, *'Ilm Uṣūl al-Fiḳh*, 5th ed., Cairo 1952.

______ *Maṣādir al-Tashrī' al-Islāmī fīmā lā Naṣṣ fīh* (*Bases of Islamic Legislation in the Absence of Material Sources*), Cairo 1955.

MUṢṬAFĀ AḤMAD AL-ZARḲĀ', *al-Madkhal al-Fiḳhī al-'Āmm ilal-Ḥuḳūḳ al-Madaniyya* (*General Introduction to the Civil Law of Islamic Jurisprudence*), Damascus 1952.

'ABD AL-RAZZĀḲ AḤMAD AL-SANHŪRĪ, *Maṣādir al-Ḥaḳḳ fil-Fiḳh al-Islāmī* (*The Bases of Rights in Islamic Law*), i-vi, Cairo 1954-9.

'ALĪ AL-KHAFĪF, *Asbāb Ikhtilāf al-Fuḳahā'* (*Grounds of Disagreement of the Lawyers*), Cairo 1956.

요약문들:

C. SNOUCK HURGRONJE, *Selected Works*, 215-44, 268-89.

ABDUR RAHIM, *The Principles of Muhammadan Jurisprudence*, London and Madras 1911 (reprinted Lahore 1958) (근대주의자).

N. P. AGHNIDES, *Mohammedan Theories of Finance with an Introduction to Mohammedan Law and a Bibliography*, New York 1916, 23-156 (reprinted Lahore 1961) (저자 자신의 의견들은 주의하여 활용되어야 함).

B. DUCATI, *Sintesi del diritto musulmano*, Bologna 1926, 91-127.

O. PESLE, *Les Fondements du droit musulman*, Casablanca n.d.

L. MILLIOT, *Introduction*, 103-55 (자료들에 대한 참고문헌들이 부족함).

D. SANTILLANA, *Istituzioni*, i. 51-81.

*uṣūl*에 대한 위대한 고전적 연구물들 중 하나에 대한 상세한 설명서는 여전히 부족하다.

연구들:

Shorter E.I., artt. 'Idjmā'', 'Idjtihād' (D. B. Macdonald), 'Istiḥsān and Istiṣlāḥ' (R. Paret), 'Khaṭa'' (J. Schacht), 'Ḳiyās', 'Sunna' (후자의 것은 부분적으로 오래

되었다) (A. J. Wensinck), 'Taḳlīd', 'Uṣūl' (J. Schacht).

I. GOLDZIHER, 'Das Prinzip des istiṣḥâb in der muhammedanischen Gesetzwissenschaft', *Vienna Oriental Jouranl*, i (1887), 228-36; summary in French by G.-H. BOUSQUEt, in *Arabica*, vii (1960), 12-15.

_____ 'Über iǵmā".

J. LAPANNE-JOINVILLE, 'L'istiṣḥāb', *Travaux de la Semaine Internationale de Droit Musulman*, Paris 1953, 80-99 (주의하여 활용하라).

R. BRUNSCHVIG, 'Sur la doctrine de Mahdī Ibn Tūmart', *Arabica*, ii (1955), 137-49 (also in *Ignace Goldziher Memorial Volume*, ii, Jerusalem 1958, 1-13).

_____ 'Variations ur le thème du doute dans le fiqh‘, in *Studi orientalistici in onore di Giorgio Levi Della Vida*, Rome 1956, i. 61-82.

_____ art. 'Barā'a', in *E.I.*[2]

_____ in *Études d'orientalisme . . . Lévi-Provençal*, i. 44-56.

É. TYAN, 'Méthodologie et sources du droit en Islam (*Istiḥsān, Istiṣlāḥ, Siyāsa šar'iyya*)', *S.I.* x (1959), 79-109.

K. I. SEMAAN, 'Al-Nāsikh wa-al-Mansūkh. Abrogation and its Application in Islam', *I.Q.* vi/1-2 (1961), 11-29 (위의 *샤피이파(Shāfi'ī)의 연구물들* 역시 참조하라).

T. KOÇYIĞIT, 'Kitap ve sunnette nesh meselesi' (*The Question of Abrogation in Koran and Sunna*), *İlâhiyat Fakültesi Dergisi*, xi (Ankara 1963), 93-108.

On 'Twelver' Shiite uṣūl*:*

M. M. MORENO, in *A.I.U.O.N.* N.S. iii (1949), 300-2.

NAWAWĪ (사망 676/1277), *Minhāj al-Ṭālibīn*; transl. into English from the French by E. C. Howard, London 1914.

Orientalisches Recht, Leiden and Cologne 1964 (Handbuch der Orientalistik, Erste Abteilung, Ergänzungsband III), 237-70 (by the late E. PRITSCH and O. SPIES).

ZAḲḲĀḲ (사망 912/1506), *al-Lāmiyya.*

ABUL-ḤUSAYN MUḤAMMAD IBN 'ALĪ IBN AL-ṬAYYIB AL-BAṢRĪ (사망 436/1044), *al-Mu'tamad fī Uṣūl al-Fiḳh.*

MUḤAMMAD AL-KHUḌRĪ, *Uṣūl al-Fiḳh*, Cairo 1962.

MUḤAMMAD ADĪB ṢĀLIḤ, *Tafsīr al-Nuṣūṣ fil-Fiḳh al-Islāmī* (*The Interpretation of Material Sources in Islamic Law*), Damascus 1964.

第17장

1 A. J. WENSINCK, art. 'Nīya', in *Shorter E.I.*

CHOUKRI CARDAHI, 'La valeur juridique du silence en droit musulman et en droit libanais', *Mélanges à la mémoire de Paul Huvelin*, Paris 1938, 47-74.

P. DIB, *Essai sur une théorie des mobiles en droit civil ḥanafite*, Beyrouth 1952.

Y. LINANT DE BELLEFONDS, 'Volonté interne et volonté déclarée en droit musulman', *R.I.D.C.* x (1958), 510-21.

_____ art. 'Ḍarūra', in *E.I.*²

W. MANSBACH, '"Laesio enormis" in Muhammadan Law', *B.S.O.A.S.* x (1940-2), 877-85.

Z. A. RIFAÏ, *Le Consentement et les vices du consentement en droit musulman hanafite*, thesis, Nancy 1933.

ṢUBḤĪ MAḤMASĀNĪ, *al-Naẓariyya al-'Āmma lil-Mūjabāt wal-'Uḳūd fil-Sharī'a al-Islāmiyya* (*The General Theory of the Law of Obligations and Contracts under Muhammadan Jurisprudence*), 2 vols., Beyrouth 1948.

I. GOLDZIHER, 'Das Prinzip der taḳijja im Islam', *Z.D.M.G.* lx (1906), 213-26 (summary in French by G.-H. BOUSQUET, in *Arabica*, vii (1960), 131-5).

R. STROTHMANN, art. 'Taḳīya', in *Shorter E.I.*

2 L. R., *De l'absence en droit musulman*, Paris 1897.

4 I. GOLDZIHER, *Die Ẓâhiriten*, Leipzig 1884, 66-69.

I. GUIDI, *Sunnah e nadb presso I giuristi malechiti*, in *Festschrift Eduard Sachau*, Berlin 1915, 333-7.

J. SCHACHT, art. 'Aḥkām', in *E.I.*²

_____ art. 'Bāṭil', iin *Shorter E.I.*

Y. LINANT DE BELLEFONDS, 'Les actes juridiques valables et les actes nuls en droit musulman', *R.A.* 1959, 1-24.

_____ art. 'Fāsid wa-Bāṭil', in *E.I.*²

O. SPIES, 'Das System der Nichtigkeit im islamischen Recht', *in Deutsche Landesreferate zum VI. Internationalen Kongress für Rechtsvergleichung 1962*, Berlin and Tübingen 1962, 87-99.

R. BRUNSCHVIG, 'Variations sur le thème du doute', 64 f.
Ch. CHEHATA, art. 'Djā'iz', in *E.I.*[2]

제18장

1 † R. BRUNSCHVIG, 'Théorie générale de la capacité chez les Hanafites médiévaux', *R.I.D.A.* ii (1949), 157-72.
ALMENOUAR KELLAL, 'De l'émancipation des mineurs en droit musulman', *R.A.* 1935, 53-70.
[J. SCHACHT], art. 'Bāligh', in *E.I.*[2]; the same, art. 'Hadjr', *ibid.*
W. HEFFENING, art. 'Shāhid', in *Shorter E.I.*
É. TYAN, art. ''Adl', in *E.I.*[2]; the same, '*Iflās* . . .'.
TH. W. JUYNBOLL, art. 'Fāsiḳ' in *Shorter E.I.*
N. J. COULSON, art. 'Bayt al-Māl (ii)', in *E.I.*[2]
*W. HEFFENING, art. 'Waḳf', in *Shorter E.I.* (중요한 참고문헌 포함).
*L. MILLIOT, *Démembrements du habous*, Paris 1918.
G. BUSSON DE JANSSENS, 'Les waḳfs dans l'Islam contemporain', *R.E.I.* 1951, 1-120; 1953, 43-76.
A. D'EMILIA, 'Il *waqf ahlī* secondo la dottrina di Abū Yūsuf', *Pubbl. Ist. di Diritto Romano . . . dell' Università di Roma*, ix, Milan 1938, 67-87.
______ 'Per una comparazione fra le *piae causae* nel diritto canonico, il *charitable trust* nel diritto inglese e il *waqf khairi* nel diritto mulsulmano', *Atti del Primo Congresso di Diritto Comparato*, i, Rome 1953, 187-230.
J. LUCCIONI, *Le Habous ou Wakf* (*rites malékite et hanéfite*), thesis, Algiers 1942.
O. PESLE, *La Théorie et la prtique des habous dans le rite malékite*, Casablanca 1941.
R. BRUNSCHVIG, in *Classicisme et déclin culturel dans l'histoire de l'Islam*, Paris 1957, 166 (cf. D. SANTILLANA, *Istituzioni*, i. 443 ff., ii. 446) (*waḳf* 관련).
W. HEFFENING, art. 'Wilāya', in *Shorter E.I.* (후견제도 관련),
O. PESLE, *La Tutelle dans le chra et dans les législations nord-africaines*, Casablanca 1945.

2 I. DIMITROFF, 'Die Stellung der Frauen nach mohammedanishch-hanafitischem Rechte', *Zeitschr. vergl. Rechtswiss.* xxiv (1910), 1-99.

O. PESLE, *La Femme musulmane dans le droit, la religion et les mœurs*, Rabat 1946.

3 † R. BRUNSCHVIG, art. "Abd', in *E.I.*[2]

A. J. WENSINCK, artt. 'Mamlūk' and 'Mawlā' in *Shorter E.I.*

J. SCHACHT, art. 'Umm al-Walad', in *Shorter E.I.*

L. GARDET, *La Cité musulmane*, 2nd ed., Paris 1961, 67-79.

4 W. BJÖKMAN, art. 'Kāfir', in *Shorter E.I.*

A. ABEL, artt. 'Dār al-ḥarb', and 'Dār al-Islām', É. TYAN, art. 'Djihād', and M. KHADDURI, art. 'Ḥarb', in *E.I.*[2]

M. KHADDURI, *War and Peace in the Law of Islam*, Baltimore 1955.

A. FATTAL, *Le Statut légal des non-Musulmans en pays d'Islam*, Beyrouth 1958.

I. GOLDZIHER, art. 'Ahl al-Kitāb', in *Shorter E.I.*

G. VAJDA, art. 'Ahl al-Kitāb', in *E.I.*[2]

*Cl. CAHEN, artt. 'Dhimma' and 'Djizya', in *E.I.*[2]

W. HEFFENING, *Das islamische Fremdenrecht*, Hanover 1925.

J. SCHACHT, art. 'Amān', in *E.I.*[2]

E. PRÖBSTER, 'Fragen des islamischen Kollisionsrechts nach mlikitischem Ritus', *Zeitschr. vergl. Rechtswiss.*, lv (1942-4), 147-62 (*dhimmī* 관련 153-9면).

제19장

1 MUḤAMMAD YŪSŪF MŪSĀ, *al-Fiḳh al-Islāmī. Mudkhal li-Dirāsatih. Niẓām al-Mu'āmalāt fīh*, 3rd ed., Cairo 1958 (재산 및 채무 관련).

L. GARDET, *La Cité musulmane*, 2nd ed., Paris 1961, 79-90.

R. ARNALDEZ, 'Les biens en droit musulman à travers led idées d'Ibn Ḥazm de Cordoue', *Les Mardis de Dar el-Salam*, 1959, 147-80.

J. SCHACHT, art. 'Miata', in *Shorter E.I.*

2 J. ROUSSIER-THÉAUX, 'La Possession', *R.A.* 1935, 147-92.

R. BRUNSCHVIG, 'Sur la possession dans l'histoire du droit musulman', *R.A.* 1936,

33-40.
A. D'EMILIA, 'Una comparazione fra diritto bizantino e musulmano in materia possessoria', *Studi in onore di Vincenzo Arangio-Ruiz*, iii, Naples 1952, 391-413.
*F. F. SCHMIDT, 'Die occupatio im islamischen Recht', *Der Islam*, i (1910), 300-53.
F. LØKKEGAARD, art. 'Ghanīma', in *E.I.*^{2}
O. PESLE, *Le Crédit dans l'Islam malékite*, Casablanca 1942 (part i, chap. 4, on *lukaṭa*).
J. SCHACHT, art. 'Luḳaṭa', in *Shorter E.I.*
O. SPIES, 'Verarbeitung und Verbindung nach den Lehrmeinungen des islamischen Rechts', *Zeitschr. vegl. Rechtswiss.* xliv (1929), 41-128 (cf. G. BERG STRÄSSER, in *Islamica*, iv/3 (1930), 289 f.).
*C. SNOUCK HURGRONJE, 'Iets over verjaring in het moehammedaansche recht' (1897), *Verspreide Geschriften*, ii. 329-48.
F. GUAY, 'La nature juridique de la prescription en droit musulman malekite', *R.M.D.* ii, (1949), 186-92.
J. LAPANNE-JOINVILLE, 'L'action en revendication et la prescription en droit malékite', *R.A.* 1951, 195-40; 1952, 16-57.
L. MILLIOT, 'La preuve du droit de propriété', *Travaux de la Semaine Internationale de Droit Musulman*, Paris 1953, 46-67 (= *Introduction*, 618-37).
CH. CHEHATA, 'L'acte translatif de propriété en droit musulman hanafite', *Travaux de la Semaine*, 36-43.
† R. BRUNSCHVIG, 'De l'acquisition du legs dans le droit musulman orthodoxe', *M.A.I.D.C.* iii/4, Rome 1955, 95-110.

3 J. SCHACHT, art. 'Rahn', in *E.I.*^{2}
O. PESLE, *Le crédit* (파트 2, 제3장).

4 *선별된 출간물들:*
*E. PRÖBSTER, 'Privateigentum und Kollektivismus im muhammedanischen Liegen schaftsrecht insbesondere des Maghrib', *Islamica*, iv/4 (1931), 343-511 (cf. J. SCHACHT, in *Der Islam*, xx (1932), 263-70).
Y. LINANT DE BELLEFONDS, 'Un problème de sociologie juridique. Les terres "communes" en pays d'Islam', *S.I.* x (1959), 111-36.

F. F. SCHMIDT, *Die occupatio* (above 1; on *iḥyā' al-mawāt*).

O. SPIES, 'Islamisches Nachbarrecht nach schafiitischer Lehre', *Zeitschr. vergl. Rechtswiss*. xlii (1927), 393-421.

*R. BRUNSCHVIG, 'Urbanisme médiéval et droit musulman', *R.E.I.* 1947, 127-55.

J. SCHACHT, in *A.J.C.L.* viii (1959), 141면 이하 (수용(收用) 관련), 142면 이하 (권리남용 금지의 원칙(*abus des droits* 관련) (참고문헌 포함).

F. ARIN, 'Essai sur les démembrements de la proriéte foncière en droit musulman, *R.M.M.* xxvi (1914), 277-317.

J. ROUSSIER-THÉAUX, 'L'éstablissement des servitudes', *R.A.* 1938, 40-46.

5 *선별된 출간물들*:

H. BRUNO, *Contribution à l'étude du régime des eaux en droit musulman*, thesis, Paris 1913.

R. TRESSE, 'L'irrigation dans la Ghouta de Damas', *R.E.I.* 1929, 459-573.

J. LAPANNE-JOINVILLE, 'Le régime des eaux en droit musulman (rite malékite)', *R.A.* 1956, 12-61, 63-90.

D. A. CAPONERA, *Water laws in Moslem countries*, Rome 1954 (F.A.O. Development Paper, Agriculture, no. 43).

R. B. SERJEANT, 'Some Irrigation Systems in Ḥaḍramawt', *B.S.O.A.S.* xxvii (1964), 33-76.

제20장

1 R. GRASSHOFF, *Das schâfi'itische Obligationenrecht*, i, Göttingen 1895 (also thesis, Königsberg: *Die allgemeinen Lehren des Obligationenrechts . . . sowie die Lehre vom Kauf-, Vollmachts-, Gesellschaftsvertrage und von den Realcontrakten*).

2 *CHAFIK T. CHEHATA, *Essai d'une théorie générale de l'obligation en droit musulman*, i, Cairo 1936 (cf. E. VOLTERRA and C. A. NALLINO, in *S. D. H. I.* iv (1938), 563-71).

_____ artt. "Aḳd' and 'Dhimma', *E.I.*[2]

ṢUBḤĪ MAḤMASĀNĪ, *al-Naẓariyya al-'Āmma lil-Mūjabāt wal-'Uḳūd fil-Sharī'a al-Islāmiyya* (*The General Theory of the Law of Obligations and Contracts under Muhammadan Jurisprudence*), 2 vols., Beirut 1948.

MUṢṬAFĀ AḤMAD AL-ZARḲĀ', *al-Madkhal al-Fiḳhī al-'Āmm ilal-Ḥuḳūḳ al-Madaniyya* (*General Introduction to the Civil Law of Islamic Jurisprudence*), Damascus 1952.

MUḤAMMAD YŪSUF MŪSĀ, *Al-Fiḳh al-Islāmī. Mudkhal li-Dirāsatih. Niẓam al-Mu'āmalāt fīh*, 3rd ed., Cairo 1958 (재산 및 채무 관련).

*____ 'The Liberty of the Individual in Contracts and Conditions according to Muslim Law', *I.Q.* ii (1955), 79-85, 252-63.

'ABD AL-RAZZĀḲ AḤMAD AL-SANHŪRĪ, *Maṣādir al-Ḥaḳḳ fil-Fiḳh al-Islāmī* (*The Bases of Rights in Islamic Law*), i-vi, Cairo 1954-9.

Z. A. RIFAÏ, *Le Consentement et les vices du consentement en droit musulman hanafite*, thesis, Nancy 1933.

Y. LINANT DE BELLEFONDS, 'L'autonomie de la volonté en droit musulman', *R.A.* 1958, 87-111.

3 F. ARIN, *Recherches historiques sur les opérations usuraires et aléatoires en droit musulman*, thesis, Paris 1909.

J. SCHACHT, art. 'Ribā', in *Shorter E.I.*

CH. CARDAHI, 'Le prêt à intérêt et l'usure . . .', *R.I.D.C.* vii (1955), 499-541 [이슬람법 관련 527-34면].

4 B. CARRA DE VAUX, art. 'Maisir', in *Shorter E.I.*

C. A. NALLINO, 'Delle assicurazioni in diritto musulmano ḥanafito' (1927), *Raccolta di scritti*, iv. 62-84.

5 É. TYAN, *Le Système de responsabilité délictuelle en droit musulman*, thesis, Lyons 1926, pp. 149-261.

ABD EL RAHMAN SANHOURI BEY, 'La responsibilité civile et pénale en droit musulman', *Revue al Qanun wal Iqtisad*, xv (1945), 1-26.

E. SCHRAM-NIELSEN, *Studier over Erstatningslæren i Islamisk Ret* (*Études sur la doctrine des dommages-intérêts en droit islamique*) (프랑스어 요약문 포함), Copenhagen 1945.

J. LAPANNE-JOINVILLE, 'La théorie des risques en droit musulman (rite malékite)', *R.A.* 1955, 1-24, 51-75.

O. SPIES, 'Die Lehre von der Haftung für Gefahr im islamischen Recht', *Zeitschr. vergl. Rechtswiss.* lviii, 1955, 79-95.

[J. SCHACHT], art. 'Ḍamān', in *E.I.*[2]

J. EL-HAKIM, 'Le Dommage de source d'élictuelle en droit musulman', Paris 1964 (Université St-Joseph, *Annales de la Faculté de Droit et des Sciences Humaines*, xl).

6 R. GRASSHOFF, *Das Wechselrecht der Araber*, Berlin 1899 (also thesis, Königsberg: *Die suftaǵa und ḥawâla der Araber*).

D. SANTILLANA, *Code civil et commercial tunisien. Avant-projet*, Tunis 1899, notes on artt, 1964, 1965, 1970, 2011, 2016.

A. CHÉRON and M. S. FAHMY BEY, 'Le transport de dette . . . en droit musulman', *L'Égypte Contemporaine*, xxii (1931), 137-190 [= *Bulletin de la Société de Droit Comparé*, lix (1930), 571-622].

É. TYAN, 'Cession de dette et cession de créance dans la théorie et la pratique du droit musulman (d'après le Madhab hanafite)', *Annales de l'École Française de Droit de Beyrouth*, ii, 1946, no. 3-4, 23-37.

A. DIETRICH, art. 'Ḥawāla', in *E.I.*[2]

CH. CHEHATA, art. 'Faskh', in *E.I.*[2]

제21장

2 † I. DIMITROFF, 'Asch-Schaibānī' (번역본, Shaybānī'의 *al-Jāmi' al-Ṣaghīr*에서의 매매에 대한 절에 관한 논평 포함), *M.S.O.S.* ii/2 (1908), 60-206.

O. PESLE, *La Vente dans la doctrine malékite*, Rabat 1940.

Ch. CARDAHI, 'Les conditions générales de la vente en droit comparé occidental et oriental', *Annales de l'École de Droit de Beyrouth* i (1945), 7-208.

J. SCHACHT, art. 'Bay'', in *E.I.*[2]

W. HEFFENING, artt. 'Ṣarf' and 'Tidjāra', in *E.I.*[1]

J. SCHACHT, art. 'Khiyār', in *Shorter E.I.*

A. D'EMILIA, 'La struttura della vendita sottoposta a *ḫiyār* secondo la *sedes materiae* dell' *Al-Mudawwanah', O.M.* 1941, 86-98.

_____ 'La compravendita con patto d'opzione secondo alcune fonti del diritto musulmano malikita', *S.D.H.I.* x (1944), 167-83.

_____ 'Il patto d'opzione applicato alla compravendita secondo la codificazione turca di diritto musulmano hanafito', *S.D.H.I.* xi (1945), 225-36.

_____ 'Il *bai' al-ḫiyār nella Mudawwanah', R.S.O.* xxiv (1949), 45-58.

_____ 'Il *Ḫiyār aš-Šart nel Aṣl* di Šaibānī, *R.S.O.* xxxii (1957), 633-40.

G. WIEDENSOHLER, *Mängel beim Kauf nach islamischem Recht*, Walldorf-Hessen 1960.

R. BRUNSCHVIG, art. 'Barā'a', in *E.I.*[2]

3 O. PESLE, *Les Contrats de louage chez les Malékites de l'Afrique du Nord*, Rabat 1938.

E. PRITSCH and O. SPIES, 'Der islamische Werklieferungsvertrag nach al-Kāsānī', *Zeitschr. vergl. Rechtswiss.* lvi, 1953, 47-75.

4 W. HEFFENING, art. 'Shirka', in *E.I.*[1]

O. PESLE, *La Société et le partage dans le rite malékite*, Casablanca 1948.

5 O. SPIES, 'Das Depositum nach islamischem Recht', *Zeitschr. vergl. Rechtswiss.* xlv, 1930, 241-300.

_____ art. 'Wadī'a', *E.I.*[1]

O. PESLE, *Le Crédit dans l'Islam malékite*, Casablanca 1942 (파트 1, 제3장).

6 O. PESLE, *Le Crédit* (파트 1, 제1장 및 제2장).

TH. W. JUYNBOLL, and J. SCHACHT, art. "Āriyya', in *E.I.*[2]

7 O. PESLE, *La Donation dans le droit musulman* (*rite malékite*), Rabat 1933.

Y. LINANT DE BELLEFONDS, *Des donations en droit musulman* (thesis, Paris), Cairo and Paris 1935.

_____ art. 'Hiba', in *E.I.*[2]

F. ROSENTHAL, 'Gifts and Bribes: the Muslim View', *Proceedings of the American Philosophical Society*, cviii (1964), 135-44.

8 O. PESLE, *Le Crédit* (part ii, chap. 2).

J. GENTZ, 'Die Bürgschaft im islamischen Recht nach al-Kāsānī', *Zeitschr. vergl. Rechtswiss.* lxii (1960), 85-180 (also printed separately, Walldorf 1961).

9 JOHS. PEDERSEN, *Der Eid bei den Semiten*, Strasbourg 1914.

_____ art. 'Ḳasam', in *Shorter E.I.*

11 일반적으로 불법행위 및 범죄로부터 발생하는 의무 관련, 제20장 5절의 참고문헌을 참조하라.

특히 *ghaṣb* 관련:

O. SPIES, 'Verarbeitung und Verbindung'. art. 'Ghasb', in *E.I.*[2]

J. LAPANNE-JOINVILLE, 'Les actions possessoires en droit musulman, *R.M.D.* I (1948-9), 13-24, 36-52, 63-78.

A. D'EMILIA, 'Il *Kitāb al-Gaṣb* nella *Mudawwanah* di Saḥnūn', *R.S.O.* xxviii (1953), 79-98.

제22장

1 J. LECERF, art. "Ā'ila' in *E.I.*[2] (참고문헌 포함).

_____ 'Note sur la famille dans le mode arabe et islamique', *Arabica*, iii (1956), 31-60.

_____ SIR HAMILTON GIBB, 'Women and the Law', *Colloque sur la sociologie musulmane* 11-14 *Septembre* 1961, Brussels 1962 (Correspondence d'Orietnt, no. 5), 233-45.

P. PAQUIGNON, *Le Traité du mariage et de l'education d'Ibn Ardoun* (cf. *G.A.L.* S II, 693), *R.M.M.* xv (1911), 1-59.

H. BAUER, *Islamische Etkik*, ii: *Von der Ehe*, Halle 1917 (translation of a section of Ghazzālī, *Iḥyā' 'Ulūm al-Dīn*).

L. BERCHER and G.-H. BOUSQUET, *Ghazâlî, Le Livre des bons usages en matière de mariage*, Paris and Oxford 1953.

G.-H. BOUSQUET, *La Morale de l'Islam et son éthique sexuelle*, Paris 1953.

2 J. SCHACHT, art. 'Nikāḥ', in *Shorter E.I.*

I. DIMITROFF, 'Die Stellung der Frauen, &c. Mit einem Anhang: Schaibanis Eherecht', *Zeitschr. vergl. Rechtswiss.* xxiv (1910), 1-99.

O. PESLE, *Le Mariage chez les Malékites de l'Afrique du Nord*, Rabat 1936.

P. GARCÍA BARRIUSO, *Derecho matrimonial islámico y matrimonios de Musulmanes en Marruecos*, Madrid 1952.

F. J. ZIADEH, 'Equality (*Kafā'ah*) in the Muslim Law of Marriage', *A.J.C.L.* vi (1957), 503-17.

J. SCHACHT, art. 'Raḍā'', in *Shorter E.I.*

J. LAPANNE-JOINVILLE, 'Les conventions annexes au contrat de mariage (*tatawwu'at*) en droit musulman malékite', *R.A.* 1954, 112-25.

W. HEFFENING, art. 'Mut'a', in *Shorter E.I.*

On *fāsid* and *bāṭil* marriages:

J. N. D. ANDERSON, 'Invalid and Void Marriages in Hanafi Law', *B.S.O.A.S.* xiii (1950), 357-66.

J. LAPANNE-JOINVILLE, 'La théorie des nullités de mariage en droit musulman malékite', *R.A.* 1951, 92-102.

N. U. A. SIDDIQUI, *Studies in Muslim Law*, i: *Batil and Fasid Marriages*, Dacca 1955 (modernist).

Y. LINANT DE BELLEFONDS, art. 'Fāsid wa-Bāṭil', in *E.I.*[2]

3 J. SCHACHT, art. 'Ṭalāḳ', in *Shorter E.I.* (모든 종류의 이혼 관련).

O. PESLE, *La Répudiatioin chez les Malékites de l'Afrique du Nord*, Rabat 1937.

J. LAPANNE-JOINVILLE, 'La recission du mariage en droit musulman malékite', *R.M.D.* iv (1952), 431-50.

C. SNOUCK HURGRONJE, *The Achenhnese*, Leiden and London 1906, 349-56 (on *ta'liḳ al-ṭalāḳ*).

*H. LAOUST, 'Une risāla d'Ibn Taimīya sur le serment de répudiation', *B.E.O.* vii-viii (1938), 215-36.

G.-H. BOUSQUET and H. JAHIER, 'Les vices rédhibitoires de la femme en droit musulman: remarques juridico-médicales', *R.A.* 1951, 52-58 (and correction by G.-H. BOUSQUET, ibid. 1952, 68).

4 G.-H. BOUSQUET and H. JAHIER, 'L'enfant endormi. Notes juridiques, ethnographiques et obstétricales', *R.A.* 1941, 17-36.

J. LAPANNE-JOINVILLE, 'La reconnaissance de paternité de l'enfant issu du concubinat légal', *R.M.D.* iv (1952), 153-68.

O. PESLE, *L'adoption en droit musulman*, Algiers 1919.

C. SNOUCK HURGRONJE, 'Rechtstoestand van kinderen, buiten huwelijk geboren uit inlandsche vrouwen, die den mohammedaanschen godsdienst belijden' (1897-98), *Verspreide Geschriften*, ii. 351-62.

J. LAPANNE-JOINVILLE, 'La filiation maternelle naturelle en droit musulman malékite', *R.M.D.* iv (1952), 256-67.

† R. BRUNSCHVIG. 'De la filiation maternelle en droit musulman', *S.I.* ix (1958), 49-59.

E. PRITSCH and O. SPIES, 'Das Findelkind im islamischen Recht nach al-Kāsānī', *Zeitschr. vergl. Rechtswiss*, lvii, 1954, 74-101.

W. HEFFENING, art. 'Wilāya', in *Shorter E.I.* (친권 관련).

O. PESLE, *La Tutelle dans le chra et dans les législations nor-africaines*, Casablanca 1954.

Y. LINANT DE BELLEFONDS, art. 'Ḥaḍāna', in *E.I.*[2]

J. SCHACHT, art. 'Yatīm', in *Shorter E.I.* (고아 관련).

5 J. LAPANNE-JOINVILLE, 'Le régime des biens entre époux (dans le rite malékite)', *R.M.D.* ii (1950), 394-406.

O. SPIES, art. 'Mahr', in *Shorter E.I.*

J. LAPANNE-JOINVILLE, 'L'obligation d'entretien (*nafaqa*) de l'épouse (dans le rite malékite)', *R.M.D.* iii (1951), 102-14.

제23장

1 ABD EL-HAMID BADAWI BEY, 'Du principle qu'en droit musulman la succession n'est ouverte qu'après acquittement des dettes', *L'Égypte Contemporaine*, v (1914), 14-40.

2 *해석적 연구물들 및 요약문들:*

J. SCHACHT, art. 'Mīrāth', in *Shorter E.I.*

*W. MARÇAIS, *Des Parents et alliés successibles en droit musulman*, thesis, Rennes 1898.

A. D. RUSSEL and A. M. SUHRAWARDY, *An Historical Introduction to the Law of Inheritance*, London n. d. (전통적 자료 및 다른 자료의 모음집).

*F. PELTIER and G.-H. BOUSQUET, *Le Successions agnatiques mitigées*, Paris 1935.

† R. BRUNSCHVIG, 'Un système peu connu de succession agnatique dans le droit musulman', *R.H.* 1950, 23-24.

G.-H. BOUSQUET, 'Plaidoyer pour les faraïdhs', R.A. 1951, 1-14 (reprinted in *M.A.I.D.C.*, iii/4, Rome 1955, 81-93).

J. SCHACHT, art. "Awl'. in *E.I.*^{2}

J. LAPANNE-JOINVILLE, 'La filiation maternelle naturelle en droit musulman malékite, *R.M.D.*, iv (1952), 256-67.

_____ 'Les principes fondamentaux du droit de succession musulmane', *M.A.I.D.C.*, iii/3 (1953), 1-20.

E. PRITSCH, 'Grundzüge des islamischen Intestaterbrechts', ibid. 21-42.

M. TIAR, 'De la vocation héréditaire du Beït-el-mal', *R.A.* 1955, 109-12.

I. MAHMUD, *Muslim Law of Succession and Administration*, Karachi 1958.

† R. BRUNSCHVIG, 'De la filiation maternelle en droit musulman', *S.I.* ix (1968), 49-59.

설명문:

N. B. E. BAILLIE, *The Moohummudan Law of Inheritance according to Aboo Huneefa and his Followers*, London 1874.

J. D. LUCIANI, *Traité des successions musulmanes* (*ab intestat*), Paris 1890.

G. FAUVELLE, *Traité théorique et pratique de dévolution des successions musulmanes* (*rite malékite*), Sétif 1905.

J. A. SÁNCHEZ PÉREZ, *Partición de herencias entre los musulmanes del Rito Malequí*, Madrid 1914.

O. PESLE, *Exposé pratique des successions dans le rite malékite*, Casablanca 1940.

V. LOUBIGNAC, 'Du partage des successions musulmanes', *R.A.* 1929, 1-32 (마그레브에서의 계산에서의 전통적 방식 관련).

M. TEFFAHI, *Traité de successions musulmanes d'après le rite malékite*, Saint-Louis

(Senegal) 1948 (Études Mauritaniennes, i).

C. H. WITHERS PAYNE, *The Mahommedan Law of Inheritance according to the School of Shafii*, Singapore 1932.

A. A. A. FYZEE, 'The Fatimid Law of Inheritance', *S.I.* ix (1958), 61-69.

E. SACHAU, 'Muhammedanisches Erbrecht nach der Lehre der Ibaditischen Araber von Zanzibar und Ostafrika'.

See also the bibliography of translations.

3 J. SCHACHT, art. 'Waṣīya', in *Shorter E.I.*

M. ABDEL GAWAD, *L'Exécution testamentaire en droit musulman, rite hanafite*, Paris 1926.

O. PESLE, *Le Testament dans le droit musulman* (*rite malékite*), Rabat 1932.

† R. BRUNSCHVIG, 'De l'acquisition du legs dans le droit musulman orthodoxe', *M.A.I.D.C.* iii/4 (1955), 95-110.

제24장

1 TH. MOMMSEN, *Zum ältesten Strafrecht der Kulturvölker. Fragen zur Rechtsvergleichung*, Leipzig 1905; section v: TH. NÖLDEKE, *Arabisch* (87-89면); section vi: J. WELLHAUSEN, *Arabisch-israelitisch* (91-99면); section vii: I. GOLDZIHER, *Islam* (101-12면).

J. KRCZMÁRIK, 'Beiträge zur Beleuchtung des islamitischen Strafrechts', *Z.D.M.G.* lviii (1904), 69-113, 316-60, 539-81.

L. BERCHER, *Les Délits et les peines de droit commun prévus par le Coran*, thesis, Paris 1926.

R. ARÉVALO, *Derecho penal islámico, Escuela Malekita*, Tangiers 1939.

*W. HEFFENING, art. 'Ta'zīr', *in Shorter E.I.*

J. SCHACHT, art. *A.J.C.L.* viii (1959), 140 f. (벌금형의 부존재 관련).

2 J. SCHACHT, art. 'Zinā'', in *Shorter E.I.*

TH. W. JUYNBOLL, art. 'Ḳadhf', in *Shorter E.I.*

*A. J. WENSINCK, artt. 'Khamr' and 'Nabīdh', in *Shorter E.I.*

W. HEFFENING, art. 'Sāriḳ', in *E.I.*[1]
J. SCHACHT, art. 'Ḳatl', in *Shorter E.I.* (section ii/4, on *ḳaṭ' al-ṭarīḳ*).
J. P. M. MENSING, *De bepaalde straffen in het ḥanbalietische recht*, thesis, Leiden 1936.

3 J. SCHACHT, artt. 'Ḳatl' and 'Ḳiṣāṣ' in *Shorter E.I.*
É. TYAN, *Le Système de responsibilité délictuelle en droit musulman*, thesis, Lyons 1926, pp. 11-147.
_____ art. 'Diya', in *E.I.*[2]
† R. BRUNSCHVIG, art. "Āḳila', in *E.I.*[2]
J. N. D. ANDERSON, 'Homicide in Islamic Law', *B.S.O.A.S.* xiii (1951), 811-28.
E. GRÄF, 'Probleme der Todesstrafe im Islam', *Zeitschr. vergl. Rechtswiss.* lix (1957), 83-122.
OMAR BEY LOUTFI, *Note sur la légitime défense d'après le droit musulman*, 2nd ed., Paris 1909.

4 J. SCHACHT, art. 'Ḳatl', in *Shorter E.I.* (section ii/7, on *bughāt*; section ii/6, on neglect of ritual prayer).
W. HEFFENING, art. 'Murtadd', in *Shorter E.I.*
L. BERCHER, 'L'apostasie, le balsphème et la rébellion en droit musulman malékite', *Revue Tunisienne*, 1923, 115-30.
S. M. ZWEMER, *The Law of Apostasy in Islam*, New York 1916.
_____ 'The Law of Apostasy', *M.W.* xiv (1924), 373-91.

제25장

1 TH. W, JUYNBOLL, art. 'Ḳāḍī', in *Shorter E.I.*
† É. TYAN, *Histoire de l'organisation judiciare en pays d'Islam*, 2nd ed., Lieden 1960 (cf. M. GAUDEFROY-DEMOMBYNES, *R.E.I.* 1939, 109-47, and *J.A.* ccxxxv (1946-7), 123-32).
O. PESLE, *La Judicature, la procédure, les preuves dans l'Islam malékite*, Casablanca 1942.

E. PRITSCH, in *Z.D.M.G.* xcviii (1944), 256-66.

E. GRÄF, 'Gerichtsverfassung und Gerichtsbarkeit im islamischen Recht', *Zietschr. vergl. Rechtswiss*. lviii (1955), 48-78.

É. TYAN, 'La procédure du "défaut" en droit musulman', *S.I.* vii (1957), 115-34.

_____ art. 'Hiba', in *E.I.*[2]

F. ROSENTHAL, 'Gifts and Bribes . . .'

2 É. TYAN, art. 'Da'wā', in *E.I.*[2]

E. PRÖBSTER, 'Die Anwaltschaft im islamischen Recht', *Islamica*, v/5 (1932), 545-55.

P. VASSEL, 'Über marokkanische Proceßpraxis', *M.S.O.S.* v/ii (1902), 1-63.

3 O. PESLE, 'Le réalisme du droit musulman', *R.A.* 1934, 92-110 (추정의 제한 관련).

J. LAPANNE-JOINVILLE, 'Études de droit musulman malékite: les présomptions', *R.A.* 1957, 99-114.

4 R. Brunschvig, art. 'Bayyina', in *E.I.*[2]

† _____ 'Le Système de la preuve en droit musulman', in *Recueils de la Société Jean Bodin*, xviii, Brussels 1964, 169-86.

W. HEFFENING, art. 'Shāhid', in *Shorter E.I.*

ALMENOUAR KELLAL, 'Le serment en droit musulman (école malékite)', *R.A.* 1958, 18-53.

5 É. TYAN, 'L'autorité de la chose jugée en droit musulman', *S.I.* xvii (1962), 81-90.

6 O. PESLE, *Le Crédit dans l'Islam malékite*, Casablanca 1942 (파트 2 제1장은 집행 관련, 제4장은 파산 관련).

R. BOUVET, *De la faillite en droit musulman*, thesis, Paris 1913.

É. TYAN, '*Iflās* et procédure d'exécution sur les biens en droit musulman (maḏhab hanafite)', *S.I.* xxi (1964), 145-66.

7 N. J. COULSON, 'The State and the Individual in Islamic Law', *I.C.L.Q.* vi (1957), 49-60 (증명이 필요하다).

제26장

1,2 *C. SNOUCK HURGRONJE, *Selected Works*, 256-67.

J. SCHACHT, *Origins*, 283-7.

R. BRUNSCHVIG, in *S.I.*, i (1953), 12 f. (English transl. in *Unity and Variety in Muslim Civilization*, ed. G. E. VON GRUNEBAUM, Chicago 1955, 52 f.).

_____ in *M.A.I.D.C.* iii/4 (Rome 1955), 110 (이슬람법에서의 법적 추론의 독립성 관련).

3 J. SCHACHT, *Origins*, 320.

7 *On Islamic law and society* (*최신 출간물들의 선별집*):

D. DE SANTILLANA, 'Law and Society', in *The Legacy of Islam*, ed. SIR THOMAS ARNOLD and A. GUILLAUME, Oxford 1931, 284-310.

F. I. SCHECHTER, 'A Study in Comparative Trade Morals and Control', *Virginia Law Review*, xix (1933), 794-845 (이슬람법 관련 795-822면; 2차자료에 기초하고 있지만 *ḥiyal*의 누락을 제외하고는 상당한 수준의 자료임).

B. TABBAH, *Du heurt à l'harmonie des droits. Essai . . . suivi d'exemples tirés des systémes juridiques du Levant*, Paris 1936 (also thesis, Lyons 1935).

E. BUSSI, 'Del concetto di commercio e di commerciante nel pensiero giuridico musulmano in relazione alla storia generale del diritto', in *Studi in memoria di Aldo Albertoni*, iii, Padua 1938, 7-53.

*R. BRUNSCHVIG, 'Urbanisme médiéval et droit musulman', *R.E.I.* 1947, 127-55.

_____ 'Considérations sociologiques sur le droit musulman ancien', *S.I.* iii (1955), 61-73.

_____ in *S.I.* ix (1958), 59.

J. BERQUE, 'Petits documents d'histoire sociale marocaine', *R.A.* 1948, 53-62.

*_____ 'Problèmes initiaux de la sociologie juridique en Afrique du Nord *S.I.* i (1953), 137-62.

*_____ *Structures sociales du Haut-Atlas*, Paris 1955, 242-5, 323-97.

CL. CAHEN, 'L'histoire économique et sociale du monde musulman médiéval', *S.I.* iii (1955), 93-115.

_____ 'Réflexions sur le waqf ancien', *S.I.* xiv (1961), 37-56.

S. D. GOITEIN, 'The Rise of the Near Eastern Bourgeoisie in Early Islamic Times', *Cahiers d'Histoire Mondiale*, iii (1957), 583-604.

N. J. COULSON, The State and the Individual in Islamic Law, *I.C.L.Q.* vi (1957), 49-60 (증명이 필요하다).

J. SCHACHT, 'Islamic Law in Comtemporary States', *A.J.C.L.* viii (1959), 133-47.

*L. GARDET, *La Cité musulmane*, 2nd ed., Paris 1961.

7-9 *이슬람법에서의 사회학에 관해서는:*

Max Weber on Law in Economy and Society, transl. E. Shils and M. Rheinstein, Cambridge (Massachusetts) 1954; Max Weber의 사상들은 필수적이지만, 이슬람법에 대한 절은 매우 불만족스럽다 (237-44면); 이슬람법에 대한 Weber의 사상들의 적용에 관해서는 J. SCHACHT, 'Zur soziologischen Betrachhtung des islamischen Rechts', *Der Islam*, xxii (1935), 207-38를 참조하라.

J. SCHACHT, 'Notes sur la sociologie du droit musulman', *Revue Africaine*, xcvi (1952), 311-29.

A. D'EMILIA, 'Correlazioni fra sistemi giuridici e coscienza sociale', *A.D.C.S.L.* xiii (1938), 185-96.

_____ 'Il diritto musulmano comparato con il bizantino dal punto di vista della tipologia del diritto', *S.I.* iv (1955), 57-76.

_____ 'Intorno ad alcuni caratteri dell'esperienza giuridica medievale sunnita', in *A Francesco Gabrieli*, Rome 1964, 95-113.

J.-P. CHARNAY, 'Pluralisme normatif et ambiguïté dans le Fiqh', *S.I.* xix (1963), 65-82.

9 A. A. SCHILLER, 'Jurists' Law', *Columbia Law Review*, lviii (1958), 1226-38 (on Roman law).

A D'EMILIA, 'Sulla dottrina quale fonte del diritto, *S.D.H.I.* xi (1945), 19-36.

_____ 'Forma e sostanza della "interpretatio prudentium" nell' Islam medievale sunnita', in *Studi in onore di Emilio Betti*, i, Rome 1961, 95-115.

E. GRÄF, *Jagdbeute und Schlachttier im islamischen Recht*, Bonn 1959, 340-9 (이슬람의 지적 삶에서의 이슬람법의 역할 관련; 책의 나머지 부분은 주의하여 활용할 필요가 있다, cf. J. SCHACHT, in *Der Islam*, xxxvii (1961), 268-76).

10 J. SCHACHT, 'Classicisme, traditionalisme et ankylose dans la loi religieuse de l'Islam', in *Classicisme et déclin culturel dans l'histoire de l'Islam*, Paris 1957, 141-61 (pp. 162-6, discussion).

약어표

A.D.C.S.L.	*Annuario di Diritto Comparato e di Studi Legislativi.*
A.F.D.I.	*Annales de la Faculté de Droit d'Istanbul.*
A.H.D.O.	*Archives d'Histoire du Droit Oriental.*
A.I.E.O.	*Annales de l'Institut d'Études Orientales (Algiers).*
A.I.U.O.N.	*Annali dell' Istituto Universitario Orientale di Napoli.*
A.J.C.L.	*American Journal of Comparative Law.*
B.E.O.	*Bulletin d'Études Orientales (Institut Français de Damas).*
B.S.O.A.S.	*Bulletin of the School of Oriental and African Studies.*
C.O.C.	*Cahiers de l'Orient Contemporain.*
E.I.	*The Encyclopaedia of Islam (see p. 216).*
G.A.L.	*C. Brockelmann, Geschichte der arabischen Literatur (see p. 261).*
IBLA	*Revue IBLA (Institut des Belles Lettres Arabes, Tunis).*
I.C.	*Islamic Culture.*
I.C.L.Q.	*International and Comparative Law Quarterly.*
I.Q.	*The Islamic Quarterly.*
J.A.	*Journal Asiatique.*
J.A.L.	*Journal of African Law.*
J.A.O.S.	*Journal of the American Oriental Society.*
J.C.L.	*Journal of Comparative Law.*
J.P.H.S.	*Journal of the Pakistan Historical Society.*
J.R.A.S.	*Journal of the Royal Asiatic Society.*
J.R.C.A.S.	*Journal of the Royal Central Asian Society.*

M.A.I.D.C.	*Mémoires de l'Académie Internationale de Droit Comparé*
M.E.J.	*The Middle East Jounal.*
M.S.O.S.	*Mitteilungen des Seminars für Orientalische Sprachen.*
M.W.	*The Muslim World.*
O.L.Z.	*Orientalistische Literaturzeitung.*
O.M.	*Oriente Moderno.*
R.A.	*Revue Algérienne, Tunisienne et Marocaine de Législation et de Jurisprudence (unless otherwise indicated, the references are to Section i: Doctrine).*
R.E.I.	*Revue des Études Islamiques.*
R.H.	*Revue Historique de Droit Français et Étranger.*
R.I.D.A.	*Revue Internationale des Droits de l'Antiquité*
R.I.D.C.	*Revue Internationale de Droit Comparé*
R.I.E.E.I.	*Revista del Instituto Egipcio de Estudios Islámicos.*
R.M.D.	*Revue Marocaine de Droit.*
R.M.M.	*Revue du Monde Musulman.*
R.J.P.U.F.	*Revue Juridique et Politique de l'Union Française.*
R.S.O.	*Rivista degli Studi Orientali.*
S.D.H.I.	*Studia et Documenta Historiae et Iuris.*
S.I.	*Studia Islamica.*
W.I.	*Die Welt des Islams.*
Z.D.M.G.	*Zeitschrift des Deutschen Morgenländischen Gesellschaft.*

찾아보기(알파벳 순)

※ 단어 뒤의 숫자는 문단번호임

B

찾아보기(가나다 순)

※ 단어 뒤의 숫자는 문단번호임

ㅇ

ㅊ

유민총서 10

이슬람법입문(An Introduction to Islamic Law)

초판 1쇄 발행 2021년 05월 17일
초판 2쇄 발행 2022년 10월 11일

지 은 이 조셉 샤흐트(Joseph Schacht)
옮 긴 이 명순구
편 찬 홍진기법률연구재단
주 소 서울특별시 종로구 동숭3길 26-12 2층
전 화 02-747-8112 **팩 스** 02-747-8110
홈페이지 http://yuminlaw.or.kr

발 행 인 한정희
발 행 처 경인문화사
편 집 부 유지혜 김지선 한주연 이다빈 김윤진
마 케 팅 전병관 하재일 유인순
출판번호 제406-1973-000003호
주 소 경기도 파주시 회동길 445-1 경인빌딩 B동 4층
전 화 031-955-9300 **팩 스** 031-955-9310
홈페이지 www.kyunginp.co.kr
이 메 일 kyungin@kyunginp.co.kr

ISBN 978-89-499-4949-9 93360
값 28,000원